Zu diesem Buch

So radikal und revolutionär die Thesen dieses Buches sind, so substantiell und fundiert ist sein ganzer Inhalt. Tritt es doch mit keinem geringeren Anspruch an als dem, ein über fünftausend Jahre altes Werk des geistigen Erbes des Ostens mit den Mitteln der geistigen Tradition des Westens aufzuarbeiten, zu aktualisieren und künftigen Generationen als nie versagender Quell der Weisheit und zeitloser Einsicht wieder zugänglich zu machen. Mehr noch: Der quantitativen Logik des Ostens gegenüber eher kritisch eingestellt, nimmt sich der Autor die Freiheit, die überlieferte Substanz des I Ging auf ihren ursprünglichen Aussagewert zu reduzieren und mit der qualitativen Logik westlicher Tradition ganz neu zu erschaffen, ihm eine neue Struktur, eine neue Form und Sprache zu geben, seine Inhalte neu zu definieren und zu formulieren – die freilich von Anbeginn an in ihnen enthalten waren und nur der Jahrtausende des Wartens bedurften, um von einer neuen Generation in ihrer ganzen Tiefe und Bedeutung erkannt und verstanden zu werden.

Ein «neues I Ging» also für eine Generation kosmisch denkender, nach kosmischer Erkenntnis hungriger Menschen, im Zeitalter der Raumfahrt und der offenbar werdenden Grenzen der materialistischen Weltanschauung groß geworden, an umfassendem und wachsendem Verständnis ihrer mikro- und makrokosmischen Wirklichkeit brennend interessiert, dürfte ein Buch, das diese Ansprüche erfüllt, schnell ihren täglichen Gebrauch übernehmen. Die Generation und den Platz in ihren Händen, Herzen und Köpfen gibt es schon lange. Nun hat sie auch ihr Buch: «Das Buch der Wirklichkeit».

Norbert A. Eichler

Das Buch der Wirklichkeit

Das I Ging für das Wassermann-Zeitalter

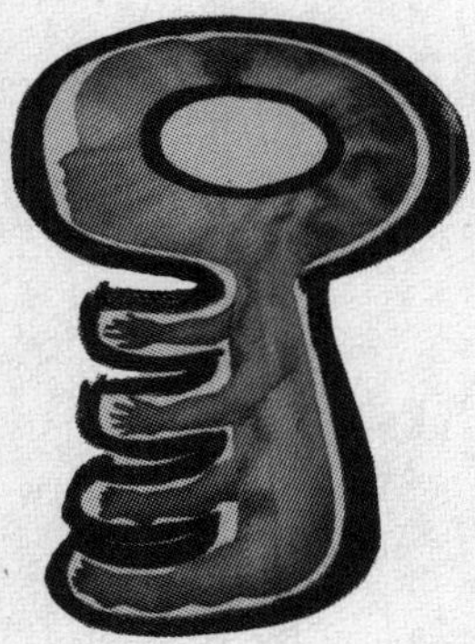

rororo

transformation

rororo transformation
Herausgegeben von Bernd Jost
und Jutta Schwarz

Umschlagentwurf Peter Keller

Veröffentlicht im Rowohlt Taschenbuch Verlag GmbH,
Reinbek bei Hamburg, Juli 1985
Lizenzausgabe mit freundlicher Genehmigung

Satz Trump Mediaeval (Linotron 202)
Gesamtherstellung Clausen & Bosse, Leck
Printed in Germany
1480-ISBN 3 499 17921 0

Inhalt

A. SYMBOL UND WIRKLICHKEIT

B. DAS BUCH DER WIRKLICHKEIT

C. DAS TEXTBUCH – I GING

D. DAS ORAKEL – 455

E. TAFELN – 471

A. SYMBOL UND WIRKLICHKEIT

I. Einige Vorbemerkungen

Die These dieses Buches ist revolutionär, sein Inhalt und Aufbau sind revolutionär, seine Wirkung wird revolutionär sein.

Die revolutionäre These ist so alt wie die Menschheit selbst und keiner Kultur fremd: Die Überzeugung nämlich, daß die Welt der Phänomene, der materiellen Wirklichkeit und sichtbaren Erscheinungen, ihre Entsprechung, ihren Sinn und ihre Ordnung in der transzendenten Welt des Geistes, der Ideen und Archetypen hat und daß die Logik dieser Ideen und Prinzipien alle materielle Manifestation hervorruft, bestimmt und beeinflußt. Nach dem Prinzip des Hermes Trismegistos: «Wie oben, so unten», oder: «Das, was oben ist, ist auch das, was unten ist.»

Doch das ist nur der erste Teil dieser These. Der zweite ist seine logische Fortführung und Konsequenz: Daß der Mensch als intelligentes, schöpferisches Wesen kraft seines Bewußtseins in diese Welt der Ideen, in die Logik der Prinzipien eindringen kann und auf Grund der gewonnenen Erkenntnisse über die Ur-Sachen die Welt der Sachen besser versteht, alles Geschehen und alle «Wirklichkeit» in seinen unsichtbaren Bedeutungen und größeren Zusammenhängen durchschaut und damit letztlich beeinflussen kann. Daß mit wachsendem Verständnis der Ur-Sachen der Mensch auch zunehmend Herr über die Sachen wird, zunächst in bezug auf sein eigenes Leben und Schicksal, später über die Bedingungen des objektiven, sozialen Lebens, der Naturphänomene, des Schicksals dieses Planeten schlechthin.

Doch diese Welt der Ur-Sachen zu verstehen, in sie einzudringen und das Abstrakte konkret und damit brauchbar zu machen, bedarf es der Symbolik, eines Systems von sichtbaren Zeichen, die das Unsichtbare repräsentieren. Gemäß der Logik «wie oben, so unten» müssen in der sichtbaren Welt, deren zeitlosester Aspekt die Natur ist, die unsichtbaren Prinzipien zum Ausdruck kommen und Rückschlüsse auf die zugrunde liegende Ideenwelt zulassen. Und mit dem richtigen System der Klassifizierung und Korrelierung der Naturphänomene und ihrer Symbole dürfte keine Idee, kein Prinzip und keine Ur-Sache der geistigen Welt mehr verborgen und unverstanden bleiben.

Eines der erhabensten und zeitlos gültigsten dieser Systeme, die den Sachen auf den Grund und die Ur-Sache kommen wollen, ist das chinesische I Ging, das bislang – und fälschlicherweise – immer als das «Buch der Wandlungen» dem rationalen westlichen Denken zur Verdauung vorgesetzt wurde und deshalb für die mehr am Unwandelbaren, am Ewigen und Zeitlosen interessierte westliche Philosophie nie mehr war als ein interessantes Quellenwerk fernöstlicher Spruchweisheit. Der Orakelaspekt des Buches wurde ohnehin als Aberglaube abgetan und seine Kosmologie schlicht als unbrauchbare, primitive und ungeordnete Anhäufung singulärer Phänomene beiseite geschoben. Nicht zu Unrecht. Doch auch nicht zu Recht.

Nicht zu Unrecht: Denn in der Tat stellt das I Ging, wie es uns in den vorliegenden Übersetzungen in die Hände gelegt wird, nur eine nach willkürlichen Prinzipien erstellte Anhäufung von Spruchweisheiten, gekoppelt an schier zufällige Kombinationen von Naturphänomenen dar, mit der der westliche, qualitativ logisch geschulte Geist wenig, wenn überhaupt etwas anzufangen gewillt ist – zu groß ist sein Vorsprung in einer weitaus sinnvolleren, logischer strukturierten Interpretation der Welt und ihrer Grundlagen. Hat nicht ein Aristoteles die Kausalität logischen Denkens geregelt? Hat nicht ein Hegel die qualitative Logik so konsequent vollendet, daß der gesamte geistige Überbau des Westens zusammenbräche, würde man ihm diese selbstverständlichen Säulen auch seines banalsten Gedankens wieder entziehen? Zu fern scheint da die rudimentäre Welt einer nach steinzeitlichen Beobachtungskriterien erstellten Phänomenologie des Naturgeschehens, wie sie uns das I Ging anträgt. Noch dazu mit dem Anspruch, Auskünfte zu geben über das menschliche Leben, gesellschaftlich wie individuell, und darüber hinaus auch noch Aufschlüsse über die geistig-metaphysischen Hintergründe dieser Welt zuzulassen. Das westliche Denken winkt verächtlich ab – nicht zu Unrecht.

Und doch auch nicht zu Recht: Denn das I Ging, eben mit Hilfe der erarbeiteten Prinzipien einer westlichen, qualitativen Logik betrachtet, offenbart einen so überraschenden Tiefgang, einen so faszinierend grundlegenden Aussagewert naturphilosophischer Weltbetrachtung, daß eine ganze Reihe anderer, uns wertvoller erscheinender philosophischer Systeme in seinem Schatten mühelos verschwinden können. Doch diese gigantische Statur des I Ging zu erkennen, erfordert zunächst, sie freizulegen: Freizulegen aus dem Konglomerat jahrtausendealter Ablagerungen, die eine Vielzahl von Kommentatoren um sie herum angehäuft haben – nicht zuletzt auch der deutsche Übersetzer Richard Wilhelm mit seinen subjektiv-ohnmächtigen Kommentaren, der einen auch für die chinesische Kultur längst überholten, über 2200 Jahre alten Text unkritisch übertrug – um ihn dann zur Projektionsfläche seines abendländisch-christlichen Kleinbürgerdenkens der Jahrhundertwende zu machen, das I Ging seiner gigantischen Statur schleunigst, ehe sie in Ansätzen erkennbar wurde, wieder beraubte.

Dann, die Elemente in ihrer ursprünglichen Reinheit und Bedeutung freigelegt, bedarf es ihrer Strukturierung und Zusammenfügung nach den Prinzipien westlich qualitativer Logik – und ein überragendes Gebäude von zeitlosem, naturphilosophischem Aussagewert gewinnt Kontur und Gestalt, läßt die wahre Größe des Geistesriesen I Ging als das erkennbar werden, was er von Anbeginn an war und doch aus kulturhistorischen Gründen nun schon so lange nicht mehr sein durfte: Ein komplexes und vollständiges System an Symbolen und Bedeutungen, das über alle Grenzen kultureller und historischer Art hinaus Gültigkeit hat und behalten wird.

Diese Arbeit ist revolutionär, und sie in Inhalt und Form geleistet zu haben, nimmt das vorliegende Buch in Anspruch. Blind konservativen Literaturwissenschaftlern dürfte sie allerdings kontinuierliche Schauer des Entsetzens durch ihr mehr an Bewahrung des Unverstandenen als an lebendigem und substantiellem Verständnis des Wesentlichen interessiertes Nervensystem jagen – geht es ihnen doch bloß um die Mumifizierung von historischen Dokumenten, eines «Originaltextes», und nicht um die Bedeutung und aktuelle Relevanz, die seine Inhalte bergen könnten. Sie sind da pathologischen Hausfrauen vergleichbar, die ihr Eingemachtes lieber verschimmeln lassen, als je davon zu naschen – aus Freude und Stolz über die formalen Aspekte der erbrachten «konservativen» Leistung –, und damit die Marmelade ihres eigentlichen Sinns und Zwecks berauben, nämlich den des Brotaufstrichs und Genußmittels.

Dieser «Originaltext» des I Ging in seinen verschiedenen zirkulierenden Versionen mag in Zukunft zu Zwecken des Quellenstudiums sicher noch nützlich sein – in seiner Bedeutung als relevantes philosophisches Werk zur Bereicherung und Orientierung des lebendigen Denkens auf seinem Weg zur Vervollkommnung und Erleuchtung dürfen wir ihn getrost als abgelöst betrachten.

Und deshalb wird auch die Wirkung dieses Buches revolutionär sein: Schafft es doch die bisher als unmöglich apostrophierte Aussöhnung zwischen der westlichen Philosophie mit ihrem streng disziplinierten (und darum so überlegenen) Denken und einer der wichtigsten, zumindest der ältesten der östlichen Erfahrungssophien, ohne auf die Errungenschaften der logisch-analytischen Prinzipien einerseits oder die (in überlegener Erhaltung lebendig gebliebenen) seelischen Werte östlicher Weisheit andererseits zu verzichten, ja ohne ihnen die geringsten Abstriche oder Kastrationen zuzumuten.

Dazu bedurfte es allerdings nicht nur der Berücksichtigung historischer, philosophischer, philologischer und psychologischer Aspekte – sondern auch der Inanspruchnahme einer übergeordneten, metakulturellen Perspektive, die nur in den Geisteswissenschaften des Westens ihr Beispiel und souveränen Ausdruck gefunden hat – so «esoterisch» und irrelevant er den akademischen Wissenschaften auch bis heute noch scheinen mag. Denen gilt heute wie zu früheren Zeiten ihre Ignoranz als Skepsis, die Begrenzungen der Welt der physischen Sinne als ihr weitester Horizont und ihre Verweigerung der Beschäftigung mit empirisch nachgewiesenen Fakten der Geisteswissenschaften als «wissenschaftliche Integrität» – und die Überholung und Devaluation ihrer Erkenntnisse durch die Tatsachen der Geisteswissenschaften gilt ihnen als Infragestellung und Bedrohung ihres Berufsstandes, den sie ohnehin längst nur noch als Stand, kaum mehr als Beruf (Berufung zu freier, unkonditionierter Forschung) begreifen.

Die Anwendung der westlichen Philosophie mit ihrem logischen Instrumentarium, das sich der Vollständigkeit rühmen darf und den Gegenstand, dem es nicht gewachsen wäre, «undenkbar» gemacht hat, auf die zeitlos lebendigen Wahrheiten einer östlichen Kosmologie und Erfahrungssophie ersten Ranges, die nur aus den Ablagerungen unverständiger und desinteressierter Jahrhunderte befreit zu werden brauchte, um wieder zu atmen und ihre Potenz zu beweisen, im Licht eines um ebenso viele Jahrhunderte gewachsenen und erweiterten Bewußtseins, hat beide Komponenten in jeder ihrer Dimensionen bestätigt – und über sie hinaus zu einem komplexen, metakulturellen philosophischen System verwachsen lassen, das in der Literatur des Westens wie des Ostens noch ohne Beispiel ist. Andere werden folgen, auch dessen bin ich sicher, und auch sie werden dem Denken Erfahrungs- und Erkenntnismodelle anbieten, die weder auf die seelisch-spirituellen Dimensionen des Bewußtseins noch auf die logisch-analytische Sicherheit rationaler Beweisführung verzichten, durch die seelisch-spirituelle Erfahrungsprozesse erst abstrahierbar und objektiv relevant werden.

Das Ergebnis dieser Bemühung, die nunmehr über ein Jahrzehnt der Recherche, der Vorarbeit, des Quellenstudiums und der geistigen Eroberung des Gegenstands hinter sich weiß, ist dieses «neue I Ging», das «Buch der Wirklichkeit», an dem sich künftige Überlegungen zum Thema zu messen haben werden.

Der Leser möge selbst urteilen, ob das «Buch der Wirklichkeit» seinen Ansprüchen gerecht wird, und es dann in seinen persönlichen Besitz und Gebrauch übernehmen als das, was es schon immer zu sein beanspruchte: Als Wegweiser und Orientierungshilfe des Menschen auf dem Weg der Erkenntnis seiner selbst, des Mikrokosmos, als Instrument zur Vervollkommnung seiner Persönlichkeit und als Codebuch zur Entzifferung des Universums, in dem er lebt: Seiner alltäglich banalen, faszinierend unbekannten, allumfassend makrokosmischen «Wirklichkeit».

II. Ursprünge des I Ging

Das I Ging entstammt einer Welt, einem Kulturbereich, der bis vor relativ kurzer Zeit vom Rest der Welt noch nahezu hermetisch abgetrennt war. Die geographische Isolierung Chinas durch Ozeane, Gebirge, Wüsten ließ kulturelle Vermischung weder rezeptiv noch aggressiv zu. So blieb die chinesische Kultur, ihr Denken und geistig-kulturelles Erbe weitgehend «rein», weder positiv noch negativ beeinflußt von parallelen oder anachronistischen kulturellen Entwicklungen anderer Länder und Kontinente.

«Rein», soweit sie nicht durch eigene Zerstörung (wie bei der bekannten Bücherverbrennung im 3. Jahrhundert vor Christus) beeinträchtigt oder durch die Vermischung ihrer eigenen, unterschiedlichsten Gedanken und Schulen der nunmehr sechstausendjährigen chinesischen Geschichte versetzt wurde. Wertvollster und zugleich abschreckendster Zeuge einer solchen Vermischung ist das I Ging in seinen heute erhaltenen Versionen, da es als einziges bei der Bücherverbrennung erhalten gebliebenes Buch als Kristallisationskern von Magiern, Wahrsagern und Philosophen jedweder Couleur in Anspruch genommen und mißbraucht wurde.

Mehr noch: Das I Ging, Chinas ältestes und wahrscheinlich das älteste Buch der Erde überhaupt, ist überhaupt kein Buch. Es ist mehr eine Art Bibliothek in Buchform, das Resultat der geistigen Bemühungen vieler aus vielen Jahrhunderten, die, statt ein eigenes Buch zu schreiben, ein bereits existierendes um die Inhalte ihres manchmal völlig entgegengesetzten Denkens «bereicherten», es veränderten und bestenfalls ergänzt, «auf den neusten Stand gebracht» haben.

Als Beispiel für diese völlig artfremden «Ergänzungen» seien nur die vielen Textpassagen erwähnt, die sich auf ein «Schildkrötenorakel» beziehen: Die Magier des Schildkrötenorakels, wie auch des noch älteren Knochenorakels und anderer Wahrsageformen, waren ihren zeitgenössischen I Ging-Wahrsagern spinnefeind und konkurrent. Deren «blutleere» Pflanzenorakel (mit den bekannten Schafgarbenstengeln) betrachteten sie als irrelevant und aussageunfähig. Trotzdem finden sich in den heutigen I Ging-Fassungen zahlreiche «Schildkröten»-Sprüche als Erläuterung einzelner Linien und eine Fülle anderer augenfällig unzugehöriger Textelemente.

Um zu dem «wirklichen» I Ging vorzustoßen, muß deshalb Schicht um Schicht dieser artfremden Ablagerungen abgetragen und die ursprüngliche Substanz, soweit man sie heute noch zurückverfolgen kann, freigelegt werden.

Dem sagenumwobenen, vielleicht sogar nur mythologischen Magier Fu Hsi werden die ersten Symbole zugeschrieben, zurückdatiert in eine Zeit, als auf der Erde – und nicht nur in China – noch Blitze und Berge verehrt, Flüsse und Bäume als heilig angebetet wurden. Folgerichtig sollen die ersten, nicht erhaltenen Versionen des I Ging mit dem Symbol für «Berg» (Ken) begonnen haben. In alten Darstellungen ist der Magier Fu Hsi selbst als Berg mit Menschenkopf dargestellt.

In der matriarchalischen Ära Chinas, die sich des I Ging als Machtinstrument zur Ideologisierung und Erziehung des Volkes bediente, begann das Buch verständlicherweise mit dem Symbol für «Erde», repräsentativ für alles Weibliche, das mütterliche Prinzip. Um sein Patriarchat durchzusetzen, mußte der nachfolgende König Dschou Sin das I Ging verbieten, seine nur widerwillig die matriarchalische Reihenfolge (mit «Erde» am Anfang) übernommen habende und insgeheim noch der alten Struktur treuen Wahrsager gänzlich in den Untergrund vertreiben.

Doch in den Gefängnissen des Tyrannen Dschou Sin brütete bereits der künftige Herrscher Wen über der Revolution – und über seiner eigenen Fassung des I Ging, das auch er als Herrschaftsinstrument einzusetzen gedachte und das er folgerichtig mit dem Zeichen für «Himmel» (Kien), dem Symbol des Männlichen, Väterlichen beginnen ließ.

Gleich nach seiner Machtergreifung als väterlicher, gütiger Herrscher erklärte Wen seine Fassung des I Ging zur Staatsreligion – ein I Ging, das mittlerweile und begünstigt durch lange, komfortable Gefängnisjahre (im Schloß des Dschou Sin) zu einem komplexen System von 64 Zeichen nebst beigefügten «Urteilen», also Sinngebungen, herangereift war. Wens Sohn, der Herzog von Dschou, der nebst Herrschaft auch die Staatsreligion von seinem Vater übernahm, trug eine kurze, als Sinnsprüche formulierte Interpretation der einzelnen Linien zu dem Buch bei und vollendete damit die Fassung, die nun von allen existierenden magischen und philosophischen Systemen aufgegriffen und – verunstaltet wurde. Denn der weise, gütige Wen hatte zur Sicherung seiner Staatsreligion und der eigenen Herrschaft alle anderen Methoden des Wahrsagens verboten.

Um nicht ganz im Untergrund zu verschwinden, bemächtigten sich die trotzigen Schildkröten-Magier ebenso wie andere zu kurz Gekommene des Buches, saßen weiterhin auf öffentlichen Wegen und Plätzen und boten, das I Ging auf ihre Fahnen geschrieben, Wahrsagedienste an. Doch kaum hatte man gefragt, sah man, was die «Schildkröten» so an Auskunft hergaben: Das I Ging diente nur als Alibi, die eigenen Orakelmethoden weiter zu betreiben.

Doch auch berufenere Geister bemächtigten sich des Buches, wie ein gewisser Kung Fu Tse, und belehrten ihre Schüler über seine Weisheit, fügten ihre Kommentare hinzu – allerdings in mündlicher Form, erst später und durch das Gedächtnis ihrer Schüler gefiltert zur Niederschrift gebracht.

Als dann die große Bücherverbrennung den Bestand der vorhandenen Schriften weitgehend reduzierte, sahen sich alle, die in China dachten, genötigt, das I Ging zu «ihrem» Buch zu machen, was heißt: Es vollends in die Unkenntlichkeit hinein zu verändern und zu ergänzen.

So blieb es erst einem kaum zwanzigjährigen Philosophen des dritten nachchristlichen Jahrhunderts, dem berühmten Wang Pi, vorbehalten, zornig und mit dem Schwert eines unbestechlichen Intellekts (seine Mitschüler prostituierten sich alle zu Füßen hohlschwätzender «Gelehrter», bis er deren Geschwätz entlarvte – eine für die Alter und Vorfahren verehrende chinesische Kultur geradezu schockierend respektlose Handlungsweise) das Gestrüpp um den eigentlichen Kern des I Ging zu zerteilen und an die ursprüngliche Symbolik und Bedeutung der Urzeichen zu erinnern:

Als Abbilder der Natur und ihrer Gesetzmäßigkeiten nämlich, denen spiegelgleich ableitbar auch das Wesen des Menschen und die Gesetzmäßigkeit des sozialen Lebens erkennbar die zeitlosen Prinzipien des Mikro- wie auch des Makrokosmos ablesbar werden. Völlig identisch dem, Wang Pi sicher unbekannten, hermetischen Prinzip «wie oben, so unten», parallel auch der in der Kindersprache der Bibel formulierten These, daß «Gott den Menschen sich zum Bilde» schuf.

Nur, welche Wohltat, ist der chinesischen Weltanschauung jeglicher Gedanke an einen «Gott» oder «Schöpfer» fremd: Sie sah nur ein – unpersönliches – schöpferisch wirkendes Prinzip des «Himmels», des Makrokosmos, des Universums.

Es blieb besagtem deutschen Übersetzer vorbehalten, diese überragende Kosmologie und Kosmogonie auf der kleinen Flamme seines engen, jahrhundertwendedeutschen bürgerlichen Denkens herunterzukochen auf das für ihn verstehbare Maß, und durch Einführung von Begriffen wie «Gott» und «Schöpfung» in die «Erläuterungen», die er glaubte geben zu müssen, das I Ging zu verchristlichen und damit eine ganze kulturelle Tradition auszuhöhlen und ihrer tragenden Prinzipien zu berauben.

Geben wir also dem I Ging in dieser Neubearbeitung seine wahre und größere Statur zurück, die den Horizont der bisherigen Bearbeiter allzusehr überstiegen zu haben scheint.

III. Herkunft und Aufbau der Zeichen

Wie in allen Naturphilosophien von Wert ist auch der chinesischen das Dualitätsprinzip erste Grundlage. YANG (= das Licht) steht dem YIN (= die Dunkelheit) als gleichberechtigt gegenüber: Sind beide doch nur Ausgestaltungen des übergeordneten TAO («Sinn»), des unergründlichen Ursprungs aller Dinge, das jenseits der Dualität von Sein-Nichtsein angesiedelt und deshalb aus der Sicht des Existierenden, das immer dual denken muß, nicht vorstellbar ist.

Dem positiven, konstruktiven, dynamischen «hellen» oder starken Prinzip steht also das negative, destruktive, passive «dunkle» oder schwache Prinzip gegenüber, in der menschlichen Welt präsent als «männlich» und «weiblich», und aus ihrem Wechselspiel, aus ihrem Gegen-, Neben- und Miteinander gestaltet sich alle Wirklichkeit der sichtbaren und unsichtbaren Phänomene: Die materielle Welt ebenso wie ihre transzendente Entsprechung.

Als grafische Darstellung von Yang wird im I Ging ein gerader, ungeteilter Strich ⚊ gesetzt, für Yin ein gerader, geteilter Strich ⚋. Da einfache Polarität selbst der komplexen Struktur auch der Wirklichkeit eines Primitiven, wie sie die Väter des I Ging ja noch waren, nicht gerecht werden konnte, obwohl diese Unterscheidung schon ein beachtliches Maß an Abstraktionsvermögen ausdrückt, wurden die Striche verdoppelt zu den vier Zeichen

(siehe Tafel I), deren Bedeutung bis heute unbekannt ist.

Der abstrakten Logik unseres heutigen Denkens entsprechend, muß

als «Positiv aktiv» und

als «Positiv passiv» aufgefaßt werden, ebenso wie

als «Negativ passiv» und

als «Negativ aktiv»,

um damit eine erste Differenzierung vorzunehmen. «Positiv aktiv» wäre deshalb als «reines Licht» des Geistes zu werten, wohingegen «Positiv passiv» bereits das Formprinzip der Materie in sich aufgenommen hat. Ebenso hätte man «Negativ passiv» als «pure Dunkelheit» der Materie zu verstehen, und «Negativ aktiv» als Materie, die bereits den schöpferischen Impuls des Geistes empfangen hat.

Aber auch diese Erweiterung konnte für einen in abstraktem Denken ungeschulten Geist noch keine befriedigende Repräsentation seiner «Wirklichkeit» sein. Erst die Ergänzung der vier Bigramme um jeweils einen weiteren Strich mündete in die heute überlieferten acht Trigramme mit ihren weitaus konkreteren natursymbolischen Bedeutungen.

In der herkömmlichen Reihenfolge und Eigenschaftszuweisung werden diese acht Trigramme so verstanden:

☰	**KIEN**	**Der Himmel**	**Stärke**	**schöpferisch**
☷	**KUN**	**Die Erde**	**Hingebung**	**empfangend**
☳	**TSCHEN**	**Der Donner**	**Bewegung**	**erregend**
☵	**KAN**	**Das Wasser**	**Gefahr**	**abgründig**
☶	**KEN**	**Der Berg**	**Stillehalten**	**ruhend**
☴	**SUN**	**Der Wind**	**Sanftes**	**eindringend**

☲	**LI**	**Das Feuer**	**Haftendes**	**leuchtend**
☱	**TUI**	**Der See**	**Heiterkeit**	**fröhlich**

Aus der abstrakten Polarität der beiden ursprünglichen Linien und ihrer Differenzierung in Wirkprinzipien, wie sie in den Bigrammen zum Ausdruck kommen, ist hier nun konkrete Symbolik geworden, die unterschiedliche Bereiche von Naturphänomenen abdeckt, aber ganz offensichtlich der logischen Ordnung eines qualitativen Kategoriensystems entbehrt. Doch mit diesem Instrumentarium versehen konnte der chinesische Magier und Philosoph nun daran gehen, die ihn umgebende Natur wie auch menschliche Realitäten nach ihrem Muster aufzurastern und den gefundenen Prinzipien zuzuordnen.

Die verwobene Interaktion der Prinzipien, die Komplexität der Abläufe in der Natur wie im menschlichen Leben aber konnten die Trigramme nicht erfassen. Erst die Verdopplung der Trigramme in Hexagramme schien die Väter des I Ging befriedigt zu haben: Erweiterte es ihr quantitatives Kategoriensystem doch von acht auf 64 Grundmuster oder «Situationen», mit denen der Wirklichkeit nun schon eher beizukommen war.

Aus der Verdoppelung des Trigramms KIEN beispielsweise entstand das Prinzip des «Himmlischen, der Schöpfungskraft», also

䷀

aus der Kombination von KUN und KEN erhielt man das Hexagramm

䷎

dem die Bedeutung der «Bescheidenheit» gegeben wurde, da ein «Berg innerhalb der Erde», dem man seine Größe nicht ansieht, diesen Gedanken nahelegte.

Nach diesem Schema alle Trigramme mit jedem und in jeder Anordnung (oben oder unten) kombinierend, erhielt man die 64 Hexagramme des überlieferten I Ging.

Doch waren diese 64 Zustände oder «Situationen» eine statische, parallele Realität, die zueinander nicht in Beziehung standen, gegenseitig also keinen Einfluß ausüben konnten? Dem chinesischen Denken ist Statik fremd. Schon frühesten Philosophien ist das «Veränderliche» der Wirklichkeit anzumerken, alle Ratschläge und Auskünfte der Philosophen und Orakelgeber zielten auf eine Veränderung, auf einen Übergang aus einer gegenwärtigen in eine künftige Situation ab – so als hätten sie die lange Zeit später im weit entfernten Griechenland formulierte Erkenntnis, daß «alles fließt», schon als selbstverständliche Grundlage alles Existierenden vorweggenommen und akzeptiert. (Hatten sie in gewisser Weise auch – nur, ihr Interesse galt wesentlich mehr dem Zeitlosen, dem Ewigen und Unwandelbaren, dem ewigen Prinzip, das allen Wandlungen unwandelbar zugrunde liegt, wie wir später noch sehen werden.)

Da die Situationen, die in den Hexagrammen zum Ausdruck kommen, als Übergangszustände begriffen wurden, gab man den einzelnen Strichen die Möglichkeit, sich zu «verändern», das heißt, in ihr Gegenteil zu verkehren (bei zwei möglichen Strichen eine Notwendigkeit) und damit den Charakter des ganzen Hexagramms zu modifizieren.

Dargestellt wurde die Wandlungscharakteristik einer ungeteilten «hellen» Linie ━━ durch einen Kreis in ihrer Mitte, also ━○━ und bei einer geteilten «dunklen» Linie ━ ━ durch ein Kreuz, also ━x━. Die ungeteilte «helle» Linie erhielt den Zahlenwert 7, als Wandlungslinie den Zahlenwert 9. Die geteilte «dunkle» Linie erhielt den Zahlenwert 8, als Wandlungslinie den Zahlenwert 6. Die Wandlungslinie 9 verändert sich demnach in eine 8 (aus einer «hellen» wird eine «dunkle» Linie), und die Wandlungslinie 6 verändert sich in eine 7 (aus einer «dunklen» wird eine «helle» Linie). Die statischen Linien bleiben jeweils erhalten, so daß beispielsweise aus dem Hexagramm

der «Bescheidenheit», die wir bereits kennen, durch die beiden Wandlungsstriche an erster und zweiter Stelle (von unten nach oben gezählt), den beiden 6er-Linien, nach der Wandlung das Hexagramm

entsteht, dem in früheren Textauffassungen die Bedeutung des «Friedens» zukam. Als Auskunft des Orakels kamen somit beide Hexagramme in Betracht: Das erste als Beschreibung der gegenwärtigen Situation, das zweite als Zielrichtung der Entwicklung, die die Situation erfahren wird, als Endzustand ihrer weiteren Veränderung.

Besonders ausgeklügelte Systeme, die sich aber als unpraktisch und irrelevant erwiesen haben, schoben in diesen Veränderungsprozeß so viele Phasen ein, wie Wandlungslinien gegeben waren, sahen also im obigen Beispiel das Hexagramm

als Übergangsphase an (da sich das Zeichen schrittweise, von unten nach oben, verändere). Ich neige aber zur Ansicht, daß nur das Ausgangs- und das End-Hexagramm, neben den einzelnen Linien des ersten Hexagramms, für eine Interpretation in Frage kommen kann und die Zwischenstufen eine nicht zu rechtfertigende und oft irreführende Vielfalt der Aspekte erzeugen, die einem klaren Verständnis der gegebenen Situationen abträglich sind.

Wie man die einzelnen Zahlwerte, die zum Erstellen eines Hexagramms führen, erhält und bestimmt, wird ausführlich in Teil D, «Orakel-Methoden», dieses Buches erläutert.

Zur Übersicht hier erst einmal das Schema:

Wenn man durch eine der Orakel-Methoden Zahlenwerte ermittelt hat, lassen sich mit Hilfe dieser Tabelle Hexagramme erstellen:

Zahlenwert	**Interpretationslinie im Hexagramm für gegenwärtige Situation**	**Interpretationslinie im Hexagramm für zukünftige Situation**
6	▬ X ▬	▬▬▬
7	▬▬▬	▬▬▬
8	▬ ▬	▬ ▬
9	▬○▬	▬ ▬

IV. Überlegungen zu einem neuen I Ging

Für das primitive, quantitative, vor-aristotelische Denken mag das oben genannte Kategoriensystem relevant und befriedigend sein – für den westlich rational geschulten Geist kann es das nicht, oder er müßte sich selbst zurechtstutzen auf das Maß, das dem menschlichen Horizont vor einigen Jahrtausenden als Begrenzung seines Verständnisvermögens galt. Daran ändert auch die Tatsache nichts, daß ein Leibniz in den ihm von Jesuiten aus China mitgebrachten bedeutungslosen (weil nicht erklärten) Strichen seine binäre Mathematik, Grundlage aller heutigen Computertechnologie, wiedererkannte: Nicht die primitive Logik der Chinesen, sondern der aristotelisch geschulte Leibniz «sah» in der Polarität dieser Striche ein binärmathematisches System, weil sein gedankliches Instrumentarium weitaus präziser und höher entwickelt war. Wir verdanken schließlich auch nicht den Einbaumschnitzern primitiver Völker unsere Erkenntnisse über Volumen, Gewicht und Wasserverdrängung von Schiffen – auch wenn sie unbewußt unter Mitwirkung solcher physikalischen Gesetze dahinpaddelten. Die Erkenntnis wie das Verständnis dieser wie aller anderen Naturgesetze ist exklusives Anrecht und Erbe der westlichen, weil qualitativen Logik und Philosophie.

Völlig frei von den Prinzipien einer solchen Logik ging das chinesische Denken, selbst in seinen kultiviertesten Repräsentanten wie Konfuzius oder Laotse, nun daran, die «Wirklichkeit» zu katalogisieren und ihre Phänomene dem Raster der Hexagramme zuzuordnen, wie sie ihm vor die Sinne kamen. Keine Frage nach Bedeutung und Stellenwert der Tri- wie auch der Hexagramme kam auf, man hatte 64 Schubladen, in die alles Sicht- und Denkbare paßte, und war's zufrieden. Die Frage nach einer Korrelation, nach einer Qualifizierung und Gewichtung der Symbole und ihrer Entsprechungen war da so fern wie Griechenland und so zukünftig wie ein anderes Jahrtausend. Und es spricht für die Trägheit selbst des westlichen Denkens, daß es bis zum vorliegenden Buch gebraucht hat, sie zu stellen – und zu beantworten.

Für die östliche – nicht nur chinesische – Philosophie und Mythologie ist sie bis heute so fern geblieben. Wenn Sie zum Beispiel einen Hindu, um ein einfaches Beispiel zu geben, fragen, was «Natur» sei, wird er Ihnen auch heute noch antworten: «Vögel, Rosen, Papageien, Fische, Blumen, Tauben, Bäume, Forellen, Tiere, Zypressen, Kühe und Sardinen». Es wird ihm, bar jeder qualitativen Logik, nicht in den Sinn kommen, daß «Rosen» eine Untergruppe der Kategorie «Blumen» ist, ebenso wie «Papageien» und «Tauben» zur Kategorie «Vögel» und «Forellen» und «Sardinen» zur Kategorie «Fische» gehören, daß «Zypressen» unter «Bäume» fallen, und «Fische» und «Vögel» unter «Tiere» zusammengefaßt werden, ebenso wie «Bäume» und «Blumen» unter «Pflanzen». Mit anderen Worten: Daß die gleichberechtigte Aneinanderreihung von Phänomenen als Erläuterung von Natur mangels qualitativer Wertung und Kategorie, keinen Sinn ergibt (auch wenn alle diese Beobachtungen und Phänomene tatsächlich zur «Natur» gehören). Voreilige, zivilisationsmüde Romantiker, die heute scharenweise gen Osten ziehen und in den dortigen philosophisch-religiösen Systemen einen Balsam für ihre wunden und hungrigen Seelen zu finden hoffen, mißverstehen (unter Negierung und Aufgabe ihres mitgebrachten logischen Denksystems) diese unlogische Fülle als «Reichtum der Seele», deren grundlegende Schwäche als Erleichterung der Wahrnehmung, und erkennen nicht, daß sie nur zu geistiger Bequemlichkeit – zur Dummheit – zurückerzogen werden. Statt als Gastgeschenk die Kantsche Kategorienlehre in den Ashram, gleich welcher Glaubensrichtung, mitzubringen, mit ihr den Wert der Lehren von Seele und Weisheit zu überprüfen und auch im Positiven erst wirklich zu erfassen, pilgern sie mit leeren Händen in die Arme selbst der einfachsten Mönchsgemüter, sofern diese nur von «universeller Liebe» und «Erleuchtung» reden, und lassen sich vereinnahmen – sei das gefundene Licht auch trüber als die zurückgelassenen Prinzipien westlich-rationaler Philosophie. Finden es in Ordnung (falls es ihnen überhaupt aufgeht), daß ihr «Guru» den Tod von einigen hunderttausend Menschen verursacht, indem er ihnen und den von Aberglauben eingeschüchterten Bauern weismacht, die erntevernichtenden Heuschrecken seien schützenswertes «Leben, das man nicht töten darf – wie Brüder und Schwestern», auch wenn die Bevölkerung ganzer Landstriche deswegen verhungert. Der (qualitative) Unterschied zwischen «Leben» und «Leben» hat in seine archaische «Du sollst nicht töten»-Lehre, nebst anderen Erkenntnissen einer kultivierten Intelligenz, noch keinen Eingang gefunden – und keiner der gelegentlichen Harvard- und Oxford-Abgänger zu seinen Füßen wagt es, ihn darüber aufzuklären.

Ähnlich erging (und ergeht) es den bisherigen Bearbeitern und Übersetzern des Buches, mit dem wir es hier zu tun haben, des I Ging. Gedankenlos reihten sie Trigramm an Trigramm, folgten den Urvätern der Zeichen von Hexagramm zu Hexagramm und mühten sich redlich, der Willkür Methode zu unterschieben, dem Zufall eine Logik abzuringen – litten sie doch alle unter dem Komplex, sich einer «überlegenen» Philosophie, einer «überlegenen» Weisheit zu nähern, von der der kritische, westlich qualitative Geist in Ehrfurcht zu verstummen habe. (Geradezu rührend und mitleiderregend sind in diesem Zusammenhang wieder die Bemühungen des deutschen Übersetzers, der Reihenfolge der Zeichen einen «Sinn» abzugewinnen und im letzten Hexagramm der alten Ordnung einen «Abschluß» zu erkennen.) Das Ergebnis dieser Bemühungen ist in sämtlichen Bibliotheken der Welt nachzulesen – die Bankrotterklärung des westlichen Denkens, oder besser: derer, die sich in seinem Namen dem Osten näherten, und das Protokoll ihres Scheiterns bei der einfachsten Konfrontation mit östlichem Gedanken- und Kulturgut.

Es war also höchste Zeit, frei von solchen Komplexen – und im Bewußtsein der dringlichsten Notwendigkeit – sich daran zu machen, mit Hilfe der analytischen Logik ein wenig Licht (Yang) in das Dunkel (Yin) der Orientalisten und ihrer «Texttreue» zu bringen und uns mit Hilfe eines über zweitausend Jahre alten Instrumentariums eine über fünftausend Jahre alte Naturphilosophie anzueignen – westliches Wissen und östliche Weisheit zu vereinigen und in die Fruchtbarkeit der geistigen Ehe zu führen, ohne Abstriche und Unzumutbarkeiten auf beiden Seiten. Im Namen der ewigen Wirklichkeit – und zu Ehren ihrer zeitlosen Symbole.

V. Die neue Sprache

Bei der Neufassung des I Ging als «Buch der Wirklichkeit» wurde durch die erweiterten Inhalte und Zielsetzungen auch eine veränderte Sprache erforderlich – eine Sprache, die den höheren Ansprüchen eines nicht mehr im traditionellen chinesischen Kulturkreis und seinen sozialen Normen beheimateten Denkens gerecht wird.

Die Unterteilung der Trigramme in «Vater», «Mutter», «Söhne» und «Töchter», allein für die chinesische Sozialpsychologie, den Ahnenkult und die Elternverehrung früherer gesellschaftlicher Normen relevant, war ganz verzichtbar. Um so mehr, da deren Zuordnung unserer neuen logischen Ordnung in wesentlichen Punkten nicht gerecht werden konnte (LI, das Feuer, ist nun mal ein Element und Urzeichen, wie wir sehen werden, und nicht die «2. Tochter» usw.).

Noch leichter verzichtbar waren symbolische Begriffe aus dem Hausgebrauch oder den wechselnden politischen Situationen des China vor einigen tausend Jahren. Ein «Tiegel» oder «wie bei dem Prinzen Gi» sind heute, vor allem für Menschen des außerchinesischen Kulturkreises, keine aussagefähigen Gleichnisse mehr und gewinnen auch durch umständliche Erläuterungen nicht die assoziative Tiefe, die ein Gleichnis braucht, um die Saiten der psychischen Harfe bis in ihre feinsten Tonhöhen anzuschlagen. Im Gegenteil: Die Erläuterung, daß der «Tiegel, aus Bronze gegossen, das Gerät war, das im Ahnentempel und bei Festmählern die gekochten Speisen» enthielt, aus dem «vom Hausherrn in die Schüsseln der Gäste geschöpft» wurde, erstickt jede Flügelbewegung der assoziativen Seele unter saftigen Speiseresten und hindert das Denken nur, zur eigentlichen Natursymbolik der Trigramme, denen das Hilfssymbol des «Tiegels» damals zu konkreterem Verständnis verhelfen sollte, durchzustoßen.

Ebenso verhält es sich mit den inhaltlichen und formalen Beifügungen, die nur einer bestimmten Epoche zuzuordnen sind, wie etwa die Passagen, die Wertvorstellungen aus der Zeit des Matriarchats, der Patriarchate, der Elemente- und Schildkröten-Magier zum Ausdruck bringen und das ganze überlieferte Manuskript, seine Texte und Kommentare, undifferenziert durchziehen.

Und nicht zuletzt, und leichten Herzens, war auch die kleinkarierte Bildungsbürger-Philosophie des Richard Wilhelm mit seinem Zwanziger-Jahre-Wohnstubendenken verzichtbar, der an die chinesische Weisheit und Mythologie bei jeder passenden und unpassenden Stelle sein von persönlichen Neigungen geprägtes Weltbild anhängen wollte. Nicht allein sein faschistoides Gesellschaftsbild, das ihn nötigt, in jedem einigermaßen passablen Strich den «Führer» und «starken Mann» zu sehen, der von «göttlicher Vorsehung» immer wieder «berufen» ist, die kritiklosen Massen des «Volkes» hinter sich zu versammeln, den «erfahrenen Führer», der einen «gerechten Grund und ein klares, verständliches Kriegsziel» hat, das durch ihn «dem Volk deutlich gemacht werden muß», der aber gleichzeitig zu gewährleisten hat, daß «in Kriegsleidenschaft und im Siegestaumel nichts Ungerechtes geschieht, das die allgemeine Anerkennung nicht findet», ein Gesellschaftsbild, das in der Erkenntnis gipfelt, daß «nur ein wirtschaftlich starkes Volk als Kriegsmacht von Bedeutung sein kann» und man «also die Macht pflegen muß durch Förderung der wirtschaftlichen Beziehungen des Volkes» (und so, endlos, weiter) – nicht allein diese Zeugnisse Wilhelmscher Weisheit und Weltsicht, den I Ging-Zeichen als «Erläuterungen» unterlegt, waren mehr als verzichtbar.

Sondern auch überkommene, ethisch-moralische Wertvorstellungen des (ur-)alten China, in denen Herr Wilhelm so gern richtungsweisende Ansätze für eine ideale westliche Gesellschaft sah: Wie etwa in dem «heiratenden Mädchen», in der jugendlichen Geliebten und Zweit-Frau eines bereits verheirateten Mannes, die «nach der Wahl des Mannes in die Familie eintritt» und sich «der Hausfrau bescheiden als jüngere Schwester unterordnet» – allzeit verfügbar für die sexuellen Wünsche des Hausherrn, damit dieser ohne moralische Skrupel «auch den zarteren Neigungen persönlicher Art Gehör schenken» kann. Herr Wilhelm sieht darin nicht etwa veraltete Strukturen einer chauvinistischen Patriarchengesellschaft, sondern findet «hier die Lösung eines Problems, die der europäischen Kultur nicht gelungen ist». Er muß sich in China sehr wohl gefühlt haben.

Kurz: Die Notwendigkeit einer neuen Sprache, verbunden mit einem weniger subjektiven und mehr am Symbolgehalt der Hexagramme selbst orientierten Verständnis der Zeichen lag auf der Hand und war durch eine «Modernisierung» der Texte allein nicht zu erfüllen.

Es galt also, universale Symbole und Begriffe zu finden, die der Überprüfung durch den Aussagewert der Zeichen selbst in jeder Hinsicht standhalten würden und die nicht nur für heute und den deutschen Leser, sondern als dauerhaft und interkulturell von Bedeutung sein und bleiben konnten.

Ich hoffe, diese Arbeit ist mir in einem auch unterschiedlichen Ansprüchen gerecht werdenden Maße gelungen, ohne daß ich sie als abgeschlossen betrachte.

VI. Natur und Philosophie

Der Unterschied zwischen rationalem Erkennen und seelischem Empfinden war für die chinesische Philosophie, wie für viele andere östliche Weisheitssysteme, nie vorhanden. Das «Erkannte» war zugleich das psychisch «Erlebbare», und ersteres ohne das letztere nicht denkbar – ganz im Gegensatz zur westlichen, auf rationaler Beweisführung aufgebauten Philosophie. Diesen Unterschied, der ohnehin nur methodologisch, also künstlich, ist, führe ich trotz aller Verwestlichung des Buches auch in das «Buch der Wirklichkeit» nicht ein – die rationale Logik des analytischen Geistes wird durch die direkte Einladung zur mystischen Schau und zu seelischem Erkennen erweitert.

Wer die transzendenten Ur-Sachen aller Sachen, wie sie in den Symbolen des I Ging so vorbildlich zum Ausdruck kommen, wirklich verstehen will, kann sich nicht auf die distanzierte Didaktik des analytischen Denkens allein verlassen. Er muß sich meditativ mit ihnen in Verbindung setzen, ihre Grundmuster auf sich selbst übertragen und sie seelisch «wirken» lassen.

Erst dann führt ihn die daraus gewonnene Einsicht in die «chaotischen», durch Menschenhand «kosmisch» gemachten Grundlagen der Wirklichkeit zu einem tieferen Verständnis der Natur, aller physischen und geistigen Phänomene, von denen er umgeben ist, und damit zur höchsten aller Erkenntnisse überhaupt – der Erkenntnis seiner selbst.

Die Harmonie der unwandelbaren Prinzipien des Universums zur Harmonie der Prinzipien in seinem eigenen Leben zu machen, ist weit mehr als nur «poetisches» Ideal – es ist das Ideal des platonischen «Kosmos», endlich in der menschlichen Wirklichkeit etabliert. Es ist das Ideal, dessen Verwirklichung als einziges zu einem menschenwürdigen Leben unter dem Menschen würdigen Bedingungen führt.

Wenn es also gelänge, das Bewußtsein des Menschen von seinem gegenwärtigen Sein abzulösen, es darüber zu erheben und mit den Idealen auszustatten, die ihm die Unzulänglichkeit seiner bisherigen Existenzformen deutlich vor Augen führte, wäre damit der Grundstein zu einer Veränderung des Seins gelegt, der allen Angriffen eines aufsässig-widerstrebenden Chaos jetziger, materialistischer Verirrung des Verständnisses der Welt mühelos trotzte und als Ausgangspunkt und Fundament des Aufbaus einer neuen Wirklichkeit diente.

Denn der Mensch war, ist und bleibt Schöpfer seiner Wirklichkeit, die er bewohnt. Man nehme den «Göttern» die Schuld an den Verhängnissen dieser Erde und gebe den Menschen allen Verdienst an deren Herrlichkeit – und eine Generation blühender, selbstbewußter, harmonischer, schöpferischer und über das Tierstadium der Bedürfnisbefriedigung erwachsener Menschen dürfte diese Wirklichkeit bevölkern.

Diese Wirklichkeit wahr zu machen, ist dieses Buch geschrieben – und den Lesern gewidmet, die an der Verwirklichung dieser Wahrheit arbeiten.

B. DAS BUCH DER WIRKLICHKEIT

I. Schöpfung und Wirklichkeit

Warum dieses neue I Ging nicht ein «Buch der Wandlungen» genannt wurde, wie in sämtlichen anderen Fassungen und Übersetzungen, sondern «Buch der Wirklichkeit», erklärt sich schlicht und einfach aus der Tatsache, daß der chinesische Charakter «I» eben nicht «Wandlungen» bedeutet. Hier kopierte einer den anderen, ohne den Begriff zu hinterfragen. «King» oder «Ging», immerhin, läßt sich tatsächlich mit «Buch» übersetzen – insofern hält sich der Übersetzungsfehler in überschaubaren Grenzen.

Der Charakter «I», der schon auf undatierbar alten Orakelknochen zu besichtigen ist, hat (je nach Aussprache) eine Vielzahl verschiedener Bedeutungen – nur nicht die der «Wandlungen». Seine in diesem Zusammenhang relevante Bedeutung heißt «Gesetz», das «Ewige» oder auch «das durch alle Wandlungen hindurch Gleichbleibende», das «Unveränderliche»: Nämlich das Prinzip, das allen Veränderungen und Wandlungen zugrunde liegt, sich selbst aber nie verändert.

Aus «Wandlungsgesetz» «Wandlungen» zu machen, ist schlicht gedankliche Schluderei, schlimmstenfalls ein eklatanter Beweis für das Unverständnis der Grundlagen dieses Buches. Mit den verheerenden Folgen, daß nun mehrere Generationen, mit dem Augenmerk auf den «Wandlungen», am «Ewigen» und «Gesetz» der Wandlungen vorbeidachten – und lägen beide Aspekte in diesem Buch nicht noch dicht genug beisammen, hätten sie wohl alle das Thema und den Inhalt des Buches, trotz gelegentlich jahrelanger Beschäftigung damit, völlig verfehlt.

Abgeschwächt, wenn auch nicht entschuldbar, wird dieser Übertragungsfehler nur durch die Tatsache, daß das I Ging ja wirklich die verschiedenen Phänomene in der natürlichen und gesellschaftlichen Wirklichkeit und ihre Übergänge ineinander, also die Wandlungen, darstellt. Die Essenz des Buches aber und seine bedeutende philosophische These ist die Proklamation der unwandelbaren, gleichbleibenden und zeitlos gültigen Prinzipien, der ewigen Gesetze, denen alle Wandlung in Vergangenheit, Gegenwart und Zukunft unterworfen ist, im Osten wie im Westen, in der geistigen wie in der materiellen Welt.

So blieb mir bei der Benennung des Buches lediglich die Wahl zwischen dem «Ewigen», dem «Gesetz», der «Schöpfung» und – der «Wirklichkeit». Die «Schöpfung» zog ich mit in Betracht, weil dieser Begriff klar das Diesseits (geistig wie materiell) abgrenzt, die Welt des Manifesten, im Gegensatz zum Unmanifesten, zur unvorstellbaren Realität jenseits allen Denkens und Seins.

Ich habe mich für den Begriff «Wirklichkeit» entschieden und hoffe, der Leser stimmt nach Erwägung der Gründe, die mich zu dieser Entscheidung bewogen haben, mit ihr überein:

1. Alle Phänomene, seien sie materieller oder spiritueller Natur, sind endlich, also zeitlich begrenzt. Mit dem Ende der Existenz aller Phänomene endet auch die Gültigkeit der Gesetze, die ihr Auftreten und ihre Veränderung regelten (in einem anderen «Universum», in einem anderen System der «Wirklichkeit», sind vielleicht auch diese «ewigen» Gesetze andere). Das Wort «ewig» erschien mir deshalb zu bedingungslos und umfassend, und ich brauchte einen Begriff, der seinen absoluten Anspruch ein wenig relativierte.
2. Das Wort «Gesetz» lag da schon näher, allerdings impliziert dieser Begriff für mich die Möglichkeit der Zuwiderhandlung, seiner Aufhebung. Die Unabänderlichkeit der aller Veränderung immanenten Prinzipien erschien mir nicht klar genug. «Gesetze» werden von Menschen gemacht, das Universum kreiert Bedingungen, die mehr sind als Gesetze: Nämlich Bedingungen der Existenz, die diese zugleich definieren. (Die Tatsache, daß der Mensch keine Flügel hat, ist kein «Gesetz», sondern schlichte Definition seiner Existenzbedingungen, Bestandteil und Grundlage seiner konkreten Wirklichkeit, die erst durch diese Definition ihren brauchbaren Wert erhält.) Außerdem hätte das «Buch der Gesetze» bei mir den schalen und autoritären Beigeschmack eines Werks der juristischen Fachliteratur gehabt.
3. Das Wort «Schöpfung» schloß sich schnell von selbst wieder aus, da es einen «Schöpfer» bedingt – von dem nun in der gesamten traditionellen chinesischen Literatur und Geistesgeschichte nicht die leiseste Andeutung oder Spur zu finden ist. Nicht der entfernteste Gedanke an einen solchen ist in dem vielfältig bunten, zahllose Wesen hervorbringenden und ernährenden chinesischen Universum zu entdecken. Auch nicht das dürftigste weiße Barthaar. Nichts.

Somit blieb nur – die «Wirklichkeit». «Nur»? Nur ein Wort, gewiß, aber was für eines, und welch ein Begriff!

Beansprucht das Wort «Wirklichkeit» doch nicht nur die «Wahrheit» für sich – im Gegensatz zur Unwirklichkeit, die mit Irrtum, Lüge und Illusion gleichzusetzen ist. Sondern meint auch «Objektivität», Nachprüfbarkeit in seinen Inhalten. Und geht darüber hinaus nur von dem aus, was dieser Objektivität zugänglich ist.

Vor allem aber spiegelt es die Inhalte des neuen I Ging von *beiden* Seiten wider: Nämlich sowohl die Prinzipien der Veränderung, die alles Sein und alle Existenz im sicht- und unsichtbaren Universum bestimmen, wie auch die Objekte dieser Prinzipien – das Sein und die Existenz selbst. Eben alle «Wirklichkeit», inklusive der Kriterien, die ihren Manifesten und ihren Funktionen zugrunde liegen.

Ob die «Gesetze» dieser Wirklichkeit «ewig» sind, und wie «ewig» ihre Gegenstände, die Objekte der Wirklichkeit, mag ein anderer, aus anderer Sicht, entscheiden. Aus menschlicher Sicht reichen sie vor die Ursprünge dieses Universums zurück – und über die vorstellbare Zukunft hinaus.

II. Die neue Ordnung

Nähern wir uns also dem I Ging nicht als einem starren, festgefügten System der Naturbetrachtung, in dem schon alles «seinen Platz» hat, sondern als einer losen Sammlung von brauchbaren Symbolen, deren Wert und Wirklichkeit noch nicht bekannt ist – oder erst in sehr archaischen Zügen –, so erkennen wir schnell, wie die Fülle des gegebenen Materials in den schöpferischen Händen eines logischen Bewußtseins zu einem komplexen und vollständigen Gebäude aufwächst, aus dessen Fenstern sich alle Wirklichkeit betrachten und verstehen läßt.

Dem kritischen, kategorisch geschulten Denken fällt bei näherem Hinsehen zunächst auf, daß man es gar nicht mit acht Trigrammen zu tun hat. Sondern mit zweimal vier. Es erkennt, daß die Abfolge Himmel, Erde, Donner, Wasser, Wind, Berg, See, Feuer weder eine Reihen- noch eine Rangfolge darstellen kann, die irgendeiner inhaltlichen Berechtigung entspränge. Es erkennt, daß es sich hier um zwei verschiedene Qualitäten von Realitäten handelt, die nicht gleichberechtigt sein können, also in einer Aneinanderreihung dieser Art nur entstellt werden.

Denn bei genauer Betrachtung erkennt man die Nennung von vier unquantifizierten Elementen, nämlich Himmel (Luft), Erde, Feuer und Wasser. Und entdeckt sofort, worum es sich bei den übrig gebliebenen vier Trigrammen handelt: Um vier quantifizierte, konkrete Zustände dieser Elemente. Ganz nach dem Prinzip «der Wind, der Wind, das himmlische Kind» können wir nun zwei Gruppen von Trigrammen aufstellen und sie darüber hinaus noch qualitativ zuordnen:

1. Gruppe:	Himmel (Luft)	Erde	Feuer	Wasser
2. Gruppe:	Wind	Berg	Donner	See

Denn ebenso wie der «Wind» ein konkreter Ausdruck, eine Formgebung und Manifestation des Elements «Luft» (Himmel) ist, so stellt der «Berg» eine konkrete Manifestation des Elements «Erde» dar, der «Donner» als akustische Fortsetzung der elektrischen Entladung des Blitzes eine konkrete Manifestation des Elements «Feuer» und der See eine begrenzte Formgebung und konkrete Manifestation des Elements «Wasser».

Wir sehen ferner, daß wir es nicht nur mit zwei unterschiedlichen, sondern mit unterschiedlich bedeutenden Gruppen von Trigrammen zu tun haben, die zweite eben nur eine konkrete Ausdrucksform und Manifestation der ersten, prinzipiellen Qualitäten darstellt.

Die erste, prinzipielle Qualitäten kennzeichnende Gruppe nenne ich deshalb künftig «Primäre Trigramme», die zweite, konkrete Zustände und Formgebungen der ersten kennzeichnende Gruppe «Sekundäre Trigramme» (siehe Tafel II).

Darüber hinaus lassen sich alle Trigramme, «Primäre» und «Sekundäre», eindeutig linear auf ihre zugrunde liegenden Urprinzipien zurückführen (siehe Tafel I):

Dem positiven, männlichen Urprinzip entsprechen die beiden differenzierenden Bigramme «Positiv aktiv» (einfache Verdopplung des positiven, männlichen Strichs) und «Positiv passiv» (polare Ergänzung des positiven, männlichen Strichs um einen negativen, weiblichen: Also «Geist», der seine polare Entsprechung, das Formprinzip der «Materie» in sich aufgenommen hat).

Die Erweiterung des Bigramms «Positiv aktiv» erstellt das Element und geistige Prinzip KIEN = Luft (Äther), dessen logische Ableitung und konkrete Erscheinungsform in der Welt der Phänomene durch SUN = Wind repräsentiert ist.

Die Erweiterung des Bigramms «Positiv passiv» erstellt das Element und geistige Prinzip LI = Feuer (Energie), dessen logische Ableitung und konkrete Erscheinungsform in der Welt der Phänomene durch TSCHEN = Donner repräsentiert ist.

Ebenso verhält es sich mit den Entwicklungen und Ausgestaltungen des negativen, weiblichen Urprinzips. Ihm entsprechen die beiden differenzierenden Bigramme «Negativ passiv» (die Verdopplung des negativen, weiblichen Strichs) und «Negativ aktiv» (die polare Ergänzung des negativen weiblichen Prinzips um einen positiven, männlichen Strich: Also «Materie», die die Keimzelle des «Geistes» aufgenommen hat).

Die Erweiterung des Bigramms «Negativ passiv» erstellt das Element und geistige Prinzip KUN = Erde (Materie), dessen logische Ableitung und konkrete Erscheinungsform in der Welt der Phänomene durch KEN = Berg repräsentiert ist.

Die Erweiterung des Bigramms «Negativ aktiv» erstellt das Element und geistige Prinzip KAN = Wasser (Rezeptivität), dessen logische Ableitung und konkrete Erscheinungsform in der Welt der Phänomene durch TUI = See zum Ausdruck kommt.

«Positiv passiv» deshalb, weil das positive, aktive Geistprinzip in seiner Entfaltung und Wirkung abhängig gemacht wurde vom negativen, passiven Materieprinzip.

«Negativ aktiv» deshalb, weil das negative, passive Materieprinzip um die positive, aktive Komponente des Geistprinzips erweitert wurde.

Wir haben also alle Trigramme bis in ihre Ursprünge zurückverfolgt und ein klares Bild ihrer Zusammensetzung und qualitativen Implikationen erhalten. Wir haben die Elemente KIEN = Luft (Äther) und LI = Feuer (Energie) auf das positive, männliche Geistprinzip zurückführen können, und die Elemente KUN = Erde (Materie) und KAN = Wasser (Psyche) auf das negative, weibliche Materieprinzip.

Darüber hinaus haben wir zwei qualitativ verschiedene Gruppen, eine «hierarchische Ordnung» der Trigramme, etablieren können sowie deren Ableitung und Abhängigkeit voneinander analysiert und als «Primär» und «Sekundär» klassifiziert.

Damit sind wir dem wahren I Ging, einem wirklichen Verständnis der Bedeutung und des Werts seines Zeichensystems, schon einen großen Schritt näher gekommen. Doch welche Konsequenzen ergeben sich aus dieser unserer grundlegenden Erkenntnis über die Qualitäten der Trigramme?

Die Konsequenzen liegen auf der Hand: Wenn es keine homogene Gruppe von 8 Trigrammen gibt, kann es auch keine homogene Gruppe von 64 Hexagrammen, also der Kombinationen dieser Trigramme, geben. Im Gegenteil: Bei zwei unterschiedlichen Qualitäten der Trigramme müßte man durch gegenseitige Kombination zu drei gänzlich verschiedenen Qualitätsgruppen an Hexagrammen kommen. Mit großen Schritten nähern wir uns der Wirklichkeit – der des I Ging und damit der des Universums schlechthin.

Die erste Gruppe an Hexagrammen erhalten wir durch die Kombination der Primären Trigramme untereinander, also durch eine Zuordnung der einzelnen Elemente zu sich selbst und zu anderen Elementen. Diese Qualität erstellt eine Gruppe von 16 «*Primären Hexagrammen*», deren Bedeutung von essentieller, grundlegender Natur sein dürfte.

Die zweite Gruppe an Hexagrammen erhalten wir durch Mischkombinationen der beiden Trigramm-Qualitäten, also durch die Verbindung von jeweils einem Primären und einem Sekundären Trigramm, von einem Element und einer konkreten Erscheinungsform eines Elements. Diese Qualität erstellt eine Gruppe von 32 «*Sekundären Hexagrammen*», deren Bedeutung von ausgestaltender Natur sein dürfte.

Die dritte Gruppe an Hexagrammen erhalten wir durch die ausschließliche Kombination von Sekundären Trigrammen untereinander, also von konkreten Erscheinungsformen der Elemente. Diese Qualität erstellt eine Gruppe von 16 «*Tertiären Hexagrammen*» und dürfte von vollendeter Natur sein (siehe Tafel IV).

Es ist uns also gelungen, den Symbolen des Buches eine feste, logische Struktur zu geben, die auch der kritischsten Nachfrage standhält. Mehr noch: Die uns einer Ordnung der universellen Phänomene und damit ihrem Verständnis ein großes Stück näherbringt. Denn mit dieser neuen Struktur und Qualifizierung seiner Bestandteile hat das «Buch der Wirklichkeit» bereits sein Fundament und seine Grundmauern erhalten, entlang derer sich die Substanz des ältesten Weisheitsbuches der Erde zu einem prachtvollen Palast der Erkenntnis kristallisieren wird.

Doch noch fehlt uns die eigentliche klare Definition der Symbole, der ursprünglichen Trigramme, und wofür sie stehen. Mit der einfachen Erklärung von Elementen und Naturerscheinungen kann sich der abstrakte, nach prinzipieller Erkenntnis und spiritueller Einsicht hungrige westliche Geist nicht zufriedengeben.

III. Die Primären Trigramme – Symbolik und Bedeutung

Wer mit der Symbolik des «westlichen Weges» der Initiation, der okzidentalen Geisteswissenschaft, von den Rosenkreuzern bis zu den Freimaurern, von der Anthropo- bis zur Theosophie, einigermaßen vertraut ist, wird in den Primären Trigrammen unschwer die «vier mystischen Elemente», aus denen alle spirituelle und materielle Wirklichkeit sich konstituiert, wiedererkennen. Vier Elemente, die nicht nur, nicht einmal hauptsächlich, materiell zu verstehen sind, sondern vor allem repräsentativ: Repräsentativ für die vier Grundeigenschaften des Geistes, die «vier göttlichen Qualitäten», die der Mensch auf seinem Weg zur Erleuchtung in sich zu kultivieren hat, für die Wirkprinzipien und Grundkräfte des Universums, des spirituellen wie des mikro- und des makrokosmischen.

Es handelt sich um die «Ursubstanzen», das formlose Material, in dem das spirituelle und materielle Universum seinen Ursprung und seine Dauer hat. Die «kosmische Quelle», die unerschöpflich alles Sein nährt und erhält und jeder konkreten Manifestation, sei es ein Gedanke oder ein Baum, zugrunde liegt, sie mit «Baustoff» versorgt.

Machen wir uns mit diesen elementaren «Baustoffen», den ersten und grundlegenden Wirklichkeiten des Universums, vertraut.

1. KIEN – Luft (Äther)

Das erste der Primären Trigramme, ursprünglich «Himmel» genannt, repräsentiert das Luftprinzip, auch den luftlosen Äther des makrokosmischen Raums.

Spirituelle Bedeutung: In der Theosophie, «Akasha» genannter, nicht-manifester Ur-Äther (feinstofflicher Äther), in dem alle Wirklichkeit, auch der höchsten transzendenten Art, ihren Ursprung hat, der selbst jedoch «nichts» ist und «nichts» enthält: Sich jeder Definition entzieht. In der spirituellen Klassifizierung repräsentiert er den primordialen «Geist», in dem jede Möglichkeit einer Manifestation enthalten ist, vor dem Entstehen jeglicher Wirklichkeit und über das Vergehen aller Wirklichkeit hinaus. Als Qualität wird ihm deshalb das «Allwissen» zugeordnet. Ursprung und Ziel aller Bewegung, zugleich bewegungslos-unbewegter Zeuge allen Geschehens, das «große Buch des universalen Gedächtnisses». Nur in seinen Emanationen, den konkreten Eigenschaften des Geistes, rational erfaßbar. Der Begriff Äther ist in dieser Bedeutung feinstofflich, nicht chemisch-physikalisch zu verstehen, und nur meditativ erfaßbar.

Makrokosmische Bedeutung: Raum-Äther in seiner grenzenlosen Ausdehnung. Es ist nicht nur der Luftraum, etwa die Atmosphäre eines Planeten, gemeint, sondern auch der sogenannte luftleere Raum – dessen «Inhalt» ist nicht etwa «Leere», noch ist er «Materie». Aus geisteswissenschaftlicher Sicht *hat* Raum keine Substanz, sondern *ist:* Nämlich reine Energie in schwingungslosem, deshalb nicht wahrnehmbarem Zustand.

Mikrokosmische Bedeutung: Das Luftprinzip im Menschen entspricht der Qualität «Geist» oder auch «reine Intelligenz», das sich in abstraktem Denken äußert. Die entsprechende göttliche Qualität ist das «Allwissen», das sich durch die höchste, nicht-verbale Abstraktion des Denkens erreichen läßt.

Esoterische Symbolik: Der Äther. Der Luftraum. Im Tarot: Das Schwert, das zugleich als «magische Waffe» die «Intelligenz» repräsentiert.

2. KUN – Erde (Materie)

Das zweite der Primären Trigramme repräsentiert die grobstoffliche Materie als unquantifiziertes, formloses Prinzip.

Spirituelle Bedeutung: In der Geisteswissenschaft steht «Erde», neben seiner Bedeutung als physikalische Materie, hauptsächlich für den grobstofflichen Äther, Substanz und «Gerüst» jeder materiellen Manifestation. Auf der energetischen Schwingungs-Skala repräsentiert der grobstoffliche Äther den entgegengesetzten Pol zum feinstofflichen Äther: Jener mit der höchstmöglichen Frequenz schwingend, daher nur in Zuständen höchster Vergeistigung wahrnehmbar, dieser mit der nahezu (nur von physikalischer Materie unterschrittenen) niedrigsten Schwingungsfrequenz, für sensitive Menschen leicht zugänglich und erfahrbar. «Baustoff» aller grobstofflich-physikalischen Wirklichkeit, die nur dessen höchste Verdichtung (und niedrigste Schwingungsform) repräsentiert – und in dieser Eigenschaft plastisches «Baumaterial» des «Geistes» (Kien), das seine «Omnipräsenz», seine «Allgegenwart» erstellt.

Makrokosmische Bedeutung: Der gesamte grobstoffliche «Inhalt» des Universums, sei er geformte (physikalisch existente) oder ungeformte (grobstofflich ätherische) Materie. Jedoch eher als «Prinzip» denn als «Summe» aller materiellen Wirklichkeit zu verstehen.

Mikrokosmische Bedeutung: Auf der Ebene des Menschen steht dieses Prinzip für das physikalische Material, aus dem sich sein Körper, seine Umwelt konstituiert, die Welt der sinnlichen Wahrnehmbarkeit. Ebenso alle Aspekte seines Geistes, die sich mit dieser Ebene der Wirklichkeit beschäftigen. Durch meditative Identifikation mit dem gesamten grobstofflichen Inhalt des Universums, die Transzendierung jeglicher physischen Begrenzung (vor allem durch die Sinne) läßt sich die göttliche Qualität der «Allgegenwart» im individuellen Bewußtsein realisieren.

Esoterische Symbolik: Die Erde (der Planet). Im Tarot: Das Pentakel, das zugleich als «magische Waffe» das Wissen und Verständnis des Magiers von «seinem» Universum repräsentiert.

3. LI – Feuer (Energie)

Das dritte der Primären Trigramme steht für das Energieprinzip des Feuers, das aller Dynamik und Aktivität zugrunde liegt.

Spirituelle Bedeutung: In der Geisteswissenschaft steht das Feuerprinzip für die «Energie, die alles in Bewegung setzt», für die Dynamik des Geistes. Es ist die Qualität des Geistes, ohne die er nicht «denken» kann – denn «Gedanke» ist «Geist in Bewegung» oder «aktiver Geist». Es ist der «Wille» des Geistes, unabhängig vom Objekt dieses Willens, und Wille ist Bewegung. Bewegung selbst ist bereits eine Realität und «bewegter Raum» eine Manifestationsform, ohne daß «etwas» bewegt würde, wie es das physikalisch konditionierte Bewußtsein gern suggerieren möchte. Das Potential und die Ausgestaltung dieses «Willens», der «Energie», steht für die geistige Qualität der «Allmacht».

Makrokosmische Bedeutung: Alles, was dem Prinzip von Energie und Bewegung entspricht, ist universaler Ausdruck des Feuerprinzips. Die Bewegung der Sterne und Planeten ebenso wie Wachstum und Veränderung in der Natur, die Bewegung *in* Atomen wie die Bewegung *der* Atome. Licht, Wärme, Strahlung und ihre Konsequenzen. Elektrizität und Feuer im Grobstofflichen wie auch deren Analogien im grobstofflichen Äther, auf den verschiedenen Astral-Ebenen und auf der Mental-Ebene. Gliederung materieller Strukturen nach dynamischen Gesetzen («Zerstörung», «Verbrennen»).

Mikrokosmische Bedeutung: Dem Feuerprinzip im Menschen entspricht ebenfalls alles, was mit Bewegung und Energie zu tun hat: Die Zirkulation seines Blutes ebenso wie dessen Wärme, die Motorik seiner Muskeln ebenso wie die seiner Körperatome, der Gang, die Bewegung. In seinem Geist die Antriebskraft des «Willens» als unerschöpfliches Potential und Energiereservoir. Durch meditative Identifikation mit dem Willensprinzip läßt sich im individuellen Bewußtsein nicht nur ein Verständnis, sondern die aktuelle Tatsache der «Allmacht» realisieren («der Wille kann Berge versetzen»): Das Erlebnis der «Erleuchtung», der Aufhebung der relativen Impotenz des Menschen durch «Verbrennen» seiner individuellen mentalen Schranken, die den Fluß der universellen Dynamik begrenzen, das unentwickelte Bewußtsein zugleich aber vor Desintegration bewahren.

Esoterische Symbolik: Die Sonne, die Flamme, das Feuer. Im Tarot: Der Stab, der als «magische Waffe» zugleich die Willenskraft repräsentiert.

4. KAN – Wasser (Psyche)

Das vierte der Primären Trigramme steht für das passive, träge Wasserprinzip, dessen Eigenschaft die Formlosigkeit wie auch die Formbarkeit ist.

Spirituelle Bedeutung: In der Geisteswissenschaft steht «Wasser» für die geist-losen, bildnerischen Kräfte der Psyche sowie alle deren relevante (positive wie negative) Eigenschaften. Die psychische Substanz, eine niedere Schwingungsform des Astrallichts, ist das plastische Material, das jedem Impuls, jeder Idee des «Geistes» Form, Farbe und Gestalt gibt, denen es aber an jeglicher Stabilität mangelt. Sobald die direkte Einwirkung endet, endet auch das Bild dieser Einwirkung: Es löst sich auf. Wie sein grobstoffliches Element, das Wasser, rezeptiv auf jede Formgebung reagiert, doch mit Beendigung der direkten Einwirkung wieder zu Formlosigkeit zerfließt. In der Rezeptivität und der Formlosigkeit ist aber zugleich auch seine Tugend begründet: Die seismografische Registrierung aller Bewegungen und Vorgänge. Deshalb werden diesem Element alle gefühlsbedingten und sensiblen Bewußtseinsprozesse zugeordnet, allerdings ohne Selektionsvermögen. Mit anderen Worten: Die bildnerischen Kräfte der Psyche arbeiten für jeden Herrn, der sie beansprucht, sei es zur Erstellung von Illusionen oder als getreuer Spiegel einer Wirklichkeit. Und «Herren» gibt es in jedem manifesten Universum buchstäblich in Hülle und Fülle: Alles, was da denkt und fühlt, übt beständigen Einfluß auf die psychische Ebene des Universums aus und trägt seinen Teil zum «kollektiven Unbewußten» bei. Im Fall der Beanspruchung durch den gefestigten «Geist» aber durchdringt dieses Prinzip als Qualität der «Alliebe» alle Ebenen des Universums.

Makrokosmische Bedeutung: Wasser als plastischer Baustoff des biologisch-materiellen Universums durchzieht allen Raum, erwartet seine Kondensierung (durch Einwirkung des Luftprinzips) oder seine Kristallisierung zu grobstofflicher Materie (durch Einwirkung des Feuerprinzips), entbehrt jedoch selbst jeder Möglichkeit der Aktivität oder Wirkung. Ist immer nur «Vehikel» der Aktivität und Wirkung anderer Elemente, und doch notwendiges Vehikel: Seine Trägheit ermöglicht die, wenn auch nur flüchtige, Rezeption ideeller Grundmuster, deren unsichtbare Struktur es sichtbar macht. Sein Magnetismus wirkt als Gegenkraft zur (elektrischen) Dynamik des Feuers, hält zum Beispiel die Bewegung der Planeten in stabilen Bahnen, die ohne diese Gegenkraft längst ziellos durch den Raum schnellen würden, seit dem ersten Energieschub, der sie in Bewegung setzte. Wirkt durch seinen Magnetismus der Expansivkraft des Feuers entgegen und garantiert damit die Stabilität aller materiellen Formen, die sich ohne diese magnetische Gegenwirkung in ihre Bestandteile auflösen würden, sorgt für die Phänomene der Schwerkraft fester Körper. Ist universelles Vehikel zum Transport sowohl von Ideen als auch von Kräften als auch fester Materie (Blut, Pflanzensäfte).

Mikrokosmische Bedeutung: Das Wasserprinzip entspricht im Menschen allem, was mit Rezeptivität, Formbarkeit, Sensitivität zu tun hat. Die psychische Dimension seiner Individualität als deren qualitative Ausstattung. Gefühl und die damit verbundene Vorstellungskraft, gefühlsmäßige Kreativität, Phantasie: Das Potential, jede abstrakte Idee mit Form, Farbe und Empfindung auszustatten, sie sich «auszumalen». Damit verbunden auch die Fähigkeit des Mitgefühls, des über die tatsächlichen eigenen Gefühle Hinausgehens und der Identifikation mit (vorgestellten oder tatsächlichen) Gefühlen und Erlebniswelten anderer. Imagination. Als Instrument des Geistes eingesetzt, zur meditativen Versenkung in die Gefühls- und Erlebniswelt aller fühlenden Wesen des Universums, ermöglicht dieses Prinzip die

Realisierung der göttlichen Qualität der «Alliebe» im individuellen Bewußtsein.

Esoterische Symbolik: Der Mond, das Meer. Im Tarot: Der Kelch, der zugleich als «magische Waffe» die universale Liebe repräsentiert.

Um dieses Verständnis der Primären Trigramme, Symbole der Elemente, sowohl der grobstofflichen Natur als auch des spirituellen Universums, bereichert, dürfte nun die Annäherung an ein tieferes Verständnis der Sekundären Trigramme, Symbole der konkreten Erscheinungsformen dieser Elemente, keine allzu großen Schwierigkeiten mehr bereiten. Wir haben uns der Wirklichkeit schon so weit genähert, daß ihre groben Formen wie Silhouetten vor dem Morgenhimmel eines neuen Bewußtseins sich abzeichnen. Die Inhalte der Silhouetten selbst aber liegen noch im dunkeln.

IV. Die Sekundären Trigramme – Symbolik und Bedeutung

Die zweite Gruppe der Trigramme, die ich die «Sekundären» genannt habe, steht der ersten an Klarheit und Aussagekraft, an Eindeutigkeit und in der Komplexität des Anspruchs in nichts nach. Und doch sind sie «sekundär», sowohl in kosmogonisch-zeitlicher Hinsicht als auch in der Hierarchie der geistigen und materiellen Phänomenologie. Lassen Sie mich das an einem Beispiel verdeutlichen.

Nehmen wir an, ich hätte einen Goldklumpen zur Verfügung, eine bestimmte, ungeformte Menge dieses Edelmetalls (das ich nicht zufällig wähle: ist doch seine symbolische Bedeutung in der Geisteswissenschaft die der Erleuchtung, der menschlichen und geistigen Vervollkommnung). Dieser Goldklumpen ist nicht nur mein rohes Arbeitsmaterial, sondern in allen seinen Qualitäten repräsentativ für alles Gold, das es, in welcher Form und wo auch immer, gab, gibt und geben wird. Physikalische Eigenschaften und chemische Reaktionen, die mein Goldklumpen aufweisen wird, werden mit Sicherheit auch die Eigenschaften und Reaktionen jeglichen anderen Goldes sein, und Erkenntnisse, die ich in bezug auf mein Gold mache, werden auf alles Gold zutreffen.

Nehmen wir nun weiter an, ich arbeite aus meinem Goldklumpen ein Schmuckstück. Ich schneide, graviere, forme und ziseliere, bis aus meinem Goldklumpen ein Collier geworden ist. Dieses Collier, in seiner Gestaltung sicher so einzigartig wie der ursprüngliche Goldklumpen in seiner Form, ist dennoch repräsentativ für die gesamte Gattung «Schmuckstücke». Als Rezipient künstlerisch-gestalterischer Bemühung. Als durch «Zierde» definierte Funktion. Und so weiter.

Ich habe also durch Bearbeitung des Goldklumpens eine neue Qualität an Wirklichkeit erstellt, die mit der Qualität «Gold» nichts mehr zu tun hat (andere Schmuckstücke können aus Platin sein, entsprechen doch allen Definitionen meiner neuen Kategorie «Schmuckstück»). Ich habe also zwei Kategorien von Wirklichkeit, die beide für eine eigene Welt von Eigenschaften und Definitionen stehen: «Gold» und «Schmuckstück». Beide Kategorien sind komplex und unabhängig voneinander ein in sich abgeschlossenes, sich selbst genügendes System an Qualitäten.

Und doch existiert eine (zeitliche) Kausalität und eine (qualitative) Hierarchie zwischen meinem Goldklumpen (repräsentativ für «Gold» schlechthin) und meinem Collier (repräsentativ für «Schmuckstücke») – nämlich im Material, aus dem beide ihre Existenz beziehen.

«Gold» repräsentiert das Material in seinen noch sinn- und funktionslosen, Ureigenschaften – mein Collier repräsentiert eine konkrete Formgebung, eine «Manifestation» dieser Ureigenschaften in bestimmter, konkreter Form. Denn unabhängig von seiner neuen Bedeutung «Schmuckstück» hat das Material meines Colliers nichts von den Qualitäten und Eigenschaften des ursprünglichen Goldes eingebüßt, außer: Der Vielfalt der Konkretisierungsmöglichkeiten.

Denn mein «Schmuckstück» ist *eine* der vielfältigen Manifestationsmöglichkeiten des Urmaterials «Gold». Dem «Gold» selbst sind sie *alle* jederzeit immanent. Und mein Schmuckstück gewänne diese erweiterten Qualitäten erst wieder, wenn ich es seiner Qualitäten als «Schmuckstück» beraubte und wieder nur als Quantität des Materials «Gold» betrachtete.

Dieselbe Kausalität und Hierarchie besteht zwischen den Trigrammen der ersten Gruppe (den Primären Trigrammen), dem «Gold» unseres Beispiels, und den Trigrammen der zweiten Gruppe (den Sekundären Trigrammen), dem «Schmuckstück» unseres Beispiels: Beide stellen für sich Kategorien dar, in sich komplex und aussagefähig und umfassend – und doch beruhen sie, kausal wie qualitativ, aufeinander. Nämlich die Sekundären Trigramme auf den Primären, aus deren Material ihre neue «Wirklichkeit» gestaltet ist.

In den Begriffen «Primär» und «Sekundär» ist deshalb keine Abwertung zu sehen («Schmuckstück» ist auch keine Abwertung von «Gold», sondern eine Einschränkung sowie auch eine Erweiterung des Qualitätskataloges) – vielmehr eine Kategorisierung gemäß kausaler und qualitativer Kriterien der Zuordnung.

Sehen wir uns die «Schmuckstücke» der kosmischen Symbolik des I Ging einmal näher an.

1. SUN – Wind (Denken und Bewußtsein)

Das erste der Sekundären Trigramme ist die konkrete Manifestation des Elements und geistigen Prinzips KIEN – Luft (Äther). SUN ist KIEN in Bewegung.

Spirituelle Bedeutung: «Geist», in sich ruhend und vollkommen, bedarf zu seiner Manifestation der Bewegung. Geist in Bewegung ist Denken, sein Produkt sind Gedanken, formulierte Ideen. Sowohl der Prozeß dieser Bewegung als auch sein Resultat kommen in diesem Trigramm, dessen Natursymbol der «Wind» ist, zum Ausdruck: Denken, Reflexion, die Formulierung von Ideen und abstrakten Repräsentationen einer grobstofflichen Wirklichkeit. Dieses Denken kann sowohl ein rezeptiver (das Durchdenken und Erkennen einer vorhandenen Wirklichkeit) als auch ein kreativer (die Formulierung neuer Ideen, denen noch keine Wirklichkeit entspricht) Prozeß sein. Die Formulierung abstrakter, später konkreter Ideen ist der erste Schöpfungsprozeß des Universums, der diese Bezeichnung verdient. Diese Ideen «kleiden» sich später in die Substanz des Astrallichts (die Bilderwelt der Psyche), ziehen danach adäquate Substanzen des grobstofflichen Äthers an sich, deren Verdichtung schließlich physikalische Wirklichkeit wird (siehe Kapitel V, «Die Ebenen der Wirklichkeit»).

Makrokosmische Bedeutung: Bewegter Äther. Kosmische Stürme ebenso wie tellurischer Wind. Die Aktivität des universalen Geistes, die Konstellation vorhandener Ideenmuster zu verändern oder gegen neue auszutauschen.

Mikrokosmische Bedeutung: Die geistige Persönlichkeit des Menschen. Das individuelle Denken, die Tätigkeit des Intellekts, das analytische Vermögen und sein Gebrauch. Auch die intellektuelle, (nicht-bildnerische) abstrakte Kreativität. Mathematisches Denken, Sprachbewußtsein, Philosophie und Wissenschaft und deren analoger Einsatz bis in alle Dimensionen des täglichen Lebens. Der Mentalkörper in der spirituellen Anatomie. Erkenntnisfähigkeit und Gedächtnis, Bewußtsein.

Esoterische Symbolik: Wind und Wolken (für «Denken» und «konkrete Gedanken/Ideen»). Im Tarot: Das Schwert, zugleich auch «magische Waffe», repräsentativ für die «analytische Schärfe» und Aktivität des Intellekts.

2. KEN – Berg (Körper und Gestalt)

Das zweite der Sekundären Trigramme repräsentiert die konkrete Manifestation des Elements und geistigen Prinzips KUN – Erde. KEN ist KUN in individueller, konkreter Ausformung.

Spirituelle Bedeutung: Die grobstofflich-ätherische Form jeder materiellen Wirklichkeit, das «ätherische Gebäude» jeder physischen Existenzform. Der Äther-Körper jedes lebenden oder mineralischen, individuell geformten Soseins. Jeder sinn-, funktions- und zweckbestimmt geformte grobstoffliche Äther und dessen materiell-physikalische Verdichtung.

Makrokosmische Bedeutung: Jede konkrete materielle Ausformung im Universum, sei es ein Planet, ein Stern, ein Gebirge oder ein Stein. Die Körper von Tieren und Pflanzen, die menschlichen Körper. Die gesamte Welt konkret gestalteter physischer Materie.

Mikrokosmische Bedeutung: Die Person des Menschen, sein Körper, seine Gestalt, sein Aussehen. Sein Ätherleib als Träger der vitalen (regenerativen) Funktionen und als Sitz seines Gedächtnisses, seines persönlichen Bewußt-Seins als Individuations- und Inkarnationsform. Das System seiner physischen Sinne, das Bewußtsein und die Speicherung ihrer Informationen, ihre Auswertung zu einem konkreten Selbst- und Welt-Bild. Zugleich auch Stellung der Person im gesellschaftlichen Leben, ihr Einfluß, ihre Bedeutung, ihr (äußeres) Ansehen und alle damit zusammenhängenden Faktoren – wie Macht, Wertschätzung, Wirkung.

Esoterische Symbolik: Berg, Haus, Turm, Gebäude (menschlicher Wohnstatt) jeder Art. Im Tarot: Das Pentakel, zugleich auch «magische Waffe», repräsentativ für das konkrete Weltbild und -verständnis des Menschen.

3. TSCHEN – Donner (Emotion und Dynamik)

Das dritte der Sekundären Trigramme repräsentiert die konkrete Manifestation des Elements und geistigen Prinzips LI – Feuer. TSCHEN ist LI in zielgerichtetem, aktivem Einsatz, also: Dynamik.

Spirituelle Bedeutung: Die kreative Dynamik des «Geistes», der konkrete (schöpferische) «Wille» des Universums, an jeder Bewegung und Veränderung der manifesten Wirklichkeiten oder an der Entstehung neuer Wirklichkeiten ablesbar. Dessen gezielte Einwirkung auf individuelles Bewußtsein: Erleuchtung als «blitzartiges» Überschreiten der individuellen Bewußtseinsgrenzen und der intuitiven, mystischen Schau der (geistigen) Wirklichkeit. Verbunden mit der Zerstörung von Illusionen, also begrenzten oder falschen Anschauungsweisen und Konzepten.

Makrokosmische Bedeutung: Die Motorik und Dynamik aller bewegten Körper, die bestimmten Gesetzen folgen. Jedes energetische System, das Kraft, Licht oder Wärme erzeugt, sowohl nach bestimmten, beobachtbaren Gesetzen als auch in Form unerklärter Entladungen, plötzlicher Materieveränderungen durch Energie, das Sprengen von Molekülen in seine Atome, was sich aus physischer Betrachtung als «Zerstörung» (einer konkreten Form oder Verbindung nämlich) darstellt. Elektrizität in allen ihren kontrollierten und unkontrollierten Aspekten. Strahlung und Expansionskraft von Körpern und ihre Eigendynamik.

Mikrokosmische Bedeutung: Alle dem Feuerprinzip analogen Eigenschaften der menschlichen Persönlichkeit wie auch der Person. Von der Bewegungskraft seiner Körperteile bis zu der Willenskraft seines Bewußtseins. Emotionale Dynamik, wie Haß, Ärger, Lust, Freude, Aufregung, die den Aktivitäten seines Astralkörpers entsprechen. Die «treibende Kraft», seines Herzmuskels ebenso wie des schöpferischen und evolutionären Willens, der sich in konkreten Handlungen und der Gestaltung der Wirklichkeit manifestiert. Die «emotionale» und aktive Persönlichkeit.

Esoterische Symbolik: Feuer, Flamme. Der Blitz. Der Phallus. Im Tarot: Der Stab, zugleich auch «magische Waffe», repräsentativ für zielgerichtete, schöpferische Willenskraft.

4. TUI – See (Sensibilität und Phantasie)

Das vierte der Sekundären Trigramme repräsentiert die konkrete Manifestation des Elements und geistigen Prinzips KAN – Wasser. TUI ist KAN in begrenzter, definierter Form.

Spirituelle Bedeutung: Die Rezeptivität der Psyche, ihre bildnerische Phantasie, die astrale «Seele» jeder Individuation des Universums. Die konkret geformte Astralebene eines Planeten, Empfänger und bildnerischer Spiegel aller seelischen, sensiblen und emotionellen Vorgänge in ihrem Einzugsbereich. Der archaische Astralleib von Tieren, plastische Bilder der Instinkt- und Emotionalobjekte formend. Der menschliche Astralkörper. Das plastische Material des schöpferischen Geistes, seinen abstrakten Ideen konkrete Form und Gestalt zu verleihen. Jegliches in individuellen Formen gebundenes Astrallicht, das beseeltes, beim Menschen zusätzlich denkendes Leben begleitet.

Makrokosmische Bedeutung: Der Magnetismus und alle Erscheinungen von Schwerkraft konkreter grobstofflicher Formen im Universum. Der «ordnende» Faktor, der die Dynamik hemmt, in unkontrollierter Expansion oder Bewegung sich auszudrücken. Die Trägheit der Materie, die dynamische Schübe abblockt, mildert, reguliert, ihnen also entgegenwirkt. Durch ein proportionales Gleichgewicht dieser beiden gegensätzlichen Kräfte werden Phänomene wie regelmäßige Umlaufbahnen (von Neutronen wie von Planeten) um einen Mittelpunkt oder konstante, meßbare Schwerkraftverhältnisse, die sich auch über lange Zeit hin nicht verändern, möglich. Schließlich: Jede begrenzte Ansammlung von Wasser auf konkreten Himmelskörpern, die in keinerlei quantitativer Konkurrenz zu ihrer Trägermaterie steht.

Mikrokosmische Bedeutung: Die individuelle Psyche des Menschen mit ihrem gesamten Inhalt. Der kann willentlicher oder unwillkürlicher Natur sein. Willentlich: Eine schöpferische, abstrakte Idee nimmt durch konkrete Vorstellung in der Phantasie «Gestalt» an. Unwillkürlich: Eine Beobachtung übersetzt sich durch gelernte «Reaktion» der Psyche oder unkontrollierte Vorstellungskraft (der kein Wille oder keine negative Assoziation entgegenwirkt) in ein plastisches Bild mit Gefühlsaufladung und wird zum «Bedürfnis», zu «Lust», «Furcht», «Angst», «Haß» oder «Sehnsucht» und drängt das Bewußtsein und über das Bewußtsein die Dynamik des Menschen zu unkontrollierten Haltungen und Handlungen. Bestimmte, wiederholte Vorstellungen und Gefühle formulieren konstante Bilder von ihnen in der individuellen Psyche, flüchtige oder einmalige Bilder verblassen mit ihrem «Vergessen» oder mit der gezielt negativen Reaktion des «desinteressierten» Bewußtseins und Willens. Sitz der Psyche ist der Astralkörper des Menschen, der neben den persönlichen «Inhalten» durch Kontakt zu der Astralsphäre seines Lebensbereichs (dem Astralleib des Planeten) auch «Inhalte» des «kollektiven Unbewußten» spiegeln und bewußt machen kann. Den Grad des individuellen Informationsflusses zwischen Bewußtsein (Mentalleib) und Psyche (Astralleib) bestimmen verschiedene Funktionen und Faktoren. Unwillkürlichen Anschluß des Bewußtseins an die bildnerischen Kräfte der Psyche nennt man «Phantasie», «Sensitivität» oder auch «Psychismus», die (zu bevorzugende) willentliche Verfügungsgewalt über diese Kräfte «Kreativität», «ganzheitliches Bewußtsein» oder einfach «Bewußtheit».

Esoterische Symbolik: Der See. Tassen, Krüge, Kelche, Gläser jeder Art. Im Tarot: Der Kelch, zugleich auch «magische Waffe», repräsentativ für die Liebe zu (Identifikation mit) allem beseelten Leben.

So treten uns auch die Sekundären Trigramme mit einer Fülle, einer Schönheit und einem Reichtum an philosophischer Erkenntnis und psychologischer Einsicht gegenüber, die sie wahrhaft als Instrumentarium zur Einordnung, Klassifizierung und zu einem tieferen Verständnis der Wirklichkeiten im Mikro- und Makrokosmos brauchbar machen. Auch und gerade für das analytische Denken, das die Nachkommen des westlichen, rationalen Evolutionszweiges so auszeichnet.

Wir sind also im Besitz eines potenten Systems von zweimal vier Symbolen, deren Relevanz und prinzipieller Aussagewert die gesamte Wirklichkeit des Universums umfaßt, keiner Frage ausweichen muß, auf jede Frage eine Antwort hat (auf manche sogar *die* Antwort), und auf keiner Ebene der Wirklichkeit versagt.

Aussagewert, schön und gut. Sicherlich ein System, ganz bestimmt symbolisch, und möglicherweise potent. Doch über die Relevanz zu urteilen, muß ich erst wissen, in bezug auf welche Wirklichkeit, sagt das skeptische Denken. Gibt es noch andere Ebenen der Wirklichkeit?, fragen die fünf physischen Sinne. Ich kann rein gefühlsmäßig mit abstrakten Definitionen nichts anfangen, mir kein Bild machen, sagt die irritierte Seele.

Also gut, ich lasse mich überreden und füge ein kleines, feines Kapitel über die verschiedenen Wirklichkeitsebenen der Universums ein, bevor ich mit der Erläuterung der Stellung der Trigramme im Hexagramm fortfahre. Es kann schließlich nur von Vorteil sein zu wissen, daß alle im selben Expreß den Sternen zusteuern.

Den Lesern, die sich auf diesen Ebenen bereits auskennen wie in den verschiedenen Räumen ihres Hauses (siehe: KEN / «Esoterische Symbolik»), sei geraten, zu Kapitel VI vorzublättern oder einfach aus dem Fenster zu schauen. Auch in bekannten Wirklichkeiten gibt es immer wieder Neues zu entdecken. Und wenn die Wirklichkeit sich nicht verändert (gewandelt) hat – vielleicht haben wir uns?

V. Die Ebenen der Wirklichkeit

Ich will hier nicht einmal mehr das nur allzu bekannte Elephanten-Gleichnis strapazieren, um zu illustrieren, daß es verschiedene «Wirklichkeiten» gibt, die von ihrer individuellen Perzeption (und dem Perzeptionsvermögen des Urteilenden) abhängig sind; geht es doch auch in diesem Gleichnis mehr um die subjektiven Aspekte *ein* und *derselben* «Wirklichkeit».*

Uns geht es vielmehr um verschiedene *Ebenen* von Wirklichkeit, und diese Ebenen sollten uns, trotz subjektiv unterschiedlicher Wahrnehmung und Perspektive, mit einer gemeinsamen, objektiven Basis der Orientierung ausstatten, so daß wir, auch wenn wir in verschiedene Richtungen blicken, doch zumindest auf dem gleichen Boden stehen. In obigem Gleichnis: Die Einigung der Beteiligten, von einem physischen Elephanten zu sprechen, also die grobstoffliche Ebene der Wahrnehmung als gemeinsame Orientierungsbasis zu akzeptieren (nicht auszudenken, wie das Gleichnis endete, hätten die Blinden auch noch auf verschiedenen *Ebenen* der Wirklichkeit operiert).

Daß es eine grobstoffliche, mit den fünf physischen Sinnen wahrnehmbare Wirklichkeit gibt, darüber bin ich sicher mit jedem Leser einig, nicht nur, weil eben diese Sinne uns von ihr überzeugen, sondern weil wir heute (lieber Leser der Zukunft, ich schreibe dieses Buch im auslaufenden zwanzigsten Jahrhundert) in unseren Schulen exklusiv auf diese Wirklichkeit zugeschnitten und in unserem Verständnis auf sie beschränkt werden. Zum Preis der Unterentwicklung bis hin zur Verkümmerung der anderen Sinne und Wahrnehmungsfähigkeiten, mit denen ein Mensch geboren wird, die deshalb selten oder nie den Grad einer Fertigkeit erreichen, sofern wir sie uns nicht außerschulisch – unter inadäquat großen Mühen – als Erwachsene zurückerobern und zugänglich machen können.

Unsere Wahrnehmung dieser Wirklichkeit ist bestimmt von den

* Fünf Blinde geraten über der Frage, was ein Elephant sei, in heftigen Streit. Der erste, der den Rüssel betastet hatte, behauptete, ein Elephant sei ein Schlauch. Der zweite, der den Bauch betastet hatte, behauptete, ein Faß. Der dritte, der ein Bein betastet hatte, behauptete, eine Säule. Der vierte, der ein Ohr betastet hatte, behauptete, ein Palmblatt. Und der fünfte, der den Schwanz betastet hatte, behauptete, ein Elephant sei ein Pinsel.

beiden Faktoren «Raum» und «Bewegung». Wir nehmen Räume wahr, und in den Räumen Bewegungen. Beobachtete «Bewegung im Raum» definiert in unserem Bewußtsein nicht nur die Dreidimensionalität der Wirklichkeit, sondern etabliert den Faktor «Zeit» als sogenannte vierte Dimension (eine Kugel «braucht» soundso «lange», um von Punkt A zu Punkt B zu rollen / ein Barthaar «braucht» soundso «lange», um von einem schwarzen in ein graues sich zu verwandeln, also zu «altern»). Daß diese vierte Dimension «relativ», also wahrlich eine Illusion ist, die aus der (unterschiedlichen) Trägheit der(selben) Materie (unter verschiedenen Bedingungen) resultiert, soll uns in diesem Zusammenhang nicht stören. (Wie sollte man im auslaufenden zwanzigsten Jahrhundert einem Wissenschaftler die «Zeit» ausreden, der gerade dabei ist, sie zu entdecken?)

Gehen wir also von drei räumlichen und einer zeitlichen Dimension aus. (Es gibt wirklich nur Veränderungen im Raum, und deren Korrelation durch «Zeit» entbehrt jeglichen objektiven Wertes. Die «Stunde» des in Todesangst Wartenden hat wirklich eine «Ewigkeit» gedauert, die des Tanzenden nur einen «Augenblick», die Objektivität beider Bewertungen ergibt sich aus den Bewußtseinsschritten, die jeder der beiden vollzog, bei dem einen vielleicht sogar schwarzes Haupthaar in graues verwandelte, ihn also «um Jahre altern ließ».

Doch bei der Umkehr vieler Werte, die das materialistische Bewußtsein vornimmt, gilt die Objektivität der beiden als «subjektive Wahrnehmung» und die nutzlos identische Anzeige von zwei nach denselben Prinzipien konstruierten Chronometern mit sechzigfacher Wiederholung derselben «Bewegung im Raum» als «objektiv».)

Da wir uns aber in unserem grobstofflich orientierten Bewußtsein so sehr daran gewöhnt haben, Veränderungen im Raum als «Zeit» zu definieren, wollen auch wir im folgenden bei dieser Terminologie bleiben, ohne deren wirkliche (und «relative») Bedeutung aus dem Hinterkopf zu verlieren.

Diese vier Dimensionen bestimmen also unser grobstofflich orientiertes Bewußtsein von der Wirklichkeit, und bevor wir uns anderen Wirklichkeiten nähern, sollten wir versuchen, den Faktor «Zeit» aus den Korrelaten auszuklammern und nur «räumlich» zu denken – denn wir nähern uns Räumen, die zeitlos sind, Veränderungen und Bewegungen in diesen Räumen vollziehen sich als rein qualitative Vorgänge, deren Perzeption auch nur qualitativ, also objektiv, ist – und der «objektive» «Zeit»-Faktor, würde man ihn in diese Ebenen einführen, repräsentierte lediglich die Subjektivität dessen, der ihn projiziert.

Diese zeitlosen Räume könnte man, gäbe es die vierte, die «fünfte

Dimension» nennen. Diese fünfte Dimension aber fügt den ersten vier nicht etwa eine weitere hinzu – sie nimmt ihnen vielmehr die vierte und erstellt Wirklichkeiten, die nur räumlich, nicht aber zeitlich sind. Gleichzeitigkeit der subjektiven Anwesenheit in objektiv verschiedenen Räumen ist nicht nur denkbar, sondern banale und selbstverständliche – «Wirklichkeit», auch wenn unser Raum-Zeit-konditioniertes Bewußtsein sich mit einer solchen Vorstellung schwertut (und wir uns schwer vorstellen können, was Russell in Interpretation von Einstein meinte, als er behauptete, eine Billardkugel könne durch eine andere «hindurchrollen», die zur selben Zeit am selben Ort liege, wo die erste rolle). Ebenso banal und selbstverständlich wie die Gleichzeitigkeit verschiedener Wirklichkeiten im selben Raum – die sich weder tangieren noch untereinander wahrnehmen, einander «durchdringen», auf verschiedenen Schwingungsebenen koexistieren. Wie Radiowellen, die zur selben Zeit denselben Raum beanspruchen und sich trotzdem, auf Grund verschiedener Frequenzen, weder stören noch berühren.

Eine Definition der sechsten Dimension, in der weder Raum noch Zeit als Korrelaten des Seins und damit des Bewußtseins zur Verfügung stehen, ist verbal noch weniger kommunizierbar als die Definition der fünften oder doch nur in weiteren Abstraktionen, die kaum mehr Vorstellung vermitteln als die Bezeichnung «raumlose Ewigkeit». Dennoch werde ich auch diese Begriffe noch beanspruchen müssen zu einer, zumindest verbal, klaren Unterscheidung der Ebenen der Wirklichkeit.

1. «Der Augenmensch» – ein Gleichnis

Bleiben wir zunächst bei der fünften Dimension, für die unser Bewußtsein bei einiger Anstrengung gerade so hinreichen mag: Bleiben wir bei der Gleichzeitigkeit verschiedener räumlicher Wirklichkeiten am selben Ort. Wenn wir hierbei schon auf die Vergewisserung der physischen Sinneswahrnehmung verzichten müssen, so wollen wir dem abstrakten Denken zumindest die Säulen der bildnerischen Seele gönnen, auf die es sein Gebäude stützen mag.

Stellen wir uns vor, der Mensch (der Leser dieser Zeilen) habe, über den gesamten Körper gleichmäßig verteilt, viele Augen. Stellen wir uns weiter vor, der aufrecht stehende Mensch durchstoße mit seinem Körper mehrere Wolkendecken, die erste in Höhe der Knie, die zweite in Höhe der Hüfte, die dritte in Höhe der Brust und eine vierte in Höhe seiner Nase. Stellen wir uns außerdem vor, diese Wolkendecken trennten ganz unterschiedliche Wirklichkeiten voneinander – unterhalb der Knie eine Welt bestehend aus Füßen, Zehen, Socken, Schuhen, Sohlen, Absätzen und begehbaren Wegen. Zwischen Knien und Hüfte eine Welt bestehend aus Schenkeln und Muskelübungen, Geschlechtsorganen und Geschlechtsverkehr. Zwischen Hüfte und Brust eine Welt bestehend aus Bäuchen und Nabeln und Verdauungsprozessen. Zwischen Brust und Nase eine Welt aus Schultern und Lasttragen und Mündern und Gesprächen und Nahrungsaufnahme. Oberhalb der Nase eine Welt von Stirnen und Kopfhaar, von Stirnrunzeln und Frisuren und Haarpflege. Jede dieser Welten folgt eigenen Gesetzen, ist in sich geschlossen, genügt sich selbst und hat keine Kenntnis von der Existenz der anderen.

Stellen wir uns zusätzlich vor, der Mensch habe ein sehr ein-fältiges Bewußtsein. Er könnte, trotz seiner vielen Augen auf jeder «Ebene der Wirklichkeit», immer nur eine wahrnehmen, seine Aufmerksamkeit immer nur auf eine der Welten richten. Seine Augen in den anderen Welten sind dann, obgleich offen, wie blind. Je nachdem, auf welche Ebene er sein Bewußtsein konzentrierte, nähme er entweder nur am Leben der Füße oder am Leben der Bäuche oder am Leben der Geschlechtsteile oder am Leben der Münder und Schultern teil.

Auf Grund seiner Erziehung aber ist er dazu verdammt, sein Leben lang nur am Leben der Füße teilzunehmen, eine «Verlagerung» seines Bewußtseins auf eine der anderen Ebenen, wie sie in seiner Kindheit noch gelegentlich, dann immer seltener, unkontrolliert vorkam, wurde ihm gründlich aberzogen. Jetzt betrachtet er sich nur noch als zwei Füße in einer begehbaren «Welt». Sein Mangel an *Bewußtsein* von diesen anderen Welten ändert aber nichts an deren *Existenz:* Alle diese Wirklichkeiten sind gleichzeitig am selben Ort *wirklich,* nur die Begrenzung seiner Wahrnehmung schließt sie aus.

Würde man ihm diese anderen Wirklichkeiten, eine nach der anderen, zeigen, ihn die Verlagerung des Bewußtseins von einer Ebene der Wirklichkeit auf eine andere lehren, wäre er schon bald mit allen Ebenen gleich gut vertraut, könnte sich auf ihnen bewegen und – auf allen «Zu Hause» fühlen.

Mehr noch: Die Gleichzeitigkeit der unterschiedlichen Welten würde ihn möglicherweise animieren, die Gleichzeitigkeit seines Wahrnehmungsvermögens auf verschiedenen Ebenen zu trainieren, also die Ein-falt seines Bewußtseins bis zu einer konkreten Viel-falt zu erweitern – und käme so nicht nur zu einer umfassenden Erkenntnis über alle seine Körperteile und ihre verschiedenen Funktionen, sondern schließlich sogar zu einem *ganzheitlichen* Bewußtsein aller Aspekte seines Körpers in ihrem Zusammenspiel. Es wären dann nicht mehr die Füße, die liefen, die Muskeln, die trainierten, der Bauch, der verdaute, die Brust, die atmete, der Mund, der redete, die Stirn, die sich runzelte – sondern es wäre immer der ganze Mensch, im vollständigen Bewußtsein aller seiner Qualitäten, der liefe, übte, liebte, atmete, redete und dächte, gleichzeitig gewärtig aller Ebenen der Wirklichkeit, auf denen er «zu Hause» ist und in denen er «funktioniert».

Seele, jetzt hast du ein Bild. Denken, jetzt hast du eine Stütze. Und was euch physische Sinne betrifft: Haltet euch an eure eigene «Ebene der Wirklichkeit».

2. Akasha

Die «höchste» begreifbare, also in Begriffen faßbare Ebene der Wirklichkeit ist die «siebte Dimension», um bei dieser Terminologie zu bleiben. Eine genaue Vorstellung von ihr ist aus unserer Sicht nicht nur unmöglich, sondern sogar irrelevant. Es handelt sich bei ihr um den ungeformten, also raumlosen und ewigen, also zeitlosen, Uräther, der nicht «Nichts» ist und doch nicht als Gegensatz von «Etwas» begriffen werden kann. Ursprung und Materiallieferant jeglicher Manifestation im Universum, sei sie abstrakt-ideeller oder konkret-materieller Natur. Eigenschaftslos, doch alle möglichen Eigenschaften der Vergangenheit, Gegenwart, Zukunft enthaltend. Alle Ebenen der Wirklichkeit durchdringend und doch nicht existent. Die meditative Versenkung in diesen Uräther, also das Verlöschen jeglicher Begrenzung und Bewegung des Bewußtseins, führt zu «Samadhi» oder der Transzendierung jeglicher unterscheidbarer Realität in die All-Einheit unterschiedsloser, unbewegter Nicht-Existenz, die trotzdem als «real» erlebt wird. Alle Grenzen von «Ich» und «Nicht-Ich» sind aufgehoben, Bewußtsein und Gegenstand des Bewußtseins sind identisch geworden.

Dieser Uräther, der in formlosem Zustand alle Formen der Vergangenheit, Gegenwart, Zukunft speichert,* zugleich auch die Aufhebung aller Formen, ist unverändert und selbst durch Formwerdungen aus ihm heraus unveränderlich: Seine Qualitäten, die sich nur

* die Archetypen aller Seinsmöglichkeiten

durch Negationen beschreiben lassen, unterliegen weder qualitativ noch quantitativ irgendwelchen Veränderungen. Ursprung aller Qualitäten, ist er doch mehr als die zeitlos verfügbare Summe aller Qualitäten, nämlich qualitätslos, ohne Definition, ohne Begrenzung.

Ich könnte so fortfahren, Definitionen und Negationen von Definitionen aneinanderzureihen: Durch Multiplikation der verbalen Annäherungsversuche kommt der rationale Geist einem Verständnis doch nicht näher, und nur dem meditativen erschließen sich die hier genannten Abstraktionen. Der aber schweigt.

Für uns ist nur wichtig zu verstehen, daß dieser Uräther auf der höchstmöglichen Frequenz schwingt, die von irgendeiner konkreten Existenzform, auch der abstraktesten Idee, nicht tangiert werden kann (oder sie auflöst, das heißt, ihrer Definition und Qualität als Idee beraubt), und daß alle Erscheinungsformen der Wirklichkeit, gleich welcher Ebene, auf niedereren Frequenzen schwingende Einheiten aus diesem feinstofflichen Uräther darstellen: Aus dem sie einst emanierten (ausflossen), sich formulierten, existierten und irgendwann in ihn zurückkehrten, sich in ihn auflösen werden.

Für den Menschen repräsentiert Akasha die höchste Stufe der Verwirklichung seiner Bewußtheit, und alle Bewußtseinsinhalte, die dieser höchsten Schwingung nicht standhalten, sind «sterblich» oder vergänglich und lösen sich Stufe für Stufe im Laufe seiner individuellen Evolution durch die verschiedenen Ebenen der Wirklichkeit hindurch – buchstäblich in «Nichts» auf.

Esoterisches Symbol für Akasha: Der Kreis.

3. Die Mental-Ebene

Die erste «konkrete» Ebene der Wirklichkeit und definitiv die sechste Dimension, also ohne räumliche und zeitliche Begrenzung. Jeder Ort, jede räumliche und qualitative Realität ist gleichzeitig und überall verfügbar. Als erstes «Sein» (im Gegensatz zum «Nicht-Sein» in Akasha) etabliert die Mentalebene die Dualität, Bedingung jeglicher Existenz, repräsentiert die erste konkrete Manifestation: Formuliertes Licht, quantifizierter und qualifizierter Äther. Je größer (höher) der Abstraktions- (also Schwingungs-)grad einer Idee, um so umfassender wird sie der Raum- und Zeitlosigkeit ihrer eigenen Existenz und damit ihrer eigenen Bedeutung im Universum bewußt, um so komplexer umfaßt sie alle «darunter» liegenden (langsamer schwingenden) Existenzformen und Realitäten.

Die höchste Abstraktionsform des Denkens, die in den Genuß der ganzen Schrankenlosigkeit dieser Wirklichkeitsebene kommt, ist die Realisierung des Begriffs «Sein» (im Gegensatz zum «Nicht-Sein») im individuellen Mentalkörper, verbunden mit dem erleuchtenden Erlebnis des Wunsches nach Transzendierung auch dieser letzten Begrenzung von «Sein» in «Nicht-Sein».

Damit hätten wir bereits die mikrokosmische Entsprechung der makrokosmischen Mentalebene erwähnt, den menschlichen Mentalkörper. Der Mentalkörper des Menschen hat in seinem physischen Körper keinen bestimmten «Sitz», doch seine Konzentration findet im Bereich des Kopfes statt. Ebenso wie seine Ebene der Wirklichkeit ist auch er weder zeitlich noch räumlich begrenzt. Das hat zwei Konsequenzen: Jeder seiner Gedanken ist gleichzeitig überall im mentalen Universum präsent, in Vergangenheit, Gegenwart und Zukunft (in sämtlichen qualitativen Stadien aller Wirklichkeiten). Zugleich sind ihm sämtliche Gedanken sämtlicher denkenden Wesen des gesamten Universums aus Vergangenheit, Gegenwart und Zukunft jederzeit verfügbar und zugänglich.

Wie bei der Trennung von Radiowellen durch Fixierung der Empfängerfrequenz bedarf es lediglich der Fixierung (Konzentration) des Mentalkörpers auf einen bestimmten Gedanken, ein Thema oder ein denkendes Wesen, und alle relevante mentale Realität aller Räume und Zeiten sind dem individuellen Bewußtsein verfügbar, als unerschöpfliche Quelle der Information und des Wissens. Prophetie und Hellwissen haben hier ihre Grundlage, und es bedarf lediglich der Leerung des Mentalkörpers von individuell begrenzten Gedanken, von seinem subjektiv erworbenen Teilwissen, um sich kontemplativ die Möglichkeit des Mehr- oder Allwissens zu erschließen und alle individuellen Grenzen räumlich und zeitlich bedingter Informationsbeschaffung aufzuheben.

Mehr ist hier gesagt, als der theoretische Verstand zu verarbeiten vermag; der an praktischer Entwicklung seines Bewußtseins Interessierte mag den angedeuteten Weg zu noch größeren Wundern der Erkenntnis selbst weitergehen.

Uns interessiert in diesem Zusammenhang nur noch, daß die Inhalte der Mentalebene, die Gedanken und Ideen, Ur-Sache jeder konkreten Manifestation in den sichtbaren Welten sind: Das mentale «Gerüst», das sich mit immer niedriger schwingenden Energie-(Licht-)Substanzen umgibt, bis es schließlich zur Verdichtung auf der physischen Ebene der grobstofflichen Materie fähig ist: Als konkrete, faßbare (dies für euch, ihr physischen Sinne, die sich bei meinem bisherigen Vortrag so gelangweilt haben) «Wirklichkeit».

Das esoterische Symbol für die Mentalebene: Der Strich (Verbindung zwischen zwei Punkten). Für den Mentalkörper eines geistigen Wesens: Der Punkt (im Kreis).

4. Die Astral-Ebene

Die zweite konkrete Ebene der Wirklichkeit ist der zeitlose Raum der Astralebene, der fünften Dimension. Auf einer niedrigeren Frequenz schwingend als die Mentalebene und doch denselben Raum beanspruchend, bringt diese Ebene der Wirklichkeit bereits Formen hervor, räumlich definierte Qualitäten, voneinander unterschiedene und verschiedene Räume beanspruchende Verdichtungen von Energie. Diese Energie, das sogenannte «Astrallicht», ist aus Akasha bezogener und auf der Mentalebene mit grundlegenden Charakteristika ausgestatteter feinstofflicher Äther, also Akasha-Äther, der einer zweimaligen Verlangsamung seiner Schwingungsfrequenz durch qualitative Definition unterzogen war.

Freut euch, ihr Sinne, denn wir nähern uns eurem Reich mit Riesenschritten.

Die Astralebene ist die Ebene der kollektiven Psyche (Seele), und obwohl ihr die Räumlichkeit als Qualität zu konkreter Existenz verhilft, ist es doch keine «Welt», sondern eine Vielzahl von Welten, von Räumlichkeiten verschiedener Ausprägung, die sich gegenseitig durchdringen aufgrund modifizierter Schwingungsfrequenzen. Ihr verbindendes Prinzip ist die zeitlose Räumlichkeit ihrer Definition (im Gegensatz zur raumlosen Ewigkeit der Mentalebene).

Die traditionelle Geisteswissenschaft behauptet, es gebe sieben Astralwelten, die sich so durchdringen, und ich bin auf dieser Ebene buchstäblich nicht genug «bewandert», um dies zu bestätigen oder zu widerlegen. Solange ich nicht im Besitz besseren Wissens bin, halte ich diese Zahl eher für symbolisch (oder mythologisch) als für exakt.

Immerhin erscheint mir der Ansatz ganz brauchbar, die «höheren» (auf höherer Frequenz schwingenden) Astralwelten von den «niederen» (auf langsamerer Frequenz schwingenden) durch eine Klassifizierung von Tugenden zu kennzeichnen, von «Meilensteinen» seelischer Reinheit und Vervollkommnung, jenseits derer jeweils die «nächsthöhere» Astralwelt beginnt. Die einzelnen Tugenden, die die

Bewohner der drei höheren Astralwelten auszeichnen, sind «Nächstenliebe», «Künstlertum» (Maler, Musiker, Dichter) und «Philosophie» (von unten nach oben). Die Philosophie gilt also als die höchste Vervollkommnung auf den Ebenen konkreter seelischer Existenz, die (auch einfachen Intelligenzen mögliche) Nächstenliebe als erster Schritt der Realisierung. Für die Bedingungen in den drei niederen Astralwelten zeichnen Qualitäten wie «Ichsucht», «Neid» und «Haß» verantwortlich (von oben nach unten): die Degenerationen seelischer Strukturen, verbunden mit dem Leid, diese auszuleben. Die zentrale (4.) Astralwelt wird der Erdsphäre zugemessen, als Scheideweg der Seele, die durch die in physischen Leben kultivierten Charaktereigenschaften den nachphysischen Entwicklungsweg in niederen oder höheren Astralwelten vorbestimmt – bis zu ihrer Wiedergeburt und der damit verbundenen Gelegenheit der Höherentwicklung.

Plastisches, formloses Astrallicht als Substanz, aus dem alle Astralkörper sich konstituieren, durchdringt allen Raum und steht, im Falle der irdischen Astralsphäre, allen Wesen als Baumaterial ihrer Phantasien oder Emotionen zur Verfügung. Durch starke Emotionen oder durch wiederholte Phantasien stabilisierte Astralformen können als bleibende Inhalte dieser Ebene bestehen bleiben, «verunreinigen» im Falle negativer Emotionen und Phantasien diese Sphäre, ebenso wie positive Bilder und harmonische Emotionen sie «veredeln» – und, da diese Ebene der «seelischen Atmung» aller denkenden und fühlenden Wesen dient, «verunreinigen» oder «veredeln» damit die gesamte psychische Umwelt aller Wesen.

Das gleiche Prinzip wirkt im Astralkörper des Menschen, der als eiförmige Aura den physischen Körper umhüllt, als Sitz seiner Emotionen und der bildnerischen Phantasie, seines «bildhaften Realitätsbewußtseins». Zugleich Sitz der Triebe (Sozial-, Sexual- und Selbsterhaltungstriebe), bei Tieren auch der Instinkte, und aller unwillkürlichen Reaktionen. Emotionale Inhalte, wie konkrete Wunsch- oder Angst-Bilder der individuellen Seele, bilden festgeformte Strukturen in dieser Aura, beständig nach einer Möglichkeit suchend, ins Bewußtsein zu drängen. Was ihnen bei der mentalen Vollbeschäftigung eines mit den Banalitäten seines täglichen Lebens präokkupierten Mentalkörpers nur in Zuständen der Entspannung oder des natürlichen Schlafes gelingt – und den Mentalleib zu «Traumarbeit» zwingt.

Gelingt es dem Mentalleib nicht, Herr zu werden über die emotionalen Suggestionen seiner eigenen astralen Aura (und oft auch fremder Emotionalstrukturen aus der kollektiven astralen Sphäre oder der Aura eines anderen Menschen, zu dem er in räumlichem oder emotionalem Kontakt steht), und gibt dem Drängen in Form analoger mentaler Aktivität (Denkarbeit) nach, dann verfestigen sich die ursprünglichen Strukturen, werden mit neuer Substanz aus dem unformulierten Astrallicht angereichert und gestärkt, und ihre ohnehin schon als zu mächtig empfundene Suggestivkraft verstärkt sich weiter.

Selbstverständlich, als Bock, der jedem starken Kutscherarm gehorcht, dient das Astrallicht in seiner plastischen Formbarkeit und «Beeindruckbarkeit» durch präzise Gedankenschwingungen jeder schöpferisch aktiven Intelligenz zur räumlichen Ausgestaltung und «farbigen», emotional geladenen «Ausmalung» seiner auf der Mentalebene formulierten Idee. Die sich danach nur noch auf der grobstofflich-ätherischen Ebene zu stabilisierter Form, zu konstantem Maß und Gewicht verdichten muß, um sinnliche «Wirklichkeit» zu werden.

Na, ihr physischen Sinne, habe ich euch zuviel versprochen?

Das esoterische Symbol der Astralebene: Das gleichschenklige Dreieck. Des individuellen Geistes in räumlicher (astraler) Existenz: Der Punkt im Dreieck («das Auge Gottes»).

5. Die Ebene des grobstofflichen Äthers

Der grobstoffliche Äther ist die niedrigste Schwingungsform des feinstofflichen (Akasha-)Äthers, von erstarrter grobstofflicher Materie abgesehen. Er repräsentiert das Baumaterial aller physischen Existenz und ist bei Lebensformen wie Pflanze, Tier, Mensch Träger und Vehikel aller lebenswichtigen Funktionen.

Hat sich eine «Idee» (der Mentalebene) in die emotionale «Form» (der Astralebene) gekleidet, muß sie sich nur noch aus den ätherischen Substanzen der grobstofflichen Ebene mit einem «Gefühlskörper» versehen, der ein Bewußtsein hat von Form, Stabilität, Gewicht und Eigenmaß, um physisch manifeste Wirklichkeit zu werden.

Beständige ätherische Ströme auf dieser, den physischen Sinnen noch nicht zugänglichen und doch der physischen Welt als ihre Grundlage zugehörigen Ebene der Wirklichkeit sorgen für ununterbrochenen Erhalt, Ernährung, Erneuerung und Evolution aller grobstofflichen Existenz. Hat ein Organismus seine Fähigkeit eingebüßt, sich aus diesen Strömen mit neuen ätherischen Baustoffen zu versorgen und die verbrauchten an sie abzugeben, folgt der physische Tod unmittelbar nach.

Es werden vier grobstoffliche Äther unterschieden. Der erste versorgt alle grobstoffliche Existenz mit den zum Erhalt der Physis notwendigen Substanzen, insofern verfügen auch tote Gegenstände und Mineralien über einen, wenn auch rudimentären, grobstofflichen Ätherleib. Bei belebten Existenzformen sorgt er für Regeneration und Stoffwechsel, sein Transportweg im Körper sind die Blutbahnen (bei Pflanzen die entsprechenden Fibrillen, durch die die Säfte zirkulieren).

Der zweite sorgt für alle mit Reproduktion verbundenen Funktionen und Organe in den drei Lebensbereichen von Pflanze, Tier und Mensch. Nicht die Triebe, die eine Funktion des Astralkörpers sind, sondern die Fähigkeit und Kapazität zur Reproduktion werden von diesem Äther erstellt, und Unfruchtbarkeit ist eine Folge der Störung der körperlichen Assimilationsfähigkeit dieses Äthers.

Der dritte versorgt die Sinnesorgane bei Mensch und Tier (und in begrenztem Maße auch bei der Pflanze) mit den zur Funktion nötigen Substanzen, und je wichtiger das betreffende Sinnesorgan im individuellen Bewußtsein genommen wird, um so stärker ist der ätherische Stoffwechsel des Organs und damit seine «Schärfe».

Der vierte, nur in den Ätherkörpern von Tier und Mensch (und sehr rudimentär bei Pflanzen) ausgeprägte Äther ist der sogenannte Reflexäther, der ein konkretes Spiegelbild des physischen Bewußtseins und Gedächtnis des Lebewesens repräsentiert. In ihm werden die Erfahrungen einer Inkarnation zusammengetragen und gespeichert, bevor sie, gewöhnlich nach dem physischen Tod, in abstrakte Erkenntnisse umgewandelt und als konkrete Erinnerungen aufgelöst werden.

So besitzt der Mensch einen vierfachen grobstofflichen Ätherkörper, der als ätherische Aura für klarsichtige Menschen ein konkretes Spiegelbild seines physischen Zustandes, seiner gesundheitlichen Situation und seines Bewußtseinsstandes darstellt. Physische Krankheiten sind immer eine Fehlfunktion des Ätherkörpers im jeweiligen Bereich und können von ätherisch vitalen Menschen durch Weitergabe eigener ätherischer Substanz geheilt werden (daher auch die «Schwächung» des Heilenden nach Einwirkung auf den Kranken). Die Ursachen dieser Fehlfunktionen sind aber in der Regel (von Wunden abgesehen, die bei gesundem Ätherkörper durch den ständigen Zustrom neuer Substanzen schnell wieder verheilen) emotionaler oder mentaler Art, also im Astral- oder Mentalkörper angesiedelt, und können auf diese Weise nicht «geheilt» werden. Oft genügt deshalb schon der Optimismus des Kranken oder der feste Wille zur Genesung, um eine Besserung seines physisch schlechten Zustandes einzuleiten.

Die Tatsache, daß der tote Körper eines Menschen etwa 700 Gramm weniger wiegt als der lebende, hat unverständige Beobachter schon zu der «Erkenntnis» kommen lassen, die «Seele» des Menschen «wiege 700 Gramm». In Wahrheit ist es lediglich die grobstofflich-ätherische Masse, die von der Seele (dem Astral- und Mentalkörper) zunächst als Spiegelbild des Physischen aus dem Körper abgezogen wird, um dann deren nur zum Erhalt eines physischen Körpers benötigte Substanzen aufzulösen.

Am längsten dauert dieser Prozeß bei den Substanzen des Reflexäthers, des konkreten physischen Bewußtseins und Lebensgedächtnisses, dessen «Inhalte» erst abstrahiert und verarbeitet sein wollen. Bei den vitalen Äthern, die der Regeneration, der Reproduktion oder der Vitalität der Sinnesorgane dienen, ist dieser Prozeß oft schon nach Stunden oder Tagen abgeschlossen, und der belebende Teil des physischen Körpers hat sich in seine Bestandteile zerlegt.

Es würde zu weit führen, hier auf die Ausnahmen von dieser harmonischen Regel einzugehen, auch wenn in einer Vielzahl der Fälle heute der Dekomposition des Ätherleibes psychisch-mentale Widerstände entgegenstehen, die diesen Prozeß verlangsamen, deformieren oder verhindern. Die Ursachen hierfür sind in dem verkrüppelten Verhältnis unserer heutigen Kulturen zu der Tatsache des Todes zu suchen oder in individuellen psychischen Deformationen, die den Tod nicht als «Geburt zum Leben» begreifen, sondern als fatale und tragische Beendigung eines, des einzigen, Lebens. Spukerscheinungen sogenannter «erdgebundener» Seelen gehören in diese Kategorie, mit deren Nennung wir uns ohnehin schon an den Rand der Thematik dieses Buches begeben haben.

Da der Ätherleib mit zunehmender Sättigung der Seele an den Erfahrungen der physischen Welt von immer weniger psychischen Impulsen aktiv gehalten wird, erlahmen seine Funktionen der Regeneration und damit die des physischen Körpers: Sie «altern», werden schwächer, die Zeugungsfähigkeit versiegt, die Sinne verlieren an Schärfe und das Gedächtnis läßt nach. Daß diese Zwangsläufigkeit der Natur keine ist, beweisen immer wieder geistig bewußte Menschen, Philosophen, Heilige und Magier, die noch bis zu ihrem, manchmal selbst bestimmten, Verlassen ihres Körpers über ein Höchstmaß an Funktionstüchtigkeit aller physischen Organe, also des intakten Ätherleibes, verfügen.

Nachzutragen bliebe nur noch, daß auf Grund von verbalen Ungenauigkeiten heute oft von «Astralreisen» gesprochen wird, wenn doch nur die Trennung des ätherischen «Doppelgängers» von seinem physischen Körper und dessen Erforschung der Ebene der grobstofflich ätherischen Wirklichkeit gemeint ist. Aber vielleicht sind diese verbalen Ungenauigkeiten gar nicht so harmlos, sondern ein Ausdruck der Unkenntnis von den verschiedenen Ebenen der Wirklichkeit selbst bei denen, die sich die Fähigkeit der bewußten, außerphysischen Funktion ihrer Person angeeignet haben. Ähnlich «ungenau» bis unverstanden oder nutzlos dürften dann die «Wahrheiten» und «Erkenntnisse» sein, die sie von ihren außerkörperlichen Erkundungsreisen mit in den Körper zurückbringen. Ebenso ungenau und trügerisch wie die «Hellsicht» von «sensitiven» oder «psychischen» Menschen, deren Konzentrationsfähigkeit gerade für die Ebene des Reflexäthers ausreicht, dessen Inhalte nur mit einem hochentwickelten Bewußtsein, das sich auch höherer und zuverlässigerer (mentaler) Formen der Hellsicht bedienen könnte, wirklich brauchbar selektiert werden können. Aber meist geht ja das Interesse solcher ätherischen «Klarseher» ohnehin nicht über das neueste Gerücht in der Nachbarschaft, über die Neigungen der Erbtante oder die Treue des Ehegatten hinaus.

Das esoterische Symbol für die Ebene des grobstofflichen Äthers ist, ebenso wie für die physische Materie, das Quadrat (die «Quadratur des Kreises»).

6. Die physische Ebene

Frohlockt, ihr Sinne, wir sind in eurer Welt angelangt: Hier könnt ihr mitreden. Doch die Beurteilung eurer Wahrnehmung überlaßt lieber anderen Instanzen, zum Beispiel dem Mentalkörper, solltet ihr euch in einem Menschen befinden.

Was weißt du, Tastsinn, schon von Hitze und Kälte und, mehr noch, von ihren Ursachen, wenn du aus der Hand ans Gehirn nur «Schmerz» meldest, ohne sagen zu können, ob das Wasser heiß oder eiskalt ist? Was weißt du, Gehör, schon von der Musik der Töne, die nur den Hund neben dir aufhorchen läßt, während du «geräuschlose Stille» meldest? Was weißt du, Geruchssinn, schon von den Düften der Landschaft, denen eine Taube zielsicher nach Hause folgt? Was weißt du, Geschmacksnerv, von der Wirklichkeit, wenn du in der Suppe nur «Gemüse» schmeckst und nicht die siebzehn Sorten?

Und du, mein Augenpaar? Bist mir ein trübes Licht. Siehst in der Dämmerung nur noch grau, als ob die Wirklichkeit nicht farbig strahlt. Siehst nur in eine Richtung: Das Dahinter siehst du nicht.

Schaust du nach oben, siehst du nicht, was unten ist. Das falsche Licht des Mondes trennst du von echtem nicht. Dem Ei siehst du die Hohlheit nicht an, dem morschen Balken seine Fäulnis nicht. Siehst weder Ultraviolett noch Infrarot, was oft von Nutzen wäre, und will voll Sehnsucht ich zur Sonne schauen, klappst du die Läden zu.

Und doch gibt es noch Leute, Sinne, die nur euch vertrauen. Die in eurer Wirklichkeit die Wahrheit sehen, sich von euch lenken und belehren lassen wie ein neugeborenes Kind.

Die noch dazu im Namen ihres «Verstandes», ihrer «Vernunft» euch versklavt sind und nur glauben, was sie sehen, riechen, hören, fühlen, schmecken.

Habt ihr diesen «Verstand», diese «Vernunft» jemals – gesehen, gerochen, gehört, gefühlt oder geschmeckt?

Das esoterische Symbol der materiellen Welt: Das Quadrat. Ideogramm für «Zeitlichkeit» im Raum, die vierte in der dritten Dimension. Für Formstabilität, Zahl, Maß, Gewicht.

7. Die Ebenen der Wirklichkeit und ihre Symbole im I Ging

Jede Ebene der Wirklichkeit im spirituellen und makrokosmischen Universum hat, wie wir gesehen haben, ihre Entsprechung im Mikrokosmos, im Menschen, ganz nach dem hermetischen Prinzip der Spiegelgleichheit von «oben» und «unten».

Wir können demnach jeder Ebene ihr adäquates Symbol, ein Trigramm, zuordnen, um bei unserer künftigen Beschäftigung mit den Natursymbolen problemlos zu erkennen, mit welcher Ebene, mit welcher Energie in welcher Ausgestaltung ein Symbol und dessen Wirklichkeitsentsprechung funktioniert. Die Welt der Phänomene wird uns endlich transparent und läßt uns bis in ihre tiefsten Hintergründe schauen.

Den Ebenen und ihrer Qualität entsprechen folgende Trigramme, Elemente und ihre konkrete Manifestation:

Ebene	**Makrokosmos + Spirituelle Qualität**	**Mikrokosmos + konkrete Wirklichkeit**
Akasha	LI – Feuer (Wille)	TSCHEN – Donner (Dynamik)

Ebene	Makrokosmos + Spirituelle Qualität	Mikrokosmos + konkrete Wirklichkeit
Mentalebene	KIEN – Luft (Äther) (Geist/Intellekt)	SUN – Wind (Denken Reflexion)
Astralebene	KAN – Wasser (Psyche)	TUI – See (Rezeptivität/Phantasie)
Grobstofflicher Äther/ Materie	KUN – Erde (Materie)	KEN – Berg (Physische Form/Person)

So haben wir uns die Bausteine des Universums handhabbar gemacht, mit ihrer Hilfe ist es nun ein Kinderspiel, es nachzustellen, -konstruieren und in der «kleinen Ordnung» («Mikrokosmos») alles Große, Makrokosmische zu sehen.

Und nichts bleibt uns mehr rätselhaft in Ursache und Form, in Qualität und Ablauf der Veränderung.

Wirklich nichts? Wir werden sehen.

VI. Das Hexagramm – Aufbau und Bedeutung

Das Hexagramm, wie schon der Name sagt, ist ein aus sechs Strichen komponiertes Ideogramm, und es ist sicher kein Zufall, daß in der esoterischen Tradition des Westens ein Hexagramm (✡) als Symbol für «makrokosmische Wirklichkeit» steht. Bedeutet doch auch im Symbolsystem des I Ging ein Hexagramm die Kombination und Interaktion von zwei definierten Qualitäten oder Kräften.

Beim Hexagramm des Westens steht das untere Dreieck für die aufstrebende, evolutionäre Bewegung der konkreten (materiellen) Wirklichkeit hin zu geistiger Vollendung, das obere Dreieck für die abwärts strebende, involutionäre Bewegung des Geistes hin zu immer konkreterer, detaillierterer Ausgestaltung und materieller Formwerdung. Beide ineinander verschränkt und zu einem Funktionsprinzip kombiniert, repräsentieren die Prinzipien allen makrokosmischen Geschehens auf allen Ebenen der Wirklichkeit.

Beim Hexagramm des (chinesischen) Ostens sind es nicht zwei, sondern acht Wirkprinzipien, die zueinander in Bezug treten. Wir haben uns bereits ausführlich mit ihnen vertraut gemacht und wissen, daß ein Dreieck, wie jedes andere Trigramm auch, Symbol ist für die Form- und Gestaltungskräfte des (astralen) Universums. Das I Ging mit seinen 64 Kombinationen von jeweils zwei Trigrammen schildert also die Form- und Gestaltungsprinzipien aller physischen und transzendenten Wirklichkeit, und zwar in wesentlich präziserer und genauer definierter Form als das globale Hexagramm des Westens. Das Hexagramm des Westens wäre somit seinerseits eine Abstraktion und könnte gut als Symbol für alle chinesischen Hexagramme, letztlich für das «Buch der Wirklichkeit» schlechthin stehen.

Wenn ich mich trotzdem für das altchinesische Symbol als Titelbild für dieses Buch entschieden habe, so nicht aus traditionalistischen Gründen, sondern weil es mir in ganz anderer Hinsicht als äußerst relevant erscheint.

Noch kein Historiker und Sinologe konnte das Symbol * erklären.

* Das Symbol in seiner ursprünglichen Form sieht so aus: 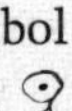 , und in der Tat ist ein verbindliches Verständnis bis heute unmöglich, wird aus Gründen des Alters und beim heutigen Stand des Erschließens aller Quellen wohl auch kaum jemals möglich werden.

Von «Salamander» bis «Wurzel», von «Astronaut» bis «ohne Bedeutung» reichen die Spekulationen, niemand weiß Genaues, keiner weiß mehr. Ich will diesen Streit auch nicht entscheiden, sondern der Vielzahl der Ansichten eine weitere hinzufügen, ebenso unbegründet und unbeweisbar wie alle anderen, aber mit einer inhaltlichen Berechtigung: Für mich repräsentiert das Symbol die archaische Darstellung eines menschlichen Fötus oder Kleinkindes, das in seinem Inneren bereits das Licht der Erkenntnis, der geistigen Erleuchtung und Vervollkommnung trägt, den Keim des späteren Erkennens und der Verwirklichung des Sinns und der Gesetzmäßigkeit des Universums. Widerspreche mir keiner, ich behaupte ja nichts. Ich stelle nur vor, was ich in dem Symbol erkenne, inTUItiv und subjektiv, ohne Rechtfertigung. Sollte irgend jemand irgendwann einmal die «wahre» Bedeutung des Symbols beweisen können, so möge meine Version, wie sie auf der inneren Titelseite dargestellt ist, als künstlerisch interessante Interpretation bestehen bleiben. Noch ist sie für mich die einzig sinnvolle.

Ebensogut aber hätte ich das westliche Hexagramm als Symbol wählen können und hätte damit auch den Anspruch des Buches, ein östliches Weisheitssystem mit den Mitteln westlicher Philosophie zu ordnen und brauchbar zu machen, zum Ausdruck gebracht. Denn die Identität des hexagrammatischen Aufbaus der Symbole, hier in genereller, dort in detaillierter Charakterisierung der makrokosmischen Wirklichkeit, ist frappierend und sicher keine wertlose Laune oder ein Zufall der Entwicklung menschlicher Geisteswissenschaften.

1. Das Hexagramm

So wie das untere Dreieck im westlichen Hexagramm oft schwarz (als Symbol für Materie) und das obere weiß (als Symbol für Geist) dargestellt wird, so kommen im chinesischen Hexagramm dem unteren Trigramm die Bedeutung des Mikrokosmos, der individuellen Lebens- und Existenzformen und der zeitlich-räumlichen Realitäten zu und dem oberen Trigramm die Bedeutung des Makrokosmos, des (überindividuellen) gesellschaftlichen Lebens und der räumlich-qualitativen Realität des Universums (siehe Tafel III).

A. Treten zwei Primäre Trigramme zueinander in Bezug (wie bei den Primären Hexagrammen), so schildern sie das prinzipielle Wirken der Urkräfte und Elemente auf-, mit- und gegeneinander, das grobe Schaffen von Bedingungen einer (künftigen) konkreten und detaillierten Wirklichkeit, gleich ob spiritueller oder materieller Natur.

B. Treten ein Primäres und ein Sekundäres Trigramm zueinander in Bezug (wie bei den Sekundären Hexagrammen), so schildern sie das Wirken und die Interaktion einer prinzipiellen Urkraft mit, gegen oder für eine konkrete und detaillierte Form der Wirklichkeit. Steht das Primäre Trigramm oben, so ist in der Regel eine Einwirkung makrokosmischer Kräfte auf mikrokosmische Realitäten gekennzeichnet, steht das Primäre Trigramm unten, so ist in der Regel der individuelle Ausdruck einer prinzipiellen Urkraft gemeint.

C. Treten zwei Sekundäre Trigramme zueinander in Bezug (wie bei den Tertiären Hexagrammen), so schildern sie die Wirkung und Interaktion konkreter, detaillierter Wirklichkeiten aufeinander, ihren Qualitätsaustausch oder ihre Synthese.

So ist ein komplexes System der verschiedenen Qualitäten makro- und mikrokosmischer Vorgänge und Wirklichkeiten gegeben, dessen Gebrauch ordnende Verständlichkeit in die phänomenale Fülle der Natur, des Menschenlebens und des Universums bringt.

Zur klaren Unterscheidung, und in Anlehnung an die astrologische Klassifizierung psychologischer Kategorien, nenne ich die Gruppen der Hexagramme «Häuser», und zwar:

Die Gruppen der Primären Hexagramme die «Häuser der Elemente».

Die Gruppen der Sekundären Hexagramme die «Häuser ihres Auftretens».

Die Gruppen der Tertiären Hexagramme die «Häuser ihres Wirkens».

Damit hat das neue I Ging, das Buch der Wirklichkeit, seine ganze künftige Gestalt und Struktur erhalten (siehe Tafel IV).

Bleibt nur noch die Erläuterung der Bedeutung der einzelnen Striche eines Hexagramms, und unser symbolisches Instrumentarium zur Eroberung des Universums ist komplett. Ein Instrumentarium, das in Komplexität, Aussagewert und dauerhafter Gültigkeit in den Kulturen dieser Erde seinesgleichen nahezu vergeblich sucht.*

* Nahezu: Weil ich persönlich im quabbalistischen Lebensbaum, unter Hinzufügung der Tarotsymbolik, ein ebenso komplexes, für die spirituelle Evolution des Menschen sogar noch wertvolleres System sehe.

2. Die einzelnen Linien

Gemäß der zuvor genannten mikro- und makrokosmischen Parallelität des unteren und oberen Trigramms kommen neben den generellen sechs «Phasen» oder «Stufen» einer Situation, einer Entwicklung, die das Hexagramm symbolisiert, auch untere und obere Entsprechungen von Einzellinien in Betracht (siehe Tafel III).

Es sind dies (da die Linien von unten nach oben gezählt werden) die Linien 1 und 4, die Linien 2 und 5, und die Linien 3 und 6, die einander entsprechen und in gewissem Interpretationsbezug stehen.

In unserer neuen, qualitativ geordneten Interpretation der I Ging-Symbolik entspricht die 1. Linie dem physischen Körper des Menschen, die 4. Linie der physischen Welt (inklusive der Ebene des grobstofflichen Äthers).

Die 2. Linie entspricht dem Astralkörper des Menschen, die 5. Linie der Astralebene generell.

Die 3. Linie entspricht dem Mentalkörper des Menschen, die 6. Linie der Mentalebene, in ihrer höchsten Abstraktionsstufe auch der Ebene von Akasha.

In der räumlich bestimmten Wirklichkeit entspricht die 1. Linie dem (zeitlichen) Morgen, der Kindheit, die 4. Linie dem (qualitativen) Stadium des Samens, Keimes, Bewegungsanfangs.

Die 2. Linie entspricht dem (zeitlichen) Höhepunkt des Mittags, des Erwachsenseins, die 5. Linie dem (qualitativen) Höhepunkt der Blüte, Reife, Verwirklichung.

Die 3. Linie entspricht dem (zeitlichen) Abend, dem Alter, die 6. Linie dem (qualitativen) Stadium des Welkens, des Niedergangs, der Abstraktion.

Und so entspricht in der Wirklichkeit der menschlichen Selbstentfaltung die 1. Linie dem (zeitlichen) Planungsstadium eines Projekts und dessen Vorbereitung, die 4. Linie der Qualität seines sozialen und gesellschaftlichen Aufstiegs.

Die 2. Linie der (zeitlichen) Verwirklichungsphase eines Projekts oder einer Arbeit, die 5. Linie der Qualität gesellschaftlicher und sozialer Bedeutung.

Die 3. Linie der (zeitlichen) Vollendungsphase, auch des «Erntens der Früchte» einer Arbeit oder eines Projekts, die 6. Linie der Qualität der persönlichen Erleuchtung, des Abschieds aus gesellschaftlichen Funktionen und der Hinwendung zu den geistig-seelischen Dimensionen des Lebens.

Eine Interpretation der einzelnen Linien innerhalb eines Hexagramms kommt jedoch nur in Betracht, wenn die jeweilige Linie eine

Wandlungscharakteristik aufweist, das heißt, wenn beim Erstellen eines Hexagramms (siehe Buch D / «Orakelmethoden») an Stelle einer 7 (———) eine 9 (—o—) auftritt oder an Stelle einer 8 (— —) eine 6 (—x—). Ohne eine solche Wandlungslinie kommt nur die Bedeutung des Gesamtzeichens für eine Interpretation in Betracht, auch wenn man sich meditativ mit den singulären Linien auseinandersetzen und damit zu einem tieferen Verständnis des Gesamtzeichens gelangen sollte.

Der traditionellen Unterteilung der Plätze in «schwache» (dunkle) und «starke» (helle) messe ich persönlich ein untergeordnetes Gewicht bei, erwähne sie aber der Vollständigkeit halber: Den 1., 3. und 5. Plätzen innerhalb der Hexagramme wird eine «starke» (helle) Charakteristik zugesprochen, den 2., 4. und 6. Plätzen eine «schwache» (dunkle), so daß beispielsweise eine 7 (———) auf 5. Platz eine «starke» (helle) Linie auf «starkem» (hellem) Platz repräsentiert, und eine 8 (— —) auf 3. Platz eine «schwache» (dunkle) Linie auf «starkem» (hellem) Platz. Die 7 (9) wäre demnach korrekt, ihre Interpretation als Wandlungslinie könnte nur eine positive Situation beschreiben, die 8 (6) wäre demnach nicht korrekt, ihre Interpretation als Wandlungslinie könnte also nur einen Rat zur Vorsicht oder eine disharmonische Situation zum Ausdruck bringen. Der Leser mag selbst entscheiden, inwieweit er bei seiner Interpretation der einzelnen Striche im Hexagramm diese Charakteristik zusätzlich berücksichtigt. Die zum Teil willkürliche und widersprüchliche Referenz auf diese Eigenschaften der Striche im ursprünglichen Text, die 2. Linie beispielsweise mal als «Herrscher des unteren Urzeichens», mal als «schwache, unbedeutende Linie» zu zitieren, läßt darauf schließen, daß sie nur erwähnt wurden, wenn sie «gerade paßten» – sich aber für ihre Kommentatoren zu keinem brauchbaren System, zu keiner brauchbaren Regel verdichten konnten.

Dabei gebietet gerade das Dualitätsprinzip, das dem I Ging zugrunde liegt, auch eine Abwechslung des Charakters der Striche und ihrer Qualitäten innerhalb des Aufbaus eines Hexagramms, und eine konsequente, interpretationswürdige Logik ergibt sich aus der Bedeutung der Einzellinien als «Phasen» einer größeren Entwicklung, die mit der ersten Linie (der untersten) beginnt und sich stufenweise der letzten (obersten) emporarbeitet. «Schwache» Phasen und ihre polare Entsprechung, die «starken», lösen dabei einander ab, wobei sinnrichtig der grundlegenden Ur- oder Keimphase einer Bewegung (unterste Linie) ein starker Charakter zugesprochen wird. Die Richtigkeit akzeptiert, erscheint mir doch die Qualität der Linien in bezug auf die verschiedenen Dimensionen des mikro- und makrokosmischen Da- und Soseins, die zeitliche und die qualitative Evolution eines gegebenen Aspekts innerhalb eines Zeichens (siehe Tafel III) als bedeutender und ergiebiger für jede Interpretation.

Unser Instrumentarium zur Eroberung der Wirklichkeit jedenfalls ist jetzt vollständig und einsatzbereit. Lassen wir nun die Linien sprechen und von den Geheimnissen des Universums, aller Wirklichkeit aus allen Ebenen und Zeiten erzählen. Denn sprechen tun – und können – sie.

Doch hören wir auch richtig zu?

VII. Über das Lesen des Buchs der Wirklichkeit

Das Buch der Wirklichkeit kann man im eigentlichen Sinn nicht «lesen» – man muß es erobern, in Besitz nehmen und gebrauchen. Dieser Gebrauch beginnt damit, daß man das Buch geschlossen in die Hände nimmt, es zu «erfühlen» sucht (inTUItiv), ehe man es behutsam und mit heiligem Ernst um Auskunft fragt und seine Antwort hört.

Zwei Möglichkeiten gibt es, sich dem Buch zu nähern, die beste ist die dritte. Die erste Möglichkeit ist, das gesamte Buch von vorn bis hinten durchzulesen wie sonst jedes Buch. Die zweite Möglichkeit ist sein Benutzen als Orakelbuch, zu bestimmten Fragen Hexagramme zu erstellen und deren Bedeutung zu studieren. Nach und nach verschafft man sich so, ohne Reihenfolge, eine konkrete Kenntnis aller Hexagramme.

Die dritte Möglichkeit ist eine Kombination aus beiden. Durch chronologisches Lesen des Buchs verschafft man sich den Überblick über Inhalt, Aufbau und Bedeutung aller Zeichen. Durch Orakelnehmen zu konkreten Fragen vertieft sich dann, meditativ wie rational, das Verständnis seines Wertes und seiner Aussagekraft.

Um eine psychische Abnutzung und banalen Verschleiß der tiefen Wahrheiten und Auskünfte des Buches zu vermeiden, sollte man sich auf wirklich grundlegende, wichtige Fragen beschränken und Auskünfte über Probleme wie «Soll ich heute ins Kino gehen?» oder «Kann ich noch ein Glas Wein vertragen?» lieber der Freundin oder dem Freund überlassen. Ganz abgesehen davon, daß das Vertrauen in die Auskünfte des Buches leicht (und zu Unrecht) erschüttert würde, wenn der Film schlecht wäre oder man doch zu lallen anfinge.

Aus dem gleichen Grunde auch sollte man Doppelbefragungen vermeiden, die einmal als Auskunft erhaltene Antwort akzeptieren und als Meditationsgrundlage betrachten, sollte ihr Sinn nicht sofort augenfällig sein. Das «Buch der Wirklichkeit» irrt nie, und auf zweifelnde Rückfragen verweigert es seine Mitarbeit. (Allerdings ist es legitim, zu Einzelaspekten der Antwort zusätzliche Informationen als Erläuterung einzuholen, die mit der gleichen Bedingungslosigkeit als Auskunft akzeptiert werden müssen.)

Ist man mit den technischen Aspekten des Erstellens eines Hexagramms und den verschiedenen Dimensionen seiner Interpretation einigermaßen vertraut, mag man sich auch bewußt ausgewählte (nicht durch Orakelnehmen gewonnene) Hexagramme als Meditationsgrundlage vornehmen und sie in ihrer Tiefe zu erfassen suchen. Auch hierbei ist zu beachten, daß man das gewählte Hexagramm nicht schon nach wenigen Minuten gegen ein anderes austauscht, sondern sich eine Weile nur mit diesem auseinandersetzt. Befriedigende und bewußtseinserweiternde Erkenntnisse werden sonst unmöglich gemacht, und die resultierende Frustration, in der eigenen Launenhaftigkeit begründet, führt nur zu neuen Hindernissen auf dem Weg zur «Wirklichkeit».

Als Beschreibung des Aufbaus jedes Hexagramms wird zunächst «Das Bild» seiner Zusammensetzung erinnert, mit denen die Wirkprinzipien, die es konstituieren, klar hervortreten.

Danach habe ich, in Anlehnung an die chinesische Tradition, den «Charakter» des Gesamtzeichens in Versform beschrieben: Die kondensierte, auf Schlüsselbegriffe gebrachte Interpretation seiner Bedeutung.

Die «Makrokosmische Bedeutung» erläutert die spirituellen wie auch universellen Hintergründe und Prozesse, die in dem jeweiligen Hexagramm zum Ausdruck kommen.

Die «Mikrokosmische Bedeutung» erläutert dessen Bedeutung für den individuellen Menschen und in bezug auf gesellschaftliche Situationen.

«Das Orakel» schließlich, ebenfalls in Versform abgefaßt, kennzeichnet die Auskunft des «Buchs der Wirklichkeit» auf die gestellte Frage vor dem Hintergrund der zuvor erläuterten Qualitäten und Implikationen des Zeichens.

Dabei wurde, wie schon in den überlieferten Fassungen des I Ging, der aktiven Rolle des Menschen im Weltgeschehen besondere Wichtigkeit gegeben, also über die Beschreibung einer Situation hinaus Möglichkeiten des Handelns betont und Ratschläge als Konsequenz aus und konstruktive Reaktion auf die geschilderte Lage gegeben.

Denn im «Wassermann-Zeitalter», sofern ihm überhaupt eine besondere Bedeutung zukommen soll, ist der Mensch selbst «Gott» und aktiv, selbst wirklichkeitsbestimmender Geist in und außerhalb der Materie und nicht länger Spielball und «Geschöpf» von unsichtbaren oder gar imaginativen Kräften.

Dieser aktiven Rolle entsprechen auch die Interpretationen der «Einzelnen Linien», die im Anschluß an die Gesamtbewertung des Hexagramms gegeben werden. Auch sie wurden in Versform auf eine Kurzformel gebracht und unmittelbar danach erläutert. Wer nach einiger Zeit des Gebrauchs mit dem «Buch der Wirklichkeit» einigermaßen vertraut geworden ist, wird auf die Lektüre der zusätzlichen Erläuterungen mehr und mehr verzichten können.

Mit diesem «Buch der Wirklichkeit» lege ich dem Leser ein Buch in die Hand, dessen Autor ich zwar bin, an dem aber das Universum selbst mitgeschrieben hat. Denn es war einfach «an der Zeit», ein wertvolles und wichtiges Werk der Weisheit dieses Planeten auf den zeitgenössischen Stand der Erkenntnis zu bringen und seinen Wert für höher entwickelte Generationen aufzubereiten, die sich in der Enge eines primitiven, historisch wie geisteswissenschaftlich überkommenen Weltbildes und -verständnisses einer Vergangenheit, die Jahrtausende zurückliegt, kaum mehr heimisch und wohl gefühlt hätten.

Das Buch und seine Neuerungen lagen sozusagen «in der Luft» (KIEN), und es bedurfte nur der Anstrengung des Willens (LI), die Fülle der Bilder (KAN) mit Hilfe kreativer Phantasie (TUI) und ordnenden Denkens (SUN) zu verdichten, und durch fortgesetzte dynamische Anstrengung (TSCHEN) aufs Papier (KUN) zu bringen, ihm seine endgültige Form und Gestalt zu geben.

Nun möge es leuchten wie die Sonne (LI), am geistigen Himmel (KIEN) der Menschheit (KUN) Aufsehen (TSCHEN) erregen und zu Ansehen (SUN) kommen, um die in der Dunkelheit von Verwirrung und Orientierungslosigkeit gefangene kollektive Seele (KAN) durch die Kraft seiner harmonischen Bilder (TUI) der Vollendung ihres evolutionären Zieles (KEN) entgegenzuführen.

C. DAS TEXTBUCH – I GING

DAS TEXTBUCH – I GING

I. Die Häuser der Elemente (Primäre Hexagramme)

II. Die Häuser ihres Auftretens (Sekundäre Hexagramme)

III. Die Häuser ihres Wirkens (Tertiäre Hexagramme)

«Der wahrhaft vollkommene Mensch,
wie die wahrhaft vollkommene Natur,
trägt alle diese Wirklichkeiten in sich,
ohne bei einer zu verweilen.»

I. Die Häuser der Elemente (Primäre Hexagramme)

Das Haus der Luft (des Äthers)

I/1. DER GEIST (DAS SCHÖPFUNGSPRINZIP)

oberes Trigramm KIEN, der Geist, die Luft (Äther)

unteres Trigramm KIEN, der Geist, die Luft (Äther)

Das Bild

Die Verdopplung des feinstofflichen Prinzips des schöpferischen Geistes, der Luft (des Äthers)

Der Charakter

Mit klarer Sicht und ohne Hinderung
durchdringt der Geist alle Zeiten und
Räume. Sieht Vergangenheit, Gegenwart,
Zukunft und all ihre Wirklichkeit,
ihren Anfang und ihr Ende.
Legt die Keime des Künftigen,
und sät die Ideen zu neuen Welten
in den formlosen Raum.

Makrokosmische Bedeutung

Kien, das schöpferische Prinzip des Geistes, gepaart mit sich selbst: Eine Betonung der Allgegenwart des so schon grenzenlosen kreativen Prinzips der Luft (des Äthers), der mentalen Schrankenlosigkeit jenseits von Zeit und Raum. Die zeitlose Allgegenwärtigkeit des Geistes, die die Ideen und geistigen «Urzellen» jeglicher manifester Wirklichkeit legt, zugleich auch die Fülle der (noch) nicht manifesten Möglichkeiten der Wirklichkeit beinhaltet. Die als Äther bezeichnete «Leere» des Universums wird in diesem Zeichen denotiert, die zwar keine «Materie» ist, aber als «Qualität» existent – also alles, nur keine «Leere» ist. Die kreative «Potenz» dieser makrokosmischen Realität ist unerschöpflich, unfaßlich und nur in seinen vielfältigen Erscheinungen und Teilwerdungen in konkreten geistigen (später auch materiellen) Phänomenen faßbar – die unformulierte All-Möglichkeit geistigen Kreationsvermögens, auf die der gesamte «konkrete» Inhalt des Universums zurückzuführen ist.

Mikrokosmische Bedeutung

Erleuchtung des Verstandes, des begrifflichen und unbegrifflichen Bewußtseins der Realität. Wessen Geist zu dieser Stufe mentaler «Bewußtheit» der prinzipiellen Bedingungen und Bedeutungen der Wirklichkeit emporgeglitten ist, dem ist auch ein Irrtum in bezug auf die geringsten, konkretesten Wirklichkeiten ausgestalteter Materie nicht mehr möglich: In vollendeter, ganzheitlicher Schau wird ihm jede Erkenntnis, Wissen zuteil, das im Zusammenhang gleich welchen Objekts seines Interesses oder Denkens steht. Höchste Weisheit, verbunden mit Allwissen und -verständnis, zeichnen einen solchen Menschen aus, und wenn er aus dieser Klarheit heraus handelt, ist ein Mißlingen ausgeschlossen: Zu deutlich und bekannt sind ihm im voraus alle Implikationen und Konsequenzen seines Handelns.

Das Orakel

Zielbewußt handle im Auftrag des Geistes,
der alle Wesen in sich vereint,
unterschiedslos und umfassend.
Erkenne den Wert ihrer Besonderheit,
doch handle, als wären sie Teile
des Unteilbaren in Dir.

DIE EINZELNEN LINIEN

Neun als erste Linie bedeutet:
Ideen brauchen Zeit, um zu reifen.
Treten sie zu früh ans Licht,
verblassen sie ohne Wirkung.

Wie alles, so benötigen auch Ideen und geistige Impulse, seien sie auch im Ansatz schon als wichtig und bedeutend zu erkennen, eine Entwicklungszeit der Abklärung und der Kristallisation. Vorschnelle Äußerung, voreiliges Handeln würde sie nur wirkungslos verpuffen lassen, ohne daß ihnen die Chance zu nachhaltigem Einfluß oder der Neuorientierung der geistigen Haltung der Öffentlichkeit, wie sie es eigentlich verdient hätten, gegeben würde. Zurückhaltung und Abwarten ist deshalb kein Verzögern, sondern ein Ermöglichen der Wirkung dieser Werte durch einen zunächst nach außen verborgenen Reifeprozeß.

Neun als zweite Linie bedeutet:
Große Ideen treten ans Licht.
Wohl dem, der sie verbreitet,
wohl dem, der sie erkennt.

Hier ist die Zeit des Handelns, der Verkündigung der Ideen, neuer geistiger Inhalte oder Ziele gekommen, und ihrer Wirkung auf die Allgemeinheit stehen keine Hindernisse mehr entgegen. Ist man selbst Urheber (oder kosmisches Werkzeug) der geistigen Neuerung, sollte man unermüdlich und aktiv an ihrer Verwirklichung arbeiten, ist man ihr Zeuge, so sollte man sich nach Möglichkeit in ihren Dienst stellen: Sie ist nicht nur kosmisch begründet, sondern wird auch die entsprechende (erfolgreiche) Entwicklung nehmen.

Neun als dritte Linie bedeutet:
Eine große Idee setzt sich durch
und gestaltet die Welt.
In ihrer Reinheit liegt die Kraft
zu beständiger Wirkung.

Die geistige Neuerung ist etabliert und kann ihre Bedeutung durch Wirkung beweisen. Durch aufmerksame Konsequenz und ständige Rückversicherung in ihrer ursprünglichen Klarheit wird man einer Verwässerung und Verflachung der Prinzipien, trotz ihrer vielfältigen konkreten Wirkungen, vorbeugen und ihnen so eine unbegrenzt starke Einflußkraft erhalten.

Neun als vierte Linie bedeutet:
Held oder Heiliger:
Erkenne selbst Deinen Weg.
Doch welchen Du auch gehst,
er führt Dich ins selbe Licht.

Hier, in der ersten Linie, die die Individualität überschreitet und gesellschaftliche, auch makrokosmische Bedeutung etabliert, ist der fragende Mensch im Besitz seines geistigen Reichtums an einem Scheideweg angelangt: Er kann seinen geistigen Besitz als mächtiger Repräsentant der kosmischen Ordnung in gesellschaftliche Macht umwandeln und weltlich wirken oder sich ihr entziehen und als vervollkommneter («heiliger») Mensch bewußt jede weltliche Einflußnahme ablehnen, anderen lediglich als Ratgeber zur Verfügung stehen. Diese Entscheidung muß nach ehrlicher Selbsterforschung ein Spiegel des eigenen Charakters und karmischer Selbsterkenntnis sein und von äußerlichen Überlegungen unabhängig. Zu welchem Schluß man in dieser außerordentlich begünstigten Situation auch kommen mag: Sie wird in jedem Fall richtig sein und zur Selbstverwirklichung führen.

Neun als fünfte Linie bedeutet:
Die große Idee erstrahlt als Sonne,
zum Wohle aller Wesen, die teilhaben
an ihrem grenzenlosen Licht.

Die geistige Neuerung und ihr Repräsentant sind zu Macht, Ruhm und öffentlicher Anerkennung gelangt, und stellen einen großen Gewinn sowohl für die Entwicklung jedes einzelnen Menschen als auch der gesellschaftlichen Werte dar. Wohl dem, der sie zu erkennen und von ihnen zu profitieren vermag: Denn auch die alle Wesen speisende kosmische Quelle braucht individuelle Kanäle, durch die sie ihren Reichtum weiterleiten kann.

Neun als sechste Linie bedeutet:
Wer den Kopf zu hoch trägt,
stolpert über den kleinsten Stein:
Auch die größte Idee wird kraftlos
im Korsett von Hochmut und Eitelkeit.

Wer hier, auf der Linie der Erleuchtung, noch von kleinlichen, egoistischen Motiven tangierbar ist, trübt und entwertet das eigene Licht, so daß es nicht nur für andere, sondern auch für die eigene Vervollkommnung seine Kraft verliert. Durch Erfolge eitel und von Ruhm geblendet werden zu können, heißt, sie zu Unrecht erlangt zu haben. Der notwendige Fall (aus Ansehen und eigener Klarheit in Bedeutungslosigkeit und Verwirrung) ist die kosmische Konsequenz, die schon im Gleichnis vom Stolz der Titanen seinen zeitlosen Ausdruck gefunden hat.

Sechs mal die Neun bedeutet:
Eine bescheidene Fülle großer Ideen,
der nichts zu widerstehen vermag.

Da alle Linien als veränderliche Neunen ( ) ihre immanente Größe sozusagen «verbergen», also in Bescheidenheit auftreten, kann ihnen gar kein Widerspruch und damit ein Hindernis zur eigenen Ausgestaltung und Wirkung entgegenstehen. Da sie sich obendrein in ihr Gegenteil, KUN, die Erde (Materie), verkehren, ist die fruchtbare Polarität perfekt: Die Welt des Samens, der Idee, wird in die Welt der Fruchtbarkeit, der Realisierung überführt. Dieser vollkommenen Konstellation kann nur großer Einfluß und entscheidende, gestalterische Bedeutung beschieden sein.

I/2. DER NIEDERGANG (DIE STAGNATION)

oberes Trigramm: KIEN, der Geist, die Luft (Äther)

unteres Trigramm: KUN, die Materie, die Erde

Das Bild

Unter dem feinstofflichen Prinzip des schöpferischen Geistes, der Idee, der Luft (des Äthers) – das grobstoffliche Prinzip der formgebenden Materie, der Erde.

Der Charakter

Stehen auch komplementäre Kräfte außer Beziehung,
ist Fruchtbarkeit nicht möglich.
Gedanke wird nicht zur Tat,
Konzept nicht Wirklichkeit,
und was schon ist, verfällt.

Makrokosmische Bedeutung

Die parallele Bezugslosigkeit des geistigen und des formgebenden materiellen Prinzips denotiert eine Situation der Stagnation, der Unfruchtbarkeit. Die schöpferische Welt des Geistes, dessen Bewegungstendenz nach oben zeigt, bleibt isoliert von der empfangenden, formgebenden Welt der grobstofflichen Materie, deren Bewegungstendenz nach unten weist. Geistige Impulse werden nicht «empfangen», können also nicht «verwirklicht» werden – und die Aufforderung zur Gestaltung, die die Annäherung der Materie an das Geistprinzip implizierte, findet nicht statt. So ist hier eine makrokosmische Zeit des Stillstands zum Ausdruck gebracht, und Stillstand in evolutionärer Bewegung bedeutet Verfall. Gewordene Formen werden weder gestärkt noch fortentwickelt und lösen sich schließlich wieder in ihre Elemente auf, ohne von bleibender Bedeutung gewesen zu sein. Dies trifft sowohl auf die makrokosmische Existenz ganzer Planeten und Sonnensysteme zu als auch auf die Vorgänge in der Natur einer planetarischen Sphäre.

Mikrokosmische Bedeutung

Zu form- und bezugslos sind die vorhandenen Potentiale, als daß sie in eine Wechselwirkung, einen Austausch und damit in eine fruchtbare Beziehung eintreten könnten. Die beiden gegensätzlichen Komponenten im Menschen stehen hier völlig isoliert nebeneinander, das Form- und das Geistprinzip finden keine Berührungspunkte, von denen aus sich konkrete Projekte, konkrete Aktivität entwickeln könnte. Dies führt zu einer Stagnation sowohl der persönlichen Entwicklung als auch der persönlichen Äußerung der Welt gegenüber. Eine grundsätzliche Revision des eigenen Charakters, der eigenen Lebenslage, Interessen und Möglichkeiten ist angezeigt, aus der sich Ansätze eines künftigen Fortschritts entwickeln ließen. Für unreife Menschen, auch Jugendliche, ist hier auch der Faktor Zeit einzubeziehen, der organischen Veränderung und Fortentwicklung eigener Anlagen, die in einem fruchtbaren Zusammenspiel der persönlichen Qualitäten und Potentiale münden werden. Auf das gesellschaftliche Leben bezogen ist diese Zeit der Stagnation auf mangelnden Kommunikationsfluß oder allzu isolierte Grundeigenschaften seiner Mitglieder zurückzuführen und bedarf einer konsequenten Umgestaltung der Bedingungen, um die Kräfte nicht brach liegen zu lassen und die vorhandenen Grundlagen dem Verfall und der Auflösung preiszugeben.

Das Orakel

Bevor Du springst, sorge
für festen Boden unter den Füßen:
Sonst trittst Du ins Leere.
Statt zu warten, daß man kommt, gehe hin.
Statt hinzugehen, warte.
So veränderst Du die Ursachen der Stagnation
und bereitest Wirkungen vor.

DIE EINZELNEN LINIEN

▬x▬ **Sechs als erste Linie bedeutet:**
Du läufst ins Leere oder gegen eine Wand.
Halte Dich zurück und pflege
Deine Werte im Innern,
gemeinsam mit anderen, die
nicht wirken können.
Ihre Zeit wird kommen.

Zu gegensätzlich sind die vorhandenen Positionen formuliert, als daß man einen Ansatzpunkt fände, eine Beziehung einzuleiten. Außerdem sind die eigenen Möglichkeiten zu begrenzt, die eigene Stellung zu schwach, als daß man auf Resonanz der eigenen Bemühung hoffen könnte. So bleibt nichts als Zurückhaltung, will man die eigenen Einsichten nicht verraten und passiv an der unfruchtbaren Situation mitschuldig werden. Wenn die Verhältnisse sich geändert haben oder die Einsicht in die falsche Konstitution der Wirklichkeit gewachsen ist, wird man um so mehr Gehör finden, da man sich durch seinen Rückzug die Glaubwürdigkeit des Besserwissenden erhalten hat.

▬x▬ **Sechs als zweite Linie bedeutet:**
Inmitten der Stagnation
nicht an ihr teilhaben:
So erhältst Du Dir und der Welt
Deine bessere Einsicht.

Man ist zu sehr in der gesellschaftlichen Wirklichkeit etabliert, als daß man sich (wie im vorigen Strich möglich) aus ihr und damit aus den gegenwärtig unvermeidbaren Verfallsprozessen zurückziehen könnte. Doch sollte man ihr die innere Beteiligung verweigern, auch öffentlich Kritik üben und die eigene Klarheit nicht aufgeben, selbst wenn keine Wirkung zu erhoffen ist. Die Entwicklung wird die innere

Wahrheit bestätigen und damit schließlich die Möglichkeit einer aktiven Änderung der Bedingungen, die zur Stagnation geführt haben, nachliefern. Würde man sich aus falsch verstandener Solidarität mit der allgemeinen Ignoranz arrangieren, würde man wie sie selbst Opfer ihrer eigenen Wirkungen und bedeutungslos.

Sechs als dritte Linie bedeutet:
Die Stagnation verbraucht sich selbst
und offenbart ihre Schwächen.

Die Verfallserscheinungen sind zu offenkundig geworden, als daß die falschen Bedingungen der allgemeinen Organisation noch verborgen bleiben könnten: An den Wirkungen erkennt man langsam die Ursachen, und ihre Urheber werden sich dessen bewußt. Die notwendige Änderung der Grundlagen der Situation bereitet sich vor, ohne daß man sie durch eigenes Handeln schon beschleunigen könnte, worin der Rat zu Geduld enthalten ist, in der Gewißheit, daß die Wahrheit und bessere Einsicht sich schnell etablieren werden.

Neun als vierte Linie bedeutet:
Die Wende.
Bist Du stark und klar genug,
führe sie herbei, mit Unterstützung
und zum Wohle aller.

Die Stagnation hat ihren Höhepunkt überschritten, die hemmenden Grundlagen der Situation haben sich durch ihre destruktive Wirkung selbst offenbart. Durch bewußtes, entschiedenes Handeln können sie problemlos beseitigt und durch bessere, fruchtbarere Beziehungen der verschiedenen (gesellschaftlichen) Kräfte ersetzt werden. Sofern man sich selbst im Besitz der Erkenntnis sowohl der Ursachen der Stagnation als auch der Bedingungen einer besseren Ordnung weiß. Dann findet die eigene Bemühung auch allgemeine Unterstützung und führt erfolgreich in eine neue Wirklichkeit, von deren Möglichkeiten alle profitieren.

Neun als fünfte Linie bedeutet:
Die Stagnation ist beendet,
ihre Ursachen beseitigt.
Unermüdlich sichere der Zeit des Fortschritts
ihren Erfolg und die Grundlagen
ihrer Dauer.

Die Ursachen der Stagnation sind beseitigt, die Erscheinungen des Verfalls aufgehalten. Jetzt können die konstruktiven Kräfte zum Zuge kommen, finden Resonanz und Entsprechung und können die Grundlagen zu einer neuen, fruchtbaren Ordnung legen. Dabei kompromißlos vorzugehen und durch unermüdliche Aktivität die Wirkung und den Bestand der fruchtbaren Konstellation der Kräfte zu sichern, verhindert ein mögliches Gleiten in eine neue oder den Rückfall in die überwundene Stagnation, deren Relikte vielleicht unbemerkt weitergelebt haben und die Keimzelle zu einem erneuten Niedergang bildeten.

Neun an sechster Stelle bedeutet:
Aufschwung und Blüte.
Erfolg krönt jedes Handeln,
und an der Blüte erkennt man
die künftige Frucht.

Die veränderten, fruchtbaren Bedingungen der neuen Wirklichkeit offenbaren ihre konstruktive Wirkung und Berechtigung. Das gesellschaftliche Leben erblüht, entwickelt sich produktiv und harmonisch, und jedes adäquate Handeln trägt in sich schon die Garantie zum Erfolg. Die fruchtbare Konstellation kosmischer und gesellschaftlicher Kräfte ungenutzt, das heißt tatenlos, verstreichen zu lassen, wäre unentschuldbar und eventuelle Versäumnisse und deren Wirkung hätte das Individuum sich später selbst zuzuschreiben.

I/3. DIE VEREINIGUNG

oberes Trigramm: KIEN, der Geist, die Luft (Äther)

unteres Trigramm: LI, die Energie, das Feuer

Das Bild

Unter dem feinstofflichen Prinzip des schöpferischen Geistes, der Luft (des Äthers) – das aktive Prinzip der Energie, des Willens, des Feuers.

Der Charakter

Geist, von Energie bewegt,
Gedanke, den der Wille zur Vollendung treibt,
schafft schon im Unsichtbaren
Stärke: Kraft, die nicht
besiegbar ist.

Makrokosmische Bedeutung

Die Vereinigung des energetischen Prinzips der Willenskraft mit dem feinstofflichen Prinzip des ideenbildenden Geistes formt hier eine kreative Potenz, der nichts unmöglich ist. Die Energie wirkt von innen (dem unteren Trigramm) und äußert sich als Dynamik auf der Mentalebene (oberes Trigramm): Dies bezeichnet den kosmisch-geistigen Kreationsprozeß schlechthin. Ur-Sachen werden formuliert und definiert, und als (feinstoffliche) Qualitäten auf der Mentalebene etabliert zur künftigen Verdichtung (Verlangsamung ihrer Schwingung) auf anderen, konkreteren Ebenen der Wirklichkeit.

In der physikalischen Dimension des Universums manifestiert sich diese Konstellation als formlose, variable Energiefelder, als bewegter Raum, dessen «Spannung» als auch Abmessungen keine Statik aufweisen, aber die Entwicklungsstadien auf solche meßbaren und definierbaren Energiefelder hin repräsentieren.

Mikrokosmische Bedeutung

Die energetische Willenskraft belebt das individuelle Bewußtsein, drängt es zu Aktivität und kreativer Anstrengung: Die innere Unruhe, die aus dieser Kräftekonstellation resultiert, mündet zwangsläufig in zielgerichteter, konstruktiver Betätigung, der durch die Prinzipialität der Kräfte keine Grenzen gesetzt sind. Man ist sozusagen an die «kosmische Energiequelle» angeschlossen, die nie versiegt und deren reine Urkraft alle Hindernisse zu überwinden vermag – in Verbindung mit dem geistigen Durchdringungsvermögen, das keinen Fehleinschätzungen und Irrtümern zum Opfer fällt und damit seine eigene Anstrengung gefährdete. Der Vereinigung dieser Grundqualitäten in dieser Konstellation (innerliche Willensstärke, deren Äußerung sich durch die Klarheit des Geistes vollzieht) kann jede Schwierigkeit sich nur als zu schwach und damit nicht ernsthaft behindernd erweisen.

Auf gesellschaftlicher Ebene verbinden sich hier die energetischen Kräfte mit den geistigen in gemeinsamer Anstrengung, die auf Grund ihrer Komponenten zu großer Leistung fähig ist. Die Klarheit des Denkers wird ergänzt durch die Dynamik des Machers, und realisierbare Pläne und Projekte prinzipieller Größenordnung sind das Resultat. Eine solche Konstellation der Kräfte verdient es, sich ganz in sie einzubringen und an ihrer Etablierung mitzuwirken.

Das Orakel

Mit der ganzen Kraft Deines Wesens
kläre die Ziele, und stelle Dich
in den Dienst ihrer Verwirklichung
zum Wohle aller.
Die größten Projekte
sind realisierbar durch die
Vereinigung der Kräfte.

DIE EINZELNEN LINIEN

Neun als erste Linie bedeutet:
Beginn der Vereinigung der Kräfte.
Durch objektive Prüfung
findet jede ihren Platz,
ihrer Bedeutung entsprechend.

Am Anfang jeder Vereinigung komplementärer Kräfte steht ihr Kennenlernen, ihr Austausch, ihre gegenseitige Einschätzung und ihr Abwägen gegeneinander. Dieser Prozeß muß mit aller Objektivität und ohne Vorurteile durchgeführt werden, damit jede Kraft in ihrer optimalen Bedeutung sich entfalten und wirken kann. Dies gilt sowohl für die innerliche Ordnung der Kräfte eines individuellen Menschen als auch für die Organisation von Menschen unterschiedlicher Temperamente und Talente. Eventuelle Fehleinschätzungen und demzufolge inadäquater Einsatz der Kräfte führt zu Behinderung, unkonstruktiven Spannungen und Konflikten und letztlich zu destruktiven Wirkungen auf die Inhalte und Ziele der Vereinigung. Unbestechliche Klarheit und Neutralität in der Bewertung der Kräfte sind deshalb erster Garant des späteren Erfolgs.

Sechs als zweite Linie bedeutet:
Gleich sein unter Gleichen
bewahrt die Vereinigung und ihre Ziele.
Eigeninteresse zersetzt sie
und beraubt sich selbst ihrer Stärke.

Hat man sich einmal in den Dienst einer gemeinsamen Sache gestellt, so sollte man auch nur an ihrem Vorteil und am Gedeihen des objektiven Ziels interessiert sein und nicht nach persönlichen Vorteilen fragen. Durch die etwas bevorzugte eigene Position (zentraler Strich des unteren Urzeichens) könnte man sich wohl individuelle Vorteile verschaffen, jedoch nicht auf lange Sicht, da Lobbyismus und Sektierertum eine Zersplitterung der Kräfte nach sich zöge, die zunächst der gemeinsamen Arbeit und schließlich ihrem Urheber schaden würde. Das Ende der sozialen Utopie, wie in George Orwells «Animal Farm», wo wieder einige Tiere «gleicher» sein wollten «als gleich», wäre die unvermeidbare und selbstverschuldete Folge.

Auch bei der Organisation der inneren Kräfte sollte man sich nur nach den objektiven Zielen, nicht nach subjektiven Annehmlichkeiten orientieren.

Neun als dritte Linie bedeutet:
Mißtrauen lähmt die Vereinigung,
zersplittert die Kräfte,
läßt die Ziele vergessen.
Wohl dem, der frei davon
an sie zu erinnern vermag.

Die Kräfte der Vereinigung streben auseinander, entweder sich unverstanden oder nicht genug gewürdigt empfindend. Das kann nur möglich sein, wo das eigentliche Ziel der Vereinigung subjektiven, individuellen Ambitionen untergeordnet wurde und man nur noch auf eigene Vorteilsnahme bedacht war. So kommt es zu Mißverständnissen, Unstimmigkeiten und dem Zerfall der ursprünglichen Einheit, der nur noch durch eine offene Aussprache, durch schonungslose Kennzeichnung des Fehlverhaltens und energische Erinnerung an den eigentlichen Zweck und Inhalt der Vereinigung zu verhindern wäre. Wer diese Auskunft des Orakels gewinnt, mag sich aufgefordert fühlen – auch wenn er selbst bisher vielleicht zu dieser Lage beigetragen hat.

Auch im menschlichen Individuum selbst zersplittern kleinliche, selbstsüchtige Ambitionen der einzelnen Talente die Integrität. Handlungsfähigkeit und das Wirkungsvermögen des ganzen Menschen.

Neun als vierte Linie bedeutet:
Veröffentlicht und erkannt
hält kein Hindernis stand.
Wer andere erkennt, erkennt

sich selbst, wer sich selbst
überwindet, findet zum anderen.

Die Fronten sind klar, und die unterschiedlichen Positionen, die der wirkungsträchtigen Vereinigung der Kräfte entgegenstehen, nehmen Kontur an. Durch starres Beharren auf der Berechtigung der eigenen Haltung reiben sich die Kräfte sinnlos auf und kommen zu keinem konstruktiven Einsatz. Deshalb muß einer Klärung der Lage, nicht aggressiv, sondern informativ, die eigene Kompromißbereitschaft folgen, die auf unbedeutende Eigeninteressen im Interesse des Ganzen verzichtet und ein Einbringen der Kräfte aller ermöglicht, durch die allein das große gemeinsame Ziel objektive Bedeutung und Realität gewinnt.

Neun als fünfte Linie bedeutet:
Auch größte Schwierigkeiten
verhindern die Vereinigung nicht.
Wer Verzögerung nicht
als Scheitern mißversteht,
erreicht sein Ziel.

Eine der beiden komplementären Kräfte wird in ihrer Entfaltungsmöglichkeit behindert und kann ihrem Willen nicht folgen, so daß die Vereinigung zunächst nicht zustande kommt. Da die Kräfte jedoch wirklich komplementär sind, ihre Qualitäten sich ergänzen und «zueinander gehören», kann auch die stärkste Behinderung (repräsentiert durch die «starke» Linie auf dem «schwachen» 4. Platz) ihre vorherbestimmte Vereinigung nicht verhindern, der dann große Bedeutung und Wirkung zukommt. Sofern die nötige Ausdauer, geboren aus Gewißheit, vorhanden ist.

Auch im einzelnen Menschen können an sich fruchtbare Talente, die durch belanglose andere Interessen an konzentrierter und zielgerichteter Arbeit gehindert werden, sich gelegentlich eine zeitlang nicht entfalten: Bis die Nebeninteressen zu Enttäuschung oder Frustration geführt haben und man sich seiner eigentlichen Ziele und Qualitäten erinnert.

Neun als sechste Linie bedeutet:
Vereinigung ohne Inhalt
bewegt nicht die Welt,
aber dient gelegentlich
ihrem Erhalt.

Wo eine Vereinigung von Kräften aus rein pragmatischen, und nicht inhaltlich identischen Interessen zustande kommt, wie es bei dieser obersten Linie angedeutet ist, so wird sie weder weltbewegende Projekte erarbeiten noch realisieren können. Man «bedient» sich sozusagen nur der Vorteile einer Gemeinschaft, ohne sich ihr innerlich zugehörig zu fühlen, und leistet seinen eigenen Beitrag zu ihrem Erhalt. So kommt ein harmonischer Austausch zustande, dem aber jede größere Sinngebung fehlt. So als ob sich der Geist (dies ist die Linie der Erleuchtung) seiner Talente zu Beruf und Broterwerb bedient, ohne allerdings in ihnen seine Erfüllung zu sehen.

I/4. DIE KLUFT

䷅ oberes Trigramm: KIEN, der Geist, die Luft (Äther)
unteres Trigramm: KAN, die Rezeptivität, das Wasser

Das Bild

Unter dem feinstofflichen Prinzip des schöpferischen Geistes, der Luft (des Äthers) – das passive Prinzip formloser Rezeptivität, der Psyche, des Wassers.

Der Charakter

Die Kluft der Gegensätze
bindet die Kräfte, verhindert
ihr Wirken. Ihre Anstrengung
führt ins Leere: Über Abgründen
baut man kein Haus.

Makrokosmische Bedeutung

Das feinstoffliche Prinzip des schöpferischen Geistes, der reinen Idee, sieht sich konfrontiert mit der passiven Formlosigkeit unquantifizierter psychischer Energie. Zu «roh» und gegensätzlich sind die Eigenschaften beider, als daß eine gegenseitige Einwirkung und damit Verbindung möglich wäre: Der Geist würde der quantifizierenden

Aktivität des Willens, des Feuers, bedürfen, um in der Masse gleichgültiger Rezeptivität eine Wirkung zu erzielen. So jedoch ist jede Anstrengung von inkongruenten Mitteln von vornherein nur «ein Schlag ins Wasser», ohne eine vermittelnde Qualität, unüberbrückbar, ihre Qualitäten zu keiner konstruktiven Einheit zu verbinden.

So schwingen auch im manifesten Universum die Wassermoleküle und die geistigen Atome der Mentalsphäre auf verschiedenen Frequenzen, beanspruchen denselben Raum und berühren sich doch nicht.

Mikrokosmische Bedeutung

Aus der Gegensätzlichkeit der verbundenen Qualitäten ergibt sich der Gedanke einer inneren Kluft von äußerlich verbundenen Menschen. Wenn diese Qualitäten nach Selbstdarstellung oder Herrschaft streben, resultiert daraus Kampf und «Streit» (so der frühere Titel dieses Hexagramms), der auf Grund der ungleichen Kräfte nur zu beidseitigen Verlusten, nie zu einer konstruktiven Versöhnung oder einem Vergleich führen kann. Deshalb ist damit auch der Rat verbunden, diesem Kampf und Kräfteverlust auszuweichen und sich anderen, den jeweils eigenen Qualitäten entsprechenden Betätigungsfeldern oder Menschen zuzuwenden. Nur äußerste Kompromißbereitschaft ohne tiefere innere Beteiligung läßt ein Nebeneinander dieser gegensätzlichen Qualitäten zu.

Im individuellen Menschen sind es die gegensätzlich verlockenden Rufe somnambuler Tätigkeit oder geistiger Anstrengung, denen er ausgesetzt ist. Da ihre Vereinigung, ohne die vermittelnde Tätigkeit eines konkreten Projekts (einer großen Idee) und ohne die Selbstbeschränkung konkreter, auf dieses Projekt hinzielender Phantasie, nicht möglich ist, muß man sich auf die banale Ordnung des täglichen Lebens konzentrieren, bis der eigenen Persönlichkeit bedeutende Inhalte und Ziele erwachsen (oder gegeben werden), an denen sich alle inneren Kräfte dann orientieren, also kristallisieren oder auflösen können. Gewaltsame, ziellose Aktivität würde die innere Spannung nicht lösen, sondern lediglich die organische Ordnung des Bewußtseins und die Regelmäßigkeit der eigenen Lebensumstände gefährden.

Das Orakel

Verzehre in sinnlosem Kampf nicht
die Kräfte, die Du woanders brauchst:
Dort, wo ihr Platz ist und sie wirken können.
Gewalt bringt Verlust, den
kein Nutzen ausgleicht.

Sechs als erste Linie bedeutet:
Wo die Kräfte sich nur gegenüberstehen,
läßt sich Konflikt noch vermeiden
und größerer Schaden verhindern.

Am Anfang der Entwicklung, in deren Verlauf die Gegensätzlichkeiten bewußt werden, läßt sich die Konfrontation mit ihrem sinnlosen Verlust an Gemeinsamkeit noch vermeiden: Durch Kompromißbereitschaft, die nicht Verzicht auf die innere Haltung oder Aufgabe der eigenen Charakteristik bedeutet, sondern vielmehr ein formales Arrangement, das bei äußerer Gemeinschaft den Freiraum der inneren und eigenen Konsequenz ermöglicht.

Neun als zweite Linie bedeutet:
Einem stärkeren Gegner weicht man aus,
nicht aus Feigheit, sondern Vernunft.
Die eigenen Verluste
wiegt der des Gegners nicht auf.

«Gehe nie in einen Kampf, den du nicht gewinnen kannst»: Diese römische Kriegsweisheit wird hier bestätigt. Dabei ist weder von Recht noch von Unrecht die Rede: Sie spielen bei der Überlegung der kampfbeteiligten Kräfte keine Rolle, und auch das Bewußtsein, im Recht zu sein, verhinderte das größere Unrecht einer etwaigen Niederlage nicht. Die Gegenposition (repräsentiert durch die «starke» Linie auf 5. Platz, zu der dieser Strich in Bezug steht) ist übermächtig, und Zurückhaltung ohne Aufgabe der eigenen Inhalte ist die einzig sinnvolle Haltung.

Sechs als dritte Linie bedeutet:
Bewahre Dein Recht
und behaupte Deine Stellung,
ohne vorwärts zu drängen.
So sammelst Du Kräfte
für den Tag ihrer Herausforderung.

Die Bewahrung der eigenen Position, ohne Expansions- oder Kampfgelüste, ist die einzig richtige Reaktion auf die gegebenen Bedingungen. Der eigenen Stärke verdankt man die Friedlichkeit trotz gegensätzlicher Haltungen, und würde man sie zu weiterer Verwirklichung eigener Projekte einsetzen wollen, verbrauchten sie sich nutzlos gegen unbesiegbare Widerstände. In der Beschränkung auf die unmittelbare Festigung des eigenen Einflußbereichs zeigt sich die Ruhe wirklicher Stärke.

Neun als vierte Linie bedeutet:
Wer seiner Sache nicht sicher ist,
sollte sie auch einem schwächeren Gegner
nicht gewaltsam aufzwingen.
Beschämend der Friede, den die
Herrschaft des Unrechts begründet.
Stärke ist kein Recht und Schwäche
kein Unrecht: Darauf beruht
jede wahre Ordnung.

Trotz der unbequemen und unangenehmen Position und der offenkundigen Schwäche der Gegenposition sollte ein Konflikt vermieden werden, da man sich im Unrecht («starke» Linie auf «schwachem» Platz) befindet und die eigenen Motive der kosmischen Berechtigung entbehren. Die Herstellung des inneren Friedens bei äußerer Respektierung der schwächeren Gegenposition allein führt zu einer entwicklungsfähigen, später auch für einen selbst befriedigenden und fruchtbaren Ordnung der Kräfte.

Neun als fünfte Linie bedeutet:
Ein gerechter Streit führt zu Erfolg
und klärt die Bedingungen
des künftigen Friedens.

Hier, in der Gegenposition zur Sieben (Neun) auf zweitem Platz, ist ein Austragen des Konflikts angezeigt: Sowohl die Berechtigung als auch die Stärke sind vorhanden, den Konflikt auszutragen und eine faire Entscheidung herbeizuführen, die letztlich auch der besiegten Partei von Nutzen sein wird – und sei es lediglich als Einsicht und Zugeständnis des eigenen Unrechts. Auch lassen die Umstände auf einen souveränen, sachlichen Konflikt schließen, der nicht durch negative Emotionen die Klarheit der herbeigeführten Entscheidung trübt. So wird die Kluft der Gegensätze vielleicht nicht beseitigt, aber doch zur friedlichen Nutzung überbrückt und das «Nutzungsrecht» geklärt.

Neun als sechste Linie bedeutet:
Recht behalten und trotzdem
Verluste erleiden: Das Schicksal dessen,

der im Streit kein Maß
und im Konflikt keinen Nutzen beachtet.

Wer einen Konflikt allzu verbissen austrägt, ohne andere Aspekte als den des Rechtbehaltens zu berücksichtigen, mag am Ende zwar recht behalten, wird aber seines Sieges nicht recht froh werden: Er hat das Vertrauen und die Sympathie verloren, die die Bestätigung der eigenen Position eigentlich einbringen sollte. Negative Emotionen finden sich mit der Entscheidung nicht ab und sabotieren ihre Wirksamkeit. Man hat sich selbst isoliert, und der errungene Sieg kommt nicht einmal dem Sieger selbst zugute. Die Einsicht: «Was habe ich davon, wenn Du mir schließlich recht gibst, aber du liebst mich nicht mehr», kommt hier zu aktueller Bedeutung und sollte als Warnung vor allzu einseitigem, hartnäckigem Bestehen auf dem eigenen Recht dienen.

Das Haus der Erde

I/5. DIE MATERIE (DAS FORMPRINZIP)

oberes Trigramm: KUN, die Materie, die Erde

unteres Trigramm: KUN, die Materie, die Erde

Das Bild

Die Verdoppelung des grobstofflichen Prinzips formgebender Materie, des grobstofflichen Äthers, der Erde.

Der Charakter

Im Dienste großer Ideen
verwirklicht sich die Materie:
Nicht Inhalt, sondern Form,
nicht Gehalt, sondern Gestalt:
So erringt sie große Bedeutung.
Nicht durch eigenen Willen:

Nur als Werkzeug des Geistes,
der ihr Sinn und Richtung zuweist.

Makrokosmische Bedeutung

Der gesamte materielle, auch grobstofflich ätherische, Inhalt des Universums ist hier bezeichnet, ob in geformter oder ungeformter Gestalt, ob als archaisches «Baumaterial» oder als Summe der konkreten Manifestationen der Wirklichkeit: Alles, was physische Körperlichkeit aufweist, kommt in Betracht. Das formgebende Prinzip der rezeptiven Materie in seiner Verdopplung, seiner höchsten Potenz: Als unerschöpfliches Reservoir, das auch nach unzählig vielen materiellen Ausgestaltungen geistiger Konzepte noch unbegrenzt zur Verfügung steht, allen Ideen und Projekten des makrokosmischen Geistes physische Gestalt und Form zu geben. Als Empfängerin und Vollenderin des geistigen Samens, als Gebärerin der Form, die ohne die Beseelung durch die geistige Sinngebung bedeutungslose Form bliebe, gar nicht zustande käme. Ohne deren Mitwirkung und komplementäre (rezeptiv-gestalterische) Eigenschaft, die nicht mit Passivität zu verwechseln ist, es aber auch dem Geist versagt bliebe, sich konkret manifest zu machen, seinen spezifischen Qualitäten funktionable Dauer in den Welten der evolutionären Wirklichkeit zu verleihen: «Feinstoffliche» und «grobstoffliche» Schwingungen beziehen voneinander Existenz und Berechtigung.

Mikrokosmische Bedeutung

Es ist hier nicht einfach das «Weibliche» in Gegenüberstellung zum «Männlichen» gekennzeichnet, das «Empfängliche» (Formgebende) gegenüber dem «Sinngebenden». Sondern auch das quantitative Potential, das einer Idee, einem Konzept, einer Qualität erst Form und Gestalt zu geben vermag: Also ein echter Partner, nicht bloß schwacher Nach- oder Mitläufer des geistigen, sinngebenden Elements. Dies kommt in jeder individuellen Dimension wie auch in jeder sozialen Konstellation zu Bedeutung: Sowohl die formvollendenden gestalterischen Kräfte, die im Menschen dem ideelen Potential gegenüberstehen und Bedingung für dessen wirkungsvolle Äußerung sind, wie auch die komplementäre Partnerschaft zwischen Same und Gebärmutter, zwischen Ingenieur und Maurer, zwischen Philosoph und Politiker, zwischen Komponist und Musiker sind gemeint, ohne daß aus ihrer funktionalen Abhängigkeit eine Hierarchie abgeleitet werden dürfte. Ein (selbst-)bewußtes Formprinzip folgt ohne Komplexe dem bewußten Geistprinzip und verhilft damit nicht nur ihm zu Gestalt, sondern auch sich selbst zu Bedeutung und Gehalt. In diesem

Licht versöhnen sich die Pole und emanzipieren sich von den Mißverständnissen der «Minderwertigkeit» (durch Nachfolge) oder «Herrschaft» (durch Sinngebung) und erstellen, gemäß den spezifischen Qualitäten der eigenen Art, die vollkommene kosmische Harmonie und Ordnung im kleinen: Den Mikrokosmos des Menschen.

Das Orakel

Folge mit Kraft und Klarheit
der großen Idee und mache
das Unmögliche möglich.
Verzichte nicht auf die Gedanken anderer
zugunsten eigener Ideen:
Nimm den Gehalt und gib ihm Gestalt,
so zeigst Du Deinen Wert.

DIE EINZELNEN LINIEN

■x■ **Sechs als erste Linie bedeutet:**
Auch der kleinste Sonnenstrahl
verkündet das große Licht.

Die passive, richtungslose «Dunkelheit» des Gesamtzeichens wird hier durch das Eindringen des «hellen», inspirativen, geistigen Prinzips durchbrochen. Zwar hat sich dieses Licht noch nicht etabliert, aber sein Auftreten und seine Existenz lassen ein Wachsen und Verdeutlichen der Idee erwarten, die dann richtungsweisend und sinngebend für die eigenen Anstrengungen sein wird, als Keim der eigenen, künftigen Fruchtbarkeit.

■x■ **Sechs als zweite Linie bedeutet:**
Die Quadratur des Kreises.
Ohne Mühe gewinnt die Idee eine Form,
der Gehalt die Gestalt.

Der Kreis, als Symbol für die Perfektion des Geistes, realisiert an dieser Stelle seine «Quadratur», das heißt, seinen stabilen, materiellen Ausdruck. Das Quadrat als stabilisiertes Kräfteverhältnis der vier Elemente bringt nicht nur die grobstoffliche Umsetzung einer klaren Idee zum Ausdruck, sondern ihre kosmische Berechtigung und ihre

Dauer: Hier wird nicht auf Sand gebaut, und das Gebäude ist der Mühe wert. Die Mühe selbst dürfte nich allzu groß sein, da die kosmische Konstellation alle möglichen Vergünstigungen und Erleichterungen bewirkt, um von dieser «inneren» (unteres Trigramm) Dominante des Zeichens aus materiellen Segen für das ganze Hexagramm zu spenden, nicht zuletzt für den, der ihr diese Manifestation ermöglicht.

▬x▬ **Sechs als dritte Linie bedeutet:**
Die Kraft der Gestaltung führt unbeachtet
das große Werk zu Ende und sichert
seinen Erfolg. Nur Torheit
sieht darin nicht die Leistung.

Die Vollendung und Vervollkommnung eines bereits anerkannten Projekts erregt selten Aufmerksamkeit: Nach dem Richtfest vergißt man den Architekten und seine Arbeiter. Trotzdem hängt von dieser Vollendung die Bedeutung und Funktionstüchtigkeit des Projekts ab. In diesem Bewußtsein muß die gestalterische Kraft eingesetzt werden, auch wenn sie zunächst nach außen keine spektakuläre Anerkennung findet und man die eigene Befriedigung in der Wichtigkeit der Leistung selbst finden muß.

▬x▬ **Sechs als vierte Linie bedeutet:**
Kraft, die nicht gestalten darf,
bewahrt sich für später.
Nach innerer Reife
vollzieht sich die Verwirklichung
dann doppelt schnell und mühelos.

Die eigene schwache Position (als vierte Linie) verhindert die Entfaltung des eigenen gestalterischen Reichtums. Damit muß man sich abfinden und das inspirierte Potential gestalterischen Könnens in sich reifen lassen, bis man es eventuell bei anderer Gelegenheit oder an anderer Stelle, dann um so klarer, konsequenter und müheloser, zum Einsatz und Ausdruck bringen kann.

▬x▬ **Sechs als fünfte Linie bedeutet:**
Innerlich reich und äußerlich sanft,
lassen sich größte Pläne verwirklichen,
und nichts behindert ihr Wachstum.

Der innere Reichtum und die einflußreiche, kaum zu verbessernde Stellung, die man genießt, lassen auch größte Projekte realisierbar werden, wenn man statt Macht die Mittel der Überzeugung, statt überlegener Anleitung die eigene Mitarbeit einsetzt, um die Ziele zu erreichen. Das innere Sein muß jeden äußeren Schein überragen, dann können diese Ziele nicht zu ambitioniert sein, um nicht verwirklicht zu werden.

▬x▬ **Sechs als sechste Linie bedeutet:**
Wo Gestalt den Gehalt übertrumpft,
die Form über Inhalt herrschen will,
das Sterbliche unsterblich werden will:
Da stürzt auch das schönste Gebäude ein,
zwingt Inhalt und Form in den Staub.

Wenn durch Verblendung und Überheblichkeit die Materie glaubt, sich über den Geist erheben zu können, seinen Platz einzunehmen, und Gestalt schon für Gehalt ansieht, kommen unweigerlich beide Prinzipien zu Schaden, ohne daß ein Nutzen daraus resultiert. Die gestalterische Kraft bringt sich um die Früchte ihrer Bemühungen, und die Kräfte des Geistes um die Möglichkeit, sich in der sichtbaren Welt zu manifestieren. Die grobstoffliche Gestalt, ihrer feinstofflichen Struktur beraubt, ist nichts als Masse, und der materielle Mensch ohne das Bewußtsein des universellen Geistes, der ihn beseelt, nichts als eine sterbliche Hülle biologischen Stoffwechsels, bar jeder Zukunft und Bedeutung.

▬x▬ **Sechs mal die Sechs bedeutet:**
▬x▬ Materie wird Geist,
▬x▬ Sein wird Bewußtsein:
▬x▬ Wer so erhöht wird,
▬x▬ mag sein Werkzeug beiseite legen
▬x▬ und nach den Sternen greifen.

Durch sechs Wandlungsstriche verändert sich das grobstofflich bestimmte Hexagramm «Materie» in das feinstofflich bestimmte Hexagramm «Geist» (I/1.). Die an formaler Gestaltung interessierte und formgebende Substanz gestaltet sich um in das geistig kreative Potential der feinstofflichen Ideenwelt, nicht nur als Abstraktion (und Erkenntnis) ihrer eigenen Existenz, sondern als schöpferische Kraft einer neuen Dimension und Qualität. Hier wird der Weg des Geistes gewiesen, der die Abkehr von grobstofflichen Interessen nahelegt. Eine solche «Veredelung» der eigenen Persönlichkeit, die alchimistische Verwandlung von «Erde» (Materie) in «Gold» (Geist) kann nur als vielversprechende Wende im individuellen Leben, als Neuorientierung zu größeren Horizonten hin gewertet werden, die ihren Segen schon in sich trägt.

I/6. DIE FRUCHTBARKEIT (DER FRIEDE)

oberes Trigramm: KUN, die Materie, die Erde

unteres Trigramm: KIEN, der Geist, die Luft (Äther)

Das Bild

Unter dem grobstofflichen Prinzip der formgebenden Materie, der Erde – das feinstoffliche Prinzip des schöpferischen Geistes, der Luft (des Äthers).

Der Charakter

Materie, von Geist beseelt,
macht endlich das Unendliche,
gestaltet Sein und alle Wesen.
Grobes und Feines wiegen gleich,
und alles Werden findet Raum und Material,
sich sichtbar zu entfalten.

Makrokosmische Bedeutung

Das grobstoffliche Prinzip der formgebenden Materie, das in seinem Inneren die Keime, Konzepte, Baupläne und Ideen, die Samen des feinstofflichen Geistesprinzips aufgenommen hat und ihnen zur Ausgestaltung und Verwirklichung dient. Dieses Hexagramm stellt das Gegenstück zum Zeichen I/2. «Die Stagnation» dar, in dem der befruchtende Geist die formgebende Materie nur umschließt und noch nicht in sie eingedrungen ist. Hier sind die polaren Qualitäten bereits in einen geordneten, also fruchtbaren Funktionszusammenhang getreten, die universelle Evolution hat begonnen: in der Materie keimen bereits die Samen aller künftigen Wirklichkeit, tragen bereits den unsichtbaren Bauplan ihrer materiellen Ausgestaltung in sich und bedürfen lediglich des Faktors «Zeit», der gezielten Veränderung der Materie gemäß der immanenten Richtlinien und Prinzipien. Die feinstoffliche Schwingung belebt und prägt von innen her die grobstoffliche, langsamere Frequenz, zwingt sie auf einen parallelen, wenn auch langsameren Rhythmus: So ordnen sich die sichtbaren, äußeren Wirklichkeiten nach den unsichtbaren inneren Gesetzen. Und da alle Elemente an ihrem organischen Platz stehen, ist Harmonie und «friedliche» Entfaltung aller Qualitäten und Möglichkeiten gewährleistet, die Stabilität des Gleichgewichts unerschütterlich.

Mikrokosmische Bedeutung

Die weibliche Gebärmutter hat den Samen des Männlichen aufgenommen und realisiert nun die Ausgestaltung, das Werden und Wachsen der Leibesfrucht. Auf die qualitative Determination der künftigen Wirklichkeit folgt nun die quantitative und formale Ausführung, die konsequente Fortentwicklung. Dieses Prinzip ist sowohl konkret als auch übertragen auf geistige Prozesse gültig: Der Entscheidung des «Was» folgt dessen Ausführung, das «Wie». Eine Idee, die vom aktiven, gestalterischen Menschen als realisierungswürdig akzeptiert wurde, erwartet ihre konsequente Verwirklichung. Ein Plan, dessen Finanzierung gesichert ist, erwartet nur noch seine Ausführung. Eine gerechte gesellschaftliche Ordnung, die etabliert wurde, kann durch fruchtbare Entwicklung ihrer Mitglieder die Harmonie ihrer Prinzipien beweisen. Und so fort: Der Analogien sind viele, und alle sind relevant. Auf den individuellen Menschen bezogen bringt dieses Hexagramm eine Situation vollkommener innerer Harmonie zum Ausdruck, in der Sinn und Ziel des Lebens sich unbehindert entfalten können und mit großen, leichten Fortschritten verwirklichen, in die Tat umsetzen lassen. Da diese karmische Konstellation sich sicher irgendwann modifizieren wird, sollte sie unter Aufbietung aller Möglichkeiten aktiv genutzt werden, um sich ihre möglicherweise zukunftsentscheidenden Vorteile zu sichern.

Das Orakel

Denke in großen Zielen
und verwirkliche sie in vielen Schritten:
Was Du in dieser Zeit bewirkst,
trägt auch in anderer Zeit noch Früchte.

Neun als erste Linie bedeutet:
Ruft man Dich, so gehe hin.
Rufst Du, so kommen die richtigen.
Schon im Samen steckt die Pracht der Blüte.

In einer solchen Zeit außergewöhnlich fruchtbarer Harmonie der Kräfte deuten schon die ersten Bewegungen der Kräfte auf ihre späteren Erfolge hin. Dabei spielt es keine Rolle, ob man selbst organisatorischer Mittelpunkt der Vereinigung der Kräfte ist oder zur Teilnahme an der Verwirklichung allgemeiner Ziele eingeladen wird: Es kommen die richtigen Talente an ihren richtigen Platz, wo sie sich entfalten und große Leistungen vollbringen können. Da es sich um eine kosmische Konstellation handelt, weniger um menschliches Geschick, die das Gelingen verbürgt, kann man sich bedenkenlos den Gegebenheiten der Zeit und des allgemeinen Aufbruchs anvertrauen.

Neun als zweite Linie bedeutet:
Halte den Blick auf das
ferne Ziel gerichtet, auch bei
Deinen kleinsten Schritten.
Wer mit Dir geht, soll sich
an Deinen Rhythmus gewöhnen.

Als Verantwortlicher, vielleicht auch nur organisatorischer Mittelpunkt einer zielgerichteten Anstrengung mehrerer Menschen darf man das große Ziel nicht aus den Augen verlieren, sonst verliert man sich an die kleinen Probleme und Bedenken am Rande der Bewegung. Allein dieser Überblick ermöglicht das Erreichen des Ziels und garantiert den richtigen Einsatz der Kräfte, der mit Konsequenz durchgesetzt werden muß gegen eventuelle Launen oder irrelevante Interessen von Mitarbeitern, die sich nicht an diesem großen Fernziel orientieren und vielleicht mit kleineren Erfolgen zufriedengäben.

Neun als dritte Linie bedeutet:
Auf Blüte folgt Verfall,
auf Fruchtbarkeit die Stagnation.
Vollende das Erreichte,
und bewahre das Vollendete,
bis sich die Zeit erschöpft.

Die kreativen Kräfte haben sich verausgabt, die kosmischen Konstellationen der Fruchtbarkeit erfüllt. Nur noch vollendende Anstrengungen sind möglich, neue Projekte zu beginnen oder Erweiterungen der Zielsetzung vorzunehmen, entbehrt der objektiven Möglichkeit ihrer Realisierung. Ist das große Ziel noch nicht erreicht, muß durch eine Zäsur der erreichte Teilerfolg gesichert und verdeutlicht werden, und die Früchte des Erreichten mögen als Belohnung die Berechtigung gemeinsamer kreativer Anstrengung und Arbeit bestätigen.

▬x▬ **Sechs als vierte Linie bedeutet:**
Die Zeit der Fruchtbarkeit
vereint die Menschen ohne Unterschied
von Rang, Gesinnung und Talent.
Auf diesem breiten Fundament
lassen sich Türme und Theater bauen.

Der öffentliche, gesellschaftliche Beginn einer fruchtbaren Kooperation von Menschen ist ihre Vereinigung um ein Projekt oder eine Idee. Trennungsfaktoren wie sozialer Rang, Gesinnungsverschiedenheiten oder eine Hierarchie der Talente treten dabei als unbedeutend zurück, sind allenfalls gleichwertige und gleichberechtigte Qualitäten, die sich ergänzen und zu einem wirksamen Potential vervollständigen. Hierin besteht die Aufforderung zu Kommunikation über alle bisherigen Schranken und Trennungslinien hinweg, einer Verständigung aller gesellschaftlichen Kräfte, auch wenn sie in gewöhnlichen Zeiten verschiedenen Lebensbereichen angehören. Weder (unberechtigte) Minderwertigkeitsgefühle noch eitle Selbstüberschätzung sollte an diesem «communicare» (gemeinsam machen) hindern.

▬x▬ **Sechs als fünfte Linie bedeutet:**
Respektvoll und sanft äußert sich
wahre Größe, und freien Willens
folgen ihr alle Menschen.
Wer ohne Vorbehalt sein Bestes gibt,
multipliziert es tausendfach.

Der innere Reichtum (des Wandlungscharakters) dieses nach außen «schwachen» Strichs (Sechs/Acht) kann von einer einflußreichen, mächtigen Position, dem zentralen Strich des oberen Trigramms aus wirken. Machtausübung wäre ihm möglich, er verbirgt jedoch seinen Reichtum und bringt sich, nach außen hin unscheinbar und «gleichwertig» allen anderen Kräften, in die gemeinsame Arbeit ein, bereichert alle, ohne daß es allen unmittelbar bewußt würde, und wirkt so vielfältig entscheidend auf das Geschehen ein. Ohne Lob und Anerkennung für die eigenen Leistungen zu suchen, ist dem hier bezeichneten Menschen die Beobachtung des Gedeihens und der Früchte, die sein Beitrag entscheidend mitbestimmt hat, Befriedigung genug. Aus dem vorbehaltlosen Einbringen des eigenen Potentials ist der Allgemeinheit überall sichtbar großer Reichtum erwachsen, ohne daß ihn jemand für sich allein reklamieren könnte – was den harmonischen Fortbestand der gesellschaftlichen Blüte garantiert.

■x■ **Sechs als sechste Linie bedeutet:**
Das Ende der Fruchtbarkeit.
Was erblüht war, muß welken,
aber im Samen lebt die Blüte fort.
Bewahre im Innern die Werte der Zeit,
bis eine neue Zeit sie braucht.

Auf der Linie der Abstraktion, der Reduktion von Quantität auf Qualität, schließt sich der Kreislauf der fruchtbaren Entwicklung. Die Schönheit der Blüte reduziert sich auf die genetische Erinnerung im Samen, und nur zeitlos gewordene Wirklichkeiten bestehen fort: Etwa das gesellschaftlich-kulturelle Niveau, das in dieser Entwicklungszeit erwachsen ist, das sich zwar nicht mehr fortentwickeln kann, aber auch einen Rückfall in primitivere Strukturen ausschließt. Eine einmal gewonnene Erkenntnis kann ebensowenig vergessen werden wie das Ideal einer menschlichen Skulptur: Alles Künftige wird daran gemessen werden. So leben alle Werte unsichtbar fort, bis sie sich in neuer Aktivität erweitern und vergrößern können, vom bisherigen Entwicklungsstand ausgehend. Da es sich hier um das kosmische Gesetz des organischen Kreislaufs jeder Bewegung handelt, sind Widerstände und Gegenmaßnahmen, die Zeit der Blüte trotz der Umstände fortzusetzen, sinnlos. Die Erhaltung der gewonnenen Werte als kulturelle Grundlage ist die einzig richtige (und mögliche) Anstrengung, belebt von der Gewißheit, daß nach demselben kosmischen Gesetz eine neue Zeit dynamischer Entwicklung folgen wird – wenn erst alle Früchte der gerade beendeten Entwicklung von der Wirklichkeit assimiliert und ausgewertet sind.

I/7. DIE NACHT (DIE DUNKELHEIT)

oberes Trigramm: KUN, die Materie, Erde

unteres Trigramm: LI, die Energie, Feuer

Das Bild

Unter dem grobstofflichen Prinzip der formgebenden Materie, der Erde – das aktive Prinzip der Energie, des Willens, des Feuers.

Der Charakter

Von der Dunkelheit der Materie umhüllt,
leidet das Licht, das keinem Wesen
mehr dienen kann.
Kann es sich selbst nicht ernähren,
stirbt es, und mit ihm
die Welt, die es schmähte.

Makrokosmische Bedeutung

Das dynamische, aktive, helle Prinzip wird durch die passive und massive Gewalt der formgebenden Materie umschlossen und behindert. Die unquantifizierte Trägheit und Schwere der Materie, nach keinem geistigen Prinzip strukturiert und damit der Energie Entfaltungskanäle öffnend, verhindert gezieltes und damit wirkungsvolles Freiwerden der Kräfte und eine qualitative Veränderung des gegebenen Kräfteverhältnisses. Stillstand im Universum aber ist gleichbedeutend mit Tod; Kälte und Dunkelheit sind seine Boten. Es ist die Phase des Erkaltens von Sonnen, deren Verkrustung an der Oberfläche, und ohne Einwirkung von außen wird auch der energiegeladene Kern sterben, da er sich gegen die erdrückende Masse ungeformter Materie nicht behaupten kann. Oder aber er setzt seine kumulierte Kraft in Gewalt frei, was ein Bersten des Himmelskörpers bewirkt. In beiden Fällen werden die umgebenden Welten ihres Licht- und Wärmespenders beraubt, der die Bedingungen für physisches, psychisches und geistiges Leben geschaffen hat. Temporäre Dunkelheit aber regeneriert die Kräfte. Die geodätische Wärme des Erdinneren ist zugleich der aktivierende Faktor, der die «Zellerneuerung» an der Erdoberfläche ermöglicht, ihr die Dynamik gibt, ohne die wir auf einem statischen Sonnentrabanten durch den Weltraum kreisen würden. Und Stillstand, wie gesagt, bedeutet im Universum Tod; als «Nacht zum Leben» aber Erholung vor der Neugeburt.

Mikrokosmische Bedeutung

Materialismus, der sich mehr oder minder gewaltsam gegen die Dynamik der Innovation und die freie Entfaltung der Kräfte und Talente, des Wachstums und der Veränderung behauptet und durchsetzt, bewirkt die innere Emigration dieser Kräfte, die dann nach außen hin, gesellschaftlich-konstruktiv, nicht mehr zum Zuge kommen. Entweder sie erstarken im Innern zu revolutionärer Kraft, deren Äußerung eruptiv und gewaltsam das Bild der Wirklichkeit verändert, oder sie ersterben, degenerieren in langsamer Erstarrung. Die Unterdrückung der Wahrheit, des «geistigen Lichts», ist eine Beraubung des öffentlichen Lebens um seine vitalisierenden Faktoren, und jede Gesellschaftsordnung, die auf diesem Raub gegründet ist, stirbt an sich selbst. Wohl dem, der da die Kräfte der Wahrheit im Innern nähren und stark halten kann, bis sie sich – evolutionär – in konstruktiver Dynamik äußern können, ohne sie zu ersticken – oder zu bersten.

Auf den individuellen Menschen bezogen bezeichnet dieses Hexagramm eine Haltung, die auf Grund fehlgeleiteter Interessen oder Ambitionen die wertvolleren Qualitäten der Persönlichkeit schädigt. Charakterliche Starre, die der Entwicklung der Persönlichkeit keinen Raum mehr gibt, konserviert sich zu Tode. Statt beseelt von der Dynamik der Wahrheit höheren Entwicklungsformen entgegenzustreben, widersetzt sich ihr der gewordene Mensch – und wird früher oder später auf ihrem Altar geopfert: Als unbrauchbar gewordene, materielle Organisationsform bewußten Lebens, die ihrer eigenen Entwicklung im Wege steht.

Sich dieses Potentials bewußt werden und Wege zu seiner Veräußerung und Verwirklichung zu suchen, zu schaffen, verhindert die plötzliche Katastrophe – oder den kurzen, langen Weg in den persönlichen Verfall, in die Kälte und Dunkelheit des (geistigen) Todes ...

Das Orakel

Bewahre Dein Licht vor den anderen
und vor Dir selbst.
Laß es in Deinem Inneren leuchten
bis an die Grenzen des Sichtbaren
und nähre es für den Tag,
an dem es der Welt
wieder Kraft und Klarheit schenken kann.

Neun als erste Linie bedeutet:
Bleibst Du Dir treu,
so kommst Du in Schwierigkeiten.
Nimm sie als Bestätigung
Deiner inneren Wahrheit
und trage das Unverständnis der Welt
in der Gewißheit Deiner Werte.

Die ohnmächtige, geringe Position kommt zu der unangenehmen Tatsache, daß die eigenen, inneren Wahrheiten und Werte keine Akzeptanz finden, hinzu. Da bleibt nichts als die innere Emigration, das Ertragen des Unverständnisses und der Ablehnung anderer bei innerer Konsequenz und äußerer Gelassenheit. Die Schwierigkeiten, vielleicht auch Vereinsamung, die die Treue zu den eigenen Wahrheiten mit sich bringt, ist der Preis für ihr Überleben, und wenn die kosmischen Konstellationen, die dieser Situation zugrunde liegen, sich geändert haben und den eigenen Wahrheiten Entfaltungsmöglichkeiten bietet, wird man ihn gern bezahlt haben, vielleicht sogar an ihnen gereift sein. Aber noch wollen sie bestanden werden.

Sechs als zweite Linie bedeutet:
Im Kampf mit den Mächten der Dunkelheit
wirst Du verletzt und erleidest Verluste.
Der Gewinn aber ist größer
und der Kampf Deine Pflicht
zum Wohle aller Wesen.

Der zentrale Strich des unteren Trigramms, in seiner Entsprechung zum zentralen (5.) Strich des oberen Trigramms, dem Ausgangspunkt der «Dunkelheit», ist wahrhaft berufen und stark genug, den Kampf gegen Lüge und Verwirrung aufzunehmen und ohne Rücksicht auf eigene Nachteile und Verluste der Wahrheit Gehör und Ansehen zu verschaffen. Es ist die «kosmische Pflicht» dessen, der in einer starken Ausgangsposition im Besitz des Besseren Wissens und der Wahrheit ist, das eigene Wohlbefinden den übergeordneten, sozialen Interessen zu opfern. Die Menschheit dürstet nach Licht: Stärke sie mit deinem Blut, und du lebst in ihr fort.

Neun als dritte Linie bedeutet:
Im unermüdlichen Kampf gegen
die Mächte der Dunkelheit

erkennst Du ihr Prinzip,
vernichtest ihre Grundlage.
Doch ihre Wirkungen
dauern an.

Beim fortgesetzten Kampf gegen die Repräsentanten der Lüge und Verwirrung erkennt man das geistige Prinzip, aus dem sie ihre Berechtigung ableiten, und kann es widerlegen, seines Aussagewertes berauben und den Irrtum entlarven. Aber die Folgen dieses grundlegenden Irrtums (der oberen Linie, zu der diese Neun in Beziehung steht) sind allzu verbreitet, das gesellschaftliche Leben zu sehr nach ihm organisiert, als daß unmittelbar eine Wende und praktische Veränderung der Wirklichkeit von diesem geistigen Sieg zu erwarten wäre. Auch dieser Wandel braucht seine Zeit, der Austausch falscher gegen wahre Glaubenssätze im Bewußtsein von Menschen vollzieht sich nur zögernd und schrittweise, mag das Bisherige auch als irrtümlich und falsch erkannt sein.

■x■ **Sechs als vierte Linie bedeutet:**
Diene der Dunkelheit nicht
als Stütze und Säule:
Sonst zerfällst Du mit ihr.
In ihrer Nähe zu Hause,
kennst Du ihren Charakter,
und Irrtum ist ausgeschlossen.

Hier, auf der unteren Linie der verdunkelnden Kraft, ist man ihr Teil und mit schuld an ihrer Wirkung. Deshalb der Rat, sich aus dem jetzigen Wirkungsbereich zu entfernen, um nicht als Mitläufer dieser Kraft (der 5. Linie) zu dienen und ihr unvermeidliches Verhängnis zu teilen. Da man Teil des Übels ist, kann auch ein «Irrtum» später nicht zur eigenen Verteidigung angeführt werden: Zu vertraut ist man mit den wirkenden Kräften, als daß man über ihren wahren Charakter und ihre wirklichen Interessen keine intime Kenntnis hätte.

■x■ **Sechs als fünfte Linie bedeutet:**
Bist Du nicht der Kopf der Dunkelheit?
Dann bist Du ihm nah
und kannst nicht flüchten.
Halte Abstand und verberge Dein Licht,
das Dir später als
Entschuldigung dienen mag
und als Sinn eines neuen Lebens.

Diese beherrschende, zentrale Linie ist der Ausgangspunkt der gesellschaftlichen Fehlentwicklung. Fühlt man sich als solcher nicht betroffen, so lebt man doch im unmittelbaren Einzugsbereich der Ursache des Übels und kann ihm nicht steuern. Innerer Abstand und größtmögliche Teilnahmeverweigerung sind angezeigt, sollte es unmöglich sein, sich der eigenen Position ganz zu entziehen. So bewahrt man sich die bessere Einsicht und erhält der eigenen Persönlichkeit ihre Bedeutung, über die Herrschaftszeit der Dunkelheit hinaus, und die Kraft und Berechtigung eines anderen Wirkens.

■x■ **Sechs als sechste Linie bedeutet:**
Die Dunkelheit verschluckt sich selbst.
Wenn kein Licht mehr zu tilgen bleibt,
verschwindet auch der Schatten.

Nachdem die Dunkelheit, die ihre Energie aus dem Kampf gegen das Licht bezieht, alle Kräfte der Wahrheit vernichtet oder in den Untergrund getrieben hat, hat sie sich selbst überlebt: Eine Lüge lebt von der Negierung der Wahrheit, ohne über eigene Substanz und Qualität zu verfügen. Irrtum und falsche Prinzipien, geistige Schein-Inhalte, entlarven sich selbst als hohl und nichtswürdig, sobald sie von keinem substantiellen Feindbild mehr Bedeutung und Definition herleiten können. Wie ein Schatten mit dem Verschwinden des Lichts verblaßt, so kann auch die Lüge, mangels eigener Qualitäten, sich nicht selbst reproduzieren und stabilisieren, zerfällt in nichts. Denn Dunkelheit ist keine Qualität in sich, kein notwendiger und realistischer Gegenpol zu Licht: Schatten entsteht, wo ein Körper das Licht verdeckt, ist begrenzte Abwesenheit von Licht, nicht Wesenheit in sich, und verschwindet mit dem Verschwinden des Lichts – oder des Körpers, der seine Helligkeit durchbricht.

I/8. DIE MASSE

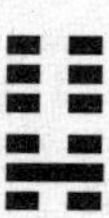

oberes Trigramm: KUN, die Materie, die Erde

unteres Trigramm: KAN, die Formlosigkeit, das Wasser

Das Bild

Unter dem grobstofflichen Prinzip der formgebenden Materie, der Erde – das passive Prinzip der formlosen Masse, der Psyche, des Wassers.

Der Charakter

In der Erde sammeln sich die Wasser
als verfügbare Kraft, ohne Form
und Gesicht. Groß ist die Macht,
die ihr Sinn und Gestalt zu geben vermag.
Grenzenlos ihr Betätigungsfeld,
uferlos die Wogen der Wirkung
auf alle sichtbare Wirklichkeit.

Makrokosmische Bedeutung

In der rohen, ungeformten Masse der grobstofflichen Materie sammeln sich die passiven, rezeptiven Massen plastischer Formbarkeit des Wassers. Das quantitative Material einer künftigen, qualitativen Schöpfung verdichtet sich, erwartet Sinngebung und formale Gestaltung. Die flexible Rezeptivität des Wassers erwartet die psychische Imprägnierung mit einem sinn-vollen, gestalterischen Bild einer künftigen, grobstofflichen Materie, des grobstofflichen Äthers, erwartet eben dieses psychische (astrale) Bild, um entlang dessen Strukturen seine stabilisierenden Substanzen zu kristallisieren und ein physisches, stabiles Abbild des psychischen Vorbildes zu erstellen.

Diese doppelte Rezeptivität bedeutet also verdoppelte Passivität: Das Rohmaterial des Universums erwartet seine Inspiration (durch KIEN) und die impulsive Dynamisierung dieser Idee auf der Mentalebene (durch LI), um ein analoges Astralbild (auf der Schwingungsebene von KAN) zu erstellen, das als Bauplan der grobstofflichen Verwirklichung (durch KUN) dienen kann.

In der Kosmogonie der Bibel, falls man dieses Buch durch einen solchen Begriff aufwerten sollte, ist es der Zustand der «Wasser in der Tiefe», bevor der «Geist Gottes» sie «brütete».

In der makrokosmischen Wirklichkeit bezeichnet dieses Bild den archaischen Zustand mineralischer Himmelskörper, in deren Strukturen sich das universelle Wasser kondensiert und damit das Material eines künftigen biologischen Lebensmilieus bereitstellt. Ob sich dieses Milieu jemals entwickeln wird, hängt von den Einwirkungen der anderen konstituierenden Elemente, dem Luft- und dem Feuerprinzip, ab, von denen in diesem Hexagramm keine Andeutung enthalten ist – beziehungsweise von deren Nicht-Einwirkung.

Mikrokosmische Bedeutung

Die Ansammlung psychischer Kräfte im individuellen Menschen, denen noch keine konkrete Aufgabe sich stellt, bedeutet einen Zuwachs, der die Wirkung des Menschen in allen kreativen Anstrengungen und auch auf seine Umgebung, seine Mitmenschen, erhöhen und intensivieren wird. Noch aber haben die Kräfte kein Ziel, keinen Sinn, dem sie folgen und sich zu ihrer Realisierung entfalten können. Immerhin ist es gut, über ein solches Potential zu verfügen, nur darf es, solange es keinem ordnenden Ziel oder einer sinnvollen Ausrichtung unterstellt ist, nicht mit Stärke verwechselt werden: Um das Potential in aktuelle Stärke umzusetzen, bedarf es der geistigen Belebung und Kontrolle. Schlimmstenfalls erzeugte es sonst ein Übermaß an psychischer Spannung, die sich nur destruktiv entladen würde.

Auf gesellschaftlicher Ebene ist hier von einer zu allen Zwecken zu ge- und mißbrauchende Anhäufung ungeformten Menschenmaterials auszugehen, wie sie in quantitativen Massen (im Unterschied zu Mengen) zu sehen ist. Der alte Titel dieses Hexagramms als «Heer» legt noch den Gedanken an die Armee eines Volkes, als kriegerisches Kräftepotential ohne konkrete Ausrichtung (gegen jeden noch unbekannten Feind) nahe, der aber nur einer von mehreren Aspekten dieses Zeichens sein kann. Wo immer, ob in Fußballstadien oder auf politischen Kundgebungen, Menschen unterschiedlicher Gesinnung und Herkunft ohne gemeinsame Absicht, außer dem unmittelbaren Anlaß der «Ansammlung», sich versammeln, kommt dieses Hexagramm als Beschreibung in Betracht – in welche Richtung diese Ansammlung dann umschlägt, hängt von den geistigen Kräften ab, die diese Masse lenken, formen, mit Ziel, Sinn und Richtung ausstatten, zu deren Wohl oder Wehe. Wenn man aus diesen Zeilen meine Abneigung gegen quantitative Massen herausliest, dann möge man auch den Grund nachgeliefert bekommen: Das psychische Rohmaterial, das sich nicht selbst zu steuern vermag, ist ein gefährliches Instrument für den, der es, womöglich skrupellos, zu benutzen weiß. Der Mensch, der sich mangels geistiger Ausprägung und seelischer Finesse in eine Masse einbringen kann, tut mir nicht nur leid, sondern ist kaum über die Funktionsprinzipien seiner Triebe hinaus kultiviert und erwachsen – also steuer- und manipulierbar. Und damit als Individuum nicht ernst zu nehmen – als seine Multiplikation in der Masse aber schlicht zu fürchten. Die Menschen des dritten Reichs, die Horden entfesselter Fußballfans nach einem verlorenen (oder gewonnenen) Spiel, die lynchlüsterne «schweigende Mehrheit» nach einem Kindesmord sowie alle Armeen dieser Welt, mit ihren entseelten Individuen, die nach zu Märschen degenerierter Musik in gleich welche Schlacht ziehen, die ihnen «befohlen» wurde – sie mögen als

Referenzen aus einer Liste an Beweisen für diese Behauptung genügen, für die es horizontal durch die gesamte Menschheit und vertikal durch ihre ganze erbärmliche Geschichte kein Ende gibt.

Das Orakel

Die Kraft durch Macht zu bändigen,
dem Uferlosen Grenzen setzen,
das Unbewußte mit Bewußtsein steuern,
dem Formlosen die Richtung weisen:
So bringst Du Ordnung in Gesellschaft
und Natur und gibst Deinem eigenen
Charakter Bedeutung.

DIE EINZELNEN LINIEN

▬x▬ **Sechs als erste Linie bedeutet:**
Ohne Ordnung, ohne Sinn
wird Kraft nicht zu Stärke,
zerfließt ohne Wirkung
in grenzenloses Nichts.

Wenn der Kraft der formlosen Massen kein Inhalt, keine Ordnung, kein Ziel und keine Disziplin gegeben werden kann, zerfließt sie nutzlos und verliert sich wie Wasser in den Tiefen der Erde. Selbstbesinnung, die Formulierung eines konkreten Ziels und die Ausrichtung des eigenen Lebens auf dieses Ziel hin führen zur Ausbildung des eigenen Charakters und geben dem Leben eine Bedeutung.

▬○▬ **Neun als zweite Linie bedeutet:**
Die Kraft durch Stärke lenken,
als ihr Mittelpunkt und Rückgrat,
bindet das Lose und bringt sie
machtvoll zur Wirkung.

Die starke, «helle Linie» im Zentrum des konstituierenden (unteren) Trigramms hat die notwendige Stärke und Klarheit, die formlosen, ziellosen Kräfte an sich zu binden, ihnen Form und Richtung zu geben und damit ihren gezielten, wirkungsvollen Einsatz zu steuern. Durch Zugehörigkeit kennt man alle Stärken und Schwächen der versammelten Kräfte und kann die richtigen Entscheidungen zu ihrem Einsatz treffen. Die Bündelung an sich auseinanderstrebender Interessen und Eigenschaften in einer einzigen Aufgabenstellung potenziert sie nicht nur zu deren eigener Befriedigung, sondern erstellt auch eine wirklich leistungsfähige Konzentration der Kräfte.

▬x▬ **Sechs als dritte Linie bedeutet:**
Wenn alle herrschen, herrscht keiner,
und Wirkung ist nicht möglich.
Die Auflösung der Kräfte verhindert nur
ein großer Gedanke.

Einzelne Teile der Ansammlung (oder im Individuum: einzelne Gefühle), ihrer Kraft vage bewußt, wollen nach Lust und Laune eigene Wege gehen, und, ohne ein konkretes Ziel zu haben, die anderen mit sich führen. Da keine der Ambitionen wirkliche Substanz hat, mag auch keiner auf seine eigenen zugunsten anderer verzichten. Wenn da nicht ein großer Gedanke, ein großes Ziel seine Überzeugungskraft entfalten und die Kräfte um sich sammeln kann, zerfließen sie bald in alle Richtungen und bleiben in ihrer Isolierung und Verschiedenheit wirkungslos.

▬x▬ **Sechs als vierte Linie bedeutet:**
Gegen den mächtigen, unvertrauten Gegner
ist Rückzug keine Schwäche,
bewahrt Dich vor sinnlosem Verlust
von Substanz und Bedeutung.

Sich in einen aussichtslosen Kampf zu begeben, ist kein Zeichen von Mut oder Stärke, sondern Torheit – um so mehr, da die quantitative Stärke des Gegners bekannt, seine Eigenschaften und Qualitäten aber unbekannt sind. Das dominierende (obere) Trigramm, hier in seiner schwächsten Anfangslinie, könnte die rohen, formlosen Massen des anrollenden Gegners nicht bändigen und zieht sich deshalb hinter die Wälle seiner Bastion, auf die sicherste eigene Position zurück, um sich Kraft und Substanz für eine aussichtsreichere Ausgangslage eines Kampfes zu bewahren.

▬x▬ **Sechs als fünfte Linie bedeutet:**
Wird Freundlichkeit als Schwäche mißverstanden
und provoziert zu Übergriffen,
so muß man Stärke beweisen.

Schlage den übermütigen Gegner
mit Strenge und Disziplin
und hüte Dich vor seinen Fehlern.

Wenn die eigene Freundlichkeit und Toleranz, wie von dummen Menschen gern, als Schwäche mißverstanden wird und sie zu Aggressionen, Übergriffen, Mißachtung oder Spott provoziert, so muß man radikal seine Stärke beweisen und den Gegner in allen seinen Positionen schlagen: «Geistlose» Gegner (wie die psychischen Massen des unteren Trigramms) verstehen keine andere Sprache als die der bewußten Demonstration von Stärke in Form von Gewalt. Die zentrale (5.) Linie des oberen Trigramms als starke Ausgangsposition ermöglicht eine erfolgreiche Gewaltanwendung, durch ihren eigentlich schwachen Charakter aber (Sechs / Acht) ist äußerste Selbstkontrolle und bewußter, gezielter Einsatz der Kräfte nötig, um nicht selbst die Schwächen des Gegners zu offenbaren und damit angreifbar zu werden: Bewußt-lose, quantitative Gewaltausübung, die sich nicht an qualitativen Aspekten und Zielen orientiert.

■x■ **Sechs als sechste Linie bedeutet:**
Der Sieg ist errungen,
die Kräfte des Gegners sind
geschlagen oder gebändigt.
Errichte die Grundlagen des Friedens,
doch baue nicht erneut auf Sand.

Die losen Massen sinnloser Gewaltanwendung sind durch gezieltes Eingreifen «geschlagen» – entkräftet und gebändigt worden. Sie sind zwar ihrer quantitativen Gefährlichkeit beraubt, aber nur auf Zeit – und wenn es nicht gelingt, ihnen eine qualitative Struktur zu geben, die «Masse» in eine «Menge» umzuwandeln, ihnen Grenzen, Ziel und Richtung zu setzen, die letztlich evolutionär zu ihrer eigenen Veredelung beitragen, so dürften sich Qualität und Situation des Konflikts wiederholen: Der Friede wäre auf denselben «Treibsand» gebaut, den man gerade zu umzäunen versuchte. Feste «Mauern» einer sinnvolleren Parzellierung der Kräfte, die sowohl Entfaltungsraum als auch konstruktive Entwicklungsrichtungen vorgeben, verhindern ein erneutes Zerfließen qualitativer Begrenzungen in eine anonyme, entfesselte und damit destruktive Masse. Dies gilt sowohl für die psychischen Kräfte im Individuum als auch für die gesellschaftliche Organisation von Menschen, die für die Definition eines eigenen Lebensinhalts von objektiv sinnvoller Bedeutung noch nicht reif genug sind – und denen konkrete Vorschläge als Kristallisationskern des Selbstfindungsprozesses auf ihren evolutionären Weg helfen müssen.

Das Haus des Feuers

I/9. DIE ENERGIE

oberes Trigramm: LI, die Energie, das Feuer

unteres Trigramm: LI, die Energie, das Feuer

Das Bild

Die Verdopplung des aktiven Prinzips der Energie, der Willenskraft, des Feuers.

Der Charakter

Das unerschöpfliche Prinzip des Feuers:
Grenzenloses Licht, das die Welt
erhellt und belebt, wärmt und
bestärkt, ihrem Willen zur Vollendung
zu folgen. Gewordenes verbrennt,
Formloses verdunstet, Trennendes verglüht,
bis kein Schatten mehr den Weg des Lichts
behindert in gereinigter und klarer
Atmosphäre. Was bleibt ist die Idee,
unsterblicher Gehalt, kristallisiert
als reine Substanz. Doch wehe
es zerstört! Nur der Heilige
ist da gefeit. Dem Scheinheiligen
wird Kraft zur Qual und Energie zum Stachel,
der zur Selbstzerstörung treibt. Der Schein
verflüchtigt sich: Es bleibt, was heilig
ist. Und war's zu wenig, bleibt
auch nichts.

Makrokosmische Bedeutung

Die Urkraft des Feuers, der Energie, in seiner Verdopplung kennzeichnet die unbezwingbare Kraft der Sonne in doppeltem Sinne: Einerseits die physische Dynamik, das Licht, die Wärme, die alles (nicht nur biologisches) Leben in Bewegung hält, aktiviert, ihr evolutionärer Antrieb ist. Andererseits die Dynamik der «geistigen Sonne», die der Verwirklichung und Durchsetzung kosmischer Prinzipien dient. Diese belebende Kraft des Feuers durchdringt das gesamte Universum als überall verfügbare Substanz, analog organisierte Materie zu stärken, unerschöpflichen Energienachschub «abrufbar» zu machen. Die physische Sonne ist auf der grobstofflichen Ebene der sichtbare Ausdruck dieses Feuerprinzips, ebenso auch die (durch Einwirkung anderer Elemente) reglementierte Dynamik der Himmelskörper. Dosierte Energiezufuhr nährt, wärmt, schützt, belebt, unkontrollierte verbrennt, zerstört, löst geordnete und ungeordnete Konstruktionen in seine Bestandteile auf. Das «Höllenfeuer» mit seiner reinigenden Funktion, das alle (seelischen) Strukturen, die nicht den kosmischen Harmonieprinzipien entsprechen, auflöst und dem Bewußtsein, das sich mit ihnen identifiziert, «Höllenqualen» bereitet, ist ebenso symbolische wie konkrete Beschreibung der Wirkung des kosmischen Feuers wie die «Feuerprobe», die Reines von Unreinem trennt: Und nur das Unreine hat die destruktive Wirkung zu fürchten. Doch ist nicht alles Brennbare unrein, und auch der heiligste Magier würde auf dem Scheiterhaufen verglühen: Feuer als Instrument des negativen Willens, fehlentwickelter Intelligenz, kann Schaden wirken, der nicht gutzumachen ist und erst karmisch auf seinen Urheber zurückfällt. Andererseits kann auch destruktiver «Zorn», kumulierte Feuerenergie, «heilig» sein. Doch damit sind wir bereits in der Welt der «kleinen Ordnung» angelangt.

Mikrokosmische Bedeutung

Sowohl auf das Individuum als auch auf gesellschaftliche Konstellationen bezogen, beschreibt dieses Hexagramm eine prinzipielle Belebung, Kräftigung und Aktivierung aller Vorgänge, auch die Aufforderung zu Tatenfreude und Dynamik. Ihre Berechtigung und ihr Erfolg sind durch die Eindeutigkeit des Zeichens ausgewiesen und bedürfen nur des menschlichen Vehikels, sich auf den Ebenen konkreter Wirklichkeit zu manifestieren, ihren Einfluß und ihre Gestaltungskraft geltend zu machen. Wer aus dieser Quelle gespeist wird, hat keine Hindernisse zu fürchten. Es handelt sich um eine Situation, in der Wahrheit und Erkenntnis nach ihrer Durchsetzung drängen, zumindest mit Macht zu Bewußtsein kommen: In der, bildlich wie buchstäblich, «Erleuchtung» sich ausbreitet, neue Horizonte der Erkenntnis eröffnet. Im Gegensatz zu I/1., der schöpferisch-ideellen Erleuchtung des Geistes, ist es hier mehr die mystische Flamme des Glaubens, des heiligen Willens, ekstatischer Überzeugung, die sich des Individuums bemächtigt, es zum Handeln und Wirken einlädt: In die Reinheit des Geistes, aus drei ungeteilten Strichen zusammengesetzt, ist hier die geteilt «dunkle» Linie der Materie getreten, der materiellen Durchsetzung der Geistesprinzipien, durch die sie in Erscheinung treten, ganz so wie «Feuer Holz braucht, um brennen und leuchten zu können». So wie dort Ideen formuliert werden, kommen sie hier zur Geltung und durch dynamische Kraft und Äußerung, als Licht und Sonne für alle.

Das Orakel

Durch unbezwingbaren Willen und
Liebe zur Wahrheit vertreibe als Sonne
die Dunkelheit, verhilf dem Licht
mit Macht zum Sieg. Weder Götter
noch Menschen werden Dir
gewachsen sein.

DIE EINZELNEN LINIEN

▬○▬ **Neun als erste Linie bedeutet:**
Wo der Weg noch unklar ist,
stehen alle Wege offen.
Bleibe Dir treu
und kläre das Ziel,
dann wird der rechte Weg zur Straße.

Hier, am Anfang der Bewegung, ist man in seinen Absichten und Zielen noch nicht gefestigt, und eine Vielzahl der Möglichkeiten bietet sich. Ohne spontanen Gefühlsregungen zu folgen, muß man sich klar auf die wichtigen und richtigen Ziele und Inhalte beschränken und großzügig denken. Aus diesem Gedankenprozeß ergeben sich der richtige Weg und die naheliegenden Schritte zu ihrer Verwirklichung mit zwangsläufiger Notwendigkeit, und die eigene Energie wird effektiv zum Einsatz kommen.

▬x▬ **Sechs als zweite Linie bedeutet:**
Die Sonne erstrahlt, sichtbar
für alle, und keine Wolke trübt mehr
die Erkenntnis. Voll Segen
für alle Wesen ist ihre Wirkung.

Aus der ursprünglichen Suche nach Klarheit und dem richtigen Weg ist an dieser Stelle bereits die erleuchtete Gewißheit geworden, sein Ziel zu kennen und die Prinzipien der Wahrheit in sich gefestigt zu haben. Einer solchen Persönlichkeit ist kein Rat mehr zu geben, sie wird selbst zum Ratgeber, zum Licht und Wegweiser für andere. «Keine Wolke» bedeutet, daß keine unreinen Gedanken oder Ambitionen das Licht trüben und seine Wirkung beeinträchtigen dürfen. Wer in der Erkenntnisphase schon Kompromisse schließt, wird bei der Verwirklichung der Erkenntnisse in Tat und Handeln nicht weit kommen.

Neun als dritte Linie bedeutet:B

Der Abend naht und damit
das Ende des Lichts.
Wehe dem, der darüber
seine Klarheit verliert.

Hier an dritter Stelle hat die Bewegung der Sonne die Vollendung erreicht. Ihre natürliche Laufbahn endet, das Dunkel der Nacht und damit der Rückzug von öffentlicher Wirkung kündigen sich an. Der Weise, der die kosmischen Zusammenhänge versteht, sieht darin kein Unglück, sondern harmonische Notwendigkeit. Nur der Schwache oder der Tor käme in einer solchen Situation in Versuchung zu trauern oder vor dem nahenden Niedergang alles vorhandene Glück ausgiebig, «wie zum letztenmal», zu genießen. Beides aber entspräche nicht der Haltung der Vernunft und würde sich nur schädlich auswirken, sowohl auf die gesellschaftliche Ordnung wie auch auf den individuellen Charakter bezogen.

Neun als vierte Linie bedeutet:B

Auf raschen Aufstieg folgt
rascher Niedergang: Ein Meteor,
der ohne Wirkung bleibt.

Wer sein Licht zu schnell verausgabt oder sich zu hastig durchsetzen will, vermag zwar den Aufstieg zu Geltung und Anerkennung zu schaffen, wird jedoch ebenso rasch in Einfluß- und Bedeutungslosigkeit zurückfallen, da die Gesetze des organischen Wachstums nicht beachtet werden, die allein für bleibende Wirkung garantieren können. Wie ein «Strohfeuer» erstrahlt und erstirbt jede unkontrollierte Begeisterung.

Sechs als fünfte Linie bedeutet:
Auf dem Höhepunkt der Wirkung
hänge nicht an ihr:
Auf Licht folgt Dunkelheit.
Du hast doch Dein Licht gespendet.

Wenn das Licht am hellsten scheint, ist zugleich der Wendepunkt erreicht, und seine Wirkung verzehrt sich. Da es sich um eine kosmische Notwendigkeit handelt, sollte man sie akzeptieren und nicht der zu Ende gehenden Bedeutung und eigenen Wirkungsmöglichkeiten nachtrauern. Die große innere Bereicherung, die aus den eigenen Wirkungsmöglichkeiten erwachsen ist, sollte als wertvolles Gut mitgenommen werden für eine Zeit ohne deutliche öffentliche Geltung.

Neun als sechste Linie bedeutet:
Das Dunkle an mächtiger Stelle
darf man nicht dulden.
Beseitige seine Ursachen,
behandele kleine Wirkungen
mit Nachsicht.
So wird das Licht bewahrt.

Wenn sich Irrtum, Lüge, falsche Wahrheiten etablieren, so muß man unnachsichtig gegen sie vorgehen. Kompromißlosigkeit ist jedoch nur bei der Ursache, der Wurzel des Übels angebracht. Unbedeutende Erscheinungen und Nebenwirkungen dürfen getrost übergangen werden, sie verschwinden mit den Ursachen von selbst. Dies gilt sowohl in bezug auf gesellschaftliche Mißstände wie auch auf individuelle charakterliche Schwächen.

I/10. DIE ERLEUCHTUNG

oberes Trigramm: LI, die Energie, das Feuer

unteres Trigramm: KIEN, der Geist, die Luft (Äther)

Das Bild

Über dem feinstofflichen Prinzip des Geistes, der Luft (des Äthers) – das aktive Prinzip der Energie, des Willens, des Feuers.

Der Charakter

Die Sonne erstrahlt am Himmel
und erhält die Erde.
So ordnen sich alle Dinge
und jedes findet seinen Platz,
seiner Bedeutung entsprechend.

Makrokosmische Bedeutung

Das dynamische, aktive Prinzip der Energie erfährt seine Animation durch die kreativen Impulse des schöpferischen Prinzips des Geistes. Wie die Sonne am Himmel erstrahlt und alles erhellt, in seiner wirklichen Farbe sichtbar macht, so wirkt auch im Makrokosmos die Verbindung von Geist (Äther) mit der energetischen Dynamik (Feuer) ordnend und belebend auf alle evolutionären Formen und Strukturen. Harmonie und Disharmonie, «Gut» und «Böse», «Recht» und «Unrecht», Wahrheit und Irrtum werden wie selbstverständlich erkennbar. Die Energie nährt alle harmonischen Strukturen und entkräftet damit die Disharmonie. Der segnende, lebenspendende Einfluß kommt allen Wesen zugute und bewirkt in dieser Klarheit und Reinheit ein Höchstmaß an geistiger Blüte und Progression.

Mikrokosmische Bedeutung

Hier ist der Mensch gezeichnet, der im Besitz der höchsten Wahrheit ist, der reinsten Urteilskraft und Erkenntnis, anderen Menschen als Lehrer und Wegweiser zu dienen imstande ist. Der erleuchtete Mensch, frei von Irrtum und Fehlern und befreit von der Notwendigkeit der Suche nach Erkenntnis und Wahrheit: sie fällt ihm mühelos zu. Seine Wirkung auf die Mitmenschen, auf seine Umwelt und die Gesellschaft ist ungehindert, er findet Anerkennung und man folgt seinen Einsichten. In dieser Klarheit lassen sich die größten Probleme lösen und die geistigen Grundlagen einer gesellschaftlichen Ordnung erkennen, die mit den makrokosmischen Gesetzen der Harmonie in Einklang stehen.

Das Orakel

Verkünde die Wahrheit,
die Dir gegeben ist,
und lasse das Licht durch Dich strahlen,
ohne zum Schatten zu werden.
Wer die Wahrheit erkennt,
den wird sie zum Erfolg führen.

DIE EINZELNEN LINIEN

Neun als erste Linie bedeutet:
Erleuchtung ohne Anfechtung.
Bleibe Deiner Wahrheit treu
und vergrößere sie,
ohne zu ermüden.

Erleuchtung, die gerade erst erlangt wurde und deshalb noch keiner Prüfung ausgesetzt war, könnte leicht zu Selbstgefälligkeit und Bequemlichkeit verführen. Das aber würde das Licht wieder trüben und einen weiteren Ausbau der geistigen Klarheit behindern. Deshalb ist Aufmerksamkeit angezeigt, der eigenen Wahrheit treu zu bleiben, sie rein zu halten und erst im Inneren wachsen zu lassen, sonst könnte der geistige Besitz leicht gefährdet werden.

Neun als zweite Linie bedeutet:
Die Erleuchtung wird anerkannt
und findet Unterstützung.
Handeln führt zu Erfolg.

Jede Erkenntnis ist zugleich Verpflichtung, sie weiterzugeben, und jede Einsicht die Aufforderung zu ihrer Verwirklichung. Hier ist das eigene geistige Licht gefestigt genug, um anderen Menschen zur Belehrung zu dienen, und hell genug, um große Bedeutung zu erlangen. Das Wissen um das Wahre bleibt nicht auf sich allein gestellt, sondern findet mühelos Anerkennung und viele Helfer, die zu seiner Verwirklichung und Durchsetzung beitragen. In einer solchen Konstellation führt jedes Handeln, jede Anstrengung zu einem Erfolg.

Neun als dritte Linie bedeutet:
Setze alles, was Du hast,
ein für das große Ziel.
Dein Reichtum sei der Reichtum aller,
so erweist Du Dich Deines Wertes für würdig.

Es gibt Besitz, der als Individualbesitz keine Berechtigung hat, sondern als Gut der Allgemeinheit zur Geltung kommen muß. Großes Wissen, Erleuchtung und Einsicht, die bedeutend sind, stellen einen solchen Besitz dar. Der wirklich erleuchtete Mensch wird deshalb nicht zögern, sein Wissen, seine Talente, all seine Macht und Schaffenskraft zum Wohle der Allgemeinheit einzusetzen, ohne für sich selbst besondere Vorteile zu suchen. So vollendet sich die innere Erleuchtung durch die äußere Haltung der Persönlichkeit.

Neun als vierte Linie bedeutet:
Prüfe Dein Wissen täglich,
als wüßtest Du nicht.
So erhältst Du den Wert Deiner Erkenntnis.

Nur wer in ständigem Ringen nach Wahrheit nicht erlahmt, denkt und prüft, als hätte er noch nichts erkannt, hält sich frei von Fehlern und erhält sich und anderen das Licht wahrer Erkenntnis.

Sechs als fünfte Linie bedeutet:
In Gemeinschaft und doch nicht ihr Teil,
umgänglich und doch würdig
zeigt sich wahre Erleuchtung
und kommt zu großer Wirkung.

Sanftmut und freundliche Toleranz allen Menschen gegenüber, ohne sich mit ihnen gleichzustellen, kennzeichnen den wahren Weisen ebenso wie Würde ohne Arroganz. Nur so kann Wahrheit vermittelt werden, ohne mißachtet und geringgeschätzt oder als unzugänglich gemieden zu werden. Die Autorität der eigenen Stellung (fünfte Linie) genügt, um auch ohne Druck auf die Umwelt Großes leisten und durchsetzen zu können.

Neun als sechste Linie bedeutet:
Die Kräfte des Kosmos wirken für
den Erleuchteten, und sein Einfluß
auf die Menschen ist ungehindert.

Wessen Wahrheit so rein und hoch ist, daß die Kraftströme des Universums durch sie in die sichtbare Welt drängen, der muß sich um den Einfluß und Erfolg seiner Wahrheit keine Gedanken mehr machen: wie von selbst werden beide immer größer, denn übergeordnete Kräfte bereiten ihren Weg.

I/11. DER TAG (DER AUFSTIEG)

oberes Trigramm: LI, die Energie, das Feuer

unteres Trigramm: KUN, die Materie, die Erde

Das Bild

Unter dem aktiven Prinzip der Energie, des Willens, des Feuers – das grobstoffliche Prinzip der Materie, der Erde.

Der Charakter

Die Sonne steigt über die Erde empor,
wirkt ihren Einfluß mit Macht.
Erkennt alle Dinge
und wird selbst erkannt.

Makrokosmische Bedeutung

Die Sonne, die über die Erde emporsteigt, ist das Bild der wärmenden, nährenden Energie, von der alle materielle Wirklichkeit und alles biologische Leben profitiert. Die leblose, kalte Materie empfängt die Impulse des dynamischen, energetischen Prinzips, verändert ihre Strukturen, und evolutionäre Bewegungen werden erneut in Gang gesetzt. Dies führt in letzter Konsequenz zu Fruchtbarkeit und Ausgestaltung allen Lebens. Im Unterschied zum vorigen Hexagramm handelt es sich hier nicht um die Dynamik des Geistes, der Idee («Erleuchtung»), sondern um die Dynamisierung aller physisch gebundenen Energiestrukturen. Die Wirkung und Bewegung ist demzufolge vor allem auf die physische Wirklichkeit ausgerichtet, auf die Form und Qualität allen Seins, die der (kosmische) Tag neu belebt.

Mikrokosmische Bedeutung

Es ist eine Zeit erfolgreichen Aufstiegs einer Idee oder eines Menschen mit den richtigen, für die Allgemeinheit wertvollen Eigenschaften. Er kommt zu Einfluß und Ansehen, erkennt gleichzeitig auch den Bereich, den zu gestalten oder verändern er berufen ist. Es kann dies der Aufstieg eines Geistesarbeiters zu gesellschaftlicher Geltung sein, aber auch der dynamische Fortschritt eines Verwirklichers und Vollenders in eine höhere und mächtigere Position, die ihm einen größeren Wirkungsbereich verschafft. Im Unterschied zum vorigen Hexagramm ist auch auf das individuelle Leben bezogen hier mehr die konkrete Verwirklichung und dynamische Umsetzung einer Idee oder Weisheit beschrieben als deren Erlangung und Realisierung in Geist und Bewußtsein.

Das Orakel

In Zeiten des Aufstiegs
wirke nach Kräften
mit all Deinen Möglichkeiten
und vergeude nicht das Licht
des Erfolgs, das der Tag Dir schenkt.
Die Grenzen Deiner Stärke
setzt Du Dir selbst.

DIE EINZELNEN LINIEN

■x■ **Sechs als erste Linie bedeutet:**
Der Aufstieg kommt erst in Bewegung.
Beständig an ihm zu arbeiten,
auch ohne Anerkennung,
führt schließlich zum Ziel.

Am Anfang der Zeit, wo man sich berufen fühlt, für die Allgemeinheit zu wirken, wird dieses Bemühen meist weder akzeptiert noch unterstützt. Ohne sich davon beirren zu lassen, sollte man alles Mögliche und Notwendige tun und durch beständige Leistung zu überzeugen suchen. Da die kosmische Berechtigung der eigenen Einflußnahme gegeben ist, wird sie sich schließlich durchsetzen.

■x■ **Sechs als zweite Linie bedeutet:**
Trotz ehrlicher Bemühung und Anstrengung

bleibt Anerkennung aus. Fahre fort
auf Deinem Weg, unermüdlich
und konsequent. Die kosmischen Kräfte
kommen schließlich zu Hilfe.

Wer trotz beständiger Arbeit und unermüdlichen Einsatzes auf Grund von widrigen Umständen nicht die Anerkennung und damit den Wirkungsbereich erhält, der ihm zusteht, darf sich nicht entmutigen lassen, auch wenn es bisweilen schwerfällt. Die Trägheit der Materie ist groß und widersetzt sich zäh der Dynamik des Geistes. Da es sich aber bei dem eigenen Aufstieg um ein berechtigtes Anliegen handelt, arbeiten die kosmischen Kräfte mit an der Beseitigung der Schwierigkeiten und der Etablierung der eigenen Wirkungsmöglichkeiten. Der Durchbruch ist nur eine Frage der Zeit.

▬x▬ **Sechs als dritte Linie bedeutet:**
Der Aufstieg findet Unterstützung
und Helfer. So kann große Arbeit geleistet werden.

Mit konsequentem und unermüdlichem Bemühen ist es gelungen, einer gerechten Sache die notwendige Anerkennung zu verschaffen und sich die Unterstützung anderer zu sichern, ohne deren Hilfe ein Weiterkommen und Fortschritt nicht möglich gewesen wäre. Jetzt aber lassen sich auch große Arbeiten in Angriff nehmen, und ihre Vollendung steht nicht mehr in Frage.

▬○▬ **Neun als vierte Linie bedeutet:**
Wer den Aufstieg zu kleinen,
egoistischen Zwecken mißbraucht,
bringt sich selbst um den Erfolg.

Die günstige gesellschaftliche Position, die man errungen hat, könnte unwürdige Gemüter dazu verführen, sie zu eigenem Vorteil auszunutzen. Dies aber würde kaum verborgen bleiben, den übergeordneten Interessen der Allgemeinheit schaden und schließlich den weiteren Aufstieg verhindern. Eine große Chance würde in Belanglosigkeit zerfallen.

▬x▬ **Sechs als fünfte Linie bedeutet:**
Je größer das Ziel, um so größer
der Erfolg, der nicht mißlingen kann.
Bedaure nicht die Versäumnisse

der Vergangenheit, schwelge nicht
im Erreichten.
So wirkt alles segensreich.

Von der herrschenden Position dieser fünften Linie aus lassen sich auch große Projekte verwirklichen. Grenzen findet man allein in der selbstgewählten Zielsetzung. Da es sich um eine schwache Linie handelt, wirkt sie eher durch Sanftheit und innere Wahrheit als durch autoritäre Gewaltmaßnahmen. Die Erfolge mögen sich deshalb nicht in der gewünschten Eile realisieren, aber durch die kosmische Konstellation ist in grundsätzlichen Dingen ein Mißerfolg ausgeschlossen, so daß auch die kleineren Versäumnisse der Vergangenheit kein Anlaß zum Bedauern darstellen sollten. Das objektiv Erreichte berechtigt durchaus die persönliche Befriedigung, einen wichtigen Beitrag zum Weltgeschehen geleistet zu haben.

Neun als sechste Linie bedeutet:
Im Aufstieg das Maß zu kennen,
ist Grundlage des Erfolgs.
Gewalt erreicht nichts.
Wer in sich selbst die Schwächen bekämpft,
findet seinen Platz in der Welt.

Wer in der Zeit des Aufstiegs die eigenen Grenzen verkennt, und über den angemessenen Wirkungsbereich hinausstürmen will, wird auch mit gewaltsamem Vorgehen nur Mißerfolg ernten. Viel angemessener wäre es, sich um Klarheit und Stabilität in der eigenen Persönlichkeit zu bemühen, und den bereits errungenen Wirkungsbereich nicht durch Nachlässigkeit zu gefährden.

I/12. DAS CHAOS

oberes Trigramm: LI, die Energie, das Feuer

unteres Trigramm: KAN, die Rezeptivität, das Wasser

Das Bild

Unter dem aktiven Prinzip der Energie, des Willens, des Feuers – das passive Prinzip formloser Rezeptivität, der Psyche, des Wassers.

Der Charakter

Wenn die Kräfte des Universums
nicht auf ihren Plätzen sind,
wirkt ungebändigt ihre Gewalt
und ruft nach starker, ordnender Hand.

Makrokosmische Bedeutung

Hier ist die Konfrontation der polaren Urelemente Feuer und Wasser ohne das lenkende, ausgleichende Prinzip des Geistes geschildert und ohne eine geordnete Gewichtung. Die Situation des kosmischen Chaos (griech. Unordnung) vor ihrem qualitativen Übergang in einen Kosmos (griech. Ordnung), in dem die Kräfte nach etablierten Gesetzen aufeinander einwirken und damit konstruktiv zum Zuge kommen können. Es ist eine Zeit des Umbruchs, der Auflösung eines geordneten Systems im Universum, die Phase des quantitativen Austauschs der Kräfte vor der Etablierung einer neuen, harmonischen und konstruktiven Ordnung. Eine Zeit, in der «rohe Kräfte sinnlos walten» und erst der Organisation durch das Prinzip des Geistes bedürfen, um als Baumaterial, beispielsweise eines neuen planetarischen Systems, zur Geltung zu kommen.

Mikrokosmische Bedeutung

Auf den Menschen bezogen kommt eine Zeit der Verwirrung zum Ausdruck, in der die inneren Kräfte noch im Widerstreit liegen, der Selbstfindungsprozeß des Individuums noch keine Richtung erkennen läßt oder gefunden hat. Alle Selbstäußerungen haben nur provisorischen Charakter und können im nächsten Augenblick umgestoßen werden. Und da die Energien keine Richtung haben, in die sie fließen und konstruktiv sich entladen könnten, ist es eine Zeit der inneren Spannung, Unruhe und Unzufriedenheit, damit verbunden auch eine Zeit des persönlichen Umbruchs, der Umwertung vieler Werte, die ihre künftige Ausrichtung noch nicht kennen. Fest steht nur: die Fülle der Kräfte, sind sie erst geordnet, wird zu innerem Reichtum und neuen Horizonten der Erkenntnis führen. Dasselbe gilt auch für die menschliche Gemeinschaft, in der chaotische Kräfteverhältnisse entstanden sind, die des Ausgleichs und der Ordnung bedürfen.

Das Orakel

Behutsam die Kräfte ordnen, die Elemente
gliedern und Gesetze errichten,
die der Willkür Grenzen setzen:
So verhinderst Du Zerfall und Zerstörung.
Kraft ist erst stark, wenn sie
ein Ziel hat und gesteuert werden kann.

DIE EINZELNEN LINIEN

Sechs als erste Linie bedeutet:
Vorschnelles Handeln vergeudet
sinnlos Kräfte,
die noch wachsen sollen.

Wenn die nötige Klarheit noch nicht gewonnen ist, führt jedes Handeln, aus innerer Unruhe oder Ungeduld geboren, notwendigerweise zu Scheitern und Vergeudung der Kräfte. Erst wenn die Kräfte gebündelt und zielgerichtet zum Einsatz kommen können, werden sie auch eine Wirkung haben.

Neun als zweite Linie bedeutet:
Bezähme die Ungeduld und
schreite langsam voran.
Bedachtsamkeit sichert den Erfolg.

Beim Ordnen und Anordnen der rohen Kräfte sollte mit Überlegung und Umsicht vorgegangen werden, um eventuelle Versäumnisse, die destruktive Wirkungen haben könnten, auszuschließen. Das Bedürfnis nach Ordnung darf nicht zu voreiligem Handeln verleiten, dessen unzulängliche Organisationsformen ohnehin schnell der Gewalt der beteiligten Elemente zum Opfer fielen. Auf Sicherheit bedachtes Vorgehen kann als einziges echten Fortschritt erstellen.

Sechs als dritte Linie bedeutet:
Studiere die Kräfte.
Kennst Du sie erst,
kannst Du sie leicht bezähmen
und die große Ordnung errichten.

Nur wer ein genaues und klares Bild aller an einer Situation beteiligten Faktoren hat, kann ernsthaft daran gehen, jedem Element seinen ihm zukommenden Platz zuzuweisen, und damit alle Energien in konstruktive Bahnen lenken. Jedes Versäumnis aber, wie das kleinste Loch in einem Damm, würde den Erfolg des Ganzen gefährden.

▬○▬ **Neun als vierte Linie bedeutet:**
Wissen und Einsicht ordnet die Welt
mit mächtiger Gewalt, der nichts
zu widerstehen vermag.
Die neue Zeit bringt Klarheit
und Reichtum für alle.

Hier, auf der vierten Linie, analog der physischen Welt, werden die Kräfte des Chaos praktisch geordnet und beherrscht, die gefundenen Organisationsprinzipien in die Tat umgesetzt. Ihre konträre, rohe Gewalt schlägt um in konstruktive Polarität und bereichert damit alle Aspekte individuellen und gesellschaftlichen Lebens, wie auch der mikro- und makrokosmischen Natur.

▬x▬ **Sechs als fünfte Linie bedeutet:**
Nur Weisheit bewahrt die neue Ordnung
vor den alten Irrtümern.
Ständige Erneuerung der Werte
garantiert ihre Zukunft.

Der Übergang vom Chaos zum Kosmos ist vollzogen, hat sich auch auf der astralen Ebene (fünfte Linie) als Organisationsprinzip etabliert. Nicht mehr kämpferisches, gewaltsames Durchsetzen der ordnenden Faktoren und Gesetze ist angezeigt, sondern ihre einsichtsvolle Bewahrung und kontinuierliche Erneuerung durch aufmerksames, aber friedvolles Aufrechterhalten des Gleichgewichts, sowohl in die qualitativen wie auch die chronologischen. Auch deutet die «schwache» Linie (Sechs) eher auf den sanften Einfluß des Weisheitsprinzips an herrschender Stelle (fünfte Linie) hin, der die Ordnung durch Einsicht und Überzeugungskraft lebendig erhält, als auf die Autorität einer weltlichen, gewaltsamen Macht.

▬○▬ **Neun als sechste Linie bedeutet:**
Erwarte vertrauensvoll die Segnungen
der Zeit der Ordnung und genieße

ihre Früchte. Gelassen und froh
schaue in die Zukunft.

Die errichtete Ordnung kann nicht mehr gefährdet werden, sie ist auch auf der kausalen Ebene von Akasha (sechste Linie) etabliert und wird mit Sicherheit einen ganzen Zeitraum lang Früchte tragen. Der Weise genießt diese Gewißheit ohne Nervosität oder Zweifel, denn er kennt die kosmischen Zusammenhänge von Ursache und Wirkung und weiß, daß die kommende Blütezeit nicht mehr in Frage steht, auch wenn sie noch nicht allen und auf jeder Ebene offenkundig geworden ist. Die Grund- und Rahmenbedingungen einer großen Zeit evolutionären Reichtums sind geschaffen, und selbst menschliches Fehlverhalten im Detail würde nichts mehr gefährden können.

Das Haus des Wassers

I/13. DIE FORMLOSIGKEIT (DIE REZEPTIVITÄT)

oberes Trigramm: KAN, die Rezeptivität, das Wasser

unteres Trigramm: KAN, die Rezeptivität, das Wasser

Das Bild

Die Verdopplung des passiven Prinzips formloser Rezeptivität, der Psyche, des Wassers.

Das Urteil

Unerschöpflich sind die Massen
des formlosen Elements, die Tiefen
und der Reichtum der Bilder
des Unbewußten.
Wer sie versteht und zu ordnen vermag,
den nährt eine nie versiegende Quelle
mit unvermittelter Einsicht,
mit Erfahrung jenseits der Grenzen des Ich.

Makrokosmische Bedeutung

Wasser, das biologische Milieu des Lebens im Universum, Baustein auch aller mineralischen Wirklichkeit, tritt hier in der Verdopplung seiner Urform als unbegrenzte, undefinierte Masse auf. Daraus erwächst der Gedanke der makrokosmischen, allgegenwärtigen Durchdringung mit dem unquantifizierten Element als jederzeit verfügbarem Potential zur Erstellung von materiellem Leben und seinen Bedingungen, aber auch seiner geistig-psychischen Aspekte. Sowohl als materielles wie auch als geistig-seelisches Element hat es weder Form noch immanente Bestimmung, sondern repräsentiert lediglich die formale Substanz, die sich den kreativen Kräften des Universums zur Verfügung stellt und von außen einwirkenden Kräften, seien sie geistiger, seelisch-sensitiver oder physischer Art, willenlos unterordnet. Das makrokosmische Symbol für dieses Prinzip ist der Mond, dessen Charakter als Reflektor des (geistigen) Sonnenlichts die formlose Rezeptivität des Elements Wasser physisch zum Ausdruck bringt. So wie im grobstofflichen Universum Wasser als Material jeder physischen Verdichtung überall zur Verfügung steht, so steht es als psychisches Prinzip auf der Astralebene, als ungeformte Lichtsubstanz, allen seelischen Prozessen plastisch-bildnerischer Formgebung überall und jederzeit verfügbar bereit – als alles durchdringende, omnipräsente Energie, vergleichbar dem Sauerstoff der Erdatmosphäre. Für den Hellsichtigen (oder Astralreisenden) ist diese Ebene der Wirklichkeit ein untrüglicher Spiegel aller seelischen Vorgänge aus sämtlichen Bereichen animierten Lebens, ein «ständig aktuelles Seelenkino» – sofern er die Bilder zu lesen, einzuordnen und richtig zu deuten vermag.

Mikrokosmische Bedeutung

Die unergründliche Tiefe des kollektiven und individuellen Unbewußten, das – wie auf der beweglichen Oberfläche jeder Ansammlung von Wasser – alle bewußten und unbewußten Empfindungen und Aktivitäten der Seele widerspiegelt (in abstrakten und konkreten Bildern, je nach Art der seelischen Aktivität), ist in diesem Element und seinem Hexagramm ebenso repräsentiert wie die unerschöpfliche Masse des Materials selbst, aus dem die Bilder durch psychische Vorgänge geformt werden. Und ebenso wie das dynamische, energetische Reservoir des kosmischen Feuerprinzips unerschöpflich ist, so ist auch die seelisch-bildnerische Substanz des kosmischen Wasserprinzips unerschöpflich und grenzenlos für den, der die universalen Vorgänge auf dieser Ebene zu erfassen und zu erforschen wünscht. In dieser Form- und Grenzenlosigkeit liegt zugleich aber auch die Gefahr der Bedeutungslosigkeit: Das individuelle Bewußtsein muß der Fülle des seelischen Gestaltungsvermögens die Grenzen der eigenen Individuation, der Logik, der Vernunft und der rationalen Identität entgegensetzen, durch bewußte Selektion die Sensibilität und Kreativität der Seele und ihrer Eindrücke steuern und sie so erst buchstäblich «sinn-voll» machen. Andernfalls zerflösse Sensitivität zu bloßer Passivität, Phantasie zu Gaukelei und Selbsttäuschung, und die Werte der individuellen seelischen Bildungskräfte würden sich im uferlosen Meer des kollektiven Unbewußten, der ungesteuerten Vielfalt der Möglichkeiten und Tatsächlichkeiten, verlieren und auflösen. Der wirklich «psychische» Mensch dagegen macht sich bewußt zum Gefäß, mit dem er aus dem Unerschöpflichen schöpft, mit dem er das Formlose quantifiziert und das Eigenschaftslose qualifiziert – und bereichert so sich und seine Umwelt durch den bewußten, sinnvollen Zugang zur kosmischen Seele, zu ihren Energien und ihren aktuellen, geformten Inhalten.

Das Orakel

In seelischer Reinheit und ohne Furcht
richte den Blick auf den Spiegel
der kosmischen Seele.
Sieh im Häßlichen das Schöne,
im Trügerischen das Wahre,
im Bösen das Gute.
Beachte anderes nicht.
So wirst auch Du zum Spiegel
des Guten und Wahren und Schönen.

DIE EINZELNEN LINIEN

■x■ **Sechs als erste Linie bedeutet:**
Wer die Gefahr verkennt,
versinkt in ihr.
Lerne schwimmen, bevor Du Dich
in tiefes Wasser begibst.

Im Umgang mit den Kräften der Psyche ist äußerste Vorsicht geboten, und Naivität schützt nicht vor Schaden. Wer, aus Unerfahrenheit wie hier im ersten Strich, sich diesen Kräften leichtfertig, ohne gefestigtes Bewußtsein und Erfahrung anvertraut oder aussetzt, läuft Gefahr, aus dem Labyrinth von Schein und Sein, von Trug und Wahrheit ohne brauchbare Bereicherung seines Bewußtseins zurückzukehren – falls er zurückkehrt.

Neun als zweite Linie bedeutet:
Folge nicht jedem Impuls,
sondern lerne sie verstehen.
Prüfe die Neigungen der Seele,
verwirf, was Dich aufhält,
und pflege das Edle.
So kommst Du sicher ans Ziel.

Wer im Umgang mit den eigenen Empfindungen und Impulsen noch nicht ausreichend vertraut ist, jede Gemütsregung für «Intuition» hält und kritischer Selbstprüfung ausweicht, verliert leicht den Weg einer organischen, gesunden Entwicklung seines Bewußtseins und seiner Persönlichkeit. Nur die rationale Überprüfung der eigenen Gefühle und seelischen Impulse führt zu der schrittweise wachsenden Vertrautheit mit dem eigenen Innenleben, die zu immer größerer Selbsterkenntnis und schließlich zur Vervollkommung der eigenen Persönlichkeit führt. Erst der vollkommene Mensch, der Heilige und Erleuchtete, kann sich dann «blind auf sich selbst verlassen» – sein Bewußtsein kann nicht mehr getäuscht werden, nicht einmal vom eigenen Unbewußten.

Sechs als dritte Linie bedeutet:
Widerstreitende Gefühle
zerren an Dir.
Handle nicht, bis Du Klarheit hast.

Hier sind starke, aber gegensätzliche Gefühle und Eindrücke vorhanden, und das Bewußtsein hat sich noch keine Klarheit über Inhalt und Bedeutung der verschiedenen Impulse verschaffen können. In dieser Situation ist jede Entscheidung, jedes Handeln in die eine oder andere Richtung gefährlich. Erst wenn die vorhandenen Kräfte sondiert, die Impulse und Gefühle in all ihren Konsequenzen erkannt und durchschaubar sind, ist die willentliche und bewußte Entscheidung möglich, die allein richtig und fruchtbar sein kann. Sich bis dahin zurückzuhalten ist ein Zeichen persönlicher Reife, und nur sie verhindert ziellose Aktivität.

Sechs als vierte Linie bedeutet:
Bekenne Dich zu Deinen ehrlichen Gefühlen.
Zögere nicht. Wahrhaftigkeit
findet Anerkennung, auch ohne
besondere Form.

Auf dieser vierten Linie des Hexagramms, des ersten Strichs von sozialer Bedeutung, ist die innere Richtung der Gefühle klar, aber man zögert mit ihrer Äußerung oder Verwirklichung, da man sich in einer schwachen oder «unwürdigen» Position glaubt. Dieses Zögern ist jedoch fehl am Platz, da die eigenen Gefühle wahrhaftig, die eigenen Absichten berechtigt sind, und diese Substanz gleicht formale Schwächen mühelos aus.

Neun als fünfte Linie bedeutet:
Mit Gefühlen allein,
seien sie auch noch so stark und klar,
eroberst Du den Himmel nicht.
Aber sie tragen Dich
bis an seine Grenze.

Alles, was seelisches Empfinden und Intuition für die Entwicklung der Persönlichkeit und die Vervollkommnung des Bewußtseins erreichen können, ist hier realisiert. Der Weg der Erleuchtung aber ist der Weg des Bewußt-Seins, nicht des bildhaften, träumerischen Empfindens – obwohl der Weg zur «völligen Leere» durch diese «leere Fülle» hindurchführt. Deshalb werden hier, auf der mächtigen fünften Linie, nicht nur alle seelischen Reichtümer des Universums bewußt, sondern zugleich auch deren relativer Wert. Ein weiterer Aufstieg, eine Weiterentwicklung der eigenen Persönlichkeit erfordert nun eine Änderung der Methode, die Hinwendung zu neuen Inhalten und Zielen – und vielleicht den endgültigen Abschied von der materiellen Welt, von der Gesellschaft, ihren Menschen und Problemen.

Sechs als sechste Linie bedeutet:
Wer ohne Flügel fliegen will,
träumt nur und stürzt in die Tiefe.
Schwer wird es sein, den Strudeln
erneut zu entkommen.

Hier ist die Warnung, die der vorige Strich enthält, nicht verstanden oder ernst genommen worden. Der Versuch, ohne Bewußtsein, einfach aus starkem seelischem Empfinden heraus, die himmlischen

Sphären zu erobern, ist durch den zwangsläufigen Sturz in die Tiefen des Unbewußten und Unkontrollierten der Seele gescheitert. Ohne die klare Linie eines logischen Instrumentariums, ohne die verläßliche Basis eines organisch gewachsenen Bewußtseins muß nun die Suche nach Orientierung von vorne beginnen, und die eigene Unzulänglichkeit und die mangelnde Stabilität der eigenen mentalen Persönlichkeit wird schmerzhaft bewußt.

I/14. DIE GEDULD

䷄ oberes Trigramm: KAN, die Formlosigkeit, das Wasser

unteres Trigramm: KIEN, der Geist, die Luft (Äther)

Das Bild

Unter dem passiven Prinzip formloser Rezeptivität, der Psyche, des Wassers – das feinstoffliche Prinzip des schöpferischen Geistes, der Luft (des Äthers).

Das Urteil

Im Unbewußten wächst das Bewußte,
in der Gegenwart formt sich das Künftige,
zeichnet sich ab.
Die Zeit der Wirkung wird kommen,
und mit ihr der erhoffte Segen,
Frucht und Lohn der Geduld.

Makrokosmische Bedeutung

In der Luft sammelt sich Wasser, verdichtet sich zu Wolken, die endlich den erhofften Niederschlag bringen werden. Die Schöpfungskraft des Geistes sammelt um sich die astralen Substanzen des kosmischen Wasserprinzips, um mit ihrer Hilfe abstrakte Ideen in konkrete Bilder zu formen: Der kosmische «Geist» wirkt auf die kosmische «Psyche» ein, um seinen Ideen Ausdruck zu verleihen, sie in der konkreten Welt manifest zu machen. Dieser Vorgang bedarf der Zeit: Der klaren

Ausprägung der ideellen Inhalte und ihrer «Kleidung» in die astrale Substanz des kosmischen Wasserprinzips, bevor diese Inhalte in der sichtbaren Welt zu Auftritt und Bedeutung gelangen können. Die Wirkung steht jedoch nicht in Frage. Die Konstellation der Kräfte bürgt bereits für das künftige Ergebnis, die kommende Bereicherung der konkreten Wirklichkeit durch neue Ideen und schöpferische Impulse. Nur sind sie noch nicht zu der Reife und Ausgestaltung gelangt, die sie als objektive Wirklichkeit wahrnehmbar machen würde. Aber sie kündigen sich an, als Propheten ihres eigenen Erscheinens, wie die Verdichtung eines kosmischen Nebels den künftigen Planeten verheißt und die Kumulation von Wolken in der Atmosphäre auf den kommenden Regen hinweist.

Mikrokosmische Bedeutung

In den unbewußten Empfindungen und Eindrücken der Seele formen sich konkrete Ideen und geistige Inhalte, die für die Entwicklung der Persönlichkeit einen echten Fortschritt bedeuten. Zugleich klären sich die Gedanken und Ideen des Menschen, definieren konkrete Inhalte und Ziele und sammeln zu ihrer Verwirklichung die psychischen Kräfte um sich, die sie zu ihrer Konkretisierung und Verwirklichung in der sichtbaren Welt benötigen. Idee wird Vorstellung, Gehalt gewinnt Gestalt, bis die konkrete Ausformung der abstrakten Aktivität des schöpferischen Geistes abgeschlossen ist und die Welt um eine neue Wirklichkeit bereichert. Der Prozeß dieser Ausformung ist Gegenstand des Hexagramms. Da er Zeit benötigt, die allerdings nicht bloßes Warten, sondern vor allem Werden bedeutet, trägt es den Titel «Die Geduld», denn die Realisierung des Künftigen ist nur noch die organische Vollendung der bereits vorhandenen geistigen Wirklichkeit. Für das Bewußtsein des Menschen und sein Gefühlsleben ist die künftige Realität bereits innerlich erlebbare Tatsache, und deren Projektion und Manifestation in der materiellen Welt bedarf nur noch der Gelegenheit. Die aber kann nicht erzwungen, sondern muß erwartet werden. Auf die menschliche Gesellschaft übertragen, stellt sich eine Zeit dar, in der künftige Änderungen und Neuerungen bereits angelegt sind und sich vorbereiten, ohne bereits zur offiziellen Gültigkeit gelangt zu sein. Ob diese Umgestaltung der gegebenen Wirklichkeit organisch oder gewaltsam, evolutionär oder revolutionär geschieht, muß der konkreten Situation entnommen werden. Da an der kosmischen Berechtigung des Kommenden kein Zweifel möglich ist, darf getrost mit einer Bereicherung des öffentlichen wie des individuellen Lebens gerechnet werden, mit unerhofftem Segen, der die menschlichen Bemühungen ergänzt.

Das Orakel

Mit Geduld erwarte die Möglichkeit
des Handelns, um Inneres nach außen
und zur Wirkung zu bringen.
Gib der Klarheit die Zeit,
der Wahrheit die Reife:
Um so müheloser
kommen sie zur Geltung.

DIE EINZELNEN LINIEN

Neun als erste Linie bedeutet:
Die Zukunft ist noch fern.
Bleibe in der Gegenwart,
doch halte Dich bereit.

Die sich ankündigende Veränderung ist noch zu weit entfernt, als daß man durch konkrete Maßnahmen, etwa die Veränderung der eigenen Lebensweise, schon auf sie eingehen sollte. Das innerliche Bewußtsein der sich anbahnenden Neuerung genügt, um vorbereitet zu sein, und das tägliche Leben soll getrost nach den noch gültigen Bedingungen gelebt und gestaltet werden. Denn auch die Beibehaltung der alten Ordnung, solange sie notwendig und nützlich ist, stellt einen Teil der Vorbereitung einer neuen Ordnung dar.

Neun als zweite Linie bedeutet:
Das Neue kommt näher und beunruhigt.
Verweigere Dich nicht,
sondern prüfe die Möglichkeiten
und Vorteile.
Sie kommen auch Dir zugute.

Das Unbekannte und Neue bewirkt im Menschen leicht Unsicherheit und ängstliche Ablehnung, da die vertrauten Orientierungs- und Verhaltensmuster in Frage gestellt sind. Diese wenig nützliche Einstellung aber kann nur vorübergehend sein und sollte möglichst rasch überwunden werden. Sich Schritt für Schritt mit dem Neuen vertraut zu machen und auf die neue Realität einzustellen, sie zu akzeptieren, ist die einzige Möglichkeit, sich nicht durch falsche Verweigerung selbst zu schaden und die Vorteile und Chancen der Veränderung zu übersehen.

Neun als dritte Linie bedeutet:
Wer zu früh die innere Ruhe aufgibt,
verliert die Sicherheit des Vertrauten
und verirrt sich im Neuen.
Die Probleme sind selbst verursacht,
und nur im eigenen Innern zu lösen.

Hier ist die Erwartung des Neuen, das sich schon deutlich abzeichnet, in ungeduldiges Ändern der eigenen Lebenshaltung umgeschlagen, ohne daß ein wirklich konkreter Anlaß vorgelegen hätte. Diese Nervosität kann nicht fruchtbar sein, da sie versucht, Unbekanntes zu antizipieren (was nicht möglich ist), und dafür das Bekannte als Handlungsrahmen opfert. Die daraus resultierenden Fehlhandlungen und Mißverständnisse wären mit etwas mehr Selbstdisziplin und Geduld vermeidbar gewesen. Die zusätzlichen Probleme hat man sich selbst zuzuschreiben, und weniger der Tatsache, daß eine Veränderung bevorsteht.

Sechs als vierte Linie bedeutet:
Das Unbekannte macht Angst,
und Angst verzerrt die Sicht auf die Dinge.
Wer könnte da sich selbst treu bleiben?
Suche den Sinn des Neuen
und gib Dich nicht auf.
Unter den Trümmern der Vergangenheit
keimen die Samen der Zukunft.

Hier wird die Veränderung etabliert, und zwar in einem Ausmaß, wie man es nicht erwartet hat. Die naheliegende Reaktion ist Angst. Diese aber verzerrt die Klarheit des Urteils, und verschlimmert damit die Konsequenzen der Veränderung. Zwar ist sie mit Verlusten materieller wie ideeller Art verbunden und erfordert eine Umgestaltung der eigenen Persönlichkeit, eine seelische Neuordnung und Umwertung bisher geschätzter Werte. Aber sie ist auch der Weg zu einer neuen, der kosmischen Harmonie adäquateren Ordnung. Auf diese Situation mit Verzweiflung oder vergeblichem Klammern am Hergebrachten zu reagieren, ist nicht nur sinnlos, sondern auch gefährlich für das Gleichgewicht der Persönlichkeit. Man muß versuchen, den Sinn des Geschehens zu verstehen und sich auf seine bewußten Kräfte zu besinnen, denn sowohl im gesellschaftlichen als auch im individuellen Leben handelt es sich um eine Umgestaltung durch karmisch-kosmische Kräfte, deren Sinn und Berechtigung sich noch erweisen wird. Man kann sich ihr zwar nicht wirklich widersetzen, sollte sich aber auch nicht fatalistisch dem Geschehen überlassen, sondern Möglichkeiten zu bewußtem Handeln suchen und wahrnehmen – und damit bereits in der Veränderung die Stabilität von morgen vorbereiten.

Neun als fünfte Linie bedeutet:
Wie ein Fels in der Brandung
erwarte den neuen Tag.
Wahre Geduld wird aus Stärke geboren.
Sie genießt, was sie hat,
und freut sich auf die Segnungen
des Künftigen.

Die bevorstehenden Veränderungen mit innerer Ruhe und Gelassenheit erwarten zu können, und zugleich die Vorzüge der Gegenwart unbeschwert genießen zu können, ist die Stärke der fünften, herrschenden Linie des Zeichens. Diese Stärke hat das Kommende nicht zu fürchten, da sie Gefahren oder unbekannte Schwierigkeiten nicht aus dem Gleichgewicht bringen können. Unabhängig von der Qualität des Künftigen kann eine solche Haltung nur von Vorteil sein, und kein Problem ist groß genug, sie ernsthaft zu gefährden. So wird diese Stärke auch durch die kommenden Veränderungen nur bereichert werden.

Sechs als sechste Linie bedeutet:
Das Neue bricht herein
mit unerwarteter Gewalt.
Doch in der Not bleibe stark
und im Verlust geduldig:
Das Schicksal kommt Dir zu Hilfe.

Das Befürchtete ist eingetroffen, die Veränderung hat Verlust und Leid gebracht, dem man sich nicht widersetzen konnte, und der Grad der Zerstörung ist größer als erwartet. Doch der eigene Untergang ist weder beschlossen noch besiegelt: Hier, auf der Linie des Himmels, kündigt sich unvorhergesehene Hilfe und Unterstützung von außen an, mit der man nicht rechnen konnte. Sich also bereit und aufnahmefähig zu machen für eine selbst in unerwarteter Form auftretende Hilfe und Rettung ist die hier angezeigte Haltung. Im individuellen Leben ist materieller Verlust, in der Persönlichkeit der Verlust der alten Wahrheiten und Orientierungen gemeint, im gesellschaftlichen Bereich der Verlust der alten Strukturen und Inhalte. In allen Fällen ergeben sich unerwartet neue Werte und Wahrheiten, die den Weg in eine bessere, vielversprechendere Zukunft weisen.

«Die Zeit der Wirkung wird kommen …

... und mit ihr der erhoffte Segen, Frucht und Lohn der Geduld.»

Das I Ging spricht hier nicht eigentlich vom Sparen, auch wenn man das auf den ersten Blick annehmen sollte. Aber so ist das mit alten Weisheiten: Sie überdauern Zeit und Raum und bleiben auch in unserer veränderten Wirklichkeit wahr.

I/15. DIE SAMMLUNG

䷇

oberes Trigramm: KAN, die Formlosigkeit, das Wasser

unteres Trigramm: KUN, die Materie, die Erde

Das Bild

Unter dem passiven Prinzip der formlosen Rezeptivität, der Psyche, des Wassers – das grobstoffliche Prinzip der formgebenden Materie, der Erde.

Der Charakter

Wo eine Basis ist,
können sich die Kräfte sammeln
zu gemeinsamer Wirkung.
Erwarte nicht, daß sie Dir
Sinn und Richtung weisen:
Vielleicht erwarten sie sie
von Dir.
Doch wo die Kraft ist,
findet sich bald ein Ziel,
sie einzusetzen nach ihrer Bedeutung.

Makrokosmische Bedeutung

Psychische Kräfte kristallisieren sich um den materiellen Kern, die Basis der Sammlung der ungeformten Energie. Doch die Basis selbst stellt lediglich den formalen Sammlungspunkt dar, ist noch nicht Aufgabe und Zweck, hat selbst keinen immanenten Auftrag. Es handelt sich um die rein quantitative Ansammlung von Kräften, ohne definierte Ausrichtung oder Bedeutung. Diese Aufgabe, dieser Zweck, wie er allenfalls in der fünften, starken, hellen Linie des Hexagramms repräsentiert ist, um die die «schwachen» dunklen Linien sich sammeln, muß von außen in das Zeichen hineingetragen werden – in ihm selbst ist er nicht angelegt. Die Verbindung der formlosen psychischen Energie mit dem formgebenden, aber noch ungeformten Prinzip grobstofflicher Materie bedeutet allerdings ein starkes quantitatives Kräftepotential, das nur noch der bindenden, qualitativen

Idee bedarf (etwa des konkreten psychischen Bildes, wie in II/16.) oder der dynamischen Kraft des kosmischen Feuerprinzips, um zu gewaltiger Wirkung zu kommen, um materielle Manifeste der größten Dimensionen zu realisieren. Es handelt sich hier um den Urzustand planetarischer Wirklichkeiten, bevor sie von animiertem Leben bevölkert werden, für deren Auftreten und Entwicklung sie sogar Bedingung sind: Die Wasser des Lebens, die sich auf der ungeformten Erdoberfläche sammeln, um die Bedingungen für biologisches Leben vorzubereiten, selbst zu erstellen. Es ist hier das kosmische Material in seiner langsamen Verdichtung ebenso gemeint wie die Rohformen der Materie selbst, die durch (spätere) Einwirkung der kreativen Aktivität des Geistes und der Energie des Feuers (die beide selbst im Zeichen nicht angelegt sind) zu einem Planeten, zu organisierter Materie sich ordnen, um jeglicher denkbaren Form beseelten Lebens, und damit einer Evolution, als Nährboden und Basis zu dienen.

Mikrokosmische Bedeutung

Es handelt sich um eine Zeit, in der sich die psychischen Kräfte in der Persönlichkeit kumulieren, noch ohne daß ihnen ein konkretes Ziel, eine bestimmte Ausrichtung unterliegt. Es sammelt sich ein Potential, ein Reservoir verfügbarer Kräfte, das später jeder konkreten Sinngebung zu machtvoller Realisierung verhelfen wird. Jedoch ist der Sinn selbst in den Kräften nicht angelegt, sie erwarten buchstäblich ihre «Inspiration» aus anderen, mentalen und ideellen Bereichen der Persönlichkeit. Anders als bei dem Hexagramm I/8., «Die Masse», wo die Kräfte einer materiellen Bestimmung unterliegen, handelt es sich hier um die bildnerischen Kräfte der Seele, die von der Materie als ihr Vehikel benutzen werden – so sie ihren Willen und ihre Bestimmung gefunden haben. Die starke, geistvolle Linie auf fünftem Platz legt gleichzeitig die Sammlung bereitwilliger Helfer zur Realisierung großer, ideeller Ziele nahe. Doch eine Bewertung dieser Ziele kommt in diesem Hexagramm nicht in Betracht – lediglich das Kräfteverhältnis, das zu seiner Realisierung beitragen könnte. Auf die menschliche Gesellschaft bezogen handelt es sich um die Sammlung von Massen, die, um eine qualitative Menge und damit einsatzbereit zu werden, eines Inhalts und einer Bedeutung bedürfen. Wer diese Bedeutung hat, mag die Massen um sich sammeln.

Das Orakel

Die Sammlung der Kräfte steht am Anfang
jeder großen Tat.
Ist die Idee groß und berechtigt genug,

sind die Ziele klar,
so werden sie Wirklichkeit.
Und unerschöpflich sind die Kräfte
zu ihrer Realisierung.

DIE EINZELNEN LINIEN

■x■ **Sechs als erste Linie bedeutet:**
Bist Du nicht selbst im Besitz
der großen Idee, des Sinns
jeder Sammlung, so schließe Dich
ihr an.
Jeder Beitrag ist wichtig
und findet Anerkennung,
ist das Ziel erst erreicht.

Wenn man in sich selbst nicht die Klarheit oder Berufung hat, große Ziele und Projekte zu formulieren, so sollte man sich nicht aus Gründen persönlicher Eitelkeit oder Stolzes davon abhalten lassen, sich vorgeschlagenen Zielen und Ideen anzuschließen und seine Kräfte in den Dienst ihrer Realisierung zu stellen. Auch der kleinste Beitrag ist wichtig zur Verwirklichung des Ganzen, und auch übertriebene Bescheidenheit, die die eigenen Talente zurückhält, ist eine Form von Eitelkeit. Der eigene Einsatz wird verlangt und als Beitrag zur Erreichung des Ganzen sicher honoriert werden.

■x■ **Sechs als zweite Linie bedeutet:**
Sind auch die anderen blind,
und teilt niemand Deine Einsicht:
Diene treu der gemeinsamen Sache.
Ihr Erfolg wird auch Deine Haltung
und Mühe bestätigen.

In der durchaus wichtigen Position der zentralen Linie des unteren Trigramms kann man zwar nicht auf äußere Anerkennung hoffen, hat jedoch einen wesentlichen Beitrag zu leisten, der von der unmittelbaren Umwelt nicht gebührend gewürdigt wird. Von dieser Tatsache sollte man sich nicht entmutigen lassen, sondern innerlich konsequent, entlang der gewonnenen Einsicht in die Notwendigkeit, weiterarbeiten. Der Erfolg der gemeinsamen Sache, und damit der eigenen Bemühung, wird schließlich die eigene Haltung bestätigen und ihr zur gebührenden Anerkennung verhelfen.

Sechs als dritte Linie bedeutet:
Verliere nicht das große Ziel,
weil man Dir kleinere vorschlägt.
Richte den Blick auf das Höhere,
auch wenn das Niedere
Deinen Blick verstellt.
Schließt Du Dich an,
so vergeudest Du Werte,
die nach anderer Gesellschaft verlangen.

Wer sich mit Ideen oder Menschen einläßt, die keine oder zu geringe Ideale haben, obwohl er selbst von größerer Substanz ist, vergeudet seine Fähigkeiten und Talente nutzlos, «wirft Perlen vor die Säue», und mehr: Er verhindert die mögliche Vereinigung mit Kräften, die dem eigenen Wert und Potential angemessener wären. Wohlwollende Zurückhaltung ist in einer solchen Situation die einzig richtige Haltung, um sich von voreiligen Bindungen freizuhalten, die die eigene spätere Wirkungsmöglichkeit auf bedeutsamerer Ebene beeinträchtigen könnten.

Sechs als vierte Linie bedeutet:
Bekenne Dich zu Deiner Idee
und tritt offen für sie ein.
Die Welt ist empfänglich,
und Deine Anstrengungen werden
von Erfolg gekrönt.

Hier, auf der niedersten Stufe öffentlicher Bedeutung (erste Linie des oberen Trigramms), zögert man vielleicht noch, ob man die Klarheit und Kraft hat, der eigenen Ein- und Absicht äußerlich Gehör und Wirkung zu verschaffen. Jedes Zögern ist jedoch fehl am Platz: Sowohl die gesellschaftlichen Umstände als auch die Berechtigung des eigenen Anliegens erlauben ein offenes Eintreten für die Sache, und der ehrliche, selbstlose Einsatz der eigenen Kräfte für sie wird sie zum Erfolg führen.

Neun als fünfte Linie bedeutet:
Der Kern der Sammlung,
für alle sichtbar.
Hier ist die Klarheit und Kraft,
Großes zu leisten.
Ungefragt sammeln sich die Helfer
und führen die Sache zum Sieg.

In diesem Strich ist die zentrale Idee oder Persönlichkeit repräsentiert, um die sich die Kräfte sammeln. Jedes Zögern und Zweifeln wäre fehl am Platze. Die Klarheit der Sache und die Stärke der sie vertretenden Persönlichkeit sind so deutlich, daß sich ungefragt alle Kräfte um sie sammeln, ohne daß man nach Mitstreitern suchen oder fragen müßte, ohne daß Sympathisanten geworben werden müßten. Die notwendigen Kräfte sind vorhanden, und mit ihrer Hilfe lassen sich auch große Projekte verwirklichen.

▬x▬ **Sechs als sechste Linie bedeutet:**
Unentschlossen irrst Du umher,
und Deine Kräfte liegen brach.
Wer Illusionen nachhängt,
verfehlt das Ideal.

Wer sich nicht entscheiden kann und trotz des Gebots der Stunde keines der angebotenen Ziele für wert erachtet, sich in seinen Dienst zu stellen, der findet sich schließlich ohne Aufgabe und damit ohne Bedeutung wieder. Seine Fähigkeiten und Talente dienen keinem Zweck, zum eigenen und zum Schaden aller. Hier will einer, in persönlicher Verblendung, «zu hoch hinaus» – und verfehlt deshalb den Aufstieg zur einfachsten und nächstliegenden Höhe. Er wird schließlich mit leeren Händen dastehen und bedauern, an der Fülle der anderen keinen Anteil zu haben.

I/16. DER KOSMOS

oberes Trigramm: KAN, die Formlosigkeit, das Wasser

unteres Trigramm: LI, die Energie, das Feuer

Das Bild

Unter dem passiven Prinzip formloser Rezeptivität, der Psyche, des Wassers – das aktive Prinzip der Energie, des Willens, des Feuers.

Der Charakter

Im Gleichgewicht zeigt sich
die Kraft kontrollierter Energie:
Feuer und Wasser, geordnet
im Austausch, erschaffen pulsierendes Leben,
das der Geist braucht,
um die Welt zu gestalten.
Doch wehe, eine der Kräfte erlahmt:
Schon zeigt die andere ihre rohe Gewalt,
gehorcht nicht Vernunft noch Gesetz.
Und der Ordnung, dem Kosmos,
droht erneut das Chaos,
die Ordnungslosigkeit.

Makrokosmische Bedeutung

Die gegensätzlichen Elemente Feuer und Wasser treten zueinander in Beziehung, doch anders als im Hexagramm I/12., wo ihre Anordnung nur den unkontrollierten Gegensatz ausspielt, können sie hier durch ihre Stellung zueinander konstruktiv wirken. In gegenseitiger Kontrolle entfaltet sich ihre Kraft, erzeugt kanalisierbare Energie, deren Brauchbarkeit auf dem Gleichgewicht der Kräfte beruht. Dieses Gleichgewicht ist deshalb ebenso kostbar wie empfindlich. Diese kanalisierbare Energie bedarf zu ihrem konstruktiven, kreativen Einsatz des lenkenden und sinngebenden Geistprinzips. Ohne diese lenkende und sinngebende Instanz bleibt es beim bloßen Austausch roher Energiequantitäten, der im Universum Nebel oder magnetische Kräftefelder verursachen kann, ohne von bleibender schöpferischer Bedeutung zu sein – und durch die geringste Störung im Gleichgewicht zu Katastrophen, Explosionen und anderen destruktiven Vorgängen führen kann. Auf der Erdoberfläche sind Geysire (wie in Island) der physische Ausdruck einer solchen Energiekonstellation, und einer der friedlichsten. Aber auch auf den astralen Ebenen des spirituellen Universums stellt die Korrelation Feuer (Dynamik) und Wasser (Psyche) ein sensibles Kräfteverhältnis her, um nicht in bloße Emotion und deren unkontrollierte Entladung umzukippen. Aus der geordneten, wohldosierten Koppelung der beiden Urkräfte allerdings erwächst ein wertvoller «Motor», der Psyche wie der Physis, der buchstäblich die (unerschöpflich) «treibende Kraft» aller evolutionären Bewegung, sei es in der unbeseelten Materie oder in den Bereichen beseelten Lebens, repräsentiert. Die rohen Kräfte haben sich geordnet und ein Energiereservoir gebildet, aus dem nun alle konkrete Ausgestaltung der Welten und ihrer Myriaden an Lebewesen ihre Energie beziehen können. Und nicht zuletzt auch deshalb kommt mit diesem Hexagramm der Zyklus der «Primären Hexagramme», die die Ordnung der Urelemente beschreiben, bevor sie sich in konkrete Erscheinungsformen verfeinern und differenzieren, zum Abschluß. Alles, was folgen kann, ist bloße Gestaltung und Individuation auf der Basis der rudimentären Organisationen der Elemente, wie sie in diesen 16 Hexagrammen Ausdruck finden.

Mikrokosmische Bedeutung

Zwei an sich ungleichartige und gegensätzliche Kräfte, nämlich die passiv-rezeptive Imagination der Psyche und die dynamisch-expansive Willenskraft, werden hier zu den bestimmenden Qualitäten der Persönlichkeit. Die Gegensätzlichkeit der Elemente unterliegt einer konstruktiven Ordnung, die benutzt werden kann. Wenn sie die dynamische Realisierung der inneren Bilderwelten bewirkt, etwa in künstlerischer Form, so führt diese Konstellation zu einer Zeit höchster Aktivität, kreativer Blüte und ungebändigter Ausdruckskraft, von der Bedingungslosigkeit der Elemente geprägt. Es bedarf jedoch der bewußten, ordnenden Kraft des Geistes (repräsentiert durch die starke, helle Linie auf starkem, hellem 5. Platz), um die Selektion der Impulse vorzunehmen, Wert von bloßem Drang und Wichtiges von Unwichtigem zu trennen. Sonst ist bloße, blinde Aktivität wirklicher Konstruktivität abträglich, die vieles tut und nichts bewirkt. Im Leben von Gemeinschaften und menschlicher Gesellschaften ist eine Zeit dynamischer Entwicklung angesagt, die ihre Ergebnisse auf den verschiedensten Gebieten zeigen wird: Je nach dem geistigen Potential auf den einzelnen Gebieten, über das diese Gemeinschaft verfügt und das die vorhandene Energie in konstruktive Aktivität übersetzen kann.

Das Orakel

Ordne und lenke die Kräfte,
gib ihnen Raum und begrenzte Bahn,
Sinn und Ziel
und achte auf ihr Gleichgewicht
in allen Bereichen des Lebens.
Das Maßlose mäßige:
Dann wird es Dir zur Kraft.
Und was berechtigter Absicht entspringt,
schafft neue Wirklichkeiten
über den Tag hinaus.

Neun als erste Linie bedeutet:
Beherrsche Dich und bedenke
jede Handlung dreimal.
Nur kleine Hitzigkeiten
verzeiht man Dir.

Die geballte Energie, aus dem Grundmuster der Kräfte im Innern geboren, strebt nach Entladung und drängt nach außen, auch wenn sie weder Inhalt noch Ziel klar formuliert hat. Deshalb ist Selbstbeherrschung angezeigt, die den Kräften nur dort Raum gibt, wo sie einen objektiven und sinnvollen Gehalt transportieren. Die kleinen Entladungen und Überschwenglichkeiten, die in einer solchen Gemütslage trotz allem nicht ganz vermeidbar sein werden, sind dabei das kleinste (und verzeihbare) Übel.

Sechs als zweite Linie bedeutet:
Wer unkontrolliert nach Verwirklichung drängt,
dessen Ziele nimmt niemand ernst.
Nur die Handlung, nicht die Absicht
wird man bewerten.
Nutze die Zeit des Wartens
zur eigenen Reife.

Man ist sich der eigenen Kraft und der Absichten sicher und drängt deshalb zu früh auf ihre Verwirklichung, ohne die objektiven Umstände zu beachten. Der erwartete Erfolg bleibt aus, da man nur das eigene Anliegen sah, nicht dessen aktuelle Chancen. Wirkung und Erfolg sollen also nicht mit Gewalt gesucht werden, auch wenn man sich stark genug fühlt, sondern eine Zeit der Besonnenheit und Geduld akzeptiert werden, die nur der Abklärung der Ziele und der Verfeinerung der eigenen Persönlichkeit dienen kann. Wenn die Zeit der öffentlichen Akzeptanz gekommen ist, wird die eigene Arbeit nur an Qualität gewonnen haben und die Realisierung erleichtert sein.

Neun als dritte Linie bedeutet:
Wunsch wird Wirklichkeit,
Absicht wird Tat:
Doch rechne mit harten Kämpfen.
Und verzehre nicht Deine Kräfte
um bloßer Effekte willen.

Hier ist die Möglichkeit der Selbstverwirklichung gegeben – auf Unterstützung von außen muß aber verzichtet werden. Die eigenen Kräfte sind stark genug, sich durchzusetzen, neue Werte gesellschaftlich durchzusetzen und die alten, gewohnten «Realitäten» abzulösen. Aber es stehen langwierige Kämpfe bevor, die es nicht zulassen, die eigenen Kräfte für publikumswirksame Effekte einzusetzen, wozu man vielleicht aus Bequemlichkeit oder Erschöpfung gelegentlich versucht sein mag. Die Kräfte werden für die Realisierung der eigentlichen Ziele voll und ganz benötigt, je mehr: Man würde sie (und damit sich selbst) schwächen, da die aus dem Ideal bezogene Kraft ihre Gradlinigkeit und damit Effizienz einbüßen würde.

▬x▬ **Sechs als vierte Linie bedeutet:**
Freue Dich über leichte Erfolge,
doch baue nicht auf sie.
Bewahre das Gleichgewicht
in beständiger Aufmerksamkeit
und festige, was noch
allzu vergänglich ist.

Auf der vierten Linie ist der Durchbruch zu öffentlicher Anerkennung und gesellschaftlicher Wirkung nicht nur gelungen, sondern auch kaum von erheblichen Schwierigkeiten begleitet gewesen. Doch hüte man sich vor dem Glauben an einen entscheidenden Sieg: Denn leicht errungene Erfolge sind ebenso leicht wieder gefährdet, ihre Inhalte vergessen. Nur ein konsequentes Arbeiten an der Verfestigung und Stabilisierung des Erreichten, so als müsse es immer noch durchgesetzt werden, macht es dauerhaft gültig und erhält ihm seine Bedeutung über den Augenblick hinaus.

▬○▬ **Neun als fünfte Linie bedeutet:**
Wirke durch die Wahrheit
Deiner Person und des Ideals,
das Dich beseelt.
Durch Glanz und falschen Schein
bist Du nur laut,
nicht aber wirksam.

Die Welt ist verständiger, als man vermutet, und wem's der Kopf nicht sagt, dem sagt's das Herz: Nicht durch ambitionierte Äußerlichkeiten und formalen Prunk erzielt man Wirkung auf die Menschen, sondern durch die Stärke der klaren Gesinnung, durch sinnvolles und sachliches Auftreten. Wer sich an dieser ohnehin schon dominierenden und mächtigen Stelle (5. Linie) die Menschen noch mit Schein statt Sein erkaufen möchte, wirkt nur lächerlich und bewirkt das Gegenteil: Wahre Größe, wie sie den eigentlichen Zielen der eigenen Persönlichkeit und der innegehaltenen Position doch entspricht, bedarf dessen nicht. Schmälert es doch nur, was an wirklicher Substanz ohnehin wertvoll und deutlich ist.

▬x▬ **Sechs als sechste Linie bedeutet:**
Im Spiegel erkenne
den falschen Glanz,
bevor es andere tun.

Hier, auf der Linie der Erleuchtung, auf der man eigentlich Abstand gewinnen sollte von den eigenen Leistungen, sie in überpersönliche kosmische Realität transzendieren und sich von ihnen freimachen sollte (auch gutes Karma ist Karma) – hier bleibt man wie ein unreifer Tugendhascher dem eigenen Erfolg verhaftet und schmeichelt der eigenen Eitelkeit durch Selbstbespiegelung und geistige Onanie. Daß diese Haltung sich selbst der Lächerlichkeit preisgibt und im Grunde ihrer erhobenen Position unwürdig ist, merkt man sicher, wenn es zu spät ist: Wenn nämlich der Respekt vor der Leistung dem Spott über die Person gewichen ist. Sich selbst und der Sache hätte man sich dies ersparen können. Wer wirklich die Welt bereichert hat, strebt höheren Reichtümern zu – die Welt im Rücken vergessend.

EPILOG I.

«Die Säulen der Welt sind errichtet,
die Häuser der Elemente gebaut.
Wer von euch Göttern steigt nun hinab,
die Planeten zu bewohnen und zu beleben?
Myriaden von Lebewesen sollen erstehen,
Milliarden von Formen, Farben und Töne,
ein jedes Ding von eigener Gestalt.
Die Elemente sind euch gegeben:
Nun spielt, ihr Götter,
spielt!»

II. Die Häuser ihres Auftretens (Sekundäre Hexagramme)

Das Haus des Auftretens der Luft (des Äthers)

II/1. DIE DURCHDRINGUNG

oberes Trigramm: KIEN, der Geist, die Luft (Äther)
unteres Trigramm: SUN, die Reflexion, Wind

Das Bild

Unter dem feinstofflichen Prinzip des schöpferischen Geistes, der Luft (des Äthers) – die konkrete Manifestation des feinstofflichen Geistprinzips, die Reflexion, der Wind.

Der Charakter

Geist wird Gedanke,
Beobachtung Wissen,
Erkenntnis wird Absicht und Plan:
Für den, der die Welten und
Wirklichkeiten prüft, sie durchdringt.
Gewesene, gegebene
und alle möglichen der Zukunft.

Makrokosmische Bedeutung

In diesem ersten Hexagramm des «Auftretens der Elemente in der konkreten Welt» wird die gedankliche Aktivität des schöpferischen Geistes charakterisiert. Es ist jedoch nicht der rein kreative Prozeß geistiger Aktivität gemeint, sondern alle Formen und Stadien, die dem Akt der Schöpfung vorangehen: Analyse, Reflexion, Durchdringung und Erkenntnis der Wirklichkeit, gedankliche Auslotung aller Dimensionen und Möglichkeiten der Formulierung von Ideen und Konzepten, die Aufnahme von Informationen und Impulsen aus jeder verfügbaren Quelle. Im makrokosmischen Universum ist es der feinstoffliche Äther, der durch Überprüfung aller in ihm gespeicherten Urbilder und ihrer vorhandenen Manifeste zu einem Urteil über deren Wert und Bedeutung und ihrer Stellung zueinander kommt, um daraus Erkenntnisse und Konzepte, Ideen und Baupläne für künftige stellare Evolutionen und zu schaffende kosmische Wirklichkeiten abzuleiten. Vorhandene «Konzepte», also Energiestrukturen und ihre Archetypen, werden dabei in Frage gestellt, Erweiterungen und Neuordnungen bestimmt und im Stadium von «Bauplänen», von Idee und konkreten Gedanken formuliert, ohne daß ihnen jedoch bereits eine Dynamik oder konkrete Handlungsimpulse immanent wären. Es ist der «Atem des Himmels», der die verbrauchte Atmosphäre in sich aufnimmt und die frische, gereinigte und mit neuen Impulsen versetzte Luft in den Raum der konkreten Wirklichkeiten exhaliert: Als die geistige Erneuerung der Mentalsphäre, die irgendwann die praktische Erneuerung der manifesten Welten nach sich zieht.

Mikrokosmische Bedeutung

Es sind hier die Orientierungs- und Erkenntnisprozesse des philosophischen, denkenden Geistes dargestellt, der alle Theorien, Meinungen, Lehren, alle Wirklichkeiten und Möglichkeiten prüft und überdenkt, verwirft oder als wahr erkennt, um zu einer Haltung und Perspektive für die Zukunft zu kommen. Diese gedankliche Aktivität ist frei von Vorurteilen und geprägt von der Anstrengung, zu eigener Beobachtung und direkter Erkenntnis zu gelangen, zu unvermittelter Anschauung der Dinge, wie auch von der Absicht, die Ergebnisse des eigenen Denkens, die gewonnenen Erkenntnisse und Perspektiven durch Kommunikation anderen mitzuteilen, sie daran teilhaben zu lassen. Wie der Wind, der für Bewegung in der Atmosphäre sorgt, streift dabei das Denken die vorhandenen Lehrmeinungen und etablierten Wahrheiten wie Wolken, durchdringt sie, löst sie auf, vertreibt sie oder formuliert neue an ihrer Stelle, ohne jedoch um ihre Anerkennung zu ringen oder für ihre Durchsetzung zu kämpfen (dazu fehlt in diesem Hexagramm das dynamische Element des geistig-physischen Feuerprinzips). Und so unbehindert der Wind alle Schauplätze der sichtbaren Wirklichkeit aufsuchen kann, so freizügig sammelt auch der unbefangene, denkende Geist alle Eindrücke, die sich ihm bieten, um sie zu verwerten. Ebenso freizügig, und ohne Ansehen des Empfängers, vermittelt dieses Denken auch seine Erkenntnisse an andere weiter, vertreibt die Wolken des Irrtums und falscher Anschauungen und verhilft zu klarerer Sicht auf die Dinge. Nie jedoch mit Gewalt, denn die erneuernde Wirkung des Denkens beruht einzig auf seinem Wahrheitsgehalt, und jedes Interesse, eine Wahrheit «etablieren» zu wollen, ist dem sanften, allein an Erkenntnis und ihren Prozessen interessierten Denken ebenso wie seinem natürlichen Symbol, dem Wind, völlig fremd. Im physischen Körper findet dieses Prinzip durch die Aktivität aller Äther/Luft-bezogenen Organe seinen Ausdruck, also durch die Bewegung und Funktion der Lungen und des «ätherischen Herzens» des menschlichen Körpers, der Milz.

Das Orakel

Prüfe, bevor Du glaubst,
erkenne, bevor Du weißt.
Und wisse, daß auf jede Erkenntnis
eine größere folgt.
Teile Dein Wissen, Deine Einsicht
mit anderen. Absichtlos wie die Luft,
die ihr gemeinsam atmet,
sei Dein Denken: Nur spürbar
und jederzeit erkennbar für den,
der nach ihr fragt.

DIE EINZELNEN LINIEN

■x■ **Sechs als erste Linie bedeutet:**
In kleinen Dingen erkenne
die Boten des großen Übels.
Ein welkes Blatt verrät
das schlechte Wasser, den möglichen Tod
der Pflanze.
Gezieltes Handeln verhindert
größeren Schaden.

Der «dunkle» Strich, der von unten in die Gemeinschaft der «hellen» Striche eingedrungen ist, signalisiert eine Schwächung des Starken, eine Verunreinigung des Reinen, einen Keim des Chaos im Kosmos. Ein weiser Mensch erkennt auch in kleinen Symptomen, in unbedeutenden Anzeichen die Boten eines größeren Verfalls und tritt den Ursachen energisch entgegen. Wer die ersten Anzeichen des Übels für harmlos hält, wird sich womöglich später mit größerem Schaden auseinanderzusetzen haben.

Neun als zweite Linie bedeutet:
Durch Festigkeit und Würde
bezähme niedere Gedanken
und begrenze den Einfluß des Kleinen.
So wächst Dein Denken gefahrlos heran.

Die zweite Linie, selbst eine «helle», stellt die Schwelle dar, die das «dunkle» Element der ersten Linie zu überwinden hätte, um weiter in das Zeichen einzudringen. Wer in dieser Situation in sich gefestigt ist, weder innerlich von seiner Klarheit abweicht noch die äußere Distanz zu schädlichen, niederziehenden Gedanken und ihren Denkern aufgibt, kommt mühelos aus der Gefahr heraus, ohne daß irgendeine Anfechtung ihm ernsthaft hätte schaden oder ihn behindern können. Wer den Blick auf das Licht richtet, überwindet alle Dunkelheit.

Neun als dritte Linie bedeutet:
Mit gefesselten Gedanken, umzäunten Ideen
kommt Dein Geist nicht voran.
Gewöhne Dich nicht an Irrtum und
Dunkelheit, sondern löse sie geduldig auf.
Dann kommt die Zeit des Fortschritts.

Trotz der «dunklen» Linie des unteren Trigramms, die die Klarheit und (mentale) Kraft dieser dritten, oberen Linie bindet und beeinträchtigt, ist man versucht, größere Pläne und Projekte in Gedanken in Angriff zu nehmen. Dabei unterschätzt man aber die Bedeutung der unklaren Ausgangsbasis, des Irrtums oder der Unwissenheit, die einem Teil der eigenen Geisteshaltung unterliegt. Wer sich trotzdem zu höheren Erkenntnissphären aufschwingen möchte, kommt sicher zu Fall. Eine klare Analyse des geistigen Besitzstandes und seine Überprüfung sind daher vorrangig. Erst wenn alle gewonnenen Einsichten der Überprüfung standhalten, können sie als Basis für den Aufbau größerer Denkgebäude dienen. Jeder aus Nachlässigkeit übersehene schwache Grundstein brächte das Gebäude früher oder später in Gefahr.

Neun als vierte Linie bedeutet:
Wer sich zu weit von Gedanken
an weltliche Dinge entfernt,

verliert die Basis
zu geistigen Höhenflügen.

Auf Erkenntnis und Erleuchtung gerichtetes Denken darf die «Niederungen der Materie» nicht ausklammern oder übergehen. Nur ein ausgeruhter, gutgenährter Körper hat die Muße, den Geist bei philosophischen Betrachtungen ungestört zu lassen. Wer dieses Prinzip verkennt, beraubt sich und sein Denken der Basis, die es nährte und erhielt: Die konkrete gesellschaftliche Welt.

Neun als fünfte Linie bedeutet:
Das Denken erreicht seine Blüte,
die Klarheit höchster Erkenntnis.
Wie eine Straße des Lichts
ebnet sich der Weg für den Wissenden,
und die Menschen wissen ihn zu würdigen.

Wer in beständiger Selbstprüfung und Wahrung des Gleichgewichts zwischen abstraktem Denken und konkreter Beobachtung, zwischen praktischer Erfüllung der weltlichen Pflichten und den Klausurwünschen des suchenden Geistes zu den höchsten Höhen der Wahrheit und Erleuchtung gelangt ist – dem einzigen unvergänglichen und unanfechtbaren Besitz –, für den bereiten die kosmischen Harmoniegesetze und karmischen Prinzipien den Weg zu Anerkennung und Einfluß, ohne daß er sich um sie bemühen müßte. Wie absichtslos ist auch seine Wirkung auf Menschen, die er bereichert und die ihm die gebührende Würdigung zukommen lassen und seinen Prinzipien Macht und Geltung verschaffen.

Neun als sechste Linie bedeutet:
Beim Abschied von der Welt
blicke nicht zurück, noch lasse
Dich halten.
Nur mit Kindern übe Nachsicht.

Wessen Geist mit der Welt abgeschlossen hat, weder in der Verwaltung noch in der Belehrung der Welt seine Aufgabe mehr sehen kann, sollte sich von seinem Weg in die «Emigration des Geistes» nicht zurückhalten lassen, auch dann nicht, wenn Menschen oder Angebote ihn daran hindern wollen. Die Gesetze und sozialen Spielregeln weltlicher Ordnung haben für ihn keine Bedeutung mehr, und er muß sich nicht aus Höflichkeit oder falschem Altruismus an sie gebunden fühlen. Lediglich die Zurückweisung von aufrichtig Wahrheits- und Ratsuchenden, den «geistigen Kindern» der Welt, sollte nicht allzu schroff und unbedingt vollzogen werden, sondern mit der wägenden Nachsicht, die auch Ausnahmen zu machen versteht.

II/2. DER RÜCKZUG

䷠

oberes Trigramm: KIEN, der Geist, die Luft (Äther)

unteres Trigramm: KEN, die Stabilität, der Berg

Das Bild

Unter dem feinstofflichen Prinzip des schöpferischen Geistes, der Luft (des Äthers) – die konkrete Manifestation des grobstofflichen Materieprinzips, die stabile Form, der Berg.

Der Charakter

Die starre Form festgefügter Materie
bewegt kein Gedanke,
sei er auch wichtig und wahr,
und keine Mauer stürzt vom Zureden ein.
Unbewegt bleibt der Geist,
ist ihm der Einfluß auf die Materie
versagt.

Makrokosmische Bedeutung

Das schöpferische Prinzip des Geistes, des feinstofflichen Äthers (Akasha) sieht sich konfrontiert mit der unbeweglichen Starre fester, unbeseelter Materie, wie bei erloschenen Sonnen oder physisch unbelebten Planeten. Eine direkte Einwirkung des Geistes in Form von Gedankenformen, ohne Zuhilfenahme von Agenten wie der astralen Substanzen des (kosmischen) Wassers oder des dynamischen Feuerprinzips, ist bei erstarrter Materie ausgeschlossen: Beide Elemente sind in zu unterschiedlichen «Welten» oder Wirklichkeitsebenen (auf zu unterschiedlichen Verdichtungsebenen von Energie) zu Hause, die Aktivität des feinstofflichen Prinzips geht buchstäblich durch das

Grobstoffliche «hindurch» und bleibt wirkungslos. Diese Tatsache bewirkt den «Rückzug» des Geistprinzips, des Äthers, bis geeignete Zwischenträger und Agenten eine Einflußnahme ermöglichen und die makrokosmische Evolution durch Veränderung wieder in Bewegung gebracht werden kann.

Mikrokosmische Bedeutung

Es steht hier der philosophische Geist mit seinen Erkenntnissen der groben Erstarrung pragmatischer Existenz auf der weltlichen Ebene gegenüber. Eine gegenseitige Verständigung ist mangels gemeinsamer Basis nicht gegeben, eine Vermittlung zwischen den Polen bietet sich nicht an, also auch keine Möglichkeit der Einflußnahme des Geistes auf die materiellen Bedingungen. Die einzig mögliche Konsequenz ist deshalb der Verzicht auf den Versuch, die Beschränkung der Kommunikation auf jeder Ebene. Auf die menschliche Gesellschaft übertragen kommt hier eine Stagnation der gesellschaftlichen Ordnung zum Ausdruck, die keinen geistigen Impulsen gegenüber mehr empfänglich ist und daher in Leblosigkeit erstarrt. Auf individueller Ebene hat man es mit unzugänglichen, erstarrten Menschen zu tun, die auf keine geistigen Impulse oder Kommunikationsangebote mehr zu reagieren verstehen. Die richtige Haltung solchen Menschen gegenüber ist ebenfalls im Zeichen angelegt: Unter Beibehaltung der geistigen Klarheit, über die man verfügt, sollte man innerlich und im Charakter unbeweglich bleiben wie ein Berg – der zwar nicht handelt, den aber auch nichts zu erschüttern vermag. Der «Rückzug», zunächst in die innere Emigration, dann auch in andere weltlich-soziale Bedingungen, ist angezeigt. Im individuellen Organismus schließlich repräsentiert dieses Hexagramm die Anwesenheit des höchsten Geistprinzips, KIEN, im individuellen physischen Körper, KEN. Dieses Geistprinzip aber kann ohne vermittelnde Agenten wie mentale Aktivität (SUN) oder psychische Aktivität mit ihrem nervlichen Instrumentarium (TUI) die physische Körperlichkeit weder steuern noch beeinflussen, muß im Gegenteil darauf achten, gegen dessen Unbeweglichkeit seine Unabhängigkeit und Klarheit zu bewahren, so daß auch auf dieser Interpretationsebene der Gedanke des «Rückzugs» seinen Sinn behält.

Das Orakel

Schweige, auch wenn Du reden willst,
und bewahre Deine Antworten für die Zeit, den Ort,
an dem man wieder nach ihnen fragt.
Von fern beobachte, was Du nicht ändern kannst,
und bewahre Dich selbst.

Sechs als erste Linie bedeutet:
Wem Körper vor Geist geht,
der sieht das Licht nicht mehr.
Erkenne, was Dich bindet,
dann weicht mit der Dunkelheit
auch die Gefahr.

Hier, auf der Linie des physischen Körpers (erste Linie des unteren Trigramms) ist der Bezug zu den geistigen Linien des oberen Trigramms unterbrochen: Die Acht auf zweitem Platz verhindert die Kommunikation. Die Beschränkung auf die materiellen Aspekte der eigenen Lebenslage aber verhindert jede Einsicht, die zu sinn- und wirkungsvollem Handeln befähigte. Nur die Besinnung auf geistige Werte, bei gleichzeitiger Zurückhaltung gegenüber der Neigung, die eigene Lage durch blindes Handeln ändern zu wollen, führt zur Klarheit, der sich zu gegebener Zeit ein Ausweg öffnen wird.

Sechs als zweite Linie bedeutet:
Halte fest an den Tugenden des Geistes,
achte nicht auf die Rufe des Körpers.
Dem Unsterblichen opfere das Sterbliche:
So bestehst Du unangefochten
jede Gefahr.

Auf der Linie des Astralleibs, dem Bindeglied zwischen Geist und Materie, entsteht folgerichtig der Konflikt zwischen den so unterschiedlichen Impulsen. Da der Konflikt nicht lösbar, eine Vermittlung in diesem Hexagramm ausgeschlossen ist, bleibt nur die Entscheidung für das eine oder andere Prinzip, mit allen Konsequenzen. Wer die Interessen der Materie, des eigenen Körpers, den Erfordernissen des Geistes opfert und ungeteilt an den immateriellen, unsterblichen Werten des Geistes sich orientiert, mag vorübergehend Unannehmlichkeiten in Kauf nehmen müssen, wie zum Beispiel den Abschied aus vertrauten Lebensumständen, für die ihn aber ein ganzheitlich positives Schicksal, mit allen konstruktiven Kräften des Universums auf seiner Seite, entlohnen wird. Zweifel, wofür man sich entscheiden solle, wären deshalb nur töricht.

Neun als dritte Linie bedeutet:
Der Geist strebt nach oben,
doch die Gefühle hängen an der Welt:

Wer könnte da frei sein.
Pflege den Körper als Instrument des Geistes,
doch laß ihn nicht herrschen.
Ein neuer Tag wird Dich stärken.

Das Denken, das Bewußtsein wäre willig, auf die Welt zu verzichten und den Körper den Ansprüchen des Geistes zu unterwerfen, aber das Fleisch ist schwach und voller «Verhaftungen» an die physischen Bedingungen des Daseins. In dieser Unentschiedenheit, die ohne brutale Selbstkasteiung nicht lösbar wäre, bleibt nur, den Interessen des körperlichen Wohlbefindens gebührenden Raum zu geben, sie aber nicht zum Herrn im Körperhaus der Persönlichkeit werden zu lassen. Dadurch erhält man sich die geistige Klarheit, die unter günstigeren Lebensumständen und bei fortschreitender Reife der Persönlichkeit sich zu größerer Freiheit und Unabhängigkeit des Geistes entwickeln und seine Vervollkommnung ermöglichen wird.

Neun als vierte Linie bedeutet:
Wer geistig frei ist,
den hält der Körper nicht mehr,
dessen Freude und Leid
bestehen nicht mehr.
Und die Welt der Sinne
hat nur noch geistigen Sinn.

Hier, auf der Linie der physischen Welt, ist sie zwar noch nicht dem Bewußtsein entrückt, aber ihre Bedingungen und Inhalte haben keinen Einfluß mehr auf die Haltung der Persönlichkeit. Die geistige Befreiung ist verwirklicht, bedarf jedoch noch der Kontrolle durch das Bewußtsein, der beständigen Transzendierung sinnlicher Reize und physischer Beanspruchung durch die Welt. Bei der gewonnenen geistigen Stabilität aber dürfte dies keine großen Anstrengungen mehr erfordern: Das Erleben der Welt ist ihrem Verstehen gewichen, ihre Impulse bewegen den Menschen nicht mehr, und die Abkehr vom Vertrauten bedarf nur noch des formalen Vollzugs: Zum Nachteil der materialistisch orientierten Umwelt.

Neun als fünfte Linie bedeutet:
Die Zeit ist gekommen:
Die Welt kann schwinden.
Laß sie hinter Dir
wie ein Nebel, der im Sonnenlicht
vergeht.

Eine andere Wirklichkeit
erwartet Dich schon.

Wenn alle Einsichten gewonnen, alle Bedingungen des eigenen geistigen Fortschritts bekannt sind, ist jeder Blick zurück nur Zeitverlust. Die Welt und ihre Bedingungen haben ihre Bedeutung verloren, würden lediglich noch eine Behinderung für die geistige Vervollkommnung darstellen, die man anstrebt. Sie sollte deshalb keinen Platz mehr im Bewußtsein beanspruchen dürfen, wenn ihre Bedingungen doch schon für das physische Sein keine Bedeutung mehr haben. Es bedarf nur noch der Abkehr vom Vertrauten, um in einer adäquateren Lebenssituation auch geistig ein neues Zuhause zu finden.

Neun als sechste Linie bedeutet:
Bist Du erleuchtet:
Wähle die Erleuchtung.
Bist Du frei:
Wähle die Freiheit.
Das Universum segnet
jeden Deiner Schritte.

Wer sich innerlich bereits so frei gemacht hat von den äußerlichen Bedingungen seines Lebens, daß sie in seinem Bewußtsein nicht einmal mehr der Erörterung bedürfen, der sollte auch den letzten Schritt der Abkehr von der Vergangenheit vollziehen: Seine innere Gegenwart endlich in die Tat umsetzen. Sei es nun die vollkommene Abkehr von der physischen Welt seines Körpers, um ganz die Erleuchtung des Geistes zu leben, oder die äußere Abkehr von den bisherigen Bedingungen des Lebens, die dem eigenen Wesen längst nicht mehr entsprochen haben, von denen man sich ohnehin bereits frei wußte. Der konsequente Akt, Leben und Bewußtsein wieder in Einklang zu bringen, und zwar auf der nächsthöheren Stufe der eigenen Entwicklung, öffnet den Energien des Kosmos die Schleusen zu segensreichem Wirken.

II/3. DAS UNERWARTETE (KARMA)

☰ oberes Trigramm: KIEN, der Geist, die Luft (Äther)

☳ unteres Trigramm: TSCHEN, die Dynamik, der Donner

Das Bild

Unter dem feinstofflichen Prinzip des schöpferischen Geistes, der Luft (des Äthers) – die konkrete Manifestation des energetischen Feuerprinzips, die Dynamik, der Donner.

Der Charakter

Unerwartet präsentiert sich der Geist
und etabliert seine Wahrheit,
seine Gesetze
mit unnachsichtiger Gewalt.
Die Reinheit der Unschuld,
die hoffnungsvolle Seele,
hat nichts zu befürchten,
noch muß sie trauern um den gestörten Frieden:
Er war auf Illusion, auf Irrtum
und auf Sand gebaut.

Makrokosmische Bedeutung

Mit der geballten Kraft zielgerichteter Energie kommen die Prinzipien des reinen, schöpferischen Geistes zum Durchbruch, ohne Hin- und Rücksicht auf das Bestehende, auf dessen Verluste. Es handelt sich jedoch nicht um «zerstörerische» Aktivität, sondern lediglich um die Durchsetzung längst fälliger, lange angestauter Anliegen des Geistes. Die Entladung berechtigter Kräfte beseitigt dabei etwaige Hindernisse, wie konträre Energiestrukturen, mit Gewalt, doch die eigentliche Absicht ist konstruktiv, nicht bloße Destruktion. Erstarrte, nicht mehr entwicklungsfähige Formen, die sich der Einflußnahme evolutionärer Impulse und notwendiger Veränderungen widersetzen, werden gesprengt, um neuen Entwicklungen und kreativen Prozessen Raum, Substanz und die Chance zu geben, sich zu formulieren. Kontinente, Sterne und Planeten zerbrechen, bersten, da sie den neuen Energiefeldern nicht entsprechen, liefern zugleich aber das Baumaterial für neue Kontinente, neue Gestirne, die einem neuen evolutionären Schub als Basis dienen können. Ebenso reinigt das Gewitter die Atmosphäre, löst ätherische und mentale Energiestrukturen mit Gewalt auf, um die gebundenen Kräfte freizusetzen für eine neue, wertvollere Schöpfung in kristallklarer Luft, in reinem, unschuldigem Äther, der seine erneute (und bessere) Formulierung durch geistig-kreative Aktivität erwartet.

Mikrokosmische Bedeutung

Das unerwartete Eintreten gewaltsamer Veränderungen im Leben des Menschen wird meist als Unglück betrachtet, da sie Abschied bedeuten: Abschied von vertrauten, längst nicht mehr in Frage gestellten Inhalten, Meinungen, Gewohnheiten, Abläufen und Zielen. Aus höherer, geistig-karmischer Perspektive betrachtet aber stellen die erzwungenen Veränderungen, zu denen die organische Entwicklung der gegebenen Situation aus Erstarrung oder Erschöpfung nicht mehr in der Lage war, eine Befreiung dar, eine tatsächliche Bereicherung (auch wenn vordergründig der Verlust zu überwiegen scheint) und die Eröffnung größerer, neuer Perspektiven – einen echten Fortschritt und Gewinn also, der kaum zu bedauern ist. Man muß diesen Prozeß nur aus geistiger Sicht, aus dem Anliegen der Seele, nämlich Höher- und Weiterentwicklung, heraus beurteilen. Die Seele ist an Konservativismus, vor allem wenn er zur Bewegungs- und Perspektivenlosigkeit erstarren läßt, nicht interessiert. Die Bequemlichkeit der physischen Person aber zwingt sie oft in eine solche Haltung. Die individuellen und auch kollektiven karmischen Kräfte aber können Stagnation auf Dauer nicht dulden, und wenn sich eine Lebensphase erschöpft hat, aber neuen Perspektiven nicht weichen will oder zu weichen vermag, brechen die Kräfte der Neuerung, der Regeneration gewaltsam Bahn. Die damit verbundenen Verluste an materiellen und ideellen Werten, die in ihrer Bedeutung überholt und für den notwendigen Fortschritt hinderlich waren, sind nur scheinbar und oberflächlich betrachtet ein Verlust: Die Goldtruhe, auf der einer saß und die ihm genommen wird, scheint ein Verlust bis zum Augenblick, in dem der Betroffene feststellt, daß er seine Bewegungsfreiheit wiedergefunden hat und durch diese Bewegungsfreiheit in der Lage war, eine Diamantenmine zu entdecken. Ebenso verhält es sich mit den hier angezeigten Verlusten an Wahrheiten und Meinungen, die das Denkgebäude erstarren ließen.

Auf gesellschaftlicher Ebene ist eine geistige Revolution angesagt, und es kann in diesem Hexagramm durchaus die Aufforderung an einen denkenden Menschen angelegt sein, diese Revolution in Angriff zu nehmen: Geistige Wahrheiten, die er versteht und vertritt, gegen herrschenden Irrtum, gegen falsche Meinungen und etablierte Normen durchzusetzen. Im menschlichen Körper ist es die Motorik der Bewegung und des Tatendrangs, die nach Betätigungsfeldern verlangt. Im individuellen Organismus kommt die Unruhe hinzu, die sich aus der gegebenen, unfruchtbaren Starre lösen will und nach expansiver, konstruktiver Aktivität drängt: Den Geist durch Veränderung der materiellen Wirklichkeit zu größeren Perspektiven, zu weiterer Vervollkommnung zu führen, ihn aus der herrschenden Lebenslage zu «entsklaven» – mit oder ohne Unterstützung der karmisch-kosmischen Kräfte.

Das Orakel

Prüfe die eigene Wahrheit,
bevor das Leben sie prüft:
Gestalt besteht nur durch Gehalt.
Löse Dich von allem, was nicht
der Wahrheit entspricht,
der reinen Absicht Deiner Seele,
dann hältst Du Trauer und Verluste klein.
Begrabe das Gestrige mit dem
gestrigen Tag und trübe nicht
die Aussicht auf morgen mit Tränen.
Der neue Tag ist größer, schöner,
heiliger, als Du es jetzt siehst.

DIE EINZELNEN LINIEN

Neun als erste Linie bedeutet:
Frage nicht: Handle.
Zweifle nicht: Schreite voran.
Wo Körper und Geist im Einklang sind,
schwingt der Kosmos mit.

Die Linie des physischen Körpers, der Person, hat die Form des Geistes, der Persönlichkeit; Widersprüche bestehen nicht. Intuitiv hat man sich mit den Kräften des Universums in Einklang gebracht und kann durch strukturelle Veränderungen nicht erschüttert werden, deren Ziel ja (größere) Harmonie ist. Diese Harmonie aber ist individuell bereits verwirklicht, und zukünftige Ereignisse werden sie lediglich stärken und bestätigen.

▬x▬ **Sechs als zweite Linie bedeutet:**

Die Unruhe wächst
und mit ihr die Versuchung.
Erfülle die Pflichten des Tages
und frage nicht nach dem Lohn.
Der morgige Tag erst offenbart,
was Du nicht beeinflussen kannst.

Die Spannung der Lage verunsichert und bringt in Versuchung, von der herkömmlichen Lebensführung abzuweichen und den eigenen Vorteil zu suchen. Da aber aus der eigenen Situation heraus weder die Kraft noch die Übersicht über die Ereignisse abgeleitet werden können, die zu ihrer Beeinflussung nötig wären, ist die einzig richtige Haltung die treue Pflichterfüllung in den Bereichen des Lebens, die überschaubar sind. Durch spekulatives, präventives Abweichen von der gewohnten Lebenshaltung gäbe man sich nur angreifbare Blößen, die zum eigenen Nachteil wirkten.

▬x▬ **Sechs als dritte Linie bedeutet:**

Gefahr, der Du begegnen kannst,
Unrecht, das Du nicht dulden mußt.
Nicht Schicksal, sondern Torheit wäre es,
würdest Du nicht handeln.

In Gedanken vernachlässigt man die eigene Verantwortung, den eigenen Einfluß auf die Ereignisse. Die Schwäche der eigenen Position (Sechs als dritte Linie) fordert die Umwelt geradezu heraus, sie zum eigenen Vorteil auszunutzen. Dagegen kann man sich aber wirkungsvoll schützen – sofern man die eigenen Handlungsmöglichkeiten erkennt und ausschöpft. Nicht alles, was geschieht, ist berechtigtes «Schicksal». Gäbe es sonst Verbrechen, die erneut schlechtes Karma schaffen? Wer Torheit für eine Tugend und Passivität für Reinheit hält, wird durch die Ereignisse schnell eines Besseren belehrt werden.

—o— **Neun als vierte Linie bedeutet:**

Einsicht, die niemand hören will,
Wissen, das niemand zu brauchen meint:
Pflege sie als
unverlierbaren Besitz.
Dann kann nichts wirklich Dir schaden.

Der innere Reichtum (die Neun) ist größer als der äußere Einfluß (vierte Linie). Gerade dieser Reichtum aber ist unangreifbar, wenn er sich nicht selbst verschleudert. Was wiegen dagegen materielle Verluste oder Einbußen, die man durch die Schwäche der eigenen Position vielleicht in Kauf nehmen muß? Wenn der wirkliche Besitz der Persönlichkeit gewahrt bleibt, weist das Schicksal ihr schließlich auch auf der weltlichen Ebene den Platz zu, der ihr angemessen ist – und vorübergehende Verluste sind dann mehr als ausgeglichen.

Neun als fünfte Linie bedeutet:

Das Unerwartete
kennt weder Adel noch Knecht:
Unverständlich ist oft
die Logik des Universums.
Vertraue auf sie, und zur Einsicht
kommt schließlich die Freude.

Aus der eigenen Persönlichkeit ist das scheinbare Unglück ebensowenig abzuleiten wie aus der eigenen Position: Die Neun als starke, geistvolle Linie auf dem herrschenden fünften Platz ist durchaus im Einklang mit den Gesetzen des Kosmos. Und doch scheint das Schicksal, blind und ungerecht, Harmonie mit Disharmonie zu strafen. Dies aber wäre ein subjektives Mißverständnis. Die Logik der Ereignisse ist nicht immer unmittelbar zugänglich, und auch wenn man selbst ihr Opfer zu werden scheint, so sollte doch das Vertrauen in die übergeordnete Logik des universalen Geschehens so groß sein, daß man vorübergehend einen «ungerechten» Verlust akzeptieren kann – in der Gewißheit, durch spätere Ereignisse in den Sinn dieser Logik initiiert und von ihr mehr als entschädigt zu werden.

Neun als sechste Linie bedeutet:

Erleuchtet glaubtest Du Dich,
und warst doch nur Tor.
Von der Welt frei sahst Du Dich,
nun zeigt sie Dir Deine Abhängigkeit.
Versuche nicht zu fliehen,
noch leiste Widerstand:
Der Kosmos selbst stellt Dich
an Deinen Platz.

Der Welt entrückt, auf der Linie der Erleuchtung angelangt und nur den geistigen Werten verpflichtet – so glaubte hier ein Mensch, von Karma, «Schicksal» und weltlicher Kausalität frei zu sein. Welche

Enttäuschung, wenn die Welt nun ihre nur ignorierten, nicht aber wirklich abgelegten Ketten deutlich macht. Doch diese Ent-Täuschung (ent-täuschen = von einer Täuschung befreien) kann heilsam sein, wenn man sich ihr nicht zu entziehen oder zu widersetzen versucht, sondern sie als Belehrung und damit echten Fortschritt zur eigenen geistigen Vervollkommnung versteht. Daraus erwächst das Wissen, die wirkliche Stärke und Einsicht, die Welt hinter sich zu lassen und von karmischen Gesetzen tatsächlich frei zu werden.

II/4. DIE VERMITTLUNG

oberes Trigramm: KIEN, der Geist, die Luft (Äther)

unteres Trigramm: TUI, die Phantasie, der See

Das Bild

Unter dem feinstofflichen Prinzip des schöpferischen Geistes, der Luft (des Äthers) – die konkrete Manifestation des formlosen Prinzips der Psyche, die Phantasie, der See.

Der Charakter

Gefühlvoll nähert sich
des Geistes Stärke dem Menschen,
und teilt sich mit durch einfache Bilder.
Erst wenn die Phantasie empfängt,
was nüchtern und abstrakt
aus Geisteshöhen niedersteigt,
wird aus Idee Vision,
aus Absicht bunte Vorstellung.
Und sie allein trägt, farbig, reich,
den Plan zur Wirklichkeit in sich.

Makrokosmische Bedeutung

Das feinstoffliche Prinzip des universellen Geistes (Akasha) bedient sich der flexiblen Form psychischer Bilder, um auf die materielle Wirklichkeit einzuwirken. Die abstrakte Ebene der Archetypen überträgt ihre Impulse auf die bildnerischen Kräfte einer organisierten Psyche, etwa der ätherisch-astralen Aura eines Planeten, um mit ihrer Hilfe emotionale Baupläne einer späteren materiellen Wirklichkeit zu erstellen. Der Geist wirkt also nicht durch die klaren, abstrakten Prinzipien seiner Ideen und Urbilder, für die es auf niederen Verdichtungsstufen von Energie ohnehin keinen adäquaten Rezipienten gibt, sondern durch «Suggestion», vermittels formulierter Bilder, für die jede Form beseelter, lebender Existenz empfänglich ist. Dieser Prozeß unterscheidet sich grundlegend von der Konzentration mentaler Energien beim klassischen «Schöpfungsakt», bei dem eine neue Wirklichkeit geschaffen werden soll. Hier ist es vielmehr die kosmische Einflußnahme des feinstofflichen Äthers mit seinen Archetypen auf bereits vorhandene Systeme und Organisationen von beseelten, mit bildnerischer Psyche ausgestatteten biologischen Lebensbereichen. Sei dies die psychische Kultur eines Sonnensystems, eines Planeten oder einer ihn bewohnenden Spezies.

Mikrokosmische Bedeutung

Die Wahrheit und Erkenntnis versucht hier nicht, durch rationale Belehrung und Überzeugung zur Wirkung zu kommen, vielleicht weil die intellektuelle Basis im Gegenüber fehlt, sondern durch indirekte Einflußnahme, durch psychisch wirksame Bilder, durch plastische Appelle an die Gefühle. Gleichnisse künstlerischer wie philosophischer Art sind ebenso gemeint wie die Suggestionen von Haltungen, das Übermitteln von Gefühlen und das Wecken von Empfindungen. Dies erfordert auch, daß die sensitive Dimension der plastischen Phantasie im eigenen Wesen angelegt und kultiviert ist, denn es bedarf mehr als nur der Absicht, abstrakte Gedanken in konkreten Bildern kommunizieren zu können. Es bedarf zugleich der Fähigkeit, Menschen nicht nur rational und analytisch, sondern vor allem auch sensitiv und intuitiv zu erfassen, um auf dieser Ebene zu ihnen in Bezug treten zu können. Da das eigene geistige Potential ausgeprägt und entwickelt ist, braucht man auch nicht zu befürchten, in Sentimentalität oder phantastische Schwärmerei abzugleiten. Nur kommt es eben darauf an, diese Vermittlung zwischen Geist und Gefühl, zwischen Ratio und Emotio herbeizuführen, um gesellschaftlich wie auch individuell wirken zu können. Im sozialen Organismus bezeichnet dieses Hexagramm die Kommunikation zwischen der plastischen

Vorstellungswelt der menschlichen Gesellschaft und der abstrakten Geistesebene ihrer Vordenker. Auf das Individuum bezogen kommt hier die Polarität zwischen Idee und Gefühl, zwischen abstrakter Logik und bildnerischer Phantasie zum Ausdruck – und nur der fruchtbare Austausch zwischen beiden ermöglicht realisierbare Konzepte. Doch schließlich kann auch der philosophische Geist nicht auf die Sensationen seiner fünf Sinne verzichten – weder zur Orientierung in der Sinnenwelt noch als Schöpfer oder Vordenker einer neuen, für Sinne und Seele zugänglichen Wirklichkeit.

Das Orakel

Wie ein Künstler gestalte
die Welt und die Menschen
und sprich zu ihnen
mit Gefühl für Farbe und Form,
für Klang und Nuance.
Auch ein bitterer Kern schmeckt süß
im Fleisch einer Frucht,
und die Wahrheit versteht sich von selbst
im schönen Kleid eines mächtigen Bildes.

DIE EINZELNEN LINIEN

Neun als erste Linie bedeutet:
Laß die Keime, Gedanken
organisch reifen:
Jedes Bild braucht Zeit,
bis jede Farbe, jede Form
an ihrem Platz besteht.
Das vollendete Werk
verkündet sich selbst.

Wenn zu einer richtigen Einsicht, zu einer wichtigen Erkenntnis das Vorstellungsvermögen nur blasse Bilder liefert, sollte man sie noch nicht an die Öffentlichkeit tragen. Sie werden im Innern weiterreifen, konkreter und plastischer werden, bis sie in ihrer ganzen Größe und Bedeutung greifbar geworden sind. Eventuelle Schwächen werden bis dahin korrigiert sein, und ihre Wirkung auf andere wird dann keiner Anstrengung mehr bedürfen.

Neun als zweite Linie bedeutet:
Folge der Stärke Deiner Vision,
doch behalte ihr Bild im Innern:
Die stärksten Farben verblassen
unter den Blicken geblendeter Toren.

Die eigene geistige Richtung ist längst zu konkreten, brauchbaren Bildern und Vorstellungen gereift. Nur können sie in der gegebenen Lebenssituation nicht praktisch verwertet werden. Also sollte man sie im Innern wachsen lassen und lebendig halten, bis ihre Äußerung weder auf Widerstände stößt noch der eigenen Person schaden kann. Wer Perlen vor die Säue wirft, muß sich nicht wundern, wenn sie für Kiesel gehalten werden und man ihren Spender mit Schlamm bewirft.

Sechs als dritte Linie bedeutet:
Willst Du kämpfen, opferst Du Dich.
Eine starke Vorstellung
ist keine Stärke der Muskeln,
eine große Idee
kein großes Körpermaß.
Versteh den Unterschied,
bevor er Dir bewiesen wird.

Die eigenen Erkenntnisse sind klar und berechtigt, das Gefühl erlebt sie groß und plastisch: Sie drängen nach draußen, zur Realisierung. Doch kein Projekt kommt ohne die richtigen Umstände zum Erfolg, und die richtige Erkenntnis der Umstände gehört zur eigenen Klarheit. Die fehlt hier, und man verwechselt Anliegen mit Möglichkeit. Als schwächste Linie des Zeichens, aber auf starkem Platz (dritte Linie) überschätzt sie ihre Kraft. Wer in dieser Situation handelt, muß neben der Zerstörung seiner Ideale durch einen empfindlichen Mißerfolg auch mit unangenehmen Folgen für die eigene Persönlichkeit rechnen, und die Erkenntnis, die jetzt fällig ist, käme dann zu spät.

Neun als vierte Linie bedeutet:
Die Zeit des Handelns ist gekommen,
doch Vorsicht sichert jeden Schritt.
Aus vielen Schritten wird schließlich
ein Weg zum Ziel.

Auf der ersten Linie des oberen Trigramms, also des öffentlichen Wirkens, verspricht die starke Neun zwar Erfolg. Die schwache (vierte) Position aber legt Vorsicht und Geduld nahe, um so mehr, da man nur über geistig-seelische Werte und Stärken verfügt, mit deren Hilfe man sich materielle Sicherheit und Unterstützung erst erobern muß. Ein planvolles, umsichtiges Vorgehen ist deshalb Garant für die erfolgreiche Realisierung der eigenen Ideale und Vorstellungen, die eigentlich nur durch allzu unbewußtes, gedankenloses Voranstürmen gefährdet werden kann.

Neun als fünfte Linie bedeutet:
Zur Stärke der Idee die Stärke
der Überzeugung: Wer könnte sich da
der Kraft des Ideals entziehen.
Doch verlasse Dich nur
auf Deine eigenen Waffen.

Auf der herrschenden Linie des Zeichens ein starker Strich: Zurückhaltung ist nicht mehr angezeigt. Die große Idee, die berechtigte Vorstellung, das eigene Ideal kann offen zur Wirkung gebracht werden und wird überzeugen. Nur sollte man sich allein auf seine eigenen Waffen, die des Geistes und seiner Vermittlung durch starke, phantasievolle Bilder, verlassen und nicht etwa in einen ungleichen Kampf auf weltlich-materieller Ebene begeben, auf der man sicher den kürzeren ziehen würde. Die Macht der großen Idee und ihrer Vermittlung durch große Bilder wird schließlich auch den nötigen materiellen Unterbau schaffen und aus Vision greifbare Realität machen.

Neun als sechste Linie bedeutet:
Nach vollendeter Vermittlung
tritt zurück, betrachte,
ob die Bilder Früchte tragen.
Aus der Menschen Arbeit
kannst Du Farbe, Kraft, Bedeutung
leicht erkennen.
Dann befreie Dich auch von dem,
was Du geschaffen hast.

Die konkrete Arbeit, das Übermitteln geistiger Werte und neuer Ideale an andere Menschen, ist vollzogen. Aus den realen, praktischen Früchten, die diese Arbeit im Bewußtsein und der materiellen Wirklichkeit der Menschen trägt, kann jetzt auf Größe, Tragweite und Bedeutung der geistigen Werte geschlossen werden. Ist dieser Erkenntnisprozeß abgeschlossen, soll man sich auch von den Inhalten und Resultaten der eigenen Arbeit freimachen und das eigene Denken auf neue Ziele richten. Die sechste Linie ist die Linie der Erleuchtung, und Erleuchtung bedeutet immer auch: geistige Ungebundenheit, innere Freiheit, selbst vom eigenen Werk.

II/5. DIE ÄUSSERUNG

oberes Trigramm: SUN, die Reflexion, der Wind

unteres Trigramm: KIEN, der Geist, die Luft (Äther)

Das Bild

Über dem feinstofflichen Prinzip des schöpferischen Geistes, der Luft (des Äthers) – die konkrete Manifestation des feinstofflichen Geistprinzips, die Reflexion, der Wind.

Der Charakter

Die Form überwiegt den Gehalt,
die Haltung wird bloße Gestalt.
Schwach ist die Kraft großer Äußerung,
wenn ein kleiner Inhalt sie füllt.
Doch folgt das Kleid, hauteng, den Linien
des geistigen Körpers, kommt Schönheit
zur Wahrheit: Und Erkenntnisse wirken
durch Poesie.

Makrokosmische Bedeutung

Eine ursprünglich von geistigen Impulsen initiierte Bewegung droht sich zu verselbständigen und der wahren Substanz mehr und mehr zu entbehren. Wie der Wind, von der eigenen Dynamik noch ein paar Meilen weitergetrieben, bloß noch Blätterrascheln bewirkt, aber keine Wolken mehr bewegen kann, so machen sich auch die Ausläufer von kosmischen Stürmen in räumlich benachbarten Gebieten noch bemerkbar, ohne jedoch eine kreative, gezielte Funktion zu erfüllen oder über die ursprüngliche Dynamik zu verfügen. So ist deren Wirkung in diesen Randzonen nur begrenzt und geht über zufällige Turbulenzen nicht hinaus. Auf der ätherischen Ebene physischer Existenzformen ist es die Veränderung im Detail durch ungezielte Bewegung von Elementen und Formen des Bewußtseins, ohne daß ihnen eine große Absicht und gezielte Kraft die substantielle Wirkung ermöglichte. Entspricht die eingeleitete Bewegung allerdings in Inhalt und Intensität ganz der ihr zugrunde liegenden geistigen Ur-Sache, so dürfte die bewirkte Veränderung der ätherischen und mentalen Aura der betroffenen kosmischen «Zielgebiete» eine substantielle Reform im Bewußt- und Dasein aller animierten Existenzformen einleiten. In kollektiver wie individueller Hinsicht.

Mikrokosmische Bedeutung

Im individuellen wie im gesellschaftlichen Leben des Menschen kommt hier eine Phase zum Ausdruck, in der die substantiellen Werte der Wahrheit und des Geistes, die inhaltlichen Prinzipien des Handelns und des Bewußtseins, mehr und mehr von formalen Aspekten überschattet werden. Wenn formale Kriterien den inhaltlichen übergeordnet werden, die Energie also in die Gestaltung der Form eher als an ihre Überprüfung durch den Inhalt investiert wird, lassen sich zwar Verfeinerungen von Stil und Sprache, von Kultur und Kommunikation realisieren, nicht aber eine konsequente Veränderung und Ausgestaltung der geistigen Inhalte, der ethischen Prinzipien und moralischen Ideale dieser Kultur. Als Gegenstück zum (inhaltlich wirksamen) Hexagramm II/1. kommen in diesem Hexagramm also mehr die formalen Aspekte der Äußerung und Kommunikation geistiger Inhalte zum Ausdruck, mit allen positiven und negativen Dimensionen. Positiv: Die veredelte Darstellung edler Inhalte. Negativ: Die Gefahr des Sophismus und der Schönrednerei. Die Verschönerung des kulturellen Überbaus der menschlichen Gemeinschaft ist eine wertvolle Aufgabe, die deren Grundlagen aber weder diskutiert noch verändert. Und wenn Denken und Reden sich etwa als Kunstform verselbständigen, keine wirklichen Inhalte mehr reflektieren, tragen sie sogar zu deren Aushöhlung bei und schaden der Kultur mehr, als sie vielleicht an verzichtbaren Schnörkeln zu ihr beitragen. Der Auftrag dieses Hexagramms ist also einerseits die Aufforderung zu einer Vervollkommnung der formalen Aspekte der Geistesäußerung, andererseits die Warnung, das Übergewicht des Interesses an die Form zu verschwenden und sie von notwendigen Inhalten losgelöst zu kultivieren. Auf den physischen Organismus von Mensch und Tier bezogen wird hier auf das Wechselspiel zwischen kosmischem Äther (Pneuma, Prana) und individueller Atmung verwiesen. Atmung ist die individuelle Verwertung des makrokosmischen Angebots an Sauerstoff (physische Ebene) und an physischen Äthern (ätherische Ebene), Luftröhre und Lungen sind bloße Exekutionsinstrumente, ebenso wie das «ätherische Herz» des Körpers, die Milz. Wessen Verständnis bei der physischen Ausführung der Atmungsbewegungen endet, nur den mechanischen Prozeß erkennt, beraubt sich selbst nicht nur einer der wertvollsten Meditationsformen, sondern buchstäblich auch der Bewußtseins- und Aura-bildenden Inhalte dieser «mechanischen Kommunikation mit dem Universum».

Das Orakel

Pflege das Denken, die Sprache
Deines Geistes, und die Vielfalt
seines Ausdrucks.
Gedanken sind das Kleid, das Auftreten
der geistigen Persönlichkeit.
Doch sprich nicht Worte ohne Sinn,
rede nicht um der Schönheit willen:
Sonst ist Sprache nur Schall,
der Sturm Deiner Rede nur Hauch,
und Dein Denken wirft im Licht
keinen Schatten, an dem man
Dich messen könnte.

DIE EINZELNEN LINIEN

Neun als erste Linie bedeutet:
Wer die Schalheit der Rede,
die Flüchtigkeit leerer Gedanken
schon erkennt, bevor sie
den Kopf und Kehlkopf,
den Mund und die Lippen verlassen,
der nährt seinen Geist und wächst,
unmerklich für andere,
zu wahrer Größe heran.

Der Stärke der eigenen Erkenntnis fehlt die Kraft der adäquaten Äußerung. In bezug auf Selbstdarstellung und Vermittlung innerer, geistiger Prozesse ist man gänzlich ungeübt und steht am Anfang der Entwicklung einer solchen Fertigkeit. Die erste Linie des oberen Trigramms, eine schwache Acht, zu der diese starke Linie in Beziehung steht, läßt aber keinen Selbstbetrug zu. Man erkennt die eigene Schwäche, besinnt sich auf die Substanz der geistigen Inhalte und deren Entwicklung und verhindert so, sich durch formale Schwächen und unausgereifte Gedanken der Lächerlichkeit preiszugeben. Zugleich legt man so den Grundstein für eine spätere, bedeutendere Wirkung der eigenen geistigen Inhalte auch nach außen, die die vorläufige Zurückhaltung mehr als bestätigen wird.

Neun als zweite Linie bedeutet:
Im Zentrum der Wahrheit bleiben,
den Drang zur Äußerung bändigen:
Auch dies eine Form,
Weisheit und Erkenntnis zu zeigen.

Dem inneren Drang, sich und seine Gedanken mitzuteilen, Schranken aufzuerlegen aus der Erkenntnis heraus, daß die Zeit und Umstände bestenfalls keine, schlimmstenfalls eine negative Wirkung als Antwort bereithalten, ist auch ein Beweis für wirkliche Einsicht und Erkenntnis. Im Gegensatz zur vorigen Linie, die durch eine Schwäche der eigenen Ausdrucksfähigkeit gekennzeichnet ist, besteht hier keine Gefahr, seine Gedanken etwa inadäquat zum Ausdruck zu bringen. Wenn aber die gesellschaftliche Situation auch die kultivierte Äußerung kultivierter Gedanken von vornherein irrelevant macht oder das eigene Denken gar die Relevanz des eigenen Anliegens durch ein Verkennen der gesellschaftlichen Situation falsch einschätzt, so kann nur Zurückhaltung angezeigt sein: Bis veränderte Umstände die Umwelt empfangsbereit gemacht haben, die richtige Zeit nach dem richtigen Wort verlangt.

Neun als dritte Linie bedeutet:
Wer der ersten Rede nicht glaubt,
folgt auch der zweiten nicht.
Wiederholung erzeugt keine Wirkung,
sondern schadet allein dem Inhalt.
Und mit wachsender Fülle der Worte
schwindet ihre Bedeutung.

Die starke Neun auf der starken dritten Linie des unteren Trigramms will sich nicht bremsen lassen. Und auch die Erfahrung, daß die Worte nicht gehört, die Inhalte nicht aufgenommen werden, bringen den Redner nicht zur Einsicht: Er versucht, durch immer mehr Worte, andere Formulierungen, weitere Erläuterungen die Wirkung zu erzielen, die unter den richtigen Umständen schon die einmalige, einfache Äußerung haben würde. So verlieren die Worte ihren Bezug zum eigentlichen Inhalt, die Rede ihre Richtung, und die Anstrengung fließt allein in die Wirksammachung der Rede, nicht mehr in die Übermittlung eines Inhalts. Das Ergebnis kann nur die Erschütterung der Bedeutung und der Glaubwürdigkeit sowohl der Inhalte wie auch des Redners sein. Bedarf er wirklich dieser schmerzlichen Lektion, um künftig klüger zu sein?

Sechs als vierte Linie bedeutet:
Achte nicht mehr auf die Form,
als der Inhalt es erfordert.
Ist die Wahrheit groß,
wirkt sie auch durch einfache Worte.

Obwohl in keiner bedeutenden Position (die erste Linie der öffentlichen Wirkung) und obwohl in den eigenen Ausdrucksmöglichkeiten beschränkt (schwache Sechs), kommt hier die Aufforderung, der inneren Wahrheit, über die man verfügt, Ausdruck zu geben: Sie ist stark und berechtigt genug, trotz ihrer einfachen Form die nötige Geltung zu erlangen. Nur ein falsches, auf Formalitäten gerichtetes Auftreten oder unlauteres, eigennütziges Gebaren könnte den Erfolg gefährden. Nur der Sache verpflichtet zu reden und zu denken aber dient der Allgemeinheit und damit auch den mit ihr verbundenen eigenen Interessen.

Neun als fünfte Linie bedeutet:
Wer über einen starken Auftrag verfügt,
wird eine starke Wirkung haben. Doch
starke Rede ohne starken Sinn
bleibt wirkungslos.

Die Neun als fünfte Linie dominiert das Zeichen, kann sich unangefochten äußern und entfalten. Ihr größtes Risiko ist die Wirkungslosigkeit. Doch wenn sie ihre formale Stärke wirklich zur Geltung bringen will, muß sie sich immer wieder der Inhalte, ihrer Grundlage und Substanz versichern, die im unteren Trigramm repräsentiert ist. Sonst bleibt ihre schönste Rede schöner Schein. Das Bindeglied, die schwache Sechs an vierter Stelle, legt den Gedanken äußerlich unbedeutender, aber einsichtsvoller und verständiger Helfer nahe, die zum Erfolg der eigenen Bemühungen entscheidend beitragen können, sofern man ihre Bedeutung nicht verkennt. Wer auch den kleinen Wahrheiten Raum und Beachtung schenkt, dient dem Erfolg der großen.

Neun als sechste Linie bedeutet:
Form und Gehalt entsprechen sich,
Rede und Sinn sind eins.
Nimm nichts weg und füge nichts hinzu,
dann wirst Du als Weiser geehrt,
und Deine Worte klingen nach.

Die denkerische und sprachliche Ausgestaltung der geistigen Wahrheiten und Inhalte ist vollendet, jedes Mehr oder Weniger an formaler Bemühung würde die Harmonie des Ausdrucks, das Verständnis des Inhalts stören. Auch soll man in dieser glücklichen Konstellation nicht die eigenen Grenzen überschreiten und etwa über Dinge sprechen wollen, die man noch nicht versteht oder noch nicht adäquat formuliert hat. Auch dafür kommt sicher die Zeit. Der jetzt angeratene Verzicht auf weitere Einflußnahme, auf weitere Proklamation gibt den kommunizierten Inhalten die Möglichkeit, ihre Wirkung zu entfalten. Bis eine neue Zeit, mit neuen Einsichten, den eigenen Beitrag zur allgemeinen Bewußtseinsbildung wieder abruft und die eigenen Wahrheiten in Form und Inhalt diesem Ruf wieder entgegengewachsen sind.

II/6. DIE WEISHEIT

oberes Trigramm: KEN, die Stabilität, der Berg

unteres Trigramm: KIEN, der Geist, die Luft (Äther)

Das Bild

Über dem feinstofflichen Prinzip des schöpferischen Geistes, der Luft (des Äthers) – die konkrete Manifestation des grobstofflichen Materieprinzips, die stabile Form, der Berg.

Der Charakter

Innerer Reichtum bei äußerer Ruhe,
klare Einsicht ohne Drang zur Tat
segnet sich selbst durch mühelosen Aufstieg
zu höchster Erleuchtung.
Und die Welt, reich beschenkt,
blickt zu ihr auf.

Makrokosmische Bedeutung

Die feinstoffliche Ebene des archetypischen Geistes präsentiert sich hier als aller grobstofflichen Wirklichkeit immanent. Mehr noch: Der äußere Pol konkreter Ausgestaltung der Materie, die stabile grobstoffliche Form, beinhaltet den äußeren Pol abstrakter geistiger Realität, den formlosen, feinstofflichen Äther. Niedrigste und höchste Schwingungsfrequenzen von Energie in unmittelbarer Ehe, in direkter Funktion zueinander. Da sich beide Schwingungen berührungslos durchdringen müßten, kann nur eine äußere organische Anordnung die im Hexagramm zum Ausdruck gebrachte Verbindung herstellen. Die ist in der Komposition «Geist innen» und «Materie außen» gegeben: Die alles durchdringende Ebene des archetypischen Äthers tritt als «Inhalt» der begrenzten, stabilen Form physischer Materie auf, nährt, stützt und erhält sie. Das kann nur der Fall sein, wenn die konkrete physische Form in keinen ihrer Aspekte den Prinzipien der reinen geistigen Prinzipien widerspricht. In der makrokosmischen Realität ist damit die physische Vollendung von Körpern zum Ausdruck gebracht, zugleich ihr Erhalt durch die allgegenwärtigen feinstofflichen Akasha-Äther. Vollendung darf aber nicht als «höchste, vollkommene Form der Kategorie» verstanden werden – sondern bedeutet lediglich die vollkommene Ausgestaltung des jeweiligen Archetyps. Die physische Realität eines Planeten mag nicht die vollkommenste denkbare Form dieser Planetengattung sein – sie kann aber sehr wohl die vollkommene Übersetzung ihres individuellen geistigen Archetyps in physische Wirklichkeit repräsentieren. Diese Form ist dann, bis sie als Baustein einer höheren Entwicklungsstufe dient, evolutionären Prozessen und vor allem deren Gesetzen von Umwandlung und Verfall nicht mehr unterworfen: Sie ist ein «Monument» des unwandelbaren Geistes in einer sich ständig wandelnden Welt der Formen geworden und hat über ihre bloße Existenz hinausgehend geistige Bedeutung gewonnen, wie es bei bestimmten Gestirnkonstellationen, den Sternen des Zodiak und ihren astronomisch-astrologischen Bildern etwa, der Fall ist. Die beiden extremen Pole universeller Wirklichkeit, Geist in seiner höchsten Abstraktion und Materie in ihrer konkretesten Verdichtung, haben ihre vollkommene Entsprechung verwirklicht, der eine als Zeuge und Anwalt des anderen.

Mikrokosmische Bedeutung

Innerer Besitz von geistiger Größe und höchster Erkenntnis bei äußerer Ruhe und Zurückhaltung in der konkreten Welt der individuellen Formen: Was könnte Weisheit, den Weisen als Persönlichkeit, besser charakterisieren als die Paarung dieser Qualitäten. Obwohl aber das Geistprinzip, vertreten durch die stabile Form einer konkreten Person, nicht mehr lenkend und anteilnehmend in das weltliche Geschehen eingreift, ist sie doch deutlich und für alle sichtbar manifest und beeinflußt durch ihre Stärke, Klarheit und die Potenz ihres Wissens das irdische Geschehen. Wie ein Berg, der von weitem und für alle sichtbar ist, von dessen inneren Schätzen man weiß und sich ihrer bei Bedarf bedient. So findet die Wahrheit und höchste Geistesrealität in der sichtbaren Welt körperlichen Ausdruck, gewinnt konkrete Präsenz für die, denen der Zugang zu den abstrakten Ebenen höherer Einsicht sonst noch verwehrt wäre. Wer diesen Menschen fragt, befragt die höchste universelle Instanz des Geistes, und seine Antwort ist nicht bloß die subjektive Perspektive eines sterblichen Menschen. So ist auch seine Ruhe nicht etwa Teilnahmslosigkeit, sondern die Gewißheit, daß er nicht mehr Aufgaben suchen muß, sondern die Aufgaben zu ihm kommen: Er muß seine Antworten nicht anbieten, noch hält er in Gedanken an ihnen fest. Nur, wenn sie erfragt werden: Er verfügt über jede. Sein Handeln ist beispielgebend, ohne daß er es beispielhaft meint, und jedes seiner Worte wird öfter wiederholt, als andere Wörter brauchen, ihren Sinn zu erläutern. Auf den menschlichen Körper bezogen kommt in diesem Hexagramm die Präsenz des höchsten Geistes in der physischen Person zum Ausdruck, und zwar in harmonischer Entsprechung. Neben der philosophischen Aufforderung, den Körper zum Tempel des Geistes zu machen, kommt in diesem Hexagramm auch der Gedanke physischer Gesundheit zum Ausdruck: Gesundheit, die man hat oder die man sich erarbeiten soll.

Das Orakel

Mit Ruhe und Besonnenheit
erkenne das Notwendige und tue das Mögliche.
Belehre die Menschen durch das Beispiel
Deiner Haltung, Deines Handelns
und bleibe Dir selbst treu.
Kein Schicksal erschüttert den Berg,
der in seinem Innern die Wahrheit trägt.

DIE EINZELNEN LINIEN

Neun als erste Linie bedeutet:
Handle nicht, auch wenn man Dich bittet,
sprich nicht, auch wenn man Dich fragt.
So wächst Deine Stärke, die Einsicht,
bis ihr Empfänger sie zu schätzen weiß.

Man wird wohl gebeten zu handeln, doch werden andere Handlungen erwartet, als man sie selbst für richtig hielte. Man wird wohl gebeten zu sprechen, doch würde die Antwort anders ausfallen, als man sie zu verstehen oder zu akzeptieren bereit wäre. Ginge man darauf ein, würde man sich selbst schaden: Der Wert des eigenen Beitrags würde weder erkannt noch gewürdigt, eher durch unangenehme Folgen geahndet werden. Sich deshalb der Teilnahme zu entziehen, entspricht der ungünstigen Situation und der Einsicht in sie und sollte keine Zweifel verursachen.

Neun als zweite Linie bedeutet:
Bewege Dich nicht, halte still.
Wer von selbst verstummt,
wird nicht zum Schweigen gebracht,
wer sich von selbst nicht bewegt,
den kann niemand hindern.
So zieht die Gefahr an Dir vorüber.

Die schwache Acht als fünfte Linie, die die starke Neun in der schwachen Position der zweiten Linie nach außen hin vertreten soll: Das alles deutet auf einen geistigen Besitz, der nach außen nicht zur Wirkung kommen kann. Sowohl die eigene Persönlichkeit als auch die eigene soziale Stellung entsprechen in keiner Weise der Bedeutung der eigenen Einsichten. Die gesellschaftlichen Umstände sind in der Lösung von Konflikten begriffen, für die die eigenen Werte irrelevant, wenn nicht hinderlich wären. Und so würden sie bei ihrer Äußerung oder ihrem Angebot auch behandelt. Es bleibt nichts, als sich, ohne teilzunehmen, dem Verlauf der Ereignisse zu fügen, denn sie sind Auswirkungen eines kosmischen, kollektiven Karma und von der eigenen Person weder zu beeinflussen noch aus der eigenen Perspektive voll zu erfassen. Im Gegensatz zur vorigen Linie ist der eigene Beitrag nicht gefragt, und er würde auch nicht nur unverstanden bleiben, sondern der eigenen Person sehr schaden: Mehr als man als Teilhaber am kollektiven Karma ohnehin an Beschränkung in Kauf nehmen muß.

Neun als dritte Linie bedeutet:
Siehst Du Verständnis,
so verständige Dich.
Siehst Du einen Weg,
so gehe ihn ohne Hast.
Kümmere Dich nicht um die Spuren,

die Du hinterläßt:
Wer sie zu lesen vermag,
folgt ihnen nach.

Es ist weder die Zeit großer Reden noch spektakulärer Taten, doch immerhin ist man ungehindert, den eigenen Prinzipien treu zu bleiben, ohne Widerstände befürchten zu müssen. Die Beziehung dieser Linie zur starken Sieben an sechster Stelle legt außerdem die Verständigung mit gleichgesinnten Individuen nahe; mit ihnen zu kommunizieren kann nur hilfreich sein bei dem Versuch, der eigenen Einsicht gemäß zu handeln, auch wenn diese nicht dem Zeitgeist entspricht. Doch kann man weder große Unterstützung noch große Gefolgschaft erwarten: Es sollte genügen, den eigenen Weg ohne Probleme gehen zu können. Blicke nach hinten, ob denn jemand folge, sind überflüssig. Wer die eigene Haltung versteht, wird von ihr auch ohne Worte und Hinweise belehrt und ihr folgen, auf andere wäre, trotz Bemühung, eine Einflußnahme nicht möglich.

▬x▬ **Sechs als vierte Linie bedeutet:**
Wer diese Ruhe gewinnt,
ist wahrhaftig weise.
Wer große Gedanken in sich bändigt,
ohne sie aus jeder Pore zu verströmen,
ist wirklich mächtig.

Hier ist die Möglichkeit der öffentlichen Einflußnahme erstmals gegeben, und trotzdem sieht man davon ab. Die schwache Sechs auf schwachem Platz verrät nach außen nichts von ihrem inneren Reichtum und wird ihn auf Anfrage auch nur wohldosiert und in aufrichtiger Bescheidenheit weitergeben. Die Größe und Fülle der eigenen Erkenntnis zu bändigen, ohne vom Wunsch zu ihrer unqualifizierten Weitergabe überwältigt zu werden, ist ein untrügliches Indiz für geistige und persönliche Reife, für die Macht über sich selbst, die nur der wirklich Weise besitzt. Wer aus dieser Ruhe heraus redet und handelt, wird große Wirkung erzielen.

▬x▬ **Sechs als fünfte Linie bedeutet:**
Deine Schwäche hindert Dich,
Macht über andere auszuüben.
So vermeidest Du Irrtum und Fehler
und bleibst Deiner Weisheit treu.

An sich wäre hier der Entwicklungspunkt erreicht, von dem aus man größeren Einfluß auf seine Umwelt ausüben könnte, «die Welt nach eigenem Willen und Geschmack zu gestalten». In dieser Möglichkeit aber liegt zugleich die Gefahr, mangels ständiger Selbstprüfung, durch Verselbständigung der eigenen Machtausübung, Menschen fehlzuleiten oder mit subjektiven, unwichtigen Inhalten zu befassen. Dieser Gefahr entgeht man auf Grund der persönlichen Schwäche, die trotz der starken Position und des inneren Reichtums an Einsicht und Erkenntnis vor Machtausübung zurückschreckt. Der korrumpierende Einfluß der Macht kommt nicht zur Geltung, man bleibt seinen geistigen Prinzipien treu und für andere ein jederzeit verfügbarer Quell der Weisheit.

Neun als sechste Linie bedeutet:
Deine Weisheit leuchtet und
erhellt alle Dinge.
Verausgabe Dich und Du wirst reicher.
Beuge Dich hinab und Du wirst größer.

Eine starke Neun auf der Linie der Erleuchtung: Die persönliche Vollendung, die Verwirklichung wahrer Weisheit in der eigenen Persönlichkeit kommt zu Einfluß und Anerkennung. Dieser Einfluß ist aber nicht in einer hierarchischen Position begründet noch sollte man ein etwaiges Angebot dieser Art annehmen: Der wirkliche Berater und Helfer der Menschen muß außerhalb gesellschaftlicher Ordnungen stehen, als Lehrer ohne Amt und Auftrag. Der geistige Reichtum ist zugleich Verpflichtung, sich zu anderen herabzubeugen und sie in ihrem Wachstum zu fördern: Um so größer wird man selbst. Das Universum spendet Segen dem, der mit ihm zum Wohle aller haushaltet: Je mehr er weitergibt, um so mehr wird ihm gegeben.

II/7. DIE MACHT

oberes Trigramm: TSCHEN: die Dynamik, der Donner

unteres Trigramm: KIEN, der Geist, die Luft (Äther)

Das Bild

Über dem feinstofflichen Prinzip des schöpferischen Geistes, der Luft (des Äthers) – die konkrete Manifestation des energetischen Feuerprinzips, die Dynamik, der Donner.

Der Charakter

Groß ist die Macht gelenkter Energie.
Alles bewegt sich. Nichts steht still.
Die Kraft, die Sterne im Umlauf hält,
folgt kontrollierten Gesetzen.
Dynamik, die innere Ordnung kennt,
bringt die Welten voran
auf ihrem Weg zur Vollendung:
Entlang der unsichtbaren Gesetze,
die der Geist der Energie diktiert.

Makrokosmische Bedeutung

Anders als im Zeichen II/3., wo die Prinzipien des Geistes gewaltsam, also revolutionär in die etablierte Ordnung eingreifen und bestehende Wirklichkeiten verändern, dient hier die zielgerichtete Energie lediglich der evolutionären Ausgestaltung der Realität. Die Herrschaft des Geistes ist etabliert, lenkt und dosiert «von innen» die Aktivitäten des energetischen Potentials. Die Energie folgt dabei streng festgelegten Bahnen der Entfaltung, entlang eines geistigen Programms, dessen Code sie in sich trägt, und kommt nur innerhalb eines solchen Programms noch als destruktive Kraft in Betracht. Sie handelt also nicht mehr zum Umbruch und zur Erschütterung einer bestehenden Organisation von Materie, sondern im Sinne der Ausgestaltung, der Perpetuierung eines etablierten Systems: Wie die Kernexplosionen auf der Sonnenoberfläche nicht deren Charakter als Licht- und Wärmespender verändern, sondern ihn im Gegenteil ausmachen und aufrechterhalten, entlang des geistigen Prinzips, das diesem Energieprogramm unterliegt. Im Universum kommt dieses Prinzip überall dort zum Ausdruck, wo Hitze, Elektrizität, Dynamik einem konkreten Muster, einer berechenbaren Logik folgen und das ihnen immanente Geistprinzip, unter dessen Kontrolle sie stehen, offenbaren.

Mikrokosmische Bedeutung

Es ist hier eine Persönlichkeit gezeichnet, die auf geistiger Größe aufbaut und in persönlicher Stärke sich äußert. Ihre Dynamik steht unter der souveränen Kontrolle eines großen Bewußtseins, und da beide Aspekte ausgeprägt sind, entsteht der Eindruck der Macht. Eine Persönlichkeit, deren inneres Wesen von Einsicht und Erkenntnis geprägt ist, befindet sich in der Lage, zielgerichtet und wirkungsvoll ihre Einsichten in die Tat umzusetzen. Größere Schwierigkeiten oder Hindernisse bei der Selbstverwirklichung sind nicht denkbar, denn ihre Kraft folgt den objektiven Inhalten, zu deren Fürsprecher sie sich macht. Ihre Verantwortung liegt deshalb allein in der Kontrolle der Machtausübung, da es dieser Persönlichkeit durch ihre Stärke auch nicht schwerfallen würde, unberechtigte Inhalte und Ziele durchzusetzen, was letztlich und auf lange Sicht auch negative karmische Konsequenzen nach sich zöge. Auf die menschliche Gemeinschaft bezogen kommt in diesem Hexagramm die starke evolutionäre Aktivität ihrer Mitglieder zum Ausdruck, die den etablierten Prinzipien wie auch den kosmischen Gesetzen entspricht: Eine aktive und fruchtbare Zeit. Im menschlichen Körper ist es die Motorik der Bewegung, der Muskeln, und die Hitze und der Kreislauf des Blutes, denen das hier gezeichnete dynamische Prinzip entspricht: Konstruktive Entfaltung von Energie entlang nach geistigen Prinzipien organisierter Systeme.

Das Orakel

Weisheit im Besitz der Macht
unternimmt, was notwendig ist,
doch mäßigt sich selbst.
Denn sie kennt die Gewalt ihrer Wirkung.
Den Schwachen gib Stärke,
den Starken die Einsicht:
Bei Dir selbst seien beide
das Maß, ob Du Deiner Bedeutung
würdig bist.

DIE EINZELNEN LINIEN

Neun als erste Linie bedeutet:
Laß die Stärke wachsen
und ihre Zeit erwarten.

Im kleinen Kreis erwarte nicht
die große Resonanz.

Die Macht der eigenen Persönlichkeit hat sich gerade erst entwikkelt, ihren Aufgabenbereich noch nicht gefunden, weiß mit der eigenen Stärke noch nicht umzugehen. Es wäre töricht, sie an jedem beliebigen Thema auszuprobieren, vor allem da die einzigen Bereiche, die sich anbieten, der unmittelbaren privaten Umgebung angehören. Durch Selbstkontrolle und wachsendes Bewußtsein der eigenen Bedeutung wächst man seinem eigentlichen Wirkungsbereich entgegen, der sich früher oder später unmißverständlich offenbaren wird.

Neun als zweite Linie bedeutet:
Nur wer innerlich mächtig ist,
kann nach außen machtvoll wirken.
Laß andere zu Dir finden,
ohne Ruf und Befehl.

Die eigene Stärke ist kultiviert und die Einflußmöglichkeiten gegeben. Doch die schwache Position rät, sich der Ausübung von Macht zu enthalten und die Menschen von selbst das eigene Potential erkennen zu lassen. Auch sie werden treue Mitarbeiter sein, ohne sich aber befehligt zu fühlen. Für Aufrufe an einen größeren Kreis reicht die eigene Situation als Basis nicht aus.

Neun als dritte Linie bedeutet:
Stärke kann Einfluß nicht erzwingen.
Bist Du auch in Dir bereit und gefestigt,
der Boden, auf dem Du stehst, ist es nicht.
Springst Du, gibt er nach
und Du fällst zurück.

Wessen Persönlichkeit zu voller Reife herangewachsen ist, möchte sie unbedingt zum Einsatz bringen: Sein Gefühl, seine Selbsterkenntnis bestätigen ihm, daß er zu einer Leistung berufen ist. Die eigene Stärke könnte dazu verleiten, ohne Rücksicht auf die Umstände in die sich bietenden Wirkungsbereiche einzugreifen. Es fehlt aber die karmische Berufung, so daß man trotz erfüllter persönlicher Voraussetzungen scheitern würde. Noch muß der eigene Einfluß allein durch die Wirkung freundschaftlicher Belehrung ausgeübt werden, will man nicht in fruchtlose Kämpfe verwickelt werden, die nur das Zutrauen in das eigene Potential schmälern würden.

Neun als vierte Linie bedeutet:
Mit feinem Sinn dosiere die Macht
und erkläre ihre Bedeutung.
Der Weg zu den Menschen ist frei:
Blockiere ihn nicht mit den Felsen
selbstgenügsamer Härte.
Sei selbst der Grundstein,
auf den Du große Dinge baust.

Die Gelegenheit, mit Hilfe anderer Menschen große Pläne zu verwirklichen, ist gekommen, die eigene Position läßt eine gewisse Machtausübung zu. Sie sollte aber nie zum Selbstzweck werden, sondern immer in der Sache begründet und verständlich sein. Wer nur noch die Sache und nicht mehr die Menschen sieht, wird früher oder später ihres Wohlwollens entbehren müssen. Die vierte Linie hat außerdem einen schwachen Charakter, der durch die starke Neun ausgeglichen werden muß: Die wirkliche Stärke, auf der alles beruht, muß immer im eigenen Charakter gesehen werden, in der eigenen Integrität, im eigenen Engagement. Dann werden selbst große Projekte ausreichend Helfer zu ihrer erfolgreichen Realisierung finden.

Sechs als fünfte Linie bedeutet:
Macht bedarf nicht der ständigen Praxis,
Gesetze nicht ständiger Erinnerung.
Solange das Leben der Menschen gedeiht,
die Lehre Früchte trägt,
mag der starke Arm ruhen.

Dem eigenen Einfluß setzen sich keine Widerstände entgegen, die erforderlichen Korrekturen im sozialen Leben sind vollzogen, die Inhalte und Ideale etabliert: Sie wirken durch ihre eigene Dynamik. Da macht es nichts aus, daß man in der starken Position des Initiators (fünfte Linie) nur durch Weisheit und Freundlichkeit (schwache Sechs) ohne Druck noch wirkt. Im Gegenteil: Stärke und Härte sind, ebenso wie Gesetze und ihre Kontrollen, nur Korrektiven für disharmonische Bedingungen, eine «Medizin des Sozialwesens». Ein gesunder Organismus bedarf keiner Kuren. Freiheitliche, freiwillige Blüte des menschlichen Zusammenlebens kann auf Herrschaft verzichten, es bedarf ihrer erst wieder, wenn disharmonische Elemente die individuelle und kollektive Evolution stören.

▬x▬ **Sechs als sechste Linie bedeutet:**
Wen die eigene Kraft
über das Ziel hinaus treibt,
der verfehlt seinen Weg,
und der Sinn, für den er eintrat,
geht ihm verloren.
Wohl dem, der seine Grenzen erkennt.

Wo der Kampf beendet sein sollte, Abklärung und Betrachtung das Vollendete prüfen und daraus Lehren ziehen sollten, will hier einer, der Eigendynamik seines Strebens unterworfen, ohne klare Ziele immer weiter. Er verliert aus den Augen, was ursprünglich Absicht und Ziel war, und verstrickt sich in überflüssige Konflikte mit seiner Umwelt und dem Schicksal. Die schwache Sechs deutet darauf hin, daß dem eigenen Bemühen der beflügelnde Faktor, das berechtigte Anliegen, abhanden gekommen ist, und die Position, die Linie der Erleuchtung (sechste Linie) signalisiert Abstand zum weltlichen Geschehen. Wer seine eigenen Grenzen überschreitet, die Notwendigkeit der Ruhe und Besinnung nach einer Phase des Lebenskampfes nicht erkennt, der verausgabt sich sinnlos und stellt vielleicht sogar das zuvor Erreichte wieder in Frage.

II/8. DIE VORSTELLUNG (IMAGINATION)

oberes Trigramm: TUI, die Phantasie, der See
unteres Trigramm: KIEN, der Geist, die Luft (Äther)

Das Bild

Über dem feinstofflichen Prinzip des schöpferischen Geistes, der Luft (des Äthers) – die konkrete Manifestation des formlosen Prinzips der Psyche, die Phantasie, der See.

Der Charakter

Was lang sich vorbereitet,
wird endlich faßbar, vorstellbar.
Sind nur die Bilder groß und klar,

kann keine starre Form, kein Irrtum,
keine seelenlose Häufung von Materie
sich ihnen ernsthaft widersetzen,
sich ihrer Formungskraft entziehen.
Wenn Phantasie, Gefühl
den nüchternen Ideen des Geistes
Farbe, Raum, Struktur verleiht,
nimmt alle Welt sie wahr und auf
und schafft nach ihrem Vorbild
neue Wirklichkeit.

Makrokosmische Bedeutung

Das Zeichen charakterisiert die Fülle und den Reichtum der «kosmischen Phantasie», die abstrakten Ideen und Prinzipien des Geistes in konkrete astrale Bilder umzusetzen und damit auf der Ebene der räumlichen und zeitlichen Wirklichkeit zur Wirkung zu bringen. Die Ebene des archetypischen Geistes, repräsentiert durch das untere Trigramm, bedient sich des Astrallichts niederer Verdichtungsstufen zur Erstellung plastischer Muster und Bildformen einer zukünftigen Realität. Diese drängen ihrerseits nach weiterer Verdichtung, nach Konkretisierung auf der Ebene stabiler Formen: der grobstofflichen Materie. Wie der Gasnebel, der die Form, Struktur und Qualität des künftigen Sterns oder Planeten trägt. Durch die Anordnung der Trigramme wird deutlich, daß es sich hier nicht mehr um die Formulierung dieser dreidimensionalen, psychischen Bilder der kommenden physischen Wirklichkeit handelt, sondern bereits um deren Kumulation an der Schwelle zur nächst niederen Schwingungsstufe, der physischen Materie selbst. Der abstrakte Gedanke, der die Formung der physischen Wirklichkeit anzielte, ist bereits hinter die wirkenden Bilder zurückgetreten, verleiht ihnen nur noch als Gerüst und Skelett die innere Stabilität. Sobald der nötige Verdichtungsgrad der niederen Äther, die sich um das astrale Bild sammeln wie Eisenspäne entlang magnetischer Linien, erreicht ist, wird eine neue, physische, stabile Wirklichkeit in Erscheinung treten, die in allen Einzelheiten ein Abbild des Bildes sein wird, das die Astralebene nach den Vorgaben der archetypischen Idee geformt hat. Das Universum hat das «Es werde» aufgenommen und an der Verwirklichung des Impulses gearbeitet: Das «Es ward» steht kurz bevor.

Mikrokosmische Bedeutung

Hier drängen Ideen zur Verwirklichung, deren konkrete Bedeutung und spätere Umsetzung bereits deutlich sichtbar werden. Schon lange reifen die Bilder, und mit farbenprächtiger Phantasie verdichten sie sich zu fühlbarer, fast greifbarer Gestalt: Ein Gemälde, das zur ursprünglichen Idee und abstrakten Wahrheit die Schönheit sinnlicher Wirklichkeit fügt. Es bedarf nurmehr des gezielten Handelns, diesen Vorstellungen «das Kleid der grobstofflichen Wirklichkeit anzuziehen», das heißt, sie konkret in die materielle Wirklichkeit zu übersetzen. Im Charakter des oberen Trigramms, das die Vertretung der inneren geistigen Wahrheit nach außen hin übernimmt, kommt zugleich der Schwerpunkt der Aktivität zum Ausdruck: Gefühl, Phantasie, Sensibilität. Denn wer die Welt ändern, eine neue Wirklichkeit schaffen will, muß ein konkretes, erleb- und nachvollziehbares Bild dieser Wirklichkeit in die Welt projizieren können: Sonst wird er nicht verstanden. Wessen Bilder nicht ausgereift, klar definiert sind, muß sich nicht wundern, wenn sie mißverstanden, durch die Phantasie seiner Umgebung umgestaltet und damit unwirksam gemacht werden. Es bedarf der klaren, starken Bilder und ihres sensiblen Einsatzes, um Menschen von der Berechtigung und vom Wert dessen zu überzeugen, was sie noch nicht kennen und vielleicht mit hervorbringen sollen. Und da wirkliche Sensibilität seismographisch auf falsche Töne reagiert, sollten die Bilder objektiv bleiben und von keinerlei persönlichem Interesse oder subjektiven Ambitionen verfärbt sein: Es ginge auf Kosten ihrer Wirksamkeit. Auf gesamtgesellschaftlicher Ebene zeigt dieses Hexagramm die kollektive Imagination, neue Träume und Vorstellungen an, die substantiell wirken und das Zusammenleben der Menschen nachhaltig bereichern werden. Im physischen Organismus des Menschen sind es die fünf Sinne, die das Bewußtsein mit einem klaren, logischen Bild der materiellen Wirklichkeit bedienen, mit Informationen über Form, Gestalt, Geruch, Geräusch, Bewegung und Beschaffenheit, die es in die Lage versetzen, diese Wirklichkeit zu erkennen und – vielleicht – zu verändern.

Das Orakel

Mit der ganzen Kraft der Vorstellung
gestalte und forme die Idee:
Nach dem Bild der Erkenntnis,
die Du in Dir trägst.
Laß die Farben Deiner Phantasie leuchten,
die Kunst Deiner Rede die Menschen gewinnen.
Zerstöre nicht, sondern baue auf.
Die falschen Bilder und Wirklichkeiten
verblassen im Licht der neuen Vision
von selbst.

Neun als erste Linie bedeutet:
Bezähme den Drang zur Tat
durch Planung und Einsicht:
Nicht jede neue Wahrheit ist sofort
für jeden verständlich und wahr.
Vertraue der Kraft Deiner inneren Vision
und auf die Zeit.

Eine starke Linie in starker Position: Wer könnte da den Irrtum verübeln, alles sei sofort möglich. Da es sich hier außerdem um die Linie des physischen Körpers handelt, ist der Drang zur Betätigung, zur materiellen Verwirklichung des inneren Bildes groß. Die Umwelt aber ist auf sie weder im Bewußtsein noch vom Lebensablauf her eingestellt. Sie muß deshalb erst zu einem Verständnis der Vision einer neuen Wirklichkeit vorbereitet werden: Durch langsames Vertrautmachen mit dem, was man mit ihr und für sie anstrebt. Die Zeit dieser Vorbereitung ist für die Realisierung des Projekts nicht verloren, sondern ihre Grundlage und Bedingung.

Neun als zweite Linie bedeutet:
Nicht jeder Impuls ist Eingebung,
nicht jede Erregung berechtigt:
Nüchterne Sachlichkeit und
klare Erkenntnis lehren Dich warten.

Durch die eigene Stärke geblendet, von unkontrollierten Emotionen zum Handeln getrieben, dürfte man schnell das eigentliche Ziel, die eigentliche Absicht im Kleinkrieg auf Nebenschauplätzen aus dem Mittelpunkt des Interesses verlieren und damit seine Kraft sinnlos vergeudet haben. Die Ausgangsposition ist zu schwach, die Umwelt mit anderen Problemen befaßt: Die nüchterne Analyse der Situation sollte die eigene Aufregung dämpfen. Denn nichts ist trauriger als das Scheitern eines berechtigten Anliegens durch seine unzeitgemäße Proklamation. Es fehlt nicht an Verständnisvermögen für die Sache, sondern an der Zeit und der Bereitschaft, sich mit ihr auseinanderzusetzen. Diese Zeit, und mit ihr die richtigen Umstände für diese Bereitschaft, müssen abgewartet werden. Nicht passiv, sondern aufmerksam und bewußt.

Neun als dritte Linie bedeutet:
Dem inneren Entschluß
entspricht nicht die äußere Situation.
Du kannst wählen: bleibst Du stumm,
leidest Du Qualen der Seele.
Handelst Du, stehst Du allein,
aber aufrecht, und Unverstand
wird Deine Vorstellungen schmähen.
Die Zeit änderst Du nicht.

Dieser Aussage ist wenig hinzuzufügen: Der innere Reifeprozeß ist abgeschlossen, Bewußtsein und Vorhaben sind abgeklärt. Nur die sozialen Bedingungen, die Umwelt entsprechen nicht im geringsten der Situation, die das Vorhaben erforderte. Bliebe man passiv, würde man innerlich verzweifeln über die Blindheit der Zeit und ihrer Genossen. Würde man handeln, hätte man lediglich die Genugtuung, konsequent geblieben zu sein und der eigenen Idee, der eigenen Erkenntnis Ausdruck verliehen zu haben, ohne Aussicht auf Bestätigung oder gar Erfolg. Inneres oder äußeres Märtyrertum sind die Alternativen für den Wissenden, der seiner Zeit voraus oder gegen sie im Besitz einer großen Vision ist. Diese Einsicht mag ihn stärken oder trösten: Je nachdem, wofür er sich entscheidet.

Neun als vierte Linie bedeutet:
Erkenne, daß Du nicht mächtig bist:
Die Phantasie bewegt die Gemüter,
aber versetzt keine Felsen.
Du kannst reden, aber nicht befehlen:
Also überzeuge die Starken,
laß ihren starken Arm
Deine Gedanken verwirklichen.
Genügt nicht die Tat?

Die Zeit der Propagierung des Projekts ist gekommen, aber die eigene Persönlichkeit ist nicht in der Lage, es in irgendeiner Form durchzusetzen. Auf Grund der inneren Stärke – und vielleicht Eitelkeit? – möchte man selbst die entscheidende Bewegung in Gang bringen, das Urheberrecht für sich selbst beanspruchen. Dies aber würde scheitern, da die nötige gesellschaftliche Position und Anerkennung fehlen. Allenfalls können starke Persönlichkeiten für die Vision gewonnen werden, deren Einfluß ihren Erfolg garantiert – doch müßte man den Verdienst um die Sache an sie abtreten, man bliebe anonym im Hintergrund. So bleibt die Wahl zwischen dem aussichtslosen Versuch eines Alleingangs, und damit dem Scheitern der Idee, und dem selbstlosen Dienst an der Sache, deren Gelingen die einzige Genugtuung für ihren Urheber bliebe. Dieser erzwungene Verzicht auf die Befriedigung des Ego hat vielleicht karmische Ursachen – und dürfte, sollte man ihm Folge leisten, sicher positive Auswirkungen auf die künftige Entwicklung der eigenen Persönlichkeit haben.

Neun als fünfte Linie bedeutet:
Entschlossen folge dem Auftrag
Deiner inneren Bilder:
Machtvoll übersetze sie
in Worte und Taten.
Ermüde nicht, denn der Feind,
die Gewohnheit falscher Vorstellungen,
ist stark. Doch stärker
ist die Kraft der Überzeugung
einer berechtigten Vision.

Die inneren und äußeren Voraussetzungen für die Verwirklichung des großen Projekts entscheiden schließlich zu seinen Gunsten. Doch soll man sich durch die Stärke der eigenen Position und Persönlichkeit nicht täuschen lassen: Nichts ist schwerer, als vertraute Bewußtseinsinhalte durch bessere abzulösen, solange für ihre Unzulänglichkeit kein drängender Beweis existiert. Nichts ist schwerer, als eine vertraute Vorstellung durch eine neue zu ersetzen, solange ihre Unzulänglichkeit nicht aktuell geworden ist. Nur unermüdliche Beständigkeit und ein konsequenter Wille werden etablieren können, was von vielen nachträglich für gut befunden wird. Über beide Qualitäten verfügt man – und wird sie brauchen.

Sechs als sechste Linie bedeutet:
Nach der Verkündung der Idee
beobachte ihre Wirkung.
Warst Du klar und konsequent genug,
erlebst Du ihre Blüte.
Bleibt sie aus, ziehe daraus Lehren
für Dein künftiges Handeln.

Wenn alles getan ist, was notwendig und wichtig schien, sollte man aus der Distanz des unbeteiligten Beobachters die Wirkungen der gelegten Ursachen beobachten und aus ihrer Qualität Konsequenzen ziehen. Nachträgliche Verbesserungen sind nur noch in unwichtigen Details möglich und haben keinen Einfluß mehr auf den Erfolg der Idee. War die eigene Arbeit gewissenhaft und bewußt, wird die weitere Entwicklung erfolgreich sein. Hat man zu oberflächlich und unkonzentriert gehandelt, dürften die Wirkungen schnell verwässert, die ursprüngliche Absicht bald unkenntlich geworden sein. Die Lehren aus diesen distanzierten Betrachtungen sollten künftigen Versuchen, einen Beitrag zur Verbesserung der Welt zu leisten, zugute kommen.

Das Haus des Auftretens der Erde

II/9. DIE BESCHEIDENHEIT

oberes Trigramm: KUN, die Materie, die Erde

unteres Trigramm: KEN, die Stabilität, der Berg

Das Bild

Unter dem grobstofflichen Prinzip der formgebenden Materie, der Erde – die konkrete Manifestation des grobstofflichen Materieprinzips, die stabile Form, der Berg.

Der Charakter

Größe haben, aber nicht zeigen:
Das Einzigartige kommt anonym daher.
Innere Stärke, von außen kaum zu erkennen:
Reichtum, der wirklich Dauer hat.
Und Zukunft: Wie die Leibesfrucht einer Frau,
der man die Mutterschaft noch nicht ansieht.
Fest in sich, nach außen schwach,
bewahrt eine Haltung sich,
die alles überragt: Nur der Zwerg
auf der Schulter des Riesen
glaubt sich gleich groß.

Makrokosmische Bedeutung

Die konkrete Ausgestaltung der Materie in Formen und definierten Quantitäten bleibt «unter der Oberfläche» der unquantifizierten und unqualifizierten Substanzmassen, aus denen sie sich gebildet und damit von ihr getrennt hat. Das hexagrammatische Bild dient der Verdeutlichung einer Identität, die sich in der Anonymität ausgeprägt, jedoch noch nicht von ihr gelöst hat: Das Bild eines zur Lebensfähigkeit gereiften Planeten in einem sonst «öden» Sonnensystem, der sich rein äußerlich noch nicht von den übrigen Trabanten unterscheidet; erst seine natürliche Evolution als Lebensträger wird ihn schnell von den übrigen kugelförmigen Materieansammlungen abheben. Auch das Bild gebirgiger Felsstrukturen im Inneren der Erde, über Jahrtausende hin kumuliert, um bei nächster Gelegenheit, einem Beben etwa, in Erscheinung zu treten und das Gesicht der Erdoberfläche zu markieren, ist gemeint: Innere Struktur und Definition unter der Oberfläche einer unstrukturierten, undefinierten Materiemasse. Die feste Form, die schließlich in Erscheinung treten wird, trennt vergängliche von unvergänglichen Formen, ungeformtes «Material» vom sinnvoll konstruierten «Bauwerk». Damit kommt der Gedanke von Wachstum und Werden, aber auch von Dauer in die Allegorie: Im Schoß der Erde wächst, unsichtbar von außen, eine Gestalt, die all ihre Qualitäten in einem sinnvollen Gefüge verdichtet und zugleich begrenzt. Ist der Prozeß abgeschlossen, hat die Begrenzung der Quantität und Definition der Qualität ein in sich stabiles Objekt materieller Realität hervorgebracht, tritt die «Muttersubstanz», ihrer beschützenden und verschleiernden Rolle ledig, zurück und entläßt eine eigenständige Existenzform in die Wirklichkeit: Spiegel und Aktualisierung ihres zeitlosen, undefinierten Potentials der Formgebung, des unendlich talentierten «Bildhauers des Geistes».

Mikrokosmische Bedeutung

Eine direkte Übersetzung des Naturbildes ist angebracht: Die konkrete, stabile Größe des Berges, eingebettet in die anonymen Erdmassen und darum nach außen hin nicht erkennbar, legt den Gedanken der Bescheidenheit recht nahe. Es handelt sich um eine wohldefinierte Persönlichkeit, die ihrem Anschein nach sich gleich macht mit den Menschen ihrer Umwelt, ohne doch gleich (unbedeutend) zu sein. Scheinbar beiläufig, von anderen unbemerkt, bereichert sie ihre Umwelt, ohne als Urheber des Reichtums aufzufallen. Daß dieses «geheime» Wirken zugleich auch den Verzicht auf die Früchte der eigenen Arbeit bedeutet, verdoppelt den Charakter der Bescheidenheit dieser Haltung – sofern es sich um eine bewußte Handlung handelt. Denn das Hexagramm könnte sich auf eine Person oder eine gesellschaftliche Situation beziehen, in der die wahren Werte des Menschen oder eines kulturellen Aspekts durch kollektive Blindheit oder Unwissenheit nicht erkannt und deshalb weder genutzt noch gefördert werden. Dies wäre der negative Aspekt einer solchen Handlung – die man dann «falsche Bescheidenheit» zu nennen hätte.* Ist die Haltung aber positiv und bewußt, läßt ihre scheinbare Gleichwertigkeit unter Gleichen die unauffällige, mühelose und dauerhafte Einflußnahme auf die Umwelt und das soziale Geschehen zu, ohne sich aber der Gefahr von Angriffen und Protesten auszusetzen, zu denen schwache, konfrontiert mit starken Persönlichkeiten häufig neigen.

Es kommt aber noch ein weiterer Aspekt in Betracht. Das aus den Symbolen für Materie und materielle Form komponierte Hexagramm beschreibt ausschließlich die physische, die weltliche Person, nicht die geistig-seelische Persönlichkeit. Es ist damit also das Wachstum der Person, ihrer beruflichen Position und gesellschaftlichen Geltung zum Ausdruck gebracht: Trotz ihrer überdurchschnittlichen Bedeutung hat sie nur durchschnittlichen gesellschaftlichen Rang. Ob sie in dieser Position verharrt und anonym wirkt oder aber zu gesellschaftlichem Ansehen und höherem Einfluß aufsteigt, ist weitgehend vom individuellen Karma (dem Funktionsgefüge aus charakterlichen Merkmalen und biographischen Bedingungen, resultierend aus den in der Akasha-Chronik gespeicherten Daten vergangener Leben) abhängig und kann aus der situativen Beschreibung des Hexagramms nicht abgeleitet werden. Auf die menschliche Gesellschaft übertragen, spiegelt das Hexagramm das unerschütterlich solide Fundament einer nach außen hin banalen, unscheinbaren materiellen Organisa-

* Ich komme an dieser Stelle nicht umhin, darauf hinzuweisen, welchen Schaden falsche Bescheidenheit in der Geschichte des Menschen und seiner Evolution angerichtet hat: Generationen verschüchterter Kleinbürger hielten und halten sich für «bescheiden» und sind in Wahrheit bloß anspruchslos, haben verlernt, ihre Rechte geltend zu machen. Sie trösten sich über die Tatsache ihrer Übervorteilung hinweg mit einer Sklavenweisheit, die nicht von ihnen stammt, nämlich daß «der Klügere nachgibt» – und berauben so die Welt seit Jahrhunderten eines millionenfachen Potentials der Erneuerung und Veredelung: Ihres eigenen. Solange der Klügere nachgibt, wird die Welt von den Dummen beherrscht – wenn erst diese klare Antwort von den eingeschüchterten Klügeren begriffen wird, sind die Tage der gebrochenen Blicke und gekrümmten Rückgrate auf dieser Erde gezählt. Und mit ihnen auch die Tage des Zynismus, der schalen Philosophie vom «Nachgeben», die den Klügeren das Herrschenwollen ausgeredet und die Herrschaft der Dummheit etabliert, bis auf den heutigen Tag erhalten hat – wie man in jeder Zeitung, in jeder Nachrichtensendung täglich erfährt und am politischen, ökonomischen und ökologischen Zustand dieses Planeten unmißverständlich ablesen kann.

tionsform wider. Auf den menschlichen Körper bezogen ist es die Stärke und Kraft von Muskeln und Knochenbau – vielleicht in einem unscheinbaren, untrainierten Körper. Für Frauen aber könnte dieses Hexagramm eine Überraschung bergen: Die der Schwangerschaft, sei es eine gegenwärtige oder eine bevorstehende. Denn gäbe es ein präziseres Symbol für die Schwangerschaft als das Bild eines herangereiften, individuellen Körpers, umhüllt und verborgen von der substanz- und formgebenden Körperlichkeit der Mutter – sei es «Mutter Erde» oder eine ihrer menschlichen Töchter? Ein Mensch, der einen zweiten in sich trägt, ohne einen doppelten Anspruch auf die Wirklichkeit zu erheben, ist wahrhaft bescheiden.

Das Orakel

Tue, als tätest Du nicht, sei unbemerkt
der Reichtum aller:
Dann sind alle reich.
Als Teil des Ganzen
werde nicht gleich.
Licht, das nicht blendet,
bewahrt sich die Leuchtkraft,
gebiert, vom Universum dankbar empfangen,
die tausend Sterne des Firmaments.

DIE EINZELNEN LINIEN

■x■ **Sechs als erste Linie bedeutet:**
Berechtigte Ansprüche nicht zu erheben,
ist wirkliche Bescheidenheit.
Und Reichtum zugleich:
Wer verschmäht, was ihm zusteht,
dem wird ein Vielfaches geboten.
Man beschenkt ihn: Denn man weiß,
man beschenkt die Welt.

In starker Position seine Rechte nicht zu reklamieren, ist ein Zeichen von Schwäche – oder wahrer Bescheidenheit, aus innerer Größe geboren. Diese Größe, wird sie erkannt, verliert nichts. Im Gegenteil: Die Umwelt wird sich ihrer Schuld bewußt und bietet von sich aus ein Mehrfaches von dem, was bei einer Forderung als berechtigt geltend gemacht werden könnte. Der freiwillige Verzicht auf die Forderung unterstützt das altruistische Bewußtsein der Umgebung, die deshalb um so sicherer sein kann, durch die Ernährung des einen Starken viele Schwache mitzuernähren. So kann man mehr erreichen – für sich wie für andere – als durch formalistisches Beharren auf den eigenen Ansprüchen.

Sechs als zweite Linie bedeutet:
Wer vom Glück der Bescheidenheit kostet,
den verlangt es nach mehr:
Der Mensch hat Freude am Sein,
nicht Schein. Und jedes seiner Worte
wird anderen zur Lehre.

Ein Mensch ist mit seiner bescheidenen Lage zufrieden, begehrt nicht auf, versucht sie nicht zu verschleiern. Durch diesen Einklang mit sich und der Welt erringt er den inneren Frieden, auf den sich Großes bauen läßt. Die Freude über diese – neue oder erneuerte – Erkenntnis wird auch für andere sichtbar und damit zu einer erfrischenden Belehrung über die Vorzüge der Tugend, sich selbst treu zu bleiben und im Gleichgewicht der inneren und äußeren Wahrheit zu leben. Diesem Menschen glaubt man und schätzt ihn höher, als er sich selbst ansiedelt – was ihn wiederum in der Tugend ehrlicher Bescheidenheit bestätigt.

Neun als dritte Linie bedeutet:
Was im stillen reift,
wird unbehelligt stark.
Stärke, die nicht herrschen will,
kann niemand brechen.
Um so größer ist die Wirkung
auf die Menschen und die Welt.

Die Struktur des Zeichens findet in dieser Linie ihren Halt. Es ist eine starke Linie auf starkem (drittem) Platz, also dem individuellen Charakter, der Persönlichkeit zugeordnet (unteres Trigramm), nicht ihrem Auftreten und ihrer Bedeutung im öffentlichen Leben (oberes Trigramm). Als Linie, die dem Mentalleib entspricht und auch den Gedanken persönlicher Vollendung zum Ausdruck bringt (siehe Tafel III), repräsentiert sie das gereifte, mündige Bewußtsein eines Charakters, der in sich sein Maß und seine Urteilskraft gefunden hat und von außen nicht mehr anfechtbar noch zu verunsichern ist. Andererseits ergänzt sich diese persönliche Stärke durch die vollkommene bescheidene Haltung des Weisen, der nicht nach Macht oder Einfluß strebt und den die Umwelt deshalb um so öfter und vertrauensvoller um Rat fragt und konsultiert. Seine Stärke, die sich nicht aufdrängt, ist um so mehr gefragt, als sie von innen heraus wirkt und sich nach außen hin sachlich und konstruktiv in die allgemeine Arbeit einbringt. Diesem Menschen wird man folgen, wenn er führt, und sich seiner sachlichen Autorität unterordnen, obwohl er sich nicht überordnet: Wenn Einsicht das Handeln der Menschen bestimmt, sind große Werke realisierbar, da sie vom Interesse und vom Bewußtsein aller Beteiligten getragen werden.

▬x▬ **Sechs an vierter Stelle bedeutet:**
Tu, was in Deiner Macht steht,
von sachlichem Interesse beflügelt.
Verweigere nicht der Umwelt
die Kraft Deiner Hilfe, Deiner Talente
aus falscher Bescheidenheit.

Die Zeit, sich und seine Talente in das öffentliche Leben einzubringen und aktiv teilzunehmen, ist gekommen. Es wäre nur Hemmung oder falsch verstandene Bescheidenheit, sich zurückzuhalten, wenn man sieht, daß andere vielleicht weniger talentiert für eine bestimmte Aufgabe sind, man die eigenen Fähigkeiten aber nicht anbietet. Es kommt lediglich darauf an, wirklich aus sachlichen Motiven zu handeln und nicht um des eigenen Vorteils willen: Dann kann man sich getrost ins Zentrum der Aufmerksamkeit stellen und den angemessenen Arbeitsbereich für sich beanspruchen.

▬x▬ **Sechs als fünfte Linie bedeutet:**
Bescheidenheit ist nicht Schwäche.
Auch ein Held kann nicht bescheiden sein
in entschlossenem Kampf und Sieg.
Denn er kämpft nicht für sich.

Für diese Linie gilt dieselbe Interpretation wie für die vorige, nur mit dem Unterschied, daß sie im Gegensatz zu dieser mit Macht ausgestattet ist, sei sie persönlicher oder gesellschaftlicher Natur. Bescheidenheit darf nicht der Unbescheidenheit und Dummheit weniger edler Gemüter das Feld und die Herrschaft überlassen, sondern muß sie aktiv und entschlossen bekämpfen: Sonst wäre sie bloße Passivität oder Ignoranz. Die persönlichen und gesellschaftlichen Voraussetzungen sind gegeben: Nun muß die Tugend beweisen, daß sie ein Ausdruck von Stärke, nicht ein Mantel der Schwäche ist. Dann erst wird sie respektiert und kann als Beispiel und Lehre für andere dienen.

▬x▬ Sechs als sechste Linie bedeutet:
Der Weise prüft seine Stärke
und seine Bescheidenheit täglich.
Kommen die Menschen zu ihm,
beweist er Stärke.
Bleibt er für sich,
so sieht er die Welt von ferne
und erkennt seinen Platz.

Die Persönlichkeit ist sich ihrer Qualitäten bewußt, neigt jedoch dazu, sie nicht zu gebrauchen. Hier ist es nicht falsche Bescheidenheit, sondern Streben nach Erleuchtung, die den Rückzug aus aktiver Beteiligung am gesellschaftlichen Leben bewirkt. Diese Haltung aber ist unangemessen und dörrt die eigenen Talente zur Fruchtlosigkeit aus. Werden Fragen oder Angebote an diesen Menschen herangetragen, sollte er sie nach Kräften beantworten und annehmen. Duldet die Umwelt seinen Rückzug, so sollte er ihn zur Beurteilung seiner eigenen Lage und Aufgabe in der Welt benutzen: Denn in der Welt der physischen Wirklichkeit und mit ihr, nicht gegen und ohne sie muß der Mensch sich realisieren, und sein Beitrag ist unverzichtbar. Oder ist da etwa kein Problem weit und breit, das nach Lösung verlangt? Der, der ein Problem erkennt, ist zugleich berufen, sich um die Lösung zu bemühen: Wissen ist weniger Macht, mehr Verpflichtung.

II/10. DAS WACHSTUM

oberes Trigramm: KUN, die Erde (Materie)

unteres Trigramm: SUN, die Reflexion, der Wind

Das Bild

Unter dem grobstofflichen Prinzip der formgebenden Materie, der Erde – die konkrete Manifestation des feinstofflichen Geistprinzips, die Reflexion, der Wind.

Der Charakter

Mit sanfter Kraft durchdringt
das Denken alles Sein,
verwurzelt sich, wächst auf.
Sandkorn auf Sandkorn häuft der Wind,
Stein auf Stein das Denken,
bis sichtbar sich das Haus erhebt.
Und durch das Dunkel unwissender Nacht
wächst Licht und Sinn in die Materiewelt,
macht sie zu ihrem Werkzeug
und zum Schauplatz der Idee,
die ihr Bedeutung und Gestalt verleiht.

Makrokosmische Bedeutung

Jeder materiellen Existenzform des Universums ist ein geistiges Prinzip immanent, eine Idee, eine Gedankenstruktur, die sie über die Bedeutungslosigkeit bloßer Materialanhäufung erhebt, ihr einen Sinn, eine Funktion, eine Daseinsberechtigung verleiht. Es kann diese materielle Form als Baustein eines sinnvollen Ganzen Bedeutung haben oder als Träger und Wirkungsfeld als «kosmische Gebärmutter» einer komplementären Sinngebung. In diesem Hexagramm kommt die zweite Möglichkeit zum Ausdruck: Materie als Geburtshelfer und Verwirklichungsbasis von geistigem Leben. Das obere Trigramm repräsentiert die unquantifizierte grobstoffliche Materie, die in diesem Stadium weder Form noch Zweck hat. Wie ein Same ruht in dieser Masse des Grobstofflichen die formulierte Idee einer sinnvollen Wirklichkeit, benutzt die sie umgebende Substanz zur eigenen Materialisierung, schlägt Wurzeln und Triebe, und tritt schließlich als sinnvolle Daseinsform in die sichtbare Wirklichkeit ein. Das Hexagramm bringt die philosophische Dualität zwischen Geist und Materie zum Ausdruck, und zwar in der ganz besonderen Form, in der die konkrete geistige Idee oder kreative Aktivität sich der ungeformten Materie einpflanzt, um sich ihrer zu bemächtigen, sie zum Vehikel und Träger der eigenen materiellen Verwirklichung zu machen. Als Naturbild könnte der Same dienen, nicht der materielle Same, sondern das ihm innewohnende kreative Prinzip, sein konkreter «Sinn», der die künftige Pflanze im Voraus bestimmt. Auch zellulare Urformen, die «Projekte» künftiger Lebensformen im biologischen Milieu ungestalteter Planeten, finden hier ihre Entsprechung. Und nicht zuletzt die Luft, ohne die auch die reichhaltigste Erdsubstanz bloß unfruchtbarer Fels wäre: Von Sandkorn- bis Planetengröße.

Mikrokosmische Bedeutung

Im Menschen bezeichnet dieses Hexagramm die wachsende Konkretisierung des Bewußtseins durch gedankliche Aktivität und den mit der Reife verbundenen Drang nach Äußerung und sichtbarer Wirkung der Bewußtseinsinhalte. Ein Weltbild, und damit eine Persönlichkeit mit Projekten und Ambitionen, formt sich aus und erreicht erkennbare Konturen. Damit ist die Entwicklung, das «Wachstum» einer Persönlichkeit aus der unprofilierten Anonymität des unbekannten Mitmenschen zu sozialer, gesellschaftlicher Anerkennung und Bedeutung charakterisiert – aus dem Potential der eigenen Leistungen und Talente heraus. Die Logik geistiger Reflexion zeigt dabei den Weg, die Methode auf: Beständige, konsequente Erweiterung der eigenen Fähigkeiten und Fertigkeiten, Verfeinerung der eigenen Konzepte und Ansichten führen zu erweiterter Bedeutung des eigenen Beitrags für die Welt und damit zu Einfluß und Wirkung auf die Umwelt. Die Welt der Materie ist dabei Agent und Schauplatz zugleich: Sie steht dem wirkenden Geist mehr und mehr als Instrument seiner Verwirklichung zur Verfügung, ist zugleich sein Zeuge, sein Betätigungsfeld und sein neutrales Milieu. Dieses Hexagramm kann, auf kollektiver Ebene, auch den Aufstieg eines kulturellen, geistigen oder ethischen Ideals zu Einfluß und Bedeutung in einer aufnahmebereiten Gesellschaft repräsentieren. Im lebenden Organismus steht es für die Funktion der Atmungsorgane, die den Austausch von verbrauchter gegen frische Luft (und die von ihr transportierten grobstofflichen Äther) regeln und den physischen Körper mit den vitalisierenden Impulsen des Sauerstoffs versorgen: Wie frische Ideen, wenn sie zur Wirkung kommen, die Welt vitalisieren und regenerieren, die ihnen als Objekt und Schauplatz zugleich dient, im Interesse ihrer eigenen Entwicklung und Vervollkommnung.

Das Orakel

Forme und gestalte Dein Wesen,
Deinen Charakter nach den Prinzipien
Deines Denkens, Deiner Ideale.
Dann tritt hinaus in die Welt:
Sie wird Dich messen
und sich an Dir.
Vermehre beständig die Substanz
Deines Geistes, gib ihm Bedeutung,
forme seine Gestalt: An der Größe
seines Schattens, Deiner Ideen,

wird die Welt Dich erkennen.
Frage nicht nach der Länge des Weges,
und Du erreichst das Ziel.

DIE EINZELNEN LINIEN

▬x▬ **Sechs als erste Linie bedeutet:**
Inneres Wachstum schenkt Dir Größe,
die man Dir ansieht.
Wie selbstverständlich
glaubt man Deinen Worten,
wie zufällig haben sie Wirkung.
Solange Du nicht drängst.

Die Umwelt spürt, daß man etwas zu sagen hat, und hört darauf, ohne daß man sich oder den Wert der eigenen Äußerungen besonders propagieren müßte. Darauf und auf der Tatsache, daß man als gewöhnlicher Mitmensch von keiner übergeordneten Position aus spricht, beruht der Erfolg. Würde man sich und die eigenen Möglichkeiten überschätzen, nach Wirkung und Gehör suchen und sich durchzusetzen versuchen, würde man zweifellos scheitern und obendrein die natürliche Glaubwürdigkeit, die der Reife des eigenen Denkens entspringt, verwirken. Überschüssige Energien sollten besser noch in die Vervollkommnung und Ausprägung der geistigen Qualitäten umgesetzt werden, die unwillkürlich bereits erkannt und anerkannt werden.

▬○▬ **Neun als zweite Linie bedeutet:**
Sprich, und man wird Dich hören,
schweig, und man wird Dich fragen.
Sei geduldig.
Der Stärke Deines Denkens
entspricht nicht Dein Einfluß,
und auch mit vielen Worten
erzwingst Du nichts.

Die eigene Stärke verleitet dazu, die Schwäche der eigenen Situation zu übersehen. Man glaubt sich dem Ziel, der Etablierung und Verwirklichung des eigenen Potentials in gesellschaftlicher Bedeutung, näher, als man tatsächlich ist. Geduld, nicht blindes Vorpreschen ist angesagt, was aber nicht Passivität heißt: Wie bei der vorigen Linie ist die natürliche Autorität, die eigene Ausstrahlung groß genug, um erkannt und beachtet zu werden. Die notwendige Bescheidenheit, beizutragen ohne zu bestimmen, fällt hier, auf der Linie der Emotion (des Astalleibs) um so schwerer, als es sich um eine starke Linie handelt, der der schwache (zweite) Platz nicht behagt. So muß man sich auf die Wirkung der eigenen Wahrheiten verlassen und seine Persönlichkeit, der direkter Einfluß noch versagt ist, zu Geduld zwingen. Vielleicht kann man dieser erzwungenen «Charakterschule» auch positive Seiten abgewinnen.

▬○▬ **Neun als dritte Linie bedeutet:**
Man sieht Dich, und Du wirst erkannt.
Man hört Dich und bestätigt Dich.
Genügt es Dir, daß man
Dich hört und sieht?
Solange niemand murrt,
hat Deine Rede weniger Gewicht,
als Du Dir wünschst.

Das eigene Denken, die eigene Persönlichkeit verschafft sich Ausdruck und Gehör. Man weiß sich reif und geistig reich genug, um die Umwelt auf sich aufmerksam zu machen, und findet geduldige Zuhörer, genügend Beachtung. Früh genug wird sich erweisen, daß fehlender Widerspruch auch einen Mangel an Wirkung zum Ausdruck bringen kann. Alles, was in dieser Situation getan werden kann, ist Einflußnahme üben, vorbereiten. Wenn, wie es in naher Zukunft zu erwarten ist, zur eigenen Reife und geistigen Botschaft auch die gesellschaftliche Wirkungs- und Einflußmöglichkeit kommt, wird man der eigenen Rede auch Taten und Haltungsänderungen folgen sehen. Vorläufig hat man nur Publikum – aber keine faktische, praktische Basis zur Selbstverwirklichung. Wenn man sich darüber klar ist, wird man alle Anstrengungen bewußter unternehmen und auf den späteren Erfolg gezielter hinarbeiten.

▬x▬ **Sechs als vierte Linie bedeutet:**
Zur Anerkennung kommt die Bedeutung,
zur Aufmerksamkeit der Erfolg.
Bleib Deinen Ideen treu
und arbeite an ihrer Verwirklichung.
In jedes Haus, das Du entworfen hast,
werden die Helfer Deinen Namen meißeln.

Die Zeit bringt den gebührenden Erfolg: Man steigt zu gesellschaftlicher Anerkennung und der damit verbundenen Möglichkeit auf, seine Projekte zu verwirklichen. Die eigene geistige Leistung trägt Früchte, findet ihren praktischen Niederschlag in der materiellen Wirklichkeit und gestaltet die Welt wie auch das Bewußtsein der Menschen. Es bleibt die Schwierigkeit, von seinen eigenen Erfolgen nicht geblendet zu werden, sondern den Inhalten, der Sache verpflichtet weiterzuarbeiten. Doch ein Mensch mit anderen als objektiv berechtigten Zielen und Ambitionen wäre kaum zu dieser Position emporgewachsen oder er würde sich nicht lange halten können.

▬x▬ **Sechs als fünfte Linie bedeutet:**
Auf der Höhe des Erfolgs
verliere die Sache nicht.
Nicht der Erfolg ist wichtig,
sondern das, wofür Du ihn
errungen hast.
Durch gewissenhaften Ernst
sicherst Du seine Dauer.

Der Aufstieg zu Anerkennung und Einfluß strebt seinem Höhepunkt entgegen, nichts kann ihn mehr beeinträchtigen noch hätte jemand ein Interesse daran. Die karmischen Konstellationen ebnen dem Menschen den Weg zur ihm gebührenden Position. Weise, wer dem Erfolg nicht zum Opfer fällt, sondern ihn als Bestätigung und Verpflichtung in der Arbeit an den eigenen Idealen betrachtet. Nur der sichert sich den Erfolg auch für die Zukunft und qualifiziert sich für weitere, größere Aufgaben.

▬x▬ **Sechs als sechste Linie bedeutet:**
Mäßige Dich: Du bist Mensch,
nicht Gott, solange Du
in der Materie lebst.
Dein Körper wird nicht unsterblich,
sowenig Dein Geist sterben kann.

Wer sich vom Erfolg blenden läßt, das Maß für die eigene Bedeutung verliert, muß sich nicht wundern, wenn er ins Leere tritt. Selbstüberschätzung ist ebensowenig eine Tugend wie falsche Bescheidenheit, und beide sind Beweise für geistige und persönliche Unreife. Auch die größte Leistung eines Menschen ändert nichts an seiner erbärmlichen Abhängigkeit und Unzulänglichkeit in der Materie – wer dies (und sich) verkennt, verliert die Basis seines Wirkens, und damit seinen Wert für die Welt. Deine Ideen mögen unsterblich werden – deine Person ist es nicht. Die Erinnerung daran wird in dieser Linie ausgesprochen, sicher nicht ohne Anlaß, und soll ein Beitrag zu dem sein, was den Menschen wirklich unsterblich macht: Die Erleuchtung des Geistes, der die Werte und Wichtigkeit dieser Welt hinter sich zu lassen und zu transzendieren vermag.

II/11. DER DURCHBRUCH (DIE WENDE)

oberes Trigramm: KUN, die Materie, die Erde

unteres Trigramm: TSCHEN, die Dynamik, der Donner

Das Bild

Unter dem grobstofflichen Prinzip der formgebenden Materie, der Erde – die konkrete Manifestation des energetischen Feuerprinzips, die Dynamik, der Donner.

Der Charakter

Machtvoll richtet der Geist
die Materie aus nach den Prinzipien
des Geistes, bricht dem Licht
eine Bahn im Dunkel der Welt.
Nichts widersteht ihm, und was
sich widersetzt, zerbricht.
Altes wird durch Neues ersetzt,
und was zum Stillstand kam,
gerät jetzt in Bewegung.
Bis eine neue Ordnung wieder
Sinn und Zukunft sichtbar macht.

Makrokosmische Bedeutung

Wenn alle Bewegung in grobstofflicher Träge erstarrt ist, sammeln sich in deren Tiefe wieder die dynamischen Kräfte, wie die Elektrizität der Erde, um eine Veränderung herbeizuführen. Der starke, helle

Strich, der von unten in das Zeichen eintritt, bringt die quantitative Anhäufung von Materie in Unruhe, stellt in Frage, und was keine solide Struktur aufweist, löst sich auf. Da die angestauten dynamischen Kräfte zwar inspiriert und stark genug sind, sich gegen statisch-konservative Strukturen durchzusetzen, ihnen aber die breite Basis zur Umgestaltung der Wirklichkeit fehlt, handelt es sich hier zunächst um die qualitative Vorbereitung der Wende, um die Sammlung der Kräfte, die, sobald sie stark genug sind, den künftigen quantitativen Umschlag herbeiführen werden. Doch in der Kumulation der Energien zu einem bestimmten Zweck liegt selbst schon eine Veränderung der Gegebenheiten, eine Erschütterung des Zufälligen, das endlich der Formierung des Sinnvollen Platz machen wird. Im Zeitablauf der Natur ist hier die erste Bewegung der belebten Naturkräfte inmitten der noch winterlich erstarrten Erde gemeint, wie auch der glühende Erdkern, der die rohen Massen der Erde von innen her wärmt, durch Expansion verändert, in beständigem Umbruch, in dauernder Veränderung hält. Nicht der Sinn der Veränderung ist hier am Werk, sondern die Dynamik, die dem Sinn einen Weg öffnet, sich zu etablieren und die Welt zu gestalten. Die Formationen der grobstofflichen Materie werden aufgebrochen und stehen neuen kreativen Kräften als Material wieder zur Verfügung. Was dabei zerstört wird oder untergeht, hatte sich vorher bereits überlebt oder war nie bedeutend, hatte keine qualitative Dimension. Das Zerbersten eines nutzlosen Planeten oder Sterns entspricht der hier ausgedrückten Energiestruktur deshalb ebenso wie ein Erdbeben, das Kontinente verändert – wie auch das Wachstumspotential der Lilienknolle, die ihre Triebe durch die Erdkruste ins Licht treiben wird.

Mikrokosmische Bedeutung

Nach einer unfruchtbaren Zeit, einer Phase des Stillstands, der Orientierungslosigkeit oder der Orientierung am Falschen tritt jetzt die Erkenntnis über diese Situation ins Bewußtsein und provoziert eine Reaktion. Man möchte sich, seine Lebenslage ändern, die eigenen Kräfte und Talente drängen nach Verwirklichung. Es kann dies den zum Abschluß kommenden Selbstfindungsprozeß eines jungen Menschen bedeuten, der jetzt nach Äußerung und Verwirklichung drängt, wie auch die radikale Veränderung der Lebensverhinderung. Die Stagnation ist bereits erkannt, hat ihre Kräfte bereits überlebt, es braucht jedoch noch den gezielten, bewußten Einsatz der eigenen Energien, um eine Veränderung herbeizuführen. Noch lassen sich nur Impulse geben, die Richtung des Aus-/Durchbruchs klären, und eine allzu rasche Blütezeit ist nicht zu erwarten. Aber die Macht der begonnenen Bewegung in die gefundene Richtung reicht über den Tag hinaus, die qualitative Substanz in der Persönlichkeit wird über die quantitative Trägheit der materiellen Konstellationen siegen, und ein Rückfall in die dunkle Zeit der Stagnation ist nicht zu befürchten. Nur muß die Dynamik bewußt genährt, mit Sinn und Inhalt ausgestattet werden, um ihr eine qualitative Basis zur Entfaltung zu geben. Dann wird sie sich mühelos gegen die konservative Trägheit der quantitativen Masse durchsetzen können – sei diese quantitative Trägheit in der eigenen Persönlichkeitsstruktur begründet oder in der Gesellschaft, dem sozialen Umfeld des Individuums. Die Dynamik der Veränderung ist jedoch nicht unbedingt *gegen* das Umfeld oder die Gesellschaft gerichtet, sondern dient ihrer sinnvollen Strukturierung, verleiht ihr einen (neuen) Sinn – und bedient sich vielleicht sogar ihrer Substanz zur Gestaltung einer künftigen, qualitativ bedeutenden Wirklichkeit. Doch muß zu der in diesem Hexagramm angelegten Dynamik die Erkenntnis, der Sinn kommen, um die Kraft zu lenken. Weiß man, in welche Richtung man zu wirken hat, so steht eine große Zeit großartiger Veränderungen bevor, die das eigene Leben umgestalten, erfrischen und fruchtbar machen werden – man muß seine Kräfte nur zum Einsatz bringen. Im mikrokosmischen Organismus des physischen Körpers bewegt und erhitzt die hier designierte Energie das Blut, sorgt für seinen Kreislauf – und treibt als Fieber Krankheiten aus. Der genesene, erfrischte Körper ist dann wieder zu Leistungen fähig, zu denen er sich vor Beginn der Krankheit nicht mehr in der Lage sah. Und die psychische Unruhe, die in diesem Zeichen zum Ausdruck kommt, wird den Menschen nach Wegen suchen lassen, ein unbefriedigendes, leeres Dasein zu verändern, um inhaltlichen, kreativen Werten Bahn zu brechen und die materielle Wirklichkeit nach sinnvollen Prinzipien zu ordnen – Prinzipien, die Leben und Blüte verheißen und dem lebensfeindlichen Frieden des Grabes ein Ende bereiten.

Das Orakel

Die Zeit der Wende ist
die Zeit der Tat. Steh auf
und handle: Nicht blind,
sondern kraftvoll, nicht zögernd,
nur gezielt.
Vertreibe die Schatten aus deiner Seele:
Reiß ein die Mauern, und Du
stehst im Licht.
Energisch bahne Dir einen Weg –
Du wirst bedauern, nicht
schon früher gegangen zu sein.

Steh auf, und Du wächst
über Dich hinaus.
Verzichte auf die Erde, Dein Bett:
Und Du gewinnst die Welt.

DIE EINZELNEN LINIEN

▬○▬ **Neun als erste Linie bedeutet:**
Ordne die Dinge Deines Lebens neu,
Kleidung, Wohnung, Nahrung
entsprechen nicht Deiner Kraft.
Kleine Veränderungen haben
die große Wirkung.

Ein starker Mensch wird durch die überlebte Alltäglichkeit seiner materiellen Lebensgestaltung an Selbstentfaltung und Weiterentwicklung gehindert. Er erschöpft sich in der Perpetuierung unfruchtbar gewordener Lebensumstände. Da sollte die Wende einsetzen: Bewußte, gezielte Veränderungen der materiellen Ordnung, Mut zu Experimenten und spielerische Umgestaltung der Riten und Inhalte des Alltags, der Themen und Aufgaben. Die blockierten kosmischen Energien werden in längst vergessener Fülle wieder durch die neu eröffneten Bahnen fließen und eine neue, persönliche Blütezeit einleiten.

▬x▬ **Sechs als zweite Linie bedeutet:**
Du fühlst die Notwendigkeit
und den Drang: Zweifle nicht
an Deiner Kraft.
Richte Deine Gefühle, Deine Sehnsucht
auf neue Dinge, und Du findest
starke Gefährten.

Wer emotional erkannt hat, daß seine Lebenslage nicht entwicklungsfähig ist, andere Ziele, Inhalte und Werte braucht, um der Persönlichkeit wieder Befriedigung und Perspektiven zu vermitteln, der sollte sich nicht fragen, ob er stark genug für eine Änderung ist. Die erkannte Notwendigkeit der Veränderung ist Antrieb genug, und auch wenn die Ausgangsbasis schwach ist, werden sich nach vollzogener innerer Wende auch äußere Kräfte finden, mit denen gemeinsam neues Wachstum und Entwicklung möglich werden.

▬x▬ **Sechs als dritte Linie bedeutet:**

Wer nur mit Gedanken spielt,
kommt nie zur Tat.
Entschlüsse sind nötig,
und mit dem Entschluß kommt
die Erkenntnis der eigenen Stärke.
Die Welt entscheidet nicht für Dich.

Die Einsicht in die Notwendigkeit einer Änderung ist gegeben, allerdings nur als intellektuelle Übung. Die Persönlichkeit, die Gefühle und Emotionen nähren diese Einsicht nicht, vielleicht nicht stark genug, um dem Gedanken die Tat folgen zu lassen. Die mentale Entschlußkraft ist zu schwach, und man ist versucht, die Dinge treiben zu lassen, um von außen, vom Schicksal und Karma her zum Handeln getrieben zu werden. Das Schicksal aber schweigt, und das Karma besteht eben in der Aufgabe, die Entscheidungsschwäche zu überwinden und sein Leben selbst in die Hand zu nehmen. Ist das geschehen, wird man sich schnell über die Stärke seiner Ausgangsposition bewußt, und die gedankliche Zaghaftigkeit wird durch die positiven Resultate der eigenen Aktivitäten beschämt. Auch bringt weiteres Zögern keine neuen Impulse von außen, sondern allenfalls die schrittweise Aushöhlung der eigenen Entschlußkraft.

▬x▬ **Sechs als vierte Linie bedeutet:**

Finde die Kraft zur Umkehr in Dir,
vollziehe sie ohne Lärm.
Auch wenn die Umwelt Deine Einsicht
nicht teilt, gewinnt sie doch
ihre Anerkennung.
Und auf längere Sicht
folgt man ihr.

Man sieht sich in der unangenehmen Lage, sich öffentlich anders orientieren zu müssen als die unmittelbaren Mitmenschen, ohne auf deren Gefolgschaft rechnen zu können oder den Einfluß zu haben, sie ebenfalls zur Umkehr zu bewegen. So bleibt man auf sich gestellt und muß die Wende allein vollziehen. Man gerät damit zwar in einen gewissen Widerspruch zur Umwelt, den diese aber als individuelle Freiheit toleriert. Folgt man konsequent seiner Einsicht, wird sie auf Dauer auch die Umwelt überzeugen, dem eigenen Beispiel zu folgen. Das aber muß erst gegeben werden.

■x■ **Sechs als fünfte Linie bedeutet:**
Du veränderst Dich und die Welt
und führst sie auf einen neuen Weg.
Du vollziehst die Wende,
und die Welt folgt Deinem Beispiel.
Ohne Tränen und Schweiß
eröffnen sich neue Horizonte.

Wer in entscheidender Position über die nötige Einsicht verfügt, sollte nicht zögern zu handeln. Es bedarf dabei lediglich des gezielten, bewußten Einsatzes der eigenen Kräfte, und die begonnene Bewegung überträgt sich mühelos auf alle Menschen, ohne besonderen Nachdruck oder Kampf zu erfordern. Die Einsicht in die Notwendigkeit einer Wende und Erneuerung des gesellschaftlichen Lebens ist so etabliert, daß es nur des richtigen Impulses bedarf, um alle Kräfte zu mobilisieren. Bedenken, man könne selbst nicht über die erforderliche Kraft verfügen, die begonnene kollektive Umkehr zu steuern, erweisen sich deshalb als überflüssig: Sie steuert sich selbst auf Grund der übermittelten Inhalte und Aufgaben. Die Eigendynamik der Bewegung wird auch ihren Auslöser, also den, der dieses Orakel gewinnt, mit unerwartet großen und vielversprechenden Perspektiven überraschen und belohnen.

■x■ **Sechs als sechste Linie bedeutet:**
Wer die Zeit der Wende versäumt,
stirbt mit der Vergangenheit.
Wer sich nicht dem Licht zuwenden kann,
wird mit dem Schatten vertrieben.
Wem die Einsicht fehlt zur Tat,
der handelt gegen sich selbst.

Hier hat sich einer an der eigenen Einsicht vorbeigedacht. Hat die Gebote der Stunde ignoriert und auf den Zaunpfahl des Jahres gewartet. Hat Trotz für Willensstärke gehalten und seine Blindheit für ein Verschwinden des Problems. Die verweigerte Wende etabliert sich nun selbst und mit aller karmischen Gewalt lange angestauter kosmischer Energie. Da man zu lange gezögert hat, dürfte es schwerfallen, sich nun auf die neue Situation einzustellen. Da man die Kräfte in die falsche Richtung gelenkt hat, dürfte es kaum möglich sein, sie dem Gegendruck zu entziehen, geschweige denn, sie in die gebotene Richtung umzulenken. Die Folge kann nur der Verlust der eigenen Glaubwürdigkeit und gesellschaftlichen Position sein, und der Mangel an eigenem Urteils- und Entscheidungsvermögen mag diese Folge rechtfertigen. Es besteht aber die Möglichkeit, gerade aus diesem Verlauf der Ereignisse substantielle Erkenntnisse zu gewinnen, die das Wachstum und die Reife der eigenen Persönlichkeit nachhaltig korrigieren und damit, in einer neuen Richtung, eine neue Blütezeit vorbereiten. Die Zeit der Wende hätte auch hierdurch ihre kosmische Berechtigung und Notwendigkeit erwiesen.

II/12. DIE REIFE

䷒ oberes Trigramm: KUN, die Erde, die Materie

unteres Trigramm: TUI, die Phantasie, der See

Das Bild

Unter dem grobstofflichen Prinzip der formgebenden Materie, der Erde – die konkrete Manifestation des formlosen Prinzips der Psyche, die Phantasie, der See.

Der Charakter

Gehalt wird Gestalt.
Bilder, selbst ein Spiegel der Ideen,
werden greifbar Wirklichkeit.
Die Materie gibt der Phantasie Gestalt,
verleiht ihr Farbe, Duft,
konkrete Sinnlichkeit.
Die Vorstellung zieht sich
das Kleid der Erde an, kommt nieder,
stößt empor aus Samenstiefen,
wächst zur Blüte auf.
Und was einmal Gedanke war, Impuls,
als Lichtgestalt, Gefühl und Wunsch
astralen Bilderraum betrat und sich
dort nährte, erscheint jetzt
in der Welt, bereichert sie
um einen neuen Klang.

Makrokosmische Bedeutung

Hier ist es nicht mehr die «Saat» des Geistigen, das abstrakte Prinzip einer Idee, eines Gedankens, das die Materie durchdringt und sich ihrer als Baumaterial bedient (wie im Zeichen II/10.), sondern bereits das konkret ausgestaltete astrale Konzept, mit räumlich und qualitativ definierten Eigenschaften, das sich mit und in der grobstofflichen Materie realisiert. Die aus Astrallicht geformten Verdichtungen der schöpferischen Idee, die «dreidimensionalen Spiegelbilder der abstrakten Gedanken», konkretisieren sich nun auf der Ebene der grobstofflichen Materie weiter und erlangen physische Existenz. Dies ist nur möglich, wenn die Ausgestaltung der Idee in Form eines astralen Bildmusters bis in alle Einzelheiten vollzogen ist, mit allen qualitativen und quantitativen Eigenschaften ausgestattet, die seine spätere physische Erscheinung prägen. Daher die Aussage der «Reife» für die in diesem Hexagramm gegebene Materie/Energie-Konstellation. Was reif ist, ist sozusagen die innere, seelische (astrale) Struktur der sich formenden physischen Wirklichkeit; der sich anschließende Wachstumsprozeß ist nurmehr Ausgestaltung und Ausdruck in der Materie. Dieser Vorgang, die Verdichtung der im Astrallicht entwickelten Wirklichkeit auf der Ebene der physischen Materie, findet bei der kosmischen «Schöpfung» und Evolution von Sternen, Planeten, Sonnen ebenso seinen Ausdruck wie bei der Materialisierung und Entwicklung von Lebewesen, dem «Bekleiden» von Seelen (Astralkörpern) mit grobstofflichen, biologisch-physischen Körpern. «Reife» bedeutet deshalb auch das Erlangen des physischen Endstadiums als konkrete Existenzform, die Materialisierung der Idee, die bislang nur Vorstellung und Wunschbild war. In der planetarischen Natur bezeichnet dieses Hexagramm die Frühlingszeit, in der die astralen «Baupläne» der Pflanzen sich zu materieller Wirklichkeit verdichten.

Mikrokosmische Bedeutung

Reife im Mikrokosmos bedeutet einerseits das Erwachsenwerden eines Jugendlichen, andererseits die Ausgestaltung eines Denkens, eines Bewußtseins, einer Idee zu ihrer wirksamen Vollendung. Die ursprüngliche Idee ist Gedanke geworden, der Gedanke Vorstellung, die Vorstellung Wunsch, und der Wunsch erarbeitet seine eigene Verwirklichung. Die menschliche Seele, am Anfang jeder Inkarnation erst in Grundzügen ausgeprägt und mit den in vergangenen Inkarnationen erarbeiteten Qualitäten prinzipiell ausgestattet, reift zur konkreten individuellen Persönlichkeit heran auf der Basis der aktuellen Gegebenheiten, ihrer Bedürfnisse und Interessen. Ist dieser Reifeprozeß abgeschlossen, drängt die individuelle Seele «nach draußen», das heißt, sie sucht ihre materielle Entsprechung, ihren physischen Ausdruck. Das muß durchaus wörtlich verstanden werden: Frisur, Kleidung, Sprache, Gesten, Mimik, Bewegung sind solche Äußerungen, an ihrer Qualität lassen sich die Qualitäten der Seele ablesen, an ihrer Vollkommenheit die Feinheit und – der Reifegrad der Seele. Aber auch die Gestaltung der materiellen Umwelt, und später der Welt überhaupt, ist Ausdruck der reifen Seele. Mit welchem Engagement ein Mensch an welchen Teilen der materiellen Wirklichkeit gestalterisch tätig ist und ob er es ist, gibt Aufschluß über die dimensionale Größe (oder Enge) seiner Seele, seines Bewußtseins. Hat sich ein Mensch in vergangenen Leben Erkenntnisse und Erfahrungen angeeignet, die ihn die Problematik seines eigenen Daseins übersteigen ließen, so wird er im Reifestadium einer neuen Inkarnation sich durch altruistische, philosophische Interessen und Handlungen auszeichnen. Ist er dagegen in seiner persönlich-seelischen Evolution auf einer weniger erfahrenen Stufe, so wird er zunächst mit sich und seiner direkten Lebensgestaltung befaßt sein, die zu bewältigen für ihn den nächsten Schritt der Reife zu seelischer Vollkommenheit darstellt. Da jede Inkarnation einen Fortschritt gegenüber der vorherigen darstellt und jede Seele aus der rudimentären, unerfahrenen Ich-Bezogenheit kommt und sich zur Vollkommenheit der All-Seele vorwärts lebt, stellen diese individuellen Reifegrade keine Wertung dar, sondern eine Art Ist-Analyse, einen Fortschrittsbericht. Das in diesem Hexagramm zum Ausdruck gebrachte Reifestadium ist unabhängig von der individuellen karmischen Reife einer Seele: Es schildert ihre Ausgestaltung in einer beliebigen Inkarnation, an der Schwelle zu ihrem physischen, persönlichen Ausdruck. Die ursprüngliche seelische Substanz hat sich durch die Imaginationskräfte der Psyche zu einer astralisch stabilen Persönlichkeit geformt, die sich nun materiell manifestieren will. Ein Projekt, ein Plan, ein Kunstwerk ist «im Geiste erstellt» und erwartet seine Realisierung. Das Haus kann gebaut, die Maschine konstruiert, die Symphonie komponiert, das Gemälde gemalt werden: Die Pläne und Bilder sind reif für ihre erfolgreiche Umsetzung in physische Tatsachen. Die individuelle Seele prägt sich aus zur Persönlichkeit, die neben anderen Persönlichkeiten bestehen, sich unterscheiden kann. Im mikrokosmischen Organismus ist hier die geregelte Funktion der Flüssigkeiten im Körper, ihr Kreislauf in Adern und Venen, in den Zellen, im Schweiß, in Tränen, in den Schleimhäuten, in der Verdauung bezeichnet: Das, was den physischen Körper versorgt und regeneriert, seine Leistungsfähigkeit reguliert und bestimmt, seine biologische Lebenstüchtigkeit erstellt. Im Leben der Gesellschaft sind es die Wünsche und das imaginative Potential seiner Mitglieder, die zu aktueller Potenz herangereift sind und die Gesellschaft prägen, formen, ausgestalten und zur Blüte bringen werden.

Das Orakel

Mach sichtbar das Unsichtbare,
mach greifbar Deine Gedanken:
Sie werden vor Dir und anderen bestehen.
Wirf die Bilder Deiner Seele
auf die Projektionsfläche der Welt:
Die Wirklichkeit wird Deine Farben, Töne,
Deine Formen und Gestalten
aus Materie modellieren.
Bilde Dich
zum virtuosen Interpreten
Deiner inneren Musik: Das Instrument
schenkt Dir die Welt.

DIE EINZELNEN LINIEN

Neun als erste Linie bedeutet:
Dein Körper reift und wird
zum Spiegel Deiner Seele.
Zögere nicht, in Wort und Tat,
durch Persönlichkeit und Auftreten
die innere Fülle in die Welt zu tragen:
Sie wird sie sichtbar pflegen.

Die weltliche Persönlichkeit ist reif und stark genug, den inneren Werten, der inneren Fülle an Vorstellungen und Gefühlen Ausdruck zu geben. Persönlichkeit und Seele entsprechen sich, die eigene Position ist stark (erste Linie) und die Umwelt aufnahmebereit. Besser kann die Aufforderung, sich nicht länger zurückzuhalten, sondern seine Persönlichkeit und ihre Inhalte wirksam in der Welt zu etablieren, gar nicht begründet sein. In der starken Linie auf zweitem Platz könnte sogar ein loyaler, starker Gefährte gefunden werden, der nach Orientierung sucht. Herz, was begehst Du mehr?

Neun als zweite Linie bedeutet:
Folge der Stimme Deines Herzens:
Sie führt Dich richtig.
Du wirst das einzige sein, das zählt,
nicht Deine Herkunft, Deine Stellung.

Und von der Gunst der Zeit getragen
strebst Du zum Licht
und zur Verwirklichung der Träume.

Man fühlt sich in unangemessen kleinen, unbedeutenden Umständen und befürchtet, daß sich aus dieser Lage heraus wenig erreichen läßt. Dem ist aber nicht so: Der Reichtum der Persönlichkeit, die Substanz ihrer Ideale und ihrer seelischen Größe genügen völlig, sie zur Anerkennung und Förderung durch etablierte Persönlichkeiten zu qualifizieren. Auch hier ist also Zurückhaltung falsch, denn die karmischen Umstände lassen mühelose Erfolge erwarten. Daß sie mit Hilfe anderer zustande kommen, mag dem eigenen Stolz unbehaglich sein – der Sache wie auch der eigenen Entwicklung schadet es nicht.

■x■ **Sechs als dritte Linie bedeutet:**
Wenn die Gedanken schwach werden,
kann auch die starke Haltung
ihnen keine Gefühle verschaffen.
Stillstand ist Rückfall:
Wer zu früh ermüdet, wird niemals
wirklich groß, bedeutend.

Kleine Teilerfolge täuschen einen Sieg vor, und man läßt sich blenden. Die Gedanken eilen der Wirklichkeit voraus, und man sieht sich, durch den Gang der Dinge verwöhnt, bereits am Ziel: Das aber ist noch fern, und wer in Gedanken erlahmt, wird es nie erreichen. Harte, kontinuierliche Arbeit an der eigenen Persönlichkeit und ihrer Ausdruckskraft, zur Vermittlung der eigenen Werte, sind nach wie vor nötig, um sich den Erfolg zu sichern. Sonst war es, als hätte man nie begonnen, sich die angemessene Bedeutung in der Welt zu erobern, und die Fülle, auf die man sich verlassen hat, war nichts als ein gescheiterter Versuch, eine Laune des Kosmos.

■x■ **Sechs als vierte Linie bedeutet:**
Konsequente Reife und ihr Ausdruck.
Wenn Gestalt und Gehalt,
Persönlichkeit und Position
sich so vollkommen entsprechen,
kann das jemand verkennen?

Man befindet sich bereits im angemessenen gesellschaftlichen Ansehen, die Position entspricht den Qualifikationen der Persönlichkeit, innere Substanz und äußeres Verhalten sind kongruent. Diesen Erfolg sollte man genießen – und durch aufrichtige Konsequenz rechtfertigen. Ein Streben nach mehr Einfluß und Ansehen, das über die gegenwärtige Situation hinausgeht, würde nicht nur überfordern, sondern auch den Erfolg strapazieren, letztlich in Frage stellen. Die Zeit zu weiterem Aufstieg wird kommen – wenn man ihr in der jetzigen Verantwortung entgegengewachsen ist.

■x■ **Sechs als fünfte Linie bedeutet:**
Innerer Reichtum bei äußerer Sanftmut:
Dem Menschen fällt die Welt zu.
Wer sich seiner Stärke nicht brüstet,
sondern die Stärke der Bilder
wirken läßt, dem folgen die Menschen
und verwirklichen seine Ideale.

Der Aufstieg zu Ansehen und Ehren, zu Macht und Einfluß ist vollzogen. Trotzdem bleibt man natürlich und umgänglich, wirkt durch die Reife und Fülle seiner Persönlichkeit auf die Mitmenschen, nicht durch hierarchische Ansprüche. Das verstärkt den Einfluß auf die Umwelt, die Menschen fühlen sich überzeugt und orientiert, nicht genötigt, und stellen deshalb eine Basis dar, auf der sich die kühnsten Projekte und weitreichendsten Pläne realisieren lassen – mühelos, und in Harmonie mit allen Beteiligten.

■x■ **Sechs als sechste Linie bedeutet:**
Die Reife übersteigt die Welt
und ist doch noch ihr Teil.
In gütiger Weisheit
ist man gleich unter Gleichen,
und steht doch über allem.
So weilt der Erleuchtete, unerkannt,
in Gesellschaft aller Menschen.

Die persönliche Entwicklung hat das Maß weltlicher Bedeutung bereits überschritten, die seelische Vervollkommnung richtet sich bereits auf die zeitlosen Werte der Erleuchtung. Die unmittelbare Einflußnahme auf die Entwicklungen und Ereignisse der Welt haben für die Persönlichkeit keine große Bedeutung mehr, sind für ihren Fortschritt nicht mehr relevant. Trotz dieser Erkenntnis aber bleibt man zurückhaltend, teilt das Leben und die Interessen seiner Mitmenschen und wirkt, wie zufällig, durch Belehrung und Beratung als Freund und Bruder, ohne für sich besonderes Gewicht in Anspruch zu nehmen. Gerade darin beweist sich das erleuchtete Bewußtsein, das rät, ohne zu bekehren, das die Welt mitgestaltet, ohne an der Mitgestaltung interessiert zu sein. Groß ist wirklich die Reife, die einer solchen Haltung zugrunde liegt, groß die Seele, die sie verwirklicht hat. Sie ehrt sich selbst – durch ihr Emporwachsen in andere Ebenen der Wirklichkeit.

II/13. DIE AUFLÖSUNG

oberes Trigramm: KEN, die Stabilität, der Berg

unteres Trigramm: KUN, die Erde (Materie)

Das Bild

Über dem grobstofflichen Prinzip der formgebenden Materie, der Erde – die konkrete Manifestation des grobstofflichen Materieprinzips, die stabile Form, der Berg.

Der Charakter

Wo Größe nur sich selbst genügt,
sich im Vergänglichen für ewig hält,
wo Stärke glaubt, des Schwachen
nicht mehr zu bedürfen oder sich
ihm hingeben zu können, im Vertrauen auf
die eigene Kraft, da schwindet diese,
und was Form war, löst sich auf,
aus Fels wird Sand.
Materie kann über den Geist nicht herrschen,
ihn allenfalls vertreiben:
Zieht er sich zurück,
ist auch ihr Wert dahin,
und mit ihm alles, was ihr Form, Bestand,
Sinn und Bedeutung gab.

Makrokosmische Bedeutung

Die grobstoffliche Form, als festgefügte Größe, ist über das allgemeine Niveau materieller Existenz zu höchster Ausgestaltung emporgewachsen, hat sich in ihrer Verwirklichung zugleich der schützenden Basis des Erdreichs beraubt, aus dem sie hervorging: So, am buchstäblichen Gipfelpunkt ihrer Entwicklung angelangt, kann nichts mehr ihre Auflösung aufhalten. Dies soll keine fade Moralisierung sein. Der Berg, der sich über die Landschaft erhebt, prägt und kennzeichnet sie. Ist zugleich aber den Stürmen und der Witterung, Erdbeben und der nagenden Wirkung der Elemente ausgesetzt, die alle zu seiner Nivellierung beitragen. Stück für Stück wird er abgetragen, bis sein überragender Charakter sich wieder dem Niveau des allgemeinen Erdreichs angeglichen hat, zumindest weniger Angriffsfläche bietet. Die geistige Struktur, die jeder überragenden Form im Universum Halt und Dauer verleiht, ist hier durch die ungeformte, unbeseelte Materie verdrängt worden (unteres Trigramm). Aus der aber kann keine Existenzform sich nähren, allenfalls ihre Substanz beziehen. Wenn die geistig-astrale Struktur nämlich eine Form verläßt, überläßt sie diese gleichzeitig dem Verfall. Was Molekül war, zerlegt sich wieder in Atome, Bausteine neuer molekularer Gebilde, was Planet war, zerstiebt ins All: Das Bild dieses Hexagramms bezieht sich auf jede eigenständige oder zu Ende entwickelte Ausformung von Materie im Universum. Sei es ein erstarrter, unbelebter Planet, der die kosmischen Krafteinwirkungen nicht mehr durch Wachstum und Veränderung absorbieren und integrieren kann und die deshalb nur zerstörerisch wirken, oder der konkrete Fall starrer Fels- und Gebirgsformationen, die sich über die schützende Landschaft erheben: Nachdem die Form ihre höchste evolutionäre Ausgestaltung erreicht hat, verliert sie die Dynamik, die sie hervorbrachte; und auf nichts als die formgebende Substanz gestützt, ist sie nun dem Verfall preisgegeben, da ihre kosmische Funktion erfüllt ist. Kein bedauerlicher Vorgang in einem Universum, das von Veränderung lebt, eher eine weitere Klippe für den bewußten Beobachter auf seinem Weg zur Weisheit: Dahinter wartet ein Stück Erleuchtung.

Mikrokosmische Bedeutung

Wenn ein Mensch in der Ausgestaltung seiner Persönlichkeit oder seines Denkens erstarrt, nicht mehr flexibel, wandlungsfähig und aufnahmebereit ist und sich somit von seiner sozialen Basis, der Umwelt entfernt oder gar über sie erhebt, sei es nur innerlich oder auch demonstrativ, der kann mit nichts anderem rechnen als Erosionserscheinungen, sowohl in bezug auf seine persönliche Substanz als auch auf die eigene gesellschaftliche Bedeutung. Nichts anderes bringt dieses Hexagramm zum Ausdruck.* Wenn ein Austausch nicht mehr möglich ist, isoliert sich das Individuum zugleich von den kosmischen Kräften und Strömen, die durch seine Umwelt katalysiert werden, und selbst die stärkste, gefestigtste, aus sich selbst heraus schöpfende Persönlichkeit kann nicht bestehen. Im Gegenteil: Die kosmischen Gesetze des Daseins, die immer eine Veränderung und Entwicklung des Soseins erfordern, und damit Austausch und Kommunikation, um den Fluß der seinserhaltenden feinstofflichen Energien nicht ins Stocken zu bringen, arbeiten geradezu an der Beseitigung des erstarrten, hemmenden Elements, zumindest an seiner Reduzierung, bis es für die feinstofflichen Energieströme wieder durchlässig geworden ist. Auf materiellen Besitz, der, wenn er nicht mehr dem allgemeinen Wohlstand dient, sozusagen als «Schatzkammer der Gesellschaft», kaum ein weiteres Wachstum erfahren kann und schließlich durch «Verlust» abgetragen, das heißt, der Allgemeinheit wieder zugeführt wird. Und in bezug auf geistigen Besitz der Persönlichkeit, die sich durch mangelnde Weitergabe von Wissen, Erkenntnis, Einsicht isoliert und damit auch den eigenen Entwicklungsprozeß hemmt: Bis das Bewußtsein stagniert und, auf sich selbst zurückgeworfen, leblos und spröde seine Bedeutungen (und seine Bedeutung) verliert. Es geht dies Menschen so, die Wissen als Machtinstrument betrachten, statt als soziale Verpflichtung, und Menschen, deren materieller Reichtum nicht auch zugleich als produktives Kapital der Gesellschaft zur Verfügung steht. Natürlich vollziehen sich die daraus resultierenden Verfallsprozesse, auf die Dauer eines Menschenlebens bezogen, oft recht langsam, kommen manchmal erst in der karmischen Qualität des darauffolgenden Lebens zum Ausdruck. Denn die Mühlen des Kosmos mahlen langsam – aber sie mahlen, und zwar gründlich: Kein noch so stabiler Berg kann sich ihnen auf Dauer widersetzen. Wer die Energiezufuhr des Universums nicht kanalisiert und weitergibt, nur in sich staut, wird im Organismus des Universums schließlich als Hindernis erlebt – und aufgelöst. Im Organismus des menschlichen Körpers ist hier der physische Verfallsprozeß bezeichnet, der aus mangelnder geistiger Vitalität oder fehlendem Lebenswillen resultiert; sei es aus Alters- oder psychosomatischen Gründen. Physische Nahrung allein erhält den Körper nicht. Im Le-

* Es wird hier nicht etwa der allgemeinen «Gleichmacherei» das Wort geredet, wie sie in biblischer Vernebelung des Geistes oft verstanden wird (die «Berge und Täler», die zur gesichtslosen Ebene eingegleicht werden sollen). Größe hat im Universum durchaus ihre Berechtigung – nur kann sie nicht aus sich heraus bestehen, und die Verkennung ihrer Ursachen und Grundlagen führt zu ihrem Abbau: Bis sie wieder nährt, wovon sie selbst getragen wird.

ben der Gesellschaft sind es die Auflösungs- und Verfallserscheinungen, die den Mangel an ideellen und geistigen Werten zum Ausdruck bringen. Eine Gruppe von Menschen oder eine Gesellschaft, die nichts als die Nahrungssuche oder materielle Bereicherung als verbindenden Faktor kennt, deren ideelle und ethische Grundlage verlorengegangen ist, sprengt sich selbst: Sie hat ihre kosmische Daseinsberechtigung verloren. Ihre Mitglieder werden, jedes für sich, in neuen sozialen Gruppierungen eine weniger starre, eine durchlässigere Organisation ihres Lebens finden und somit den Anschluß an kosmische Energieströme wiedergewinnen: Zum Wohle allen Lebens.

Das Orakel

Gib, bevor man Dir nimmt,
spende, was Du nicht halten kannst:
Es war durch Dich
für die Welt bestimmt.
Verlasse das Haus, das Dich nicht nährt,
den Beruf, die Menschen, die Dich
am freien Atmen hindern.
Hindere selbst niemanden,
behalte nichts für Dich.
Was Du leichten Herzens aufgibst,
kommt zum erleichterten Herzen zurück.

DIE EINZELNEN LINIEN

▬x▬ **Sechs als erste Linie bedeutet:**
Du verlierst, was Dich nährte,
was Deinem Körper annehmlich war.
Neidet man Dir? Dann gib
den Menschen der Welt die Welt.
Behalte für Dich den Reichtum,
der unvergänglich ist:
Das Ideal, dem Deine Seele folgt.

Die Auflösung betrifft hier unmittelbar die Gesundheit und den Erhalt des physischen Körpers. Wenn es sich nicht um eine Krankheit handelt, die sich ankündigt, so ist es der bevorstehende Verlust der materiellen Existenzgrundlage, zumindest wesentlicher Teile davon.

Die Organisation und die Inhalte des materiellen Lebens entsprechen nicht mehr den Erfordernissen des Geistes und der Seele, sie brechen deshalb auseinander. Sollte materieller Neid der Umwelt die Ursache des eigenen Schadens sein, so bringt vielleicht die Selbstprüfung, ob man den eigenen Wohlstand richtig verwaltet hat, die Erkenntnis über die Ursachen des Zusammenbruchs. Ohne sich selbst und die vielleicht verkannten geistigen Ideale aufzugeben, sollte man die materiellen Wünsche der Mitmenschen befriedigen: Was als geistige Substanz die Persönlichkeit nährte, behält man besser für sich. Es wird die Basis und der Inhalt zum Aufbau einer besseren, entwicklungsfähigeren Existenz sein.

▬x▬ **Sechs als zweite Linie bedeutet:**
Du verlierst, was Dich stark machte,
was Deinem Sehnen, Deinen Wünschen
Ziel und Antrieb war.
Wie eine Illusion verflüchtigt sich,
worauf Du zugingst, was Dir greifbar schien.
Versuche nicht, das Bild
aufrechtzuhalten, das doch schon
verblaßt: Es verstellt nur Deinen Blick
auf das, was vor Dir liegt.
Und mit dem Bild verlörst Du
auch Dich selbst.

Der Verlust eines Ideals, des Gegenstands eines Wunsches und tiefen seelischen Bedürfnisses wiegt schwer, ist schmerzhaft: Aber vielleicht hat man in sich ein falsches Bedürfnis genährt, aufgebaut – und muß sich nun um so schmerzlicher von ihm trennen. Das individuelle Karma jedenfalls schreibt einen anderen Lebens- und Entwicklungsweg vor, und die Verwirklichung des Angestrebten rückt in immer unerreichbarere Ferne. War es ein berechtigter Wunsch? Dann wird er zu einem späteren Zeitpunkt wieder aufleben und befriedigt werden. War es eine Selbsttäuschung? Dann wird man, schicksalhaft und zwangsläufig, ent-täuscht: von der Täuschung befreit und auf seinen wirklichen Lebensweg, auf neue Ziele und Inhalte aufmerksam gemacht. Sind die Tränen erst versiegt, zeigt der gereinigte Blick die wirklich glückverheißende Zukunft. Kann das wirklich eine so schlechte Nachricht sein?

▬x▬ **Sechs als dritte Linie bedeutet:**
Du verlierst, woran Du glaubtest.
Was heute wahr ist, ist morgen Lüge,

was Du heute weißt, ist morgen falsch.
Widerspreche nicht denen, die predigen,
doch predige nicht mit.
In Deinem Innern lebt die Wahrheit fort,
ein Buch, ein Vorbild macht sie stark
und Dich mit ihr.
Der Irrtum wird sich schließlich
selbst auflösen, und die,
die an ihn glaubten.

Die Umwelt bringt die Versuchung, von den eigenen geistigen Werten und Erkenntnissen sich abzuwenden und falschen, vielleicht materialistischen Idealen zu verpflichten. Man ist nicht stark genug, an dieser Tendenz im gemeinschaftlichen Leben etwas zu ändern, sollte sich dieser Gefahr aber zumindest innerlich entziehen: Die falschen Glaubenssätze und Weisheiten, die sich aufdrängen, verlieren bald an Stärke, Einfluß und Bedeutung. Da man zu schwach ist, aus sich heraus die Antwort und die Gegenargumente zu schaffen, wäre ein kompetenter Ratgeber, sei es in Form eines Buches oder einer unbezweifelbaren Persönlichkeit und ihrer Lehre, als Quelle der Kraft und des inneren Widerstands gegen den «Zeitgeist» äußerst wertvoll. Wo man ihn zu suchen hat, bleibt der individuellen Person und ihrem Verständnis der Situation überlassen. Er könnte jedoch Garant dafür sein, daß man sich nicht an einen Irrtum verliert und schließlich mit ihm «stirbt», das heißt, seinem Bewußtsein eine neue Orientierung geben muß: Die, die man vielleicht ursprünglich hatte.

▬x▬ **Sechs als vierte Linie bedeutet:**
Du verlierst, was Dich nährte,
was Dich stützte, trug und erhielt.
Bereite Dich innerlich vor,
verlasse, was Dich verläßt,
und richte den Blick in die Ferne:
Vielleicht erblickst Du schon am Horizont
Dein neues Haus, die neue Heimat.

Im Unterschied zur Sechs als erster Linie, wo durchaus noch eine physische Erkrankung als Deutung in Betracht kam und wo sich materielle Verluste noch auf unmittelbare, kleine Annehmlichkeiten des täglichen Lebens beschränken konnten, ist hier der Verlust der gesellschaftlichen Existenzgrundlage in allen wesentlichen Dimensionen angesagt: Materieller Besitzstand, Beruf und Quelle des Einkommens, Zuwendungen und materielle Vorteile durch die Gesellschaft werden in Frage gestellt und verloren. Verhaftung und Identifikation mit ihnen vergrößert nur das Leid, verhindert nichts. Wer die Stärke besitzt, sollte den Blick über das nahe Verhängnis hinaus in die Ferne richten und die zukünftigen Perspektiven auszuloten und zu erkennen suchen: Allein diese Energie ist sinnvoll und fruchtbar eingesetzt. Die Ursachen dieser karmischen Entwicklung sollten schonungslos, ohne Selbstmitleid ergründet und in Erkenntnisse umgewandelt werden: Um so aussichtsreicher und stabiler wird die künftige materielle Existenzgrundlage geschaffen werden und im gesellschaftlichen Leben verankert sein können.

▬x▬ **Sechs als fünfte Linie bedeutet:**
Du hast die Materie
und folgst dem Geist,
Du bist Vorbild
und folgst selbst einem höheren:
So bewahrst Du Dich vor der Auflösung
und alle, die Dir folgen.

Die dominante Linie des Zeichens steht hier an vermittelnder Stelle zwischen Geist und Materie, Irrtum und Wahrheit, Dunkelheit und Licht. Durch ihren Einfluß ist sie für die anderen, schwachen, dunklen Linien des Zeichens maßgeblich und Vorbild: An ihr orientieren sich alle. Zugleich aber ist sie selbst schwach, nach Rat und Orientierung suchend (Sechs). Diese findet sie in der starken Sieben (Neun) als sechster Linie, dem Platz der Erleuchtung: Der Linie eines weltabgewandten Weisen, dessen Einsicht und Belehrung akzeptiert und befolgt werden. Es kann sich auch um die Wahrung klassischer Werte der Weisheit handeln, deren man sich rechtzeitig besinnt und aus ihnen die richtige Verhaltens- und Handlungsweise abzuleiten imstande ist. Dadurch bewahrt man sich und andere vor dem sonst unabwendbaren Verfall der geistigen und materiellen Organisation des Lebens und öffnet der schon von Niedergangserscheinungen gezeichneten Kultur neue Perspektiven der Veränderung, des Wachstums, der Blüte: Die Materie erlangt erneut Bedeutung und Existenzvermögen durch ihre Strukturierung durch den Geist, die die unteren Linien des Zeichens so schmerzlich vermissen lassen.

▬o▬ **Neun als sechste Linie bedeutet:**
Die Welt braucht Deinen Rat
und beschenkt Dich reich dafür:
Bewahrst Du sie doch vor
Auflösung, Leid und Niedergang.

Wer Deinen Rat nicht hört,
wird durch das Schicksal belehrt:
Überhöre deshalb Kritik
und geh über die Kritiker hinweg,
voran ins Licht.

Ein Weiser, der an öffentlichem Einfluß und Mitgestaltung der Gesellschaft nicht mehr interessiert ist, verfügt als einziger über die notwendige Distanz und geistige Klarheit, die Irrtümer und Fehlmeinungen des Zeitgeistes zu durchschauen und deren Folgen abzusehen. Seine Aufgabe ist es, den anderen die Augen zu öffnen und sie auf dem Weg zur besseren Orientierung, zum Aufbau einer lebensfähigeren materiellen Organisation eine Weile zu begleiten. Und nur zu willig folgt man seinem Rat, unterstützt ihn mit allen zur Verfügung stehenden Mitteln. Den allzu Verblendeten, Blinden, notorischen Materialisten braucht er dabei weder Gehör noch Überzeugungskraft zu schenken: Der unvermeidliche Zusammenbruch ihrer materiellen Basis wird auch sie, nur viel empfindlicher, belehren. Ist der Übergang zu einer neuen Ordnung geregelt, wird auch der Weise und Helfer in seiner geistigen Entwicklung gewonnen haben.

II/14. DIE REFLEXION

䷓

oberes Trigramm: SUN, die Reflexion, der Wind

unteres Trigramm: KUN, die Erde (Materie)

Das Bild

Über dem grobstofflichen Prinzip der formgebenden Materie, der Erde – die konkrete Manifestation des feinstofflichen Geistprinzips, die Reflexion, der Wind.

Der Charakter

Grenzenlos wie die Bewegungen
des Windes sind die Erkenntnisse
des großen Denkens. Alle Wirklichkeit

schließt es ein, durchdringt
Zeit, Raum, Materie ungehindert,
dringt ins innerste Wesen
aller Dinge.
Und wird von allem beseelten Leben
erkannt: Als die Gegenwart
des Geisteslichts im Dunkel
der Materie.

Makrokosmische Bedeutung

Die Bewegung des Windes als Symbol für geistig-gedankliche Aktivität hat in diesem Hexagramm eine besondere Bedeutung. Zum einen ist die schöpferische Reflexion der Mentalebene des Universums, die eine Art Bestandsaufnahme des gesamten grobstofflich-materiellen Inhalts des Universums vornimmt, als «Materialstudie» für schöpferische Aktivität sozusagen. Zum anderen ist es die Überprüfung der eigenen schöpferischen Konzepte an Hand ihrer materiellen Realisierbarkeit mit den gegebenen Substanzen der grobstofflichen Welten. Im makrokosmischen Sinn prägt sich hier der schöpferische Atem des universellen Geistes (das «Pneuma» der alten Griechen) die Verdichtungen des grobstofflichen Äthers ein, um seinen kreativen Wirkungsbereich abzugrenzen und qualitativ zu erfassen: Ihnen später die Struktur sinnvoller Gebilde einzuhauchen, die dann auf der Ebene der grobstofflichen Materie ihre physische Verdichtung erfahren. Der gesamte materielle Inhalt des stellaren Raums ist Gegenstand der Betrachtung, um Objekt schöpferischer Ideen zu werden: Die Anwesenheit des Geistes strukturiert und klassifiziert dabei bereits die ätherische Aura der Materie, um sie auf den Schöpfungsakt, die ideellen Impulse zu evolutionärer Bewegung und Umwandlung vorzubereiten. Impulse, die von der quantitativen Masse materieller Anhäufungen, als qualitative Bestimmung und Bereicherung, nur zu willig aufgenommen werden.

Mikrokosmische Bedeutung

Die meditative Schau eines geistig kultivierten Menschen durchdringt allen Schein ins Sein, erfaßt die Grundprinzipien und wesentlichen Züge aller materiellen Formenwirklichkeit, erkennt die Grundlagen von Dasein und Sosein und unterliegt keinen Täuschungen, keiner «Maya», keinem Spiegel- oder Wunschbild der Wirklichkeit mehr. So könnte die ideale Interpretation dieses Hexagramms, auf den Menschen bezogen, aussehen. Da Ideale selten, und auch dann nur annähernd, realisiert werden, mag dieses Zeichen als Aufforderung zur Meditation verstanden werden, als vorübergehende Abstinenz vom physischen Schaffen, um erst die Inhalte, Bedeutung und Zielrichtung des Schaffens zu klären. Und doch ist Aktivität gefragt: Die der Analyse, der Gedanken, die sich keinerlei Dogmen und Vorurteilen über Welt und Wahrheit unterwerfen, sondern durch eigene Anstrengungen zu einem klaren und objektiven Urteil kommen. Erst dann mag Handeln, schöpferische Aktivität angebracht sein. Aber auch große Gedanken und Einsichten allein bleiben nicht unbemerkt: Wie die Bäume sich vor der gewaltlosen Aktivität des Windes verneigen, so ehren alle Wesen die Klarheit und Richtigkeit weiser Gedanken – wie auch ihren Denker. Sie kommen zur Einsicht und orientieren sich entlang der ihnen vorgeschlagenen Richtlinien. Das aber setzt die umfassende Erkenntnis, die weise Über-Sicht voraus, die nur in der aktiven Meditation gewonnen werden kann. Nichts darf ausgeklammert, nichts hinzugedacht werden. Erst dann wird die Betrachtung zu brauchbaren Resultaten, zu einer Integration der physischen Welt in das eigene Bewußtsein führen und kann als Grundlage zur Urteilsbildung und Entscheidung dienen. Denn die Weitergabe der gewonnenen Einsichten ist ebenso in diesem Hexagramm angelegt wie ihre Gewinnung: Unterschiedslos, allumfassend und unermüdlich «wie der Wind, der über die Erde weht» und keine Schranken kennt, niemanden bevorzugt, keinen benachteiligt und seinen Atem, seine Gedanken verbreitet, wie er sie gewonnen hat – alles durchdringend, unvoreingenommen, gewaltlos. In bezug auf die menschliche Anatomie kommt in diesem Hexagramm der Vorgang des Ein- und Ausatmens, seine bewußte oder unbewußte Regelmäßigkeit zum Ausdruck – vielleicht eine Aufforderung zu Prana-Yoga. In bezug auf die menschliche Gesellschaft stellt es die analytischen und organisatorischen, auch kreativen Gedanken ihrer Mitglieder vor die Aufgabe, eine Bestandsaufnahme der materiellen Struktur der Gemeinschaft vorzunehmen, um ihre Bedeutung und Möglichkeiten klarer zu erkennen und mit den notwendigen geistigen Impulsen zu neuer Blüte, neuer Evolution und Entwicklung anzuregen – möglicherweise aus einer ungeordneten Ansammlung von Menschen ein kultiviertes Zusammenleben mit Zielen und Inhalten zu machen. Was wiederum ein klares Erkennen aller Gegebenheiten und Notwendigkeiten voraussetzt, die geistig-gedankliche Aktivität, die dieses Hexagramm propagiert.

Das Orakel

Unermüdlich, doch ohne Hast
erweitere Dein Wissen, Deine Erkenntnis.
Und zeige anderen durch Deine Augen,

was sie selbst nicht sehen.
Laß Dein geistiges Auge alle Gefilde
von Himmel und Erde durchstreifen,
dring vor in Atome, zu den Sonnen
der Galaxis: Du wirst überall
Wahrheit finden, Erkenntnis
und Einsicht.

DIE EINZELNEN LINIEN

▬x▬ **Sechs als erste Linie bedeutet:**
Suchst Du Erkenntnis oder
die Freuden der Sinne?
Überwinde Deinen Körper,
Deine physische Gestalt:
Sie kann Dir keine Wahrheit bieten.

Hier ist der physische Körper Gegenstand der Meditation geworden, der Geist dringt nicht durch seine phänomenale Oberfläche zum Wesen vor. Wie sollte aus solcher Blindheit Erkenntnis erwachsen? Nicht die Formen, Farben, Gerüche der Dinge geben Aufschluß über ihren Sinn, ihre Bedeutung und ihre Stellung im Weltzusammenhang, sondern ihr Wesen, die sie beseelende und qualifizierende geistige Dimension. Wer nur seiner physischen Sinnlichkeit verpflichtet bleibt, wird finden, woran er hängt: Vergänglichkeit, Schein, Veränderung – und Bedeutungslosigkeit.

▬x▬ **Sechs als zweite Linie bedeutet:**
Zügle Deine Emotionen,
Deine Gefühle: Sie vermitteln
keine Einsicht.
Nur der klare Verstand,
die Gedanken des unbewegten Geistes
erfassen das Wesen der Dinge.
Alles sonst ist subjektive Lust,
Vorliebe und Abneigung,
ohne Bedeutung für andere
und die Welt.

Emotionale, impulsive oder geschmäcklerische Reaktionen auf die Gegenstände der Meditation können zwar Aufschluß geben über die Konditionen der eigenen Psyche, über persönlichen Geschmack, über Vorlieben und Abneigungen – sie sind jedoch nicht relevant im Sinne von meditativer Erkenntnis. Die kann allein durch den emotionslosen geistigen Vorgang der Betrachtung, des Eindringens, des Identifizierens mit dem Objekt gewonnen werden, ohne gefühlsmäßige Wertungen vorzunehmen. Erst aus der Sicht des neutralen Betrachters, dem nichts häßlich, nichts schön, sondern alles nur «so, nicht anders, weder gut noch schlecht» ist, kann wirkliche Einsicht und weise Schau des Sinns und der Korrelation aller Dinge erwachsen. Vielleicht hat die Erinnerung daran gefehlt, der Meditation eine sinnvolle Richtung zu geben?

▬x▬ **Sechs als dritte Linie bedeutet:**

Lies Dein Leben wie ein Buch,
stelle Dir Deine Person
als den Autor vor:
Was siehst Du?
Wer noch hat darin Kapitel geschrieben?
Welchen Titel wird es tragen?
Dann betrachte die Bibliothek
der Welt: Und Du findest
Deinen vorgesehenen Platz.

Hier ist die richtige Geisteshaltung zur Meditation schon gewonnen, sie beschränkt sich aber auf die eigene Person und ihr Leben, ist zu sehr auf sich selbst gerichtet und darum im Urteil nicht vertrauenswürdig. Sind die Grundfragen zur eigenen Persönlichkeit, zum eigenen Schicksal erst einmal geklärt, sollte der geistige Horizont erweitert und auf die ganze sicht- und begreifbare Welt ausgedehnt werden: Erst dann findet man zu einem richtigen Verständnis seiner eigenen Qualitäten und ihrer Bedeutung für die geistige und physische Wirklichkeit des Universums. Je mehr die objektive Wirklichkeit alles Seienden zum Gegenstand der Meditation wird, um so mehr erkennt man sich selbst – ohne sein Interesse direkt auf sich selbst gerichtet zu haben.

▬x▬ **Sechs als vierte Linie bedeutet:**

Du siehst die Zusammenhänge
und deutest sie richtig.
Aber erkennst Du auch ihren Sinn?

Du erkennst die Wesen
und ihren Platz in der Welt.
Doch erkennst Du auch die Welt?

Die Meditation ist längst aus dem Stadium der Nabelschau herausgetreten, hat sich der Welt und ihrer Komposition bemächtigt, ist zu einem klaren Bild aller Elemente der sichtbaren, physischen Wirklichkeit und ihrer Stellung zueinander gekommen. Ein solcher Mensch, solche geistige Klarheit verdient, ernst genommen und mit Aufgaben der Organisation und Mitbestimmung der menschlichen Gesellschaft betraut zu werden. Aber ist die Erkenntnis der Zusammenhänge innerhalb der grobstofflichen Wirklichkeit genug? Bedarf es nicht auch der Einsicht in den All-Sinn, in die großen geistigen Zusammenhänge, die dem physischen Geschehen erst den Sinn und die (aus materieller Sicht) manchmal unergründliche Richtung gibt? Wer diese Frage mit Ja beantwortet, der sollte sich nicht mit seinem gewonnenen Weltverständnis zufriedengeben, sondern durch tiefe, geistige Meditation zu einem Verständnis der Weltseele, durch sie zu sprachloser Schau der höchsten geistigen Wahrheiten vordringen. Sie werden seiner täglichen Bewertung der ihn umgebenden Wirklichkeit ganz neue Horizonte eröffnen, ganz neue Dimensionen geben.

Neun als fünfte Linie bedeutet:
Betrachte die Welt
und was Du für sie tun kannst.
Vor großen Plänen, kühnen Gedanken
schrecke nicht zurück.
Die Wahrheiten Deiner Einsicht
sind die Wahrheiten der Welt:
Hast Du sie für Dich erkannt,
offenbare sie allen.

Stärke, Einsicht und gesellschaftliche Bedeutung stehen im Einklang, so daß auch große Erkenntnisse und Wahrheiten zu öffentlicher Wirkung gebracht werden können. Der Mensch, der diese Linie als Orakel gewinnt, verfügt über stark ausgeprägte Sensoren in seiner Aura, die ihm intuitiv die Wahrheit über alle Dinge offenbaren. Sie bedürfen trotzdem der Relativierung durch den nüchternen, analytischen Geist: Hierzu will ihn das Zeichen auffordern. In seinem Weltverständnis ist er überlegen und hat seiner Umwelt an geistigen Werten viel zu bieten. Deshalb sollte er dieses Potential auch nicht an die kleinen, banalen Dimensionen des täglichen Lebens verschwenden, sondern in großen Zügen der geistigen Orientierung des Menschen und seiner Evolution dienen – in ständiger Überprüfung der eigenen

Erkenntnisse, der eigenen Rolle in der Welt. Denn je größer der Einfluß, um so größer ist die Verantwortung – und um so schwerer wiegen die Konsequenzen der eigenen Einwirkung auf die Geschicke der Welt.

Neun als sechste Linie bedeutet:
Nicht die Welt ruft Dich,
sondern das Universum.
Nicht Erkenntnis liegt vor Dir,
sondern Erleuchtung.
Durch Meditation gewinnst Du sie,
ohne Hindernisse steigst Du empor.

Der Mensch, der im Laufe seiner individuellen karmischen Evolution bereits alle Dimensionen der physischen Welt erfahren und zu Erkenntnissen abstrahiert hat, muß sich nicht länger mit der phänomenologischen Wirklichkeit als Gegenstand seines Interesses und der Meditation beschäftigen: Er ist bereit für die nächsthöhere Stufe der geistigen Vervollkommnung und sollte sich getrost von den Formen und Inhalten der grobstofflichen Wirklichkeit abwenden. Die abstrakte Meditation der höchsten Geistesprinzipien führt ihn schließlich zu der Erleuchtungsstufe, die unsterblich macht – und andere unsterblich gewordene Menschen auf höheren Ebenen der Wirklichkeit beobachten und erwarten ihn bereits: Als Bruder und Mitstreiter für die Befreiung der Menschheit aus dieser niedersten Stufe der Existenz, der physischen Körperlichkeit.

II/15. DIE BEWEGUNG

oberes Trigramm: TSCHEN, die Dynamik, der Donner

unteres Trigramm: KUN, die Materie, die Erde

Das Bild

Über dem grobstofflichen Prinzip der formgebenden Materie, der Erde – die konkrete Manifestation des energetischen Feuerprinzips, die Dynamik, der Donner.

Der Charakter

Unwiderstehlich stark und mächtig
ist die Dynamik gelenkter Energie,
die von den Massen getragen wird.
Stark genug, die Welt zu bewegen,
kennt der Wille nur ein Ziel:
Sieg über die Trägheit,
die Starre der Materie.
Und alle Moleküle tanzen
im Rhythmus der entschlossenen
Geisteskraft, verkünden
eine neue Zeit, den neuen Anfang:
eine neue Welt.

Makrokosmische Bedeutung

Dynamik, die konkrete Manifestation des Urprinzips der Energie, tritt in der Welt der grobstofflichen Materie auf und bewegt sie. Der Blitz, Ausdruck des «ätherischen Willens» des Universums oder einer planetarischen Atmosphäre, ist damit ebenso bezeichnet wie die organisierte Entladung der Energie in den Strahlen einer Sonne, den auf ihrer Oberfläche stattfindenden Umformungen von Materie, der Umgestaltung von Massen in Mengen, von Quantität in Qualität. Die begrenzten atomaren Explosionen auf der Sonnenoberfläche erzeugen ihrerseits gelenkte Energie, die die grobstofflichen Planeten in ihrem Wirkungsbereich dynamisiert – also erhellt und erhitzt, auch bewegt. Das dynamische Auftreten geballter Energie, ihr Einfluß auf die grobstoffliche Ebene der Wirklichkeit kann in den verschiedensten Formen stattfinden – ein Phänomen ist allen gemein: Die radikale Veränderung der gegebenen Formen der Wirklichkeit, ihres Charakters, ihrer Tendenz und Eigendynamik. Denn die Energie ist nur Mittel zum Zweck: Eine Bewegung auszulösen in der materiellen Struktur ihres Zielobjekts; eine Veränderung ihres in überkommenen Formen erstarrten Charakters; den notwendigen Impuls zu geben zum nächsten, fälligen evolutionären Schritt – und die Bedingungen dafür zu schaffen, die Hindernisse in Form von unbrauchbar gewordenen Organisationen von Materie und veralteten Strukturen zu beseitigen. Die Bewegung kennt nicht ihr Ziel, der Blitz nicht die Hand, die ihn schleudert, noch den Grund: Er ist nur Ausdruck, die Energie nur Werkzeug und Waffe des Geistes, der sich ihrer bedient. Sie «wirkt» nur, entlang der Richtung, mit der sie programmiert wurde. Das Ergebnis allein gibt Auskunft über Idee und Ursache, die der Bewegung zugrunde lag: Sei dies die Umgestaltung und Neuformung einer planetarischen Oberfläche, oder «nur» das atmosphärische Unbehagen eines Planeten – etwa der Erde.

Mikrokosmische Bedeutung

Menschliche Willens- und Überzeugungskraft, die kollektive Emotionen aktivieren kann, stellt ein nahezu grenzenloses Potential dar, mit dem sich buchstäblich etwas «bewegen» läßt. Sei es die begeisternd vorgetragene große Idee, um die sich die kollektiven Kräfte kristallisieren, oder die eindrucksvolle Wirkung eines persönlichen Willens und seiner Äußerung, dem die Menschen ihre Tatkraft und den persönlichen Einsatz zur Verfügung stellen: Die Dynamik eines starken, von objektiven Zielen beseelten Willens multipliziert sich nahezu von selbst. Denn es kann davon ausgegangen werden, daß nur objektiv nachvollziehbare Ziele in den formlosen und formbaren, um Orientierung verlegenen Massen der Menschen eine starke Resonanz haben können – alles andere wäre Demagogie, und obwohl ihr dieselbe Energiestruktur zugrunde liegt, weigere ich mich, sie in Betracht zu ziehen: Das neue Zeitalter ist auch in dieser Hinsicht neu, und Demagogie wird an ihren eigenen Mitteln und Absichten erstikken. So ist dieses Hexagramm als echtes Indiz für eine große Idee zu werten, die der großartigen Bewegung Nahrung und Ziel ist und die gesellschaftlichen Kräfte mobilisiert – an ihrer Realisierung kann deshalb kein Zweifel bestehen. Wert und Unwert der Idee, Größe und Bedeutung haben in dem Zeichen keine Plattform, es kennzeichnet nur die Struktur der Bewegung und ihre Basis, die gesamte grobstoffliche Wirklichkeit ebenso wie die anonyme Masse der Menschen mit ihrer Kraft, ihren Talenten und Fertigkeiten. Wenn also Bewegungen wie der Nationalsozialismus des deutschen «Dritten Reichs» ausgeschlossen werden können, fordert das Hexagramm auf, einer Sache durch entschlossene Aktivierung aller Willenskräfte zum Durchbruch zu verhelfen, sei es die eigene oder eine Sache, die als Vorschlag existiert. Ihr Erfolg ist im kollektiven Karma bereits angelegt und erwartet lediglich die grobstoffliche Initiative. Auf den Organismus des Menschen bezogen ist es die Motorik der Muskeln, die physische Arbeitskraft, die in diesem Hexagramm ihre symbolische Entsprechung findet. In bezug auf die menschliche Psyche ist es die Begeisterungsfähigkeit, die Energie der Emotion für (oder auch gegen) eine bestimmte Sache, die die ganze Persönlichkeit zur Handlung und Stellungnahme treibt. Und im Leben der menschlichen Gesellschaft die gesamte Leistungskraft und das produktive Potential aller ihrer Mitglieder, wie es sich zum Beispiel im kapitalistischen «Bruttosozialprodukt» niederschlägt. Aber das wird eines Tages, zumindest in der heutigen Form, der Vergangenheit angehören.

Das Orakel

Dein Wille, von der Idee beseelt,
bewegt die Menschen und gestaltet die Welt.
Setze Dich ein für Dein Ziel
mit allem, was Du bist, was Du hast:
Und jede Geste vervielfältigt sich
in tausend Bewegungen anderer.
Bist Du nicht selbst der Kopf:
So schließ der Bewegung Dich an.
Doch achte auf die Ziele,
die Reinheit der Ideen:
Die künftige Wirklichkeit
wird auch Dein Zuhause sein.

DIE EINZELNEN LINIEN

▬x▬ **Sechs als erste Linie bedeutet:**
Wer den Körper bewegt,
bevor die Gedanken ihn lenken,
der handelt als Tor,
und seine Energie bleibt wirkungslos.

Schön, wenn man einen Sinn gefunden hat, für den einzusetzen es sich lohnt. Nur braucht der Einsatz den kühlen Kopf des Planers, der die Energien sinnvoll verwaltet. Sonst verliert man sich in konfuser Aktivität, die tausend Dinge tut und doch nichts bewirkt – außer daß man sich lächerlich macht und seine Kräfte vergeudet, ehe sie organisiert, gezielt und fruchtbar der Sache dienen können. Schlimmstenfalls wirken sie sich sogar schädlich für die Sache aus, was sicher nicht die Absicht sein kann. Ruhiges Nachdenken und Überlegen jeder Handlung sind gefordert – was der Freude an und dem Einsatz für die Sache keinen Abbruch tun muß, sie im Gegenteil befriedigender und nachhaltiger macht.

▬x▬ **Sechs als zweite Linie bedeutet:**
Trotz der Bewegung bleibe unbewegt,
trotz der Gefühle bleibe nüchtern:
Nur so behältst Du
Herrschaft über Dich.
Und wer sich selbst beherrscht,
wird nie zum Sklaven.

Es besteht hier die Gefahr, sich durch starke Emotionen zu einer Sache hinreißen zu lassen, die man später bereuen könnte: Nicht unbedingt der Sache, sondern der Funktion und Rolle wegen, die man in der Bewegung gespielt hat. Sie ist aber der eigenen Persönlichkeit nicht würdig. Deshalb ist, bei aller vielleicht berechtigten Begeisterung, nüchterne Zurückhaltung die einzige Möglichkeit, seinen wirklich angemessenen Platz zu finden. Wer durch voreiliges Engagement sich preisgibt, wird schließlich Opfer seiner Gefühle. Nur wer sich selbst mit Vernunft regiert, wird die richtige Haltung der Sache gegenüber einnehmen – selbst wenn dies bedeuten würde, daß man sich nicht beteiligt.

▬x▬ **Sechs als dritte Linie bedeutet:**
Zweifel bewegen nichts.
Steht Dein Entschluß zur Sache fest,
dann handle.
Nicht in Ehrfurcht, sondern Sachlichkeit
findest Du Deine Haltung.

Man steht, hypnotisiert wie das Kaninchen vor der Schlange, bewundernd und zugleich zweifelnd vor der begonnenen Bewegung. Bewunderung macht blind und Zweifel lähmt. Beides entspringt der gedanklichen Unsicherheit, wie man sich der Sache zu nähern habe: Man zögert, sich der Sache zu öffnen, von der man sich doch angezogen fühlt. Der einzige Ausweg ist die sachliche Analyse der Situation und der eigenen Rolle, der eigenen Bedeutung. Die Entscheidung für oder gegen ein Engagement muß dann konsequent und bewußt in die Tat umgesetzt werden. Wer jedoch eine Erfolgsgarantie erwartet, wird sie noch erwarten, wenn andere den Erfolg längst haben.

▬o▬ **Neun als vierte Linie bedeutet:**
Am Anfang Deiner Laufbahn
bewirkst Du doch schon große Dinge.
Die Menschen folgen Deiner Bewegung:
Also bewege Dich.
Trage Dein Vorhaben in die Welt:
Und sie trägt Dich zum Ziel.

Obwohl sie als starke Linie sich in schwacher Position (vierter Platz) befindet, ist ihr der öffentliche Erfolg sicher. Mehr noch: Als dominante Linie des Zeichens deutet sie auf eine Ausnahmesituation hin, die die Verwirklichung der eigenen Ziele schicksalhaft begünstigen. Zweifel, die sich auf die gesellschaftlich unbedeutende Ausgangsposition beziehen, sollten deshalb gar nicht erst aufkommen. Nicht soziale Stellung, sondern persönliche Stärke, gepaart mit einem begeisterungswürdigen Ziel, und ernsthafter Einsatz sind gefragt und werden eine überwältigende Resonanz in der Umwelt, bei allen Beteiligten hervorrufen, so daß man seine Absicht getrost in die Tat umsetzen und propagieren sollte. Sie wird Zeichen setzen und die eigene Persönlichkeit zu Anerkennung bringen.

▬x▬ **Sechs als fünfte Linie bedeutet:**
Eine starke Bewegung,
und doch bist Du schwach,
in starker Stellung,
und doch handelst Du nicht:
Änderst Du daran nichts,
verlierst Du Dein Gesicht
und Deine Bedeutung für die Welt.

Der Mensch ist im Zentrum der Bewegung, zwar nicht ihr Ausgangspunkt, aber doch auf Grund seiner gesellschaftlichen Bedeutung von einigem Gewicht für die Sache und die Haltung der Menschen zu ihr. Er hält sich aber zurück, schließt sich weder an noch nimmt er klar Stellung gegen sie. So dient er keinem, stärkt weder die Bewegung noch verhält er sich seiner Position gemäß. Ist es gekränkte Eitelkeit, eine Sache unterstützen zu müssen, die nicht die eigene Person zum Urheber hat? Fühlt man sich der Sache nicht gewachsen, zum Widerstand nicht stark genug? Wer sich das Prinzip des Handelns aus der Hand nehmen läßt, keine Haltung einnimmt (was auch eine ist), verliert leicht sein Ansehen und die künftige Bedeutung für die Menschen: Möglicherweise zu Recht, denn ein Mensch, der seiner meinungsbildenden Bedeutung gerecht wird, verhält sich entschiedener und dient mit seiner Klarheit auch der Klärung der Haltung anderer.

▬x▬ **Sechs als sechste Linie bedeutet:**
Du verlierst Dich in Begeisterung,
die Deiner nicht würdig ist:
Emotionen trüben Deine Klarheit.
Warst Du am Ende doch nicht der,
für den Du Dich hieltst?

Ein Mensch, der eigentlich den täglichen Problemen des Lebens liebenswürdig-distanziert gegenüberstehen sollte, läßt sich durch die Bewegung der Massen, durch die Begeisterung seiner Umgebung mitreißen und von der emotionshaltigen Atmosphäre anstecken. Sein nüchterner Verstand, seine geistige Klarheit werden getrübt durch sein unreflektiertes Engagement in der Bewegung. Dies ist aber der Haltung und Bedeutung eines Weisen, der Ratgeber und Zuflucht jenseits aller Bewegungen und Begeisterungen der Stunde sein sollte, unwürdig. So bleibt nur, in kritischer Selbstprüfung, die Frage, ob man denn wirklich schon so weise war, die Welt wirklich schon so weit überwunden hatte, wie man glaubte und glauben machte – oder ob durch eine kurze ernüchternde Selbsterkenntnis schnell zur alten Klarheit und Souveränität zurückgefunden werden kann. Ist das letztere der Fall, so war der Fehler verzeihlich, wenn auch ein Warnsignal. Er mag dann als Erfahrung zur Vervollkommnung der geistigen und charakterlichen Stärke der Persönlichkeit beitragen.

II/16. DIE VERWIRKLICHUNG

oberes Trigramm: TUI, die Phantasie, der See

unteres Trigramm: KUN, die Materie, die Erde

Das Bild

Über dem grobstofflichen Prinzip der formgebenden Materie, der Erde – die konkrete Manifestation des formlosen Prinzips der Psyche, die Phantasie, der See.

Der Charakter

Wo klare Bilder sichtbar werden,
formt sich die Materie,
um nach ihrem Vor-Bild
neue Wirklichkeit zu schaffen.
Die Phantasie des Kosmos regt
die Kräfte an, aus ihren Träumen
eine Welt zu bauen, die
man greifen kann. Und ruht
nicht, ehe die Materie
ihre Bedeutungslosigkeit zu

mystischer Bedeutung transformiert,
zum Spiegel überirdischer Schönheit
eingeschliffen hat.

Makrokosmische Bedeutung

Die konkreten, bildnerischen Kräfte der organisierten Astralsphäre von Planeten, Himmelskörpern oder auch nur Kontinenten wirken auf die grobe, ungestaltete Materie ein, schaffen die energetischen Spannungen, um die sich materielle Strukturen kristallisieren und sinnträchtige Wirklichkeiten erstellen. Da es sich hier, im Gegensatz zum Zeichen I/15. («Die Sammlung») nicht um die quantitative Ansammlung von psychischen oder astralen Energien handelt, sondern um die Einwirkung astraler Muster auf die materiellen Massen, trägt dieses Hexagramm den Titel «Die Verwirklichung». Anders als im Zeichen II/12. («Die Reife»), wo ein der Materie immanentes Bild nach seinem Ausdruck, seiner Verwirklichung drängt, ist es hier die makrokosmische Bilderwelt, die von außen gestalterisch auf die Materie einwirkt: Die (astrale) «Phantasie» des Universums «schlägt» der Materie adäquate Bilder, Gestaltungsmuster, «vor», auf Grund derer sie sich von anonymer zu konkreter Existenz transformieren und Bedeutung gewinnen kann. In der makrokosmischen Wirklichkeit binden deshalb die astralen Energiestrukturen die Substanzen des grobstofflichen Äthers, die sie zu ihrer Materialisierung benötigen, und übersetzen sie, durch die Verlangsamung der Schwingungsfrequenz in der stabilen Form der ätherischen Konstruktion, in greifbare, materielle Wirklichkeit – sei diese eine Veränderung der mineralischen Strukturen und Qualitäten oder «nur» die Veränderung der ätherischen Aura der Materie zur Schaffung von konkret definierten, feinstofflichen Lebensräumen, die eine künftige Evolution in ihrer Sphäre vorprogrammieren. Da solche astralen Bilder als Ergebnis archetypischer Schöpfungsimpulse (aus Akasha) zu werten sind, kommt hier tatsächlich die schöpferische Gestaltung der grobstofflichen Materie durch den «universellen Geist» zum Ausdruck – in der letzten Vorstufe zur Sichtbarwerdung als physische Tatsache.

Mikrokosmische Bedeutung

Eine Idee ist zu einem konkreten Bild, zu einem detaillierten Konzept herangereift, in der Vorstellung mit Gefühl und Farbe, Form und Bedeutung ausgestattet, und die grobstofflichen Mittel zu ihrer Realisierung in der physischen Welt kristallisieren sich um seine Struktur – zunächst noch auf der Ebene des grobstofflichen Äthers, der Vorstufe zur materiellen Manifestation. Es können diese buchstäblich die materiellen Mittel zur Realisierung eines Projektes sein oder auch gleichgesinnte Menschen, die zu seiner Verwirklichung beitragen können und wollen. Da Ziel und Inhalt der Verwirklichung offenliegen und bis in alle Details formuliert sind, demnach nur wirklich adäquate Kräfte angesprochen werden, lassen sich Widerstände, Mißverständnisse und Schwierigkeiten bei der Arbeit am Projekt ausschließen. Wichtig ist nur, das vorhandene Bild «auszumalen», das Ziel in allen Aspekten auszuformulieren, um eine wirksame Selektion der wirklich affinen Kräfte für die Verwirklichung vorzunehmen. Nichts ist so frustrierend für Menschen wie die Enttäuschung, sich für ein falsch verstandenes Ziel engagiert zu haben – und nichts so befriedigend wie die Einsicht in die Notwendigkeit jedes eigenen Beitrags für ein bekanntes, erstrebenswertes Ziel, auf das man in bewußter Vereinigung mit Gleichgesinnten hinarbeitet. Auf den menschlichen Körper bezogen meint dieses Hexagramm die Mobilisierung der physischen Kräfte und ihre Stimulierung durch die physischen Sinne, ihre Reize und Wahrnehmungen. In der menschlichen Gesellschaft ist es die Mobilisierung und Vereinigung ihrer Mitglieder zur Realisierung von projizierten Zielen und Konzepten, die als konkretes Bild einer künftigen Wirklichkeit für jeden ersichtlich, «einsehbar» sind.

Das Orakel

Offenbare Dein Träumen,
die Ziele Deiner Phantasie:
Dann findest Du Arme und Beine, Mittel
und Wege genug, den Traum durch das Tor
der Wirklichkeit zu tragen.
Sind die Bilder klein,
werden die Kräfte klein sein.
Sind sie groß, so wachsen auch
die Kräfte auf zu ihrer Größe.
Immer aber sollten sie
ein Spiegel der Bilder sein,
die das Universum sich erträumt.

DIE EINZELNEN LINIEN

■x■ **Sechs als erste Linie bedeutet:**
Sind Deine Kräfte auch noch schwach:
Das Bild der Seele beflügelt sie
und überwindet alle Hindernisse.

Bleibe ihm treu
und Du wirst Dir
Quellen der Kraft erschließen.

Die bildnerischen Kräfte der Seele sind stark und ausgeprägt, die Ziele sind groß und klar. Gemessen an ihnen erscheinen die Möglichkeiten zu ihrer Realisierung zu gering – sowohl was die physische Kraft als auch die materiellen Mittel betrifft. Es wäre falsch, sich davon entmutigen zu lassen: Mit fortschreitender Arbeit an der Sache stellen sich die Kräfte ein, die zu ihrer Verwirklichung benötigt werden, auch wenn sie jetzt noch nirgends sichtbar sind. Hat man sich erst einmal offen und aktiv zu seinem Ideal bekannt, wird es schnell Menschen und Mittel geben, die eigenen Möglichkeiten zu vervollständigen.

■x■ **Sechs als zweite Linie bedeutet:**
Folge Deinem Gefühl,
auch wenn Dein Verstand noch zögert.
Durch Gedanken und Zweifel
wurde noch kein Haus gebaut,
durch Ablehnung
noch kein Projekt verwirklicht.

Das Ideal, die große Vision ist nicht in der eigenen Persönlichkeit begründet, sondern wird von außen herangetragen. Vom Gefühl her möchte man sich schon engagieren, doch der Verstand entdeckt tausend Gründe der Verweigerung: Die eigene Unzulänglichkeit, Bedeutungslosigkeit, die Angst, sich aufzugeben oder zu verlieren oder auch enttäuscht zu werden. Durchaus vernünftige Überlegungen, die in dieser Situation aber unangebracht sind: Denn das Engagement für das Projekt und seinen Repräsentanten (die Sieben auf fünftem Platz), zu dem man in Beziehung steht, verspricht alle Erwartungen zu erfüllen – auch wenn weder die Vision noch das eigene Verhalten von der unmittelbaren Umwelt sofort verstanden und gebilligt werden.

■x■ **Sechs als dritte Linie bedeutet:**
Wer nicht aus Begeisterung handelt,
der muß aus Einsicht handeln.
Wen die Vision nicht überzeugt,
den muß sein Verstand überzeugen.
Für Einsicht ist es nie zu spät.

Als die Arbeit an der Verwirklichung der Vision begann, blieb man abseits und prüfte. Als die eigenen Gefühle für ein Engagement stimmten, überstimmte man sie mit kritischen Überlegungen. Jetzt, zur Einsicht gekommen, daß die Inhalte wahr und das Projekt von Wert ist, fällt es schwer, sich noch anzuschließen. Bescheidenheit und das offene Bekenntnis der Überlegungen und der getroffenen Entscheidung werden trotzdem nicht auf Ablehnung stoßen, und auch die spät gewonnene Einsicht wird letztlich als Beitrag zur Sache begrüßt und akzeptiert werden.

Neun als vierte Linie bedeutet:
Durch Deine Augen sehen die Menschen
die große Vision und folgen ihr.
Nur wirf nicht Deinen Schatten auf sie.

Ein Mensch hat die Persönlichkeit, die Phantasie und die Ausstrahlung, anderen Menschen ein gemeinsames Ziel plastisch zu vermitteln und sie zur Verwirklichung dieses Ziels zu inspirieren. Bei aller Fähigkeit und Stärke, bei allem Erfolg seiner Initiativen sollte er doch nie vergessen, daß nicht er selbst, sondern die Vision das gemeinsame Ideal Grund und Inhalt der Aktivität ist: Dann wird er auch großen Zielen durch breiteste Anerkennung zur Realisierung verhelfen, auch wenn er nicht selbst Autor und Urheber der Ziele ist.

Neun als fünfte Linie bedeutet:
Was Dein Auge sieht,
bereichert die Erde,
was Deine Phantasie erträumt,
träumt morgen die Menschheit.
Aber bist Du wirklich gläsern genug,
das Bild offenkundig zu machen?

Im Unterschied zur vorigen Linie ist hier der Urheber, der geistige Vater der Vision angesprochen, die für die Welt von Bedeutung sein könnte. Unwidersprochen kann er sie zum Inhalt und Ziel seiner Arbeit machen, und mühelos findet er begeisterte Gefährten, worauf auch seine Persönlichkeit und gesellschaftliche Bedeutung Einfluß haben. Um diesen Einfluß, der die Verwirklichung der Vision eher verwässert und ihren Wert mindert, möglichst gering zu halten, ist es wichtig, zu jeder Zeit das objektive Ziel, das Bild der angestrebten Zukunft im Blickpunkt zu halten und sich nicht aus Bequemlichkeit mit einfacher Gefolgschaft zufriedenzugeben, die sich nicht an diesem Ziel, sondern an der stärkeren Persönlichkeit orientiert. Dies ist man nicht nur sich als Vorbild schuldig, sondern auch all denen, die aus objektiver Überzeugung, aus sachlichem Engagement heraus ihre Kraft in den Dienst der Sache gestellt haben.

Sechs als sechste Linie bedeutet:
Wer zu fern steht,
kann sich nicht verwirklichen.
Wessen Träume zu weit gehen,
findet keinen Menschen, der sie sieht.
Man kann den zweiten Schritt
nicht vor dem ersten tun.

Allzu hochfliegende Träume, auch wenn sie ein durchaus wertvolles Ziel repräsentieren, finden keine Resonanz in den Seelen der Menschen, noch sind sie unmittelbar zu realisieren. Wer sich in seiner Vision zu weit von den Realitäten entfernt, kann keine Wirkung erwarten. Auch Visionen müssen in Umfang und Charakter nachvollziehbar sein, sich schrittweise in die Wirklichkeit übersetzen, auf gegebene Bedingungen Rücksicht nehmen, sonst setzt sich für sie kein Mensch in Bewegung. «Wer einen Elefanten verspeisen will, muß ihn in Scheiben zerlegen»: Dieses indische Sprichwort zeigt den Weg zur Realisierung einer zu großen, zu «unwirklichen» Vision. Sie muß in nahe- und fernliegende, in aktuell realisierbare und später mögliche Ziele und Bilder zerlegt werden: Dann finden sich von Bild zu Bild, von Teilziel zu Teilziel die Menschen und Mittel zu ihrer Verwirklichung. Wessen Vision zu «abgehoben» ist, wird die Materie nicht zu ihrer Verwirklichung bewegen können.

Das Haus des Auftretens des Feuers

II/17. DAS GERICHT

oberes Trigramm: LI, die Energie, das Feuer
unteres Trigramm: TSCHEN, die Dynamik, der Donner

Das Bild

Unter dem aktiven Prinzip der Energie, des Willens, des Feuers – die konkrete Manifestation des energetischen Feuerprinzips, die Dynamik, der Donner.

Der Charakter

Mit Strenge und Gewalt verschafft
die Wahrheit ihren Prinzipien Geltung,
zerstört die Lüge, jede Illusion,
bringt Licht in Dunkelheit.
Und was nicht weichen will, verbrennt.
Der Urkraft des gerechten Willens
kann kein kleiner Wille widersprechen,
kein kleiner Mut behauptet sich.
Und der Verblendung morsche Mauern,
Bollwerke der Lebenslüge,
sinken in Staub und Asche:
Was bleibt, verweht der Wind
ins leere Land Vergessenheit.

Makrokosmische Bedeutung

Wo immer disharmonische Strukturen sich verhärtet haben und durch einfache Einwirkung des Geistes, durch harmonische Evolution der ätherischen Strukturen nicht mehr beeinflußbar und veränderbar sind, sich also dem Leben und seiner Entwicklung widersetzen, manifestiert sich der Wille (LI) des Geistes (KIEN) durch gezielte Gewalt (TSCHEN), um die hemmenden Kräfte und falschen Strukturen aufzulösen und Bahn zu brechen für den vitalisierenden Fluß konstruktiver Energien. Gleich dem Blitz, der einschlägt und zerstört und zugleich grelles Licht in die Dunkelheit bringt, vor dem jede Realität als scharf konturierte Silhouette erkennbar wird, so wirkt die geistig gerichtete Aktivität gebündelter Willenskraft zerstörend und erleuchtend zugleich: Zerstörend für den statischen Widerstand unbrauchbar gewordener oder gar falscher Konstruktionen organisierter Materie (oder organisierten Denkens), erleuchtend durch die neugewonnene freie Sicht auf die Wirklichkeit, die Wahrheit und die wiedereroberte Entfaltungsmöglichkeit für die konstruktiven, harmonischen Kräfte des Lebens. Der Demonstration des starken geistigen Willens (LI) durch gezielte Dynamik (TSCHEN) vermag nichts zu widerstehen, nährt sie sich doch aus der unerschöpflichen Quelle der kosmischen Feuerenergie: Ein verkrusteter, nutzloser Planet wird gesprengt, ein Stern wird zu Staub, die evolutionshindernde Vegetation einer Landschaft verbrennt. Doch aus Staub und Asche wird sich erheben – ein neuer planetarischer Phönix, ein Stern, der wieder Licht reflektiert, eine Landschaft voll unverbrauchter Kraft, schöner und vollkommener als die alte ...

Mikrokosmische Bedeutung

Im individuellen Leben gilt das gleiche situative Grundmuster: Eine verhärtete Struktur, ein fehlgeleiteter Wille, an disharmonischen (und damit anti-kosmischen) Prinzipien ausgerichtet, die durch Einwirkungen des Geistes, durch Belehrung, Überredung oder Überzeugung nicht mehr zu beeinflussen ist, wird durch Gewalteinwirkung zerstört, aufgelöst, ihre negative Existenz im wahrsten Sinne unschädlich gemacht. Dies kann auf der Ebene geistiger Auseinandersetzung geschehen oder auf der Ebene der praktisch-materiellen Lebensgestaltung. Mit klarer Unnachgiebigkeit wird den Gesetzen der Wahrheit und des Rechts Geltung verschafft, Irrtum und Unrecht offenbart, die Basis ihres Wirkens zerstört, um einer Wiederholung vorzubeugen. Dieses Hexagramm kann als Aufforderung zu unnachsichtigem Kampf gegen die hemmenden, destruktiven Kräfte und zu deren konsequenter Bestrafung verstanden werden. Oder aber, sollte man selbst das Prinzip des hemmenden Übels repräsentieren, als Ankündigung der drohenden Bestrafung, des sich vorbereitenden Angriffs auf die eigene Handlungsbasis und Persönlichkeit, die der Realisierung des kosmischen Rechts und dem Fluß der konstruktiven Energien im Wege steht. Die geistigen Inhalte und Ziele des «Gerichts» werden im Hexagramm nicht diskutiert, nur seine Durchführung. Doch ihre kosmische Berechtigung wird vorausgesetzt. In bezug auf den menschlichen Körper beschreibt das Hexagramm die Hitze und Dynamik, die sich in unerschöpflichem Tatendrang, in unermüdlicher Schaffenskraft äußert. In bezug auf die Psyche die Unruhe und Dynamik des klaren, berechtigten Willens. Auf die menschliche Gesellschaft übertragen, kommt in ihm das Wirken der Judikative zum Ausdruck, der öffentlichen Instanz, die mit gesellschaftlicher Legitimierung Wahrheit und Recht verteidigt, Verstöße gegen sie ahndet und so deren Aushöhlung verhindert. Dies redet keiner «Staatsraison» das Wort: Denn für den bewußten Menschen kann in diesem Hexagramm die Zerschlagung einer falschen Revolution zum Schutze der Wahrheit und kosmisch berechtigten Ordnung ebenso charakterisiert sein wie die kosmisch berechtigte Revolution zur Etablierung der Wahrheit gegen eine falsche, verlogene Ordnung. Le choix est à vous, messieurs, dames.

Das Orakel

Die Zeit drängt zum Handeln;
zögere nicht.
Lüge und Irrtum setze in Brand:
Im Licht ihrer Flammen

offenbart sich den Menschen die Wahrheit.
Und dulde keinen Widerspruch.
Alle denkenden Wesen des Universums,
auf allen Ebenen der Wirklichkeit,
kämpfen an Deiner Seite:
Für Licht
und Wahrheit
und Gerechtigkeit,
die Grundlagen kosmischen Lebens.

DIE EINZELNEN LINIEN

▬○▬ **Neun als erste Linie bedeutet:**
Das Gericht kommt schnell
und mit ihm die Läuterung.
Wohl dem, der sich nur
die Finger verbrennt.

Hier wird ein Mensch bestraft, noch ehe er sein Unrecht richtig begehen konnte. So kommt er zur Einsicht und vermeidet größeren Schaden für sich und andere. Wer sich die Finger verbrennt, wird auf das Feuer aufmerksam und entgeht dem Flammentod. Der Schmerz der Belehrung ist auf dieser Linie tatsächlich dem physischen Körper zugeordnet, zum Schutz und zur Einsicht von Geist und Seele – und mögliche physische «Mißgeschicke» sollten als Aufforderung zur Besinnung, als Warnung des Schicksals verstanden werden.

▬x▬ **Sechs als zweite Linie bedeutet:**
Im Zorn zu strafen
verdunkelt das eigene Licht.
Bezähme Deine Erregung,
aber nicht den Willen,
klar und fest zu handeln.

Der Zorn des Gerechten verliert leicht seine Klarheit, wenn er in reine Emotion (oder gar Haß) einer Sache oder einer Person gegenüber mündet. Er muß vom Verstand gelenkt und in gezielte Handlung übersetzt werden. Das bedeutet nicht Zurückhaltung, sondern kontrollierte Emotion, die, weil sie sich nicht selbst in bloße Wut verliert, um so wirkungsvoller und gefürchteter sein wird. Die an sich schwache (zweite) Linie ist durch ihren berechtigten Zorn ohnehin schon so stark, daß sie nicht fürchten muß, durch Selbstkontrolle ihre Wirkung zu verfehlen: gezielte emotionale Härte genügt.

Neun als dritte Linie bedeutet:
Wer in Gedanken straft,
kommt nie zur Tat.
Wenn die Lüge erst Gewohnheit ist,
läßt sie sich schwer beseitigen.
Tu Deine Pflicht,
aber erwarte keine Begeisterung.

Wer zu lange zögert, Für und Wider einer offenkundig unrechten Sache zu oft abwägt, versäumt den Zeitpunkt, an dem eine frische, emotionale Reaktion das aufkommende Übel bei allseitiger Bestätigung schnell aus der Welt geschafft hätte. Hier hat sich das Unrecht etabliert, die Menschen haben sich damit arrangiert, und dagegen anzugehen bedeutet, den oberflächlichen Frieden zu stören. Da die eigene Erkenntnis des Unrechts zur Handlung verpflichtet, sollte man alles in der eigenen Macht Stehende dagegen unternehmen, aber nicht auf begeisterte Mitwirkung der Umwelt hoffen. Einsichtsvoller Respekt allenfalls wird die eigene Handlung begleiten – und die innere Befriedigung, den Menschen einen wertvollen Dienst erwiesen zu haben, auch wenn sie diesen nur zögernd anerkennen.

Neun als vierte Linie bedeutet:
Im Kampf mit öffentlichem Unrecht
braucht man Stärke
und Unnachgiebigkeit.
Das Unrecht ist bloß mächtig
und wird lodernd verbrennen:
In den Flammen Deines gerechten Kampfs.

Da es sich um ein gesellschaftliches Übel handelt, muß es in aller Öffentlichkeit bekämpft und gerichtet werden. Die eigene gesellschaftliche Bedeutung ist nicht groß. Um so stärker und konsequenter muß man im Kampf gegen das etablierte Unrecht sein. Das Unrecht hat hier nur die äußerliche Macht, in seiner Substanz aber ist es hohl, ihm fehlt die kosmische und menschliche Legitimation. Wenn das erst deutlich gemacht ist, wird die Fassade der Macht in den Flammen der Wahrheit versinken und die Sicht freigeben auf neue, möglicherweise für die gesamte Gesellschaft relevante Horizonte. Es könnte in dieser Linie durchaus die Aufforderung zu einer Revolte oder Revolution gegen formale Machthaber ausgesprochen sein, die die Lüge zu gesellschaftlicher Wahrheit umgemünzt haben.

▬x▬ **Sechs als fünfte Linie bedeutet:**
Unrecht duldet keine Schwäche,
denn es lebt selbst nur von Gewalt,
von Lüge oder Zwang.
Wer es beseitigt,
segnet die Welt.

Die herrschende Linie des Zeichens ist mit einer schwachen Sechs besetzt: Das bedeutet eine gesellschaftlich einflußreiche Persönlichkeit, die ihrem Charakter nach eher sanftmütig und verständnisvoll ist, der das Strafen nicht liegt. Doch im vorliegenden Fall muß sie ihre Güte zugunsten von Gerechtigkeit aufgeben und hart durchgreifen. Denn Unrecht selbst lebt nur von Gewalt, sei es in Form des Betrugs und der Lüge an den Mitmenschen oder in Form von repressiver Machtausübung. Dem ist mit Güte und Verständnis nicht zu begegnen, und nur die unnachgiebige Härte und klare Entscheidungen helfen dem Übel ab.

▬○▬ **Neun als sechste Linie bedeutet:**
Wer das Unrecht verewigen will,
dem droht ewiges Leid.
Wer nicht zur Einsicht kommen kann,
den beseitigt die kosmische Vernunft,
um Platz zu schaffen
für ein unverbrauchtes Gemüt.

Zu lange ist man mit seinem Unrecht durchgekommen, zu lange hat man sich um die notwendige Einkehr und Umkehr herumgelogen, als daß man sich noch wirklich genötigt sähe, sich zu ändern, der eigenen Persönlichkeit eine andere Richtung zu geben. Das resultierende karmische Unheil kumuliert sich deshalb im Äther bis zu dem Grad, an dem es den Durchbruch in die physische Ebene der Wirklichkeit vollzieht. Die Vernichtung der eigenen Persönlichkeit, als Grundlage und Potential des Unrechts und als Barriere gegen die konstruktiven, harmonischen Energien des Universums, vollzieht sich dann mit nicht mehr zu mildernder Konsequenz. Die Änderungen im eigenen Charakter und Handeln, die die ätherischen Ursachen für weltliches Unglück korrigieren könnten, scheint man sich selbst nicht aufzwingen zu können. Also zwingt das universelle Karma die Seele zur Änderung: unter Verlust von vielem, was sie für ihre Persönlichkeit, ihr

Recht, ihr Weltbild hielt. Aus den reinigenden Flammen des Unglücks wird dann eine geläuterte Psyche hervorgehen, die sich in ihrer positiven Entwicklung nicht länger selbst behindert und zu einem konstruktiven Teil der Umwelt anderer heranwachsen kann – zum eigenen und zum Segen des Universums.

II/18. DER SEGEN

oberes Trigramm: LI, die Energie, das Feuer

unteres Trigramm: SUN, die Reflexion, der Wind

Das Bild

Unter dem aktiven Prinzip der Energie, des Willens, des Feuers – die konkrete Manifestation des feinstofflichen Geistprinzips, die Reflexion, der Wind.

Der Charakter

Die wärmende Sonne ernährt alle Wesen
nach ihrer Bestimmung und Art,
spendet Licht und Kraft
nach Verdienst und Bedarf.
Kein Wesen, kein Stern, kein Planet
kann ohne ihren Segen
seine Bestimmung erfüllen,
und wer sich ihr öffnet,
wächst über sich hinaus.

Makrokosmische Bedeutung

Wenn das Urelement des Feuers in seiner Wirkung von der konkreten Aktivität des feinstofflichen Prinzips des Geistes, also von Gedanken und Ideen, gesteuert wird, so ist das Ergebnis die zielgerichtete, sinnvolle Zufuhr von Energie, in Quantität und Qualität auf die Eigenschaften und Bedürfnisse des Empfängers abgestimmt. Diese «kosmisch bewußte» Energiezufuhr ist also in ihrer Wirkung buchstäblich «segnend», bereichernd, vervollkommnend, verschönernd: konstruktiv im Sinne des empfangenden Objekts. Optimale Klimabedingungen für eine Landschaft oder eine überraschende, zusätzliche Schönwetterphase sind Phänomene, die der Energiestruktur dieses Hexagramms entsprechen. Die direkte Übersetzung der Symbolik des «warmen Windes» und seiner Wirkung auf die Pflanzen- und Tierwelt macht das Prinzip deutlich. Die (erste oder zusätzliche) Sonne, die das Universum einem Planetensystem zuordnet, die evolutionsbegünstigende Erwärmung der Atmosphäre eines zuvor kalten Planeten – auch in diesen Vorgängen kommt die segnende Wirkung des «Bewußtseins des Universums» zum Ausdruck und signalisiert eine konstruktive Logik, für die im Bewußtsein des zeitgenössischen Menschen, selbst der «Wissen»schaftler, noch keine Skala groß genug ist, ein Verständnis zu ermöglichen.

Mikrokosmische Bedeutung

Karmischer Segen kündigt sich an, sowohl für den individuellen Menschen als auch für eine gesellschaftliche Kultur, die dieses Zeichen gewinnt. Gemäß der vorhandenen Absichten, Ideen, Strukturen im Charakter dieses Menschen oder dieser Gruppe fließen gezielt konstruktive Energien aus der Ebene des feinstofflichen Äthers durch die verschiedenen Verdichtungsgrade in die Ebene der grobstofflichen Wirklichkeit, um sich dort zu manifestieren, die Realisierung von Plänen zu fördern oder einfach die Lebensqualität, das Lebensgefühl zu erhöhen, «Glück» zu spenden. Wenn die verschiedenen Ebenen universeller Wirklichkeit nach ihren Verdichtungsgraden «oben» (feinstofflich) und «unten» (grobstofflich) betrachtet werden, so ergießt sich hier buchstäblich «Segen von oben», also unerwartete Unterstützung und Energiezufuhr, die ein begonnenes Projekt oder eine Lebenssituation zu Wachstum und Blüte führen werden. Der universelle Wille denkt den Gedanken des Menschen mit und verleiht ihm seine Kraft. Die Art und Weise, in der dieser Wille dabei verfährt, überschreitet deutlich die Grenzen des «glücklichen Zufalls» und offenbart dem weisen, denkenden Menschen komplexe Einsichten in die Wirkgesetze des Kosmos. Zugleich ist dieser Segen aber auch Verpflichtung: Mit weiser Überlegung (SUN) und dem reinen Willen des ernsthaften Menschen (LI) gibt der bewußte Erdenbürger den Segen an die Welt weiter, sei es durch die Kultur der eigenen Persönlichkeit oder durch direkte, aktive Fürsorge für andere. Die Segnungen, die einem Menschen zuteil werden, bemessen sich auf Dauer an den Segnungen, die anderen durch ihn zugute kommen: Auch dies ein Wirkgesetz des Kosmos. Auf den menschlichen Körper übertragen, kommt in diesem Hexagramm der kausale Zusammenhang zwischen persönlicher Energie und regelmäßiger, bewußter Atmung zum Ausdruck. Die durch bewußte Atmung (SUN) intensiv genutzten grobstofflichen Äther reinigen die Aura, geben dem Denken Klarheit und dem Willen (LI) die Kraft, die er aus sich heraus allein nicht hätte manifestieren können. Auf die menschliche Gesellschaft bezogen, stellt das Hexagramm die dynamische Kultur und aktive Blüte dar, die nur auf dem Nährboden klarer Ideale und geistiger Konzepte sich entwickeln können, die mit den Gesetzen des Universums in Einklang stehen.

Das Orakel

Nutze die Zeit des Segens
als Deine große Zeit
und bleibe klaren Zielen treu:
Mit unsichtbarer Hand
arbeitet das Universum
an ihrer Verwirklichung mit.
Und was wäre dem Kosmos,
der heiligen Ordnung unmöglich?
Wärst Du, Deine Persönlichkeit,
ihr reiner Spiegel: Wie reich
und groß könntest Du sein.

DIE EINZELNEN LINIEN

■x■ **Sechs als erste Linie bedeutet:**
Wenn Dich das Licht des Himmels trifft:
Was werden die Menschen sehen?
Pflege Dein Äußeres, Deine Kleidung,
Deinen Körper, damit sie der Würde
der Segnung entsprechen.

Nicht der Göttin Hygie wird hier gehuldigt, sondern ihrer Tochter Ästhetis. Durch selbstlose Haltung und konsequente Arbeit hat man sich karmischen Segen verdient, der die Person beflügeln und ihren Zielen näherbringen wird. Die Kultur der Persönlichkeit aber wurde vernachlässigt. Eine Überprüfung der physischen Selbstgestaltung dürfte den Menschen auch äußerlich in Einklang bringen mit der neuen, größeren, glücklicheren Identität, die das Schicksal ihm nahelegt und ermöglicht. Wenn man mit der alten Kleidung auch unedle Gewohnheiten und Eigenschaften ablegen kann, die bisher Ausdruck der Nachlässigkeit oder Schwäche waren, so fände die karmische Segnung vielleicht nicht nur einen verdienstvollen Empfänger vor, sondern sähe sich durch eine kultivierte Persönlichkeit gewürdigt und in jeder Hinsicht fruchtbar bestätigt.

Neun als zweite Linie bedeutet:
Der Segen ist größer, als Du erhoffst.
Du bist stärker, als Du annimmst.
Vertraue auf Dich und die Zeit
und gehe Deinen Weg.

Man weiß sich innerlich stark, doch sieht man sich in einer schwachen Lage. Nach Erwägung aller Umstände zweifelt man, ob man mit seiner Arbeit Erfolg haben könnte. Doch die Segnung, die sich karmisch ankündigt, gleicht alle Schwächen aus: Sie ergänzt das Fehlende und läßt die soziale Stellung als unbedeutend in den Hintergrund treten. Durch gezielten Einsatz aller eigenen Kräfte öffnet man den Energien des Universums die Kanäle, durch die sie ihren vorgesehenen Reichtum ergießen können. Dies mag bei den unmittelbaren Mitmenschen Mißtrauen oder Erstaunen erwecken, doch ihre Meinung ist weder gefragt noch relevant. Wichtig ist, die Gunst der Zeit zu nutzen und den empfangenen Segen fruchtbar umzusetzen: als Basis für die künftige Gestaltung von Charakter und Leben.

Neun als dritte Linie bedeutet:
Wen der Geist segnet,
der wird reich an Geist.
Doch diesen Reichtum sieht man nicht.
Bewahre und mehre ihn gut für die Zeit,
in der die Welt ihn ehrt
und mit Reichtum belohnt.

Der Segen des Himmels wirkt sich vor allem auf das eigene Bewußtsein aus. Man sieht und versteht mehr, als die Welt zu würdigen oder aufzunehmen bereit wäre. So bleibt man mit seinem geistigen Reichtum buchstäblich allein und kann ihn der Umwelt nicht zugute kommen lassen. An dieser augenblicklichen Lebenssituation kann man nichts ändern, deshalb ist es wichtig, den erlangten Segen im Innern zu kultivieren und lebendig zu halten, bis die Situation sich geändert hat. Dann wird man über ein geistiges Kapital verfügen, das auch materielle Werte schafft und die Umsetzung von geistiger Wahrheit in sichtbare Wirklichkeit ermöglicht. So wirkt sich die Segnung langfristig auf alle Bereiche des eigenen Lebens als substantielle Bereicherung aus, die von nichts in der Welt in Frage gestellt werden kann.

Neun als vierte Linie bedeutet:
Wer im Segen das Maß verkennt,
Kultur mit Prunk verwechselt,
Reichtum sucht statt seine Ursachen,
vergeudet das Gewonnene
und wird ärmer als zuvor.

Die starke Persönlichkeit, die hier mit materiellem Segen bedacht wurde, scheint in sich nicht genug gefestigt zu sein, um ihn auch verwalten zu können. Der materielle Wohlstand und die damit verbundene Beachtung in der Gesellschaft bekommt dem Menschen nicht: Er schwelgt in äußerem Glanz, statt sich um den sinnvollen Einsatz und damit den Fortbestand seines Reichtums zu bemühen. Damit läßt er die Chance, die das Schicksal ihm bot, ungenutzt: Er glaubte sich am Ziel, wo er doch nur mit den Mitteln ausgestattet war, es durch konsequente Arbeit zu erreichen. Sind die Segnungen nutzlos verbraucht, fällt er in seine alte Lage zurück und ist ärmer als zuvor: Denn jetzt belastet ihn der Verlust dessen, was er vorher nur wünschen konnte, und sein gesellschaftliches Ansehen ist mit dem äußerlichen Glanz, auf den man es begründete, dahin.

Sechs als fünfte Linie bedeutet:
Ein großer Charakter erstrahlt
im Licht seines eigenen Wesens,
und tausend Menschen denken seine Gedanken.
Der Segen des Kosmos
krönt seine Werke mit Glanz.

Ein sanfter Mensch von großem inneren Reichtum ist zum Orientierungs- und Mittelpunkt des Interesses der Umwelt aufgestiegen. Seine äußere Persönlichkeit verleiht seinen rationalen Gedanken den würdigen Ausdruck, der es den Mitmenschen leichtmacht, sich seinen Ansichten und Erkenntnissen diskussionslos anzuschließen. Daraus ergibt sich eine mühelose Verwirklichung seiner Pläne und Projekte zum Segen der Allgemeinheit. Der Kosmos krönt diesen Menschen und seine Anstrengungen durch die optimalen astralen Energiestrukturen, die jede seiner Anstrengungen zu antizipieren scheinen und auf fast magische Weise die zum Erfolg nötigen Situationen schaffen. Dieser Segen macht seine Bemühungen nicht nur auf faktische und funktionale Weise wirkungsvoll, sondern krönt ihn und seine Werke mit jenem überirdischen Glanz, der seine harmonische Übereinstimmung mit dem Willen des Universums deutlich macht. In den Augen der Menschen verklärt sich deshalb sein Bild zu dem eines Botschafters des himmlischen Willens, das er durch Integrität und selbstlose, sachliche Beständigkeit in seiner Arbeit täglich erneuern und rechtfertigen muß. Sonst könnte der Segen versiegen, der Glanz verblassen – und das Werk wieder «Mühe und Arbeit» werden.

Neun als sechste Linie bedeutet:
Eine Sonne erstrahlt
am Firmament des Geistes.
Sie vertreibt alle Schatten
und macht allen, die sie sehen,
die Gedanken des Universums verständlich.

Ein Weiser, der in seinen Erkenntnissen gereift und in seiner Persönlichkeit klar ist, wird von der Welt erkannt und geehrt. Seine Stimme ist die Stimme des kosmischen Bewußtseins, seine Erscheinung spiegelt den Glanz ewiger Wahrheit, sein Wille ist der Wille des Universums. Sein Wort ist den Menschen Aufforderung zur Tat, und ihre Taten krönt der astrale Kosmos mit mühelosem Erfolg. Als Mann des Geistes und in der Position des Ratgebers und Lehrers ist er selbst nicht mehr zu gesellschaftlichem Engagement, zur Erfüllung einer gesellschaftlichen Funktion verpflichtet. Um so klarer und kompromißloser kann er die Prinzipien der kosmischen Wahrheit vertreten und ihre Realisierung durch andere beobachten. So wirkt sich die Segnung des Himmels in zweifacher Weise ideal aus: Ein Mensch erreicht die Blüte der Erkenntnis und des Bewußtseins in der Welt, und er gibt die Samen dieser Blüte unverfälscht und voll evolutionärer Kraft an die Welt weiter. Er empfängt die kosmische Segnung, und seine Existenz, sein Wirken sind selbst ein Segen für das Leben und die Entwicklung der Menschen. So strömen die Energien des Kosmos, wenn sie nicht behindert sind, in ihrer ganzen Fülle vom Großen ins Kleine, vom Makro- in den Mikrokosmos, um das evolutionäre Ideal zu erstellen: Daß das Kleinste ein reiner Spiegel des Großen sei, in vollendeter Schönheit und Harmonie.

II/19. DIE SUCHE (DER PILGER)

oberes Trigramm: LI, die Energie, das Feuer

unteres Trigramm: KEN, die Stabilität, der Berg

Das Bild

Unter dem aktiven Prinzip der Energie, des Willens, des Feuers – die konkrete Manifestation des grobstofflichen Materieprinzips, die stabile Form, der Berg.

Der Charakter

Die Energie des Feuers treibt
den Stern, den Menschen durch
den inneren und den äußeren Raum,
bis er den Platz gefunden hat,
der für ihn vorgesehen war.
Seine Erscheinung ändert sich
mit jedem Schritt, in jedem Augenblick,
doch nicht sein Wesen, der Charakter,
den der Kosmos ihm mit auf die Reise gab.
Der wird nur stärker, fester, klarer.
An seinem eigenen Ort,
zu seiner Zeit
erstrahlt er dann als Stern,
als Sonne: als das, was er
schon immer war.

Makrokosmische Bedeutung

Die Dynamisierung von materiellen Formationen im Universum kann die unterschiedlichsten Phänomene hervorrufen. Die Erhitzung eines Planeten bewirkt seine Ausdehnung, die Veränderung seiner Molekülstrukturen und, sofern er sich bewegt, die Veränderung seiner Laufbahn. Zugleich vergrößert sich seine Masse – denn auch Materie ist nur verlangsamt schwingende Energie. Ein anderes Phänomen der Dynamisierung ist die Bewegung der Planeten in festgefügten Kreisbahnen selbst – wobei in diesem Hexagramm nicht die Ordnung und Regulierung der Bewegung betrachtet wird, sondern die Kraft und Dynamik der Bewegung selbst. Sie wäre grenzenlos, würden nicht andere Kräfte (Gravität, Magnetismus der Kernsonne etc.) sie proportionieren und begrenzen. Diese Bewegung verändert die Struktur und Substanz des Körpers nicht – sie ordnet ihn nur im Gesamtgefüge der Himmelskörper «richtig» ein. Damit ist die Bewegung nicht Selbstzweck, sondern trägt ihr Objekt in den Sinnzusammenhang von kosmischen Konstellationen hinein – und da auch diese sich bewegen, trägt sie ihr Objekt beständig den wechselnden Konstellationen nach: wodurch das Objekt, in dauernder Bewegung, schließlich einen ständigen Platz in der Harmonie der Konstellation einnimmt. Ist das Netz der Energien zwischen allen Körpern geknüpft, ausbalanciert und regularisiert, können wir von einem stabilen (Sonnen-)System sprechen, in dem jeder Planet seinen Platz und seine Bedeutung hat, aus dem Gefüge nicht mehr «wegzudenken» ist, ohne das Gefüge selbst in Frage zu stellen. Dann hat der «pilgernde» Himmelskörper seine Aufgabe gefunden, seinen Platz eingenommen, bis sich seine Bedeutung für das System (oder die des Systems für das Universum) überlebt hat. Bis dahin aber werden Erde, Mond und Sterne noch viele Runden um die Sonne drehen – ständig in Bewegung und doch immer «an ihrem Platz».

Mikrokosmische Bedeutung

Ein Mensch hat seine Berufung, seine Aufgabe, seinen Platz in der Welt noch nicht gefunden. Nur zu gerne würde er sich mit einem der Angebote, die die Welt an ihn heranträgt, identifizieren und abfinden – doch die karmische Dynamik treibt ihn weiter, kaum hat er sich (innerlich und äußerlich) in einer Lebenslage eingerichtet, da die Spannungen zwischen äußerer Lebensrealität und seelischen Anforderungen unerträglich werden. Zwar sollte man nicht jedem Impuls zur Veränderung nachgeben, doch ein gewaltsames Unterdrücken der berechtigten Ansprüche der Seele führt auf längere Sicht nur zum fruchtlosen Verschleiß aller Energien – und letztlich doch zur Unhaltbarkeit der unangemessenen Lebensgestaltung. Diese seelisch-geistige Dynamik führt den Menschen oft auf verschlungenen Wegen ans Ziel, zum Ort und Inhalt seiner wirklichen Berufung in diesem Leben. Und oft sind die Schleifen der geradeste Weg – vor allem wenn noch Erfahrungen, Erkenntnisse und Urteile erworben werden müssen, die für die eigentliche Lebensaufgabe von Bedeutung sind. Diese Pilgerschaft muß nicht immer im Physischen stattfinden – sie kann sich auch durch wechselnde Berufe, Ausbildungen, Bekanntschaften vollziehen. Immer aber ist sie geprägt von der Dynamik der Veränderung, des Wechsels: des Bewußtseins, bei aller Hingabe und Bemühung «noch nicht angekommen zu sein», noch nicht «das Wahre» gefunden zu haben. Wer sich in solcher Lebensphase nach Stabilität sehnt, muß sie in sich selbst finden – im eigenen festen Charakter, der sich durch veränderte Umstände hindurch selbst treu bleibt. Wer sie in den Umständen sucht, leidet unter ihrem, gelegentlich sogar abrupten, Austausch gegen andere, die das Schicksal für die Seele noch vorgesehen hatte. Die richtige Haltung ist hier, wie auch in den übrigen Zeichen, im Hexagramm selbst vorgegeben: Die innere Stabilität der Persönlichkeit (KEN) bei äußerer Beweglichkeit und Willenskraft (LI) wird schließlich die Seele zu dem in diesem Leben für sie vorgesehenen Ziel führen, an dem sie wohnen und sich verwirklichen kann.

Und jedes Bild, das sie auf ihrer (inneren oder physischen) Pilgerschaft in sich aufnahm und reifen ließ, wird ihr Lebenswerk größer, vielfältiger, farbiger und vollständiger gestalten als dessen unverzichtbares Material. Auf den menschlichen Körper bezogen charakterisiert dieses Hexagramm die Bewegung und Kraft der physischen Muskeln. Auf die Psyche bezogen: die Willensstärke. Und in der menschlichen Gesellschaft sind es die dynamischen Kräfte der physischen Konstruktivität, die das Kollektiv zu mobilisieren imstande ist: Das Potential des materiellen Aufbaus, der Produktionskraft.

Das Orakel

Finde in allem, was Du siehst
und tust, einen Teil von dem,
was Du suchst:
einen Teil von Dir selbst.
Doch bewahre Dich und Deine Kraft
für den Tag, an dem Du Dich
ganz erkennst: Dort erst
wird Dein Zuhause sein.
Dein Ziel und Auftrag.
Wo immer Du bist, hinterlasse
ein Stück von Dir, an dem man
Dich erkennt: Es wird ein Teil
der Straße sein, der Menschen folgen können,
eines Tages, auf dem Weg
zu Deinem wahren Selbst.

DIE EINZELNEN LINIEN

▬x▬ **Sechs als erste Linie bedeutet:**
Suche nicht die Schönheit des Körpers,
sondern die des Charakters
und des Geistes. Nur sie
wird erinnert, wenn der Körper
gegangen ist.

Wer durch Äußerlichkeit und materielle Betrachtung sich Anerkennung zu verschaffen sucht, vielleicht sogar in der Gestaltung seiner äußeren Person Fortschritte in seiner Entwicklung vermutet, verfehlt den Sinn der Zeit und mißversteht, was die Umwelt von ihm erwartet. Es kommt darauf an, auch in unscheinbarem Gewand Respekt zu gewinnen – und der kann nur durch charakterliche Stärke und geistige Klarheit erworben werden und nicht durch oberflächliche Anpassung an die banalen Lebensinhalte der Umwelt.

Sechs als zweite Linie bedeutet:
Wo Dein Herz sich niederläßt,
verweile. Der Ort wird Dir
und Deiner Seele für eine ganze Zeit
ein freundliches Zuhause sein.

Man fühlt sich zugehörig: Zu einem Ort, einer Gruppe von Menschen, einer Lebensweise. Trotzdem zögert man, denn im Innersten der Seele hört man die leise Stimme, die sagt, daß das noch nicht das Ziel der Suche sein kann. Zugleich aber ist man an einer wichtigen Station auf dem Wege angelangt, die für eine unbestimmte Zeit ein geistiges und materielles Zuhause bietet: Dieses Angebot des Schicksals sollte man positiv beantworten, denn es entspricht in jeder Hinsicht dem karmisch vorgesehenen Ablauf des eigenen Lebens. Gedanken an die ferne Zukunft, an endgültige Dauer (was ist endgültig?) in der eigenen Lebensgestaltung sollten deshalb zurückgestellt und nicht in die Entscheidung eingebracht werden.

Neun als dritte Linie bedeutet:
Wer verkennt, daß er nicht Lehrer,
sondern Schüler ist,
steht bald allein.
Bezähme Deinen Stolz,
mäßige Deine Worte:
So hörst Du, was Du
noch nicht weißt.

Ein Mensch mag durch den bewegten Ablauf, die Vielfalt der Stationen seines Lebens schon viel gelernt, manches durchdacht haben und einiges wissen: Er ist trotzdem noch nicht am Ziel seiner Lebensreise angelangt, noch nicht berufen, zu allem und jedem Stellung zu nehmen, zu belehren. Er sollte zwar seinen Beitrag in Gesprächen leisten, doch nur als eine von gleichberechtigten Meinungen, denn seine Situation erlaubt es nicht, daß er sich anderen überhebt. Durch eine solche Haltung bewirkt er nicht Hilfe und Einsicht, sondern nur die Abkehr der anderen Menschen, und er verliert selbst die Möglichkeit, von ihnen und an ihnen zu lernen: Dies aber ist immer noch Inhalt und Hauptzweck seiner geistigen Pilgerschaft, seines gegenwärtigen Zusammenseins mit diesen Menschen. Und wer durch stolze Gebaren versucht, die Bescheidenheit der Lebenslage zu überspielen, scheitert schnell am seismografischen Instinkt seiner Zeitgenossen, der gefühlsmäßig jedem Menschen seinen bestimmten Platz zuweist. Sich mit diesem nicht zufriedenzugeben, heißt ihn ganz zu verlieren, und die versäumte Lektion des Lebens muß zu anderer Zeit, an einem anderen Ort nachgeholt werden.

Neun als vierte Linie bedeutet:
Der Pilger kommt zu Einfluß und Besitz.
Noch ist er nicht am großen Ziel,
da will ein kleines Ziel ihn binden.
Wenn er sich nicht verliert,
so mag er eine Weile bleiben.

Die Gesellschaft, in der sich der Mensch befindet, erkennt seinen Wert und versucht, ihm einen angemessenen Platz zu schaffen. Der aber ist, gemessen an seinem Potential und seinen wahren Lebenszielen, zu eng und begrenzt: Er würde sich in diesem kleinen Rahmen (vierte Linie) auf Dauer nicht voll entfalten und die Größe seiner Persönlichkeit (Neun) nicht realisieren können. Deshalb fühlt er sich trotz aller Annehmlichkeiten, die diese Anerkennung mit sich bringt, nicht glücklich. Trotzdem ist aber auch diese Station auf seiner Lebenspilgerschaft vorgesehen, und wenn er sich innerlich frei zu halten vermag für den Tag seiner weiteren und wirklichen Berufung, so kann er sehr wohl auf das Angebot eingehen und die ihm zugedachte Position einnehmen. Nur muß er deutlich machen, daß sie für ihn nur zeitlich begrenzten Wert haben kann und daß er irgendwann seinem wirklichen Ziel weiter folgen wird.

Sechs als fünfte Linie bedeutet:
Durch bescheidene Leistung
kommt der Pilger zu Ehren.
Könnte es seine Heimat sein?
Nach drei Jahren wird er es wissen.

Ein Mensch kommt in eine fremde Gesellschaft und ohne sich zu rühmen tut er das Richtige, erkennt die Probleme und nimmt ihre Lösung praktisch in Angriff. Diese Leistung wird anerkannt und durch eine einflußreiche Position in der Gesellschaft belohnt, aus der heraus der Mensch sich verwirklichen, alle seine Fähigkeiten und Talente zum Einsatz bringen kann. Hat er das Ziel seiner inneren und äußeren Pilgerschaft erreicht, ist er «an seinem Platz» angelangt? Das Orakel kann diese Auskunft nicht geben: Allein die Erfahrung des Menschen in einem abgeschlossenen Zeitraum des evolutionären Kreislaufs (dies die symbolische Bedeutung der «drei Jahre») wird die Frage beantworten. So lange aber mag er diesen Wirkungs- und Lebensbereich als das erreichte Ziel betrachten und sich in diesem Bewußtsein für ihn einsetzen, in ihm einrichten. An mögliche weitere Entwicklungsstufen wird zum gegebenen Zeitpunkt das Schicksal ihn von selbst heranführen.

Neun als sechste Linie bedeutet:
Wessen Geist im Universum
seine Heimat gefunden hat,
braucht auf Erden kein Zuhause.
Oder doch?
Dann bemühe Dich ernsthaft
um die Menschen, ein Zuhause,
sonst bleibst Du heimatlos.

Es gibt Pilger, die auf der Suche nach Erleuchtung ihren Lebensinhalt gefunden haben und die materielle Sorge um ihr Leben abgelegt haben. Die Bettelmönche früherer Zeiten sind ein Beispiel für diese Haltung, gegen die, wenn sie wirklich den Bedürfnissen und dem Charakter des Menschen entspricht, nichts einzuwenden ist. Wer es aber vorzieht, an einem bestimmten Ort mit bestimmten Menschen beheimatet zu sein und von einer soliden Lebensgrundlage aus Geist und Seele zu entwickeln, der darf nicht welt- und menschenfremd hoffen, daß sich diese Basis von selbst ergibt: Sie muß erworben und erarbeitet werden. Da mögen die Gedanken noch so frei im Universum umherwandern: Ein irdisches Haus bauen sie nicht, und wer erst im Regen steht, dessen Gedanken kehren schnell zu irdischen Dingen zurück. Ist schließlich nicht auch ein Gautama Buddha nur wohlgenährt, wohlgekleidet und ausgeruht zu der Erleuchtung gekommen, die ihm die Askese verweigerte? Wer einen kleinen Teil seiner Aufmerksamkeit freiwillig der Befriedigung seiner materiellen Bedürfnisse zuwendet, vermeidet weise, durch Not gezwungen zu werden, die ganze Aufmerksamkeit auf sie zu richten. Es sei denn, man ist ein Heiliger, die Unschuld, die der Himmel ernährt. Aber wer in einen physischen Körper wäre schon wirklich heilig?

II/20. DIE ENTFREMDUNG

oberes Trigramm: LI, die Energie, das Feuer

unteres Trigramm: TUI, die Phantasie, der See

Das Bild

Unter dem aktiven Prinzip der Energie, des Willens, des Feuers – die konkrete Manifestation des formlosen Prinzips der Psyche, die Phantasie, der See.

Der Charakter

Die ungestüme Willenskraft
kann niemals Herr sein der Gefühle:
Die Phantasie, passive Bilderwelt,
folgt ihrem eigenen Gesetz.
Gibt sie sich hin,
folgt blinde Raserei, Traumtanz
am Rand der Wirklichkeit.
Bewahrt sie sich, bändigt sie kaum
das Temperament der Willenskraft,
die vorwärts stürmen will und doch
nicht weiß wie weit, wohin.
Greift nicht der Geist vermittelnd
und verbindlich ein, bleiben die Kräfte,
obwohl beisammen, doch allein.

Makrokosmische Bedeutung

Ohne das vermittelnde Prinzip des Geistes (KIEN) kann das Energieprinzip des Feuers nicht auf die formulierende Rezeptivität der konkreten Phantasie einwirken, noch ist es selbst empfänglich für die Impulse einer nur imaginativen, nicht denkenden und lenkenden Psyche. So herrscht eine Kluft zwischen beiden Kräften, die weniger aus ihren unterschiedlichen Gestaltungsgraden (die eine als Urkraft, Prinzip, die andere als konkrete Manifestationsform) resultiert als aus der Gegensätzlichkeit ihrer elementaren Ursprünge (Feuer und Wasser). Dies trifft sowohl auf das Aufeinandertreffen der Kräfte in der makrokosmischen Wirklichkeit als auch auf ihre möglichen Paarungen im Mikrokosmos zu. Da keine vermittelnde Komponente einen qualitativen Austausch zwischen ihnen herstellt, auch keine Zwangsläufigkeit des Austauschs arrangiert ist (wie im Hexagramm II/24. «Der Umbruch»), wirken beide Kräfte nebeneinander her, ohne in Beziehung zu treten – außer der Beziehung der gegenseitigen Abstoßung. Als Bild kann die physische Sonne dienen, die auf die verschiedenen, konkreten astralen Bilderwelten keinen direkten Einfluß ausüben kann: Physische Quantität und astrale Qualität tangieren sich nicht. Ebensowenig, wie die frei strömende Energie im Universum, weil unqualifiziert und ungerichtet, konkrete seelische Vorgänge in Lebewesen dynamisieren oder aktivieren kann – und auch die seelische Aktivität der Lebewesen sich nicht der unquantifizierten Energie als Ausdrucksmittel oder Werkzeug bedienen kann. Wenn sie aber auch keinen gegenseitigen Austausch, keine Bereicherung füreinander darstellen, so treffen sie doch nicht ganz wirkungslos aufeinander: Die energetische Hitze der Sonne verdunstet gewisse Quantitäten konkreter Ansammlungen von Wasser und bewirkt atmosphärische Veränderungen. Die unkontrollierte Wärmeentfaltung wird durch Verdunstung absorbiert und reguliert, die Erde damit vor Verbrennung geschützt. Zu jeder «höheren» Form der Kommunikation aber fehlt es beiden Kräften an qualitativen Bezugspunkten.

Mikroskosmische Bedeutung

Es handelt sich hier um eine Konfliktanlage im Charakter des einzelnen Menschen, «zwei Seelen» wohnen in seiner Brust: die eine will träumen, die andere kämpfen. Die eine verschleißt ihre Kräfte in zielloser Unruhe, die andere flüchtet sich in die Passivität der von keiner Realisierbarkeit kontrollierten, imaginativen Phantasie. Die Lösung des Konflikts ist, wie so oft bei Entscheidungen zwischen zwei Möglichkeiten, die dritte: Selbstbeherrschung und die Kultivierung einer rationalen, festen Haltung, die sowohl das Energie- wie auch das Phantasiepotential sich unterwerfen und gezielt einsetzen kann. Nur so läßt sich der Zwiespalt zwischen den beiden charakterlichen Gegensätzen überbrücken, die persönliche Integrität herstellen, die Basis jedes sinnvollen Denkens und Handelns ist. Der Konflikt muß sich aber nicht unbedingt auf den individuellen Charakter beschränken: Er kann sehr wohl innerer Spiegel einer äußeren Lebenssituation sein, in der zwei allzu gegensätzliche Menschen miteinander leben müssen, aber für ihre Gegensätzlichkeit kein vermittelndes Element finden. Innere Entfremdung bei formaler Sozialität und die damit verbundenen psychischen Spannungen sind die notwendige Folge. Ein dritter Mensch, der das vermittelnde (Luft-)Prinzip des Geistes repräsentiert, könnte die Spannung lösen und die Kräfte zu gemeinsamem, konstruktivem Einsatz bringen. Ist dies nicht möglich, wird früher oder später die Trennung beider Kräfte unvermeidlich werden, ohne daß einseitig «Schuld» vorliegt. In bezug auf den physischen Organismus des Menschen bringt dieses Hexagramm den Ausnahmezustand des (fiebrigen) Schwitzens zum Ausdruck, des Abbaus von Körperflüssigkeit zur Kompensation übermäßiger Hitzezufuhr, der immer eine Schwächung des Körpers bedeutet, aber auch eine reinigende Funktion erfüllt. Im Organismus der menschlichen Gesellschaft ist es die konfliktgeladene Situation, in der ziellose Aktivität sich mit ebenso perspektivenloser, träumerischer Schwärmerei konfrontiert sieht: Beiden Kräften fehlt sowohl das Ziel als auch das praktische Talent zu einer gesellschaftlich relevanten Arbeit, und wenn keine geistvolle Kraft sie sinnvoll zu steuern vermag, so wird die Gesellschaft in Entfremdung stagnieren, an den Spannungen zerbrechen.

Das Orakel

Bleibe Dir selbst treu,
doch sei maßvoll im Umgang mit anderen.
Du behinderst Dich nicht:
Nur die Zeit, Deine Situation.
Und nur die Zeit wird sie ändern.
Denke zweimal, bevor Du handelst,
und dreimal, bevor Du sprichst,
und verschiebe wichtige Dinge
auf später: Nur so
verlierst Du nichts.

DIE EINZELNEN LINIEN

Neun als erste Linie bedeutet:
Halte still.
Wer handelt, vergrößert die Spannung,
vertieft die Entfremdung.
Und mit eigener Kraft
verstellt er sich den Weg
zum späteren Erfolg.

Man möchte die innere Spannung durch äußere Aktivität lösen. Das aber muß zum Scheitern verurteilt sein, da die Umwelt der eigenen Bemühung verständnislos gegenüberstünde, vielleicht sogar eine ablehnende Haltung aufbauen würde, die ein erfolgversprechendes Handeln in Zukunft unmöglich machen würde. Weder die eigene Persönlichkeit noch die Umwelt ist reif genug für eine aktive Änderung der Situation. So läßt sich nur abwarten, bis sie sich von selbst ändert und absichtsvolles Eingreifen sinnvoll erscheinen läßt. Dann findet man mit seinen Absichten in der Umwelt Resonanz und Unterstützung, die als Grundlage für jede weitere Arbeit dienen.

▬○▬ **Neun als zweite Linie bedeutet:**
Die Vernunft siegt
und gleicht die innere Schwäche aus.
So kann man handeln,
und der erhoffte Beistand
stellt sich ein.

Man erhebt sich über die innere Zerrissenheit und läßt die Vernunft entscheiden. Dies zeugt von charakterlicher Stärke, die zum Handeln befähigt. Obwohl man allein und ohne gesellschaftliche Bedeutung ist, findet die eigene Klarheit Resonanz bei wichtigen Menschen, mit deren Unterstützung man sich aus der unangenehmen Lebenslage befreien und in ein adäquateres Umfeld kommen kann. Damit hat man nicht nur einen Sieg über sich selbst, sondern auch über die Lebensumstände errungen, der fruchtbare Perspektiven eröffnet.

▬x▬ **Sechs als dritte Linie bedeutet:**
Wer schwach ist, wo er stark sein sollte,
verbrennt im Strohfeuer der Zeit.
Halt fest im Geiste, was im Leben
Du nicht halten kannst:
Und unbeschadet wirst Du
über Asche Deinen eigenen Weg
zu Ende gehen.

Die Schwierigkeiten sind zu groß, als daß die eigene Stärke ausreichte, sie unmittelbar zu überwinden. So muß man die unangenehmen Zeiterscheinungen miterleiden, obwohl man sie nicht mitverschuldet hat. Wer sich da selbst verloren gibt, der ist es schließlich. Nur die innere Stärke und die Treue zu den eigenen Idealen kann unbeschadet aus den Schwierigkeiten hervorgehen und wird schließlich die Verbindung zu den Menschen herstellen, die dem eigenen Charakter entsprechen.

Neun als vierte Linie bedeutet:
Vor aller Augen findest Du den Freund,
siehst die Idee, der Du vertrauen kannst.
Unangefochten steht sie
über dem Konflikt der Welt,
die keine Einigkeit mehr kennt.

Die Gegensätze zwischen den Mitgliedern der Gesellschaft münden in Konflikte, und die Menschen entfremden sich mehr und mehr, ohne daß eine substantielle Änderung in Sicht wäre. In der Auseinandersetzung findet man einen gleichgesinnten Menschen, erkennt ein Prinzip, mit dem man sich den unfruchtbaren Auseinandersetzungen entziehen und Perspektiven entwickeln kann, die vielleicht irgendwann auch der Gemeinschaft zugute kommen werden. Damit kommt, zunächst in bescheidenem Rahmen, das eigene konstruktive Potential wieder zu Einsatz und Bedeutung und verschleißt sich nicht länger durch Orientierungslosigkeit.

Sechs als fünfte Linie bedeutet:
Siehst Du den starken Gefährten
dort in der Menge unter Dir?
Er kommt Dir entgegen,
so gehe auf ihn zu.
Er wird Dich stärken in der Zeit,
in der die Schwäche herrscht.

Obwohl man sich in einer Position der Stärke befindet, ist man zu schwach, sie auch stark zu nutzen. Auch in der unmittelbaren Umgebung herrscht Entfremdung zwischen den Menschen, zu gemeinsamer Handlung unfähig geworden. Da entdeckt man in unscheinbarer Position einen Menschen, der über genau die Qualitäten verfügt, die man zur Lösung der Spannungen benötigt. Auch dieser Mensch (im Hexagramm präsent als Sieben/Neun auf zweiter Linie) erkennt seine Affinität und läßt sich nur zu bereitwillig in die Pflicht nehmen. So entsteht eine Verbindung, die stärker ist als die Problematik der charakterlichen Schwäche, die im gesellschaftlichen Leben dominierend geworden ist und die zu überwinden niemand ein Konzept zu haben scheint.

Neun als sechste Linie bedeutet:
Aus den Konflikten der Welt
hilft keine Flucht nach innen:
Nur mit offenen Augen erkennt man

die Gesinnungen der Menschen.
Und damit auch die Gleichgesinnten,
mit deren Hilfe man sich stärken und
den Menschen dienen kann.

Aus der Unlösbarkeit der gesellschaftlichen Gegensätze flüchtet man sich in meditative Abkehr, die die Welt und alle Menschen von sich fernhalten will. Damit aber versperrt man positiv gesonnenen Menschen den Weg, ein gemeinsames Ziel vorzuschlagen. Nicht alle sind an der ungesunden gesellschaftlichen Situation ursächlich oder parteiisch beteiligt: Mit offenen Augen sähe man schnell die Möglichkeiten, die Lösung der Probleme in Angriff nehmen zu können. Käme diese Einsicht nur früh genug, den sinnlosen Verschleiß der Kräfte durch Isolation und Verblendung in Grenzen zu halten.

II/21. DIE FÜLLE

oberes Trigramm: TSCHEN, die Dynamik, der Donner

unteres Trigramm: LI, die Energie, das Feuer

Das Bild

Über dem aktiven Prinzip der Energie, des Willens, des Feuers – die konkrete Manifestation des energetischen Feuerprinzips, die Dynamik, der Donner.

Der Charakter

Machtvoll äußert sich die Kraft
des berechtigten Willens, setzt
sich durch: Kein Widerstand
besteht, kein Hindernis
hält stand. Verändert,
was nicht bleiben kann,
stürzt um, hebt auf.
Und errichtet die Prinzipien
der Wahrheit, deren flammendes Schwert
sie trägt: Weithin sichtbar
für Götter und Menschen.

Makrokosmische Bedeutung

Es findet die sichtbare Etablierung von Gesetzen und Prinzipien statt, die vorher im Unsichtbaren, auf anderen Ebenen energetischer Schwingung reiften: der Ebene der Archetypen, der Mentalebene. Die Ebene der Wirkung ist die astrale wie auch die materielle Formenwelt. Weder Ziel noch Ursache der Energiewirkung und Kraftentfaltung sind im Zeichen angelegt, dafür um so deutlicher die Stärke und Intensität, mit denen sie sich manifestieren. Das kosmische Feuerprinzip steht für die unerschöpfliche Dynamik, die als Qualität ohne quantitative Beschränkung dem Universum immanent ist. Ihre konkrete Manifestation in Form gezielter, gebündelter und punktueller Einflußnahme auf konkrete Wirklichkeiten ist darum um so mächtiger, bedingungsloser. Im Unterschied zum Zeichen II/17. («Das Gericht») jedoch tritt die Paarung der unterschiedlichen Manifestationsformen derselben Energie hier nicht zerstörerisch auf, nicht in gezielten Schlägen gegen überalterte oder disharmonische Strukturen der konkreten Wirklichkeit. Sondern in der ganzen erfrischenden Fülle des konstruktiven Himmelsboten, der die existierenden Welten zu bereichern und beleben hat: im Auftrag des übergeordneten Geistprinzips, das eine Neuordnung und progressive «Erleuchtung» der makrokosmischen Natur durch den nächsten evolutionären Schub realisiert. Auch das Bewußtsein eines Planeten äußert sich so: in Form von Vulkanausbrüchen, von Erdbeben, die sein Gesicht und damit seine biologischen Lebensräume verändern. Im Universum ist es die Umwandlung von potentieller Energie in aktuelle Dynamik, wie sie durch die Explosionen auf der Oberfläche der Sonne demonstriert wird: jede einzelne für sich eine endliche, begrenzte Freisetzung von Energie in Form von Hitze, Licht und Bewegung, in ihrer Perpetuierung aber, genährt von der «unerschöpflichen Energie» des Kerns, eine beständige Manifestation der Kraft und Dynamik, ohne die kein Leben existierte, kein Wachstum möglich wäre, keine Veränderung. Und, geisteswissenschaftlich betrachtet, im unterschiedslosen Stillstand der Dinge (der ihren Verfall, ihre endgültige Auflösung nach sich zöge) auch kein «bewußtes Sein»: kein Bewußtsein.

Mikrokosmische Bedeutung

Ein starker Wille setzt sich durch und macht durch gezielte Handlungen auf sich aufmerksam: So könnte man die Bedeutung des Hexagramms für den individuellen Menschen charakterisieren. Er nährt sich aus der «kosmischen Quelle», zu deren unerschöpflichen Kraftströmen er durch Gesinnung und Charakter Zugang hat. Um so stärker und unermüdlicher ist seine Bestätigung. Wer diesen Strömen angeschlossen ist, muß im Geiste einer gerechten Sache verpflichtet sein, kann nur im Einklang mit übergeordneten Prinzipien kosmischer Wirklichkeit und Notwendigkeit stehen, der Energiefluß versiegte sonst. Der Wille ist aber, im Unterschied zu II/17., nicht auf Gericht und Beseitigung negativer Wirklichkeiten gerichtet, sondern auf die eindrucks- und machtvolle Etablierung konstruktiver Prinzipien. Die können wohl Althergebrachtes über den Haufen stoßen, dienen aber in erster Linie ihrer eigenen Propagierung, der Verbesserung, Veredelung und Belebung der Welt. Im Besitz eines solchen Kräftepotentials ist Verantwortung und Klarheit des Bewußtseins doppelt geboten: könnte sich doch sein fehlerhafter Einsatz mit ebenso bedingungsloser Macht destruktiv auswirken. Denn die Kraft und der, der über sie verfügt, stehen im Blickpunkt des Interesses, sind Vorbild, zumindest Orientierung: In dieser Position ist Nichtstun besser, als das Falsche zu tun, selbst in unwichtigen Dingen. Erst durch bewußte Verantwortung rechtfertigt sich der Besitz solcher Stärke und sichert sich den eigenen Fortbestand. Im menschlichen Organismus ist es das Schlagen des Herzens, der unermüdliche Pulsschlag, der den Körper mit Wärme und Energie versorgt, ihm die durch Bewegung und Anstrengung verbrauchte Energie ständig neu zuführt – selbst gespeist aus den ätherischen Strömen, die die unquantifizierte Energie des Universums allen Lebewesen zuführen. In der gesellschaftlichen Organisation der Menschen repräsentiert das Hexagramm eine Situation, in der lange angestaute kreative Kräfte sich in vielfältiger Aktivität manifestieren, Wille als Tat sich äußert, Realitäten verändert werden oder durch kraftvolle Anstrengungen zu sichtbarer Ausgestaltung kommen. Auch die Etablierung von Gesetzen und Regeln, von Prinzipien und Glaubenssätzen als geistig-moralische Grundlagen des sozialen Lebens beruht auf dieser Energiestruktur, Hand in Hand mit deren Überwachung und exekutiver Durchsetzung.

Das Orakel

Mit bewußter Klarheit tritt auf. Bestimme,
was für viele Bedeutung hat,
leih der Ordnung des Universums
Deinen Arm, Deine Stimme,
verkünde Gesetze und Wahrheiten,
die nicht Deine sind, sondern nur
durch Dich.
Sind sie erkannt, so erkennt
man Dich. Beginnen sie,
ohne Dich in der Welt

wirklich zu sein und zu leben,
dann trete hinter sie zurück
und beobachte ihre Wirkung.

DIE EINZELNEN LINIEN

Neun als erste Linie bedeutet
Wer in den Tiefen seiner Seele
aus kosmischen Quellen
Kraft und Glauben schöpft,
wird nie ermüden.
Ein Mensch wird sich
und seine kühnsten Pläne
verwirklichen, noch ehe
man ihn kennt.

Mit sich und dem Universum in Einklang, denkt ein Mensch sich und sein Lebenswerk in die Zukunft. Zu groß erscheint ihm sein Bild von sich, von seinen Träumen und Projekten, als daß er an deren Realisierbarkeit glauben könnte. Und doch ist ihm alles gegeben, aus Vision Wirklichkeit werden zu lassen: Seine Persönlichkeit trägt alle Anlagen in sich, zu großer gesellschaftlicher Bedeutung zu kommen, und ihre Kraft wurzelt in der unerschöpflichen Quelle der kosmischen Dynamik, die ihn dauerhaft beleben und begleiten wird. Zweifel an den eigenen Gaben, an der eigenen Bedeutung für die Welt und an der Vernunft seiner Ambitionen sind deshalb überflüssig. Mit konsequenter Klarheit und Willensstärke soll die Persönlichkeit sich entwickeln und gestalten, um zum Initiator und Motor großer Projekte zu werden, die für die ganze Menschheit, zumindest aber für gesellschaftliche Gruppen, überragende Bedeutung haben – schon jetzt, in der Phase ihrer Vorbereitung und projektiven Planung. Ist man erst in sich selbst entschieden und gesammelt, entscheiden und sammeln sich die äußeren Kräfte von selbst um diesen Mittelpunkt.

Sechs als zweite Linie bedeutet:
Unbedeutend nach außen,
verbirgt sich Deine Stärke,
ihre Bedeutung.
Die Menschen achten auf den Schein.
Sammle in Dir die Kraft,

▬x▬ die Du zum Durchbruch brauchst,
dann äußere Dich:
Und eine helle Sonne
wird leuchten im Tal.

Die Bedeutungslosigkeit der eigenen Stellung in der Welt wird scheinbar bestätigt von der unprofilierten persönlichen Erscheinung. Doch im Innern dieses Menschen kumuliert sich die Energie und Stärke, die nur groß genug werden muß, um der wirklichen Bedeutung der Persönlichkeit Ansehen und Gehör zu verschaffen. Dies wird sie dann tun: nicht aggressiv, nur bestimmt, nicht laut, nur deutlich. Dann wird die Umwelt auf sie aufmerksam werden und sie, ungeachtet ihrer vorherigen Anonymität, ihrer wirklichen Qualifikation und Bedeutung entsprechend einzuschätzen und einzusetzen wissen – zu ihrem eigenen und zum Wohl der Gemeinschaft. Ohne Rang und Würden, im gesellschaftlichen «Tal», wird plötzlich die «Sonne» innerer und äußerer Größe die Welt erhellen.

▬⊖▬ **Neun als dritte Linie bedeutet:**
Noch ehe die Welt sie erkannt hat,
verglüht die Sonne, vergeht
die Fülle, nimmt ab.
Es ist nicht Dein Fehler:
nur der Lauf der Zeit.
Bewahre den Kern Deiner Kraft,
bis die Welt Deines Lichts bedarf,
es zu schätzen weiß.

Im Wechselspiel der Zunahme und Abnahme von Kräften ist hier der Höhepunkt überschritten, ohne daß die kumulierten Kräfte objektiv und gesellschaftlich zum Ausdruck gekommen sind. Man sollte sich fragen, inwieweit man zu zurückhaltend war, die innere Stärke in die gesellschaftliche Wirklichkeit einzubringen. Doch ungeachtet der Antwort waren es auch die gesellschaftlichen Konstellationen, die eine Realisierung des eigenen Potentials verhindert, zumindest nicht abgefragt haben. An diesen Bedingungen wäre nichts zu ändern gewesen, und so bleibt als Haltung nur, die nicht zur Wirkung gekommene Energie in sich zu speichern und durch Ausrichtung auf künftige, veränderte Bedingungen lebendig und stark zu halten – als Potential, das zur richtigen Zeit unter den richtigen Umständen in seiner wahren Bedeutung zum Tragen kommen wird. Aus der Trauer über die vertane Chance erwachsen vielleicht Einsichten über gesellschaftliche Maßstäbe, vielleicht Erkenntnisse über eigene Versäumnisse und Schwächen, die das vorhandene Potential nicht zum Einsatz kommen ließen. Ein schwacher Gewinn, der kaum über die Tatsache hinwegtrösten wird, die die Indianer Nordamerikas so formulierten: «Eine Gelegenheit ist wie ein Pfeil – er kommt nie zurück.»

▬○▬ **Neun als vierte Linie bedeutet:**

Bezähme die Kraft
und wirke durch Haltung:
So kommst Du voran.
Vielen kleinen Schritten nur
folgen die Menschen Dir ins Ziel:
Stürmst Du voran, stürmst Du allein
und kommst über ihren Körpern
zu Fall.

Eine gewisse gesellschaftliche Relevanz und Bedeutung hat man sich geschaffen: Sie ist aber längst nicht groß genug, die ungeduldigen, ehrgeizigen Ziele auf Anhieb zu verwirklichen, so bedingungslos und ohne Zwischenschritte, wie man es sich wünschte. Der Drang zu blindem Aktionismus muß bezähmt werden, will man nicht das Resultat aufs Spiel setzen. Nur durch Selbstbeherrschung und kleine taktische Schritte läßt sich die Umwelt auf das große Ziel hinlenken, das sie noch nicht abzuschätzen vermag. Ist man ihm gemeinsam näher gekommen, wird die Bedeutung des Vorhabens seine begeisternde Wirkung auf die Gemüter und das Bewußtsein der Menschen nicht verfehlen. Doch wollte man, nur selbst gedrängt und begeistert, voranstürmen, wäre die Trägheit der Zeitgenossen das fatale Hindernis, über das man stolperte und zu Fall käme. Das Ziel bliebe unerreichbar, die eigene Energie hätte sich wirkungslos entladen.

▬x▬ **Sechs als fünfte Linie bedeutet:**

Sanft ist die Stärke,
die große Wirkung hat:
Ohne Gewalt erreicht sie viel.
Himmel und Erde verneigen sich
vor der Macht der Wahrheit.

Die schwache Linie (Sechs) in starker, herrschender (fünfter) Position charakterisiert den Menschen, der durch die Kraft der Überzeugung, nicht durch Gewalt seine Prinzipien vertritt. Die dynamischen Kräfte, die in solcher Position in brutale Selbstverwirklichung münden könnten, werden so gemäßigt und gesteuert: Daher ist ihre Wirkung um so fruchtbarer, für die Umwelt vorbildlich und akzeptabel, so daß sie sich problemlos in ihren Dienst stellt. Stärke, die anerkannt wird, muß sich nicht beweisen, sich nicht in Demonstrationen verausgaben. Fülle, die sich nicht um jeden Preis manifestieren will, fordert keine Opfer und wird darum auch von den Schwächsten ohne Furcht akzeptiert und geschätzt. Wenn die Stärke über Sanftmut als Bindeglied zur Welt verfügt, liegt ihr diese zu Füßen: Und die größten Ziele können realisiert, Wirklichkeiten in umfassendem Maße umgestaltet werden. Unerschöpflich fließen einem derart balancierten Kräftepotential die Energien des Universums wie der konkreten Materiewelt zu und führen zu der umfassenden Anerkennung und Würdigung, die Grundlage ist für eine großzügige Umgestaltung und Veredelung der Welt.

■x■ **Sechs als sechste Linie bedeutet:**
Gewalt, die keine Grenzen kennt,
verliert ihre Bedeutung.
Fülle, die nicht
die Gemeinschaft bereichert,
verliert sich im Unendlichen –
und glanzlos verglüht
in der Dunkelheit des Alls,
was als Sonne einer Welt
hätte dienen sollen:
mit Wärme, Kraft und Licht.

Wer seine Energie nicht zu kontrollieren vermag, schießt über das Ziel hinaus. Wer dem Feuer keine Schranken setzt, verbrennt schließlich selbst. Wer sich nur selbst im eigenen Licht sonnen will, verbreitet Dunkelheit – und verliert seine Bedeutung für die Welt, die sich, zu Recht, abwendet und widersetzt. Diese verblendete Haltung kommt hier zum Ausdruck. Ziel- und sinnlos manifestiert sich die Kraft in Gewalt und wird so als Stärke unbrauchbar. Zerfließt, verbraucht sich selbst, ohne konstruktiv gewirkt zu haben. Die Kraft braucht den Geist, das Maß, um zur Stärke zu werden, sie braucht die Anbindung an die Welt und die Menschen, um sinnvoll wirken zu können. Ist sie bloßer Selbstzweck, zerstört sie blind – letztlich auch sich selbst – und löst sich wieder auf ins unmanifeste Energiereservoir des Alls, aus dem sie sich formulierte, und wird niemandem gedient haben. Dem Menschen, der das ihm verliehene Kräftepotential so wenig gebrauchen konnte, wird auf einige Zeit der Anschluß an die kosmischen Quellen der Energie versagt bleiben – bis seine innere Reife für eine erneute Energiezufuhr einen sinnvolleren Einsatz verheißt.

II/22. DIE LEHRE (DIE BOTSCHAFT)

oberes Trigramm: SUN, die Reflexion, der Wind

unteres Trigramm: LI, die Energie, das Feuer

Das Bild

Über dem aktiven Prinzip der Energie, des Willens, des Feuers – die konkrete Manifestation des feinstofflichen Geistprinzips, die Reflexion, der Wind.

Der Charakter

Vom Willen zu sinnvoller Ordnung getragen,
lenkt der logische Geist die Dinge,
für alle sichtbar, für alle verständlich,
und lehrt seine Gesetze.
Unablässig, wie der Wind der Erde,
durchdringen die Gedanken alle Zeiten,
Räume, alle Welten
der konkreten Wirklichkeit.
Und hinterlassen im Gedächtnis
dieser Welten: Sinn, der neue,
höhere Ordnung zeigt, Vollkommenheit,
und aus der alten, niederen
sie zu ihr führen will.

Makrokosmische Bedeutung

Der kosmische Wille, die Dynamik des Prinzips der Energie, unterstützt das geistige Ordnungsprinzip durch Bewegung: Die Ideenstrukturen, Baupläne, ordnenden Prinzipien durchdringen dynamisch die Mentalsphären der universellen Wirklichkeit, lösen die nächste evolutionäre Bewegung aus, die sich durch astrale und materielle Verdichtung schließlich grobstofflich in den betroffenen Welten manifestieren wird. Auf der physischen Ebene ist dieser Prozeß analog dem starken, aber doch mehr durch Dauer als durch Gewalt wirkenden Wind, der das Gesicht von Landschaften verändert, Disharmonien abschleift, Wälle aufwirft, Bäume und Sträucher auf welke Blätter hin durchkämmt und regenerative atmosphärische Bedingungen schafft: Veränderung, propagiert nach den unsichtbaren Bauplänen des Kosmos für jede Wirklichkeit. Die Waffe des Windes als strukturierender Kraft in der Natur ist die der Zeit, seine Stärke bezieht er aus der Dynamik des Feuerprinzips. Bezogen auf die mentale Ebene der kosmischen Wirklichkeit kommt in diesem Hexagramm die (um-)gestaltende Wirkung des ideenträchtigen und idealistischen Geistes zum Ausdruck, die den vorhandenen Manifestationsformen die Erkenntnis, das Konzept ihrer eigenen Vervollkommnungsmöglichkeiten einhaucht, zumindest die Perspektive des nächstmöglichen Fortschritts. Die Propagierung dieser Konzepte in der Mentalsphäre von beispielsweise Planeten, die gemäß den Kausalgesetzen des Universums sich dann konsequent auf niederen Ebenen als evolutionäre Impulse manifestieren, Veränderung und Fortschritt bewirken, entspricht auf der mikrokosmischen Ebene der Lehrtägigkeit eines Denkers, der seine Ideen und Erkenntnisse in Rede und Schrift dem kollektiven Bewußtsein eingliedert und damit zunächst deren Bereicherung und Veredelung bewirkt, die später als Bereicherung und Veredelung die materiellen und kulturellen Bedingungen des menschlichen Lebens verändern: mentale Ursache, astrale Formation, materielle Wirkung. Denn das ordnende Prinzip des analytisch-idealistischen Geistes, in Bewegung versetzt, wirkt nicht durch direkte Einflußnahme oder Veränderung der etablierten Organisationen von Energie, der manifesten Existenzformen. Sondern durch Beeinflussung und Veränderung der kausalen Strukturen auf der Ebene des Mentals – der Ideenebene des Geistes. Und doch ist es mächtig: In der universellen Wirklichkeit regelt und moderiert es die Planetenbewegungen in den Sonnensystemen, «konzipiert» deren geordnete Positionen und Laufbahnen im Verhältnis zueinander, die Bedingung sind für eine kosmische (= geordnete), evolutionäre Eigenentwicklung jedes einzelnen Planeten. Und es ist ebenfalls dieses ordnende Prinzip des dynamisierten Geistes, das zugleich auch als «geistiger Motor» und qualitative Dominante die evolutionäre Eigenentwicklung selbst regelt und bestimmt.

Mikrokosmische Bedeutung

Im Unterschied zum Zeichen II/18. («Der Segen»), in dem der kosmische Wille sich durch geistig-logische Aktivität äußert, ist es hier der Wille des Menschen (durch die untere Stellung des Trigramms), der durch gedankliche Planung und logische Ordnung wirkt. Der Mensch betrachtet die Welt, und wenn sein Bewußtsein ihren Ist-Zustand zu übersteigen vermag, entwirft er Konzepte und Vorstellungen zu ihrer

Verbesserung. Haben diese Vorstellungen und Erkenntnisse für ihn die subjektive Chance zu ihrer Realisierung, mobilisieren sich in seiner Seele dynamische Kräfte, die sein Bewußtsein zu dieser Realisierung drängen. Er erkennt, daß das Bewußtsein das Sein bestimmt – also macht er es sich zur Aufgabe, das Bewußtsein seiner Mitmenschen zu verändern, um die eigenen Erkenntnisse und Einsichten zu erweitern. Stehen Seinsbedingungen dieser Bewußtseinsveränderung im Wege, macht er sich auch an die Veränderung der Seinsbedingungen – doch nur, insoweit sie seiner Lehr- und Aufklärungsarbeit unmittelbar hinderlich sind. Dies ist die Situation, die in diesem Hexagramm als mikrokosmische Wirklichkeit zum Ausdruck kommt: die Propagierung und Verbreitung von Ideen und geistigen Konzepten zur Veredelung des kollektiven Bewußtseins. Der Anschluß an die nie versiegende kosmische Energiequelle (des Feuerprinzips) beweist die Berechtigung der Ideen, ihren Wert für die Welt. Das moderate Prinzip des «Windes» entspricht dabei eher dem Idealisten als dem Fanatiker: Der Fanatiker will durchsetzen, der Idealist will «nur» verändern. Der Fanatiker erschöpft sich schnell, verausgabt sich, scheitert an kurzfristig unüberwindlichen Hindernissen. Der Idealist ist unermüdlich, da er sich aus größeren Kraftquellen nährt als den eigenen, und weicht Hindernissen aus, da seine Ideale durch Bestätigung anderer weder an Wahrheit gewinnen noch durch ihre Ablehnung für ihn an Wert einbüßen. Auch der Idealist macht die Zeit zu seinem Werkzeug: Denn er ist Realist genug zu wissen, wie weit die Welt wirklich von seinem Ideal entfernt ist, und kennt die Schritte, die er zu diesem Ziel zu gehen hat. Und niemand weiß besser als er, daß er seine Lösungen nur anbieten, sein Transparent nur hochhalten kann: hören, lesen und verstehen muß sein Publikum selbst, und er kann ihm nur das geben, was dessen Bewußtsein aufzunehmen bereit und imstande ist. An der letztendlichen Wirkung seiner Lehre aber zweifelt er nie: Ist es doch nicht *seine* Lehre, sondern das objektive Ideal, auf das die Welt ohnehin zustrebt. Er will zu diesem Prozeß nur seinen Beitrag leisten; daß er mit oder ohne diesen Beitrag stattfindet, steht für ihn außer Frage. Auch dies im Unterschied zum Fanatiker, der glaubt, «seine» Sache stehe und falle mit ihm selbst – womit er oft recht hat, da die Sache meist der objektiven, kosmischen Berechtigung entbehrt. Das Hexagramm ist durch den doppelten Charakter des Zeichens SUN gekennzeichnet: Einerseits das logisch-analytische Durchdringen und Erkennen der Wahrheit, andererseits die Verkündung der erkannten Wahrheiten und die Belehrung anderer. Diese Belehrung hat nichts von Dogmatismus oder Machtausübung an sich, sondern beruht auf der Wirkung der Lehre selbst als einzig legitimem Mittel zur Veränderung des Bewußtseins anderer – und damit der Welt. Im physischen Körper bezeichnet das Hexagramm die Warmluft, die beim Ausatmen und Sprechen den Körper verläßt – auch hier eine Beziehung zur «Lehre». Auch die bei gesteigerter physischer Anstrengung vermehrt ausgeatmete Warmluft sowie der Prozeß ihrer Erhitzung im Körper sind gemeint. Auf gesellschaftlicher Ebene stellt das Hexagramm den kollektiven Willen zur Kommunikation und geistigem Austausch dar, zur Formulierung und Entwicklung gemeinsamer Ideale und zur Veredelung der geistigen Inhalte und Ziele des gesellschaftlichen Lebens.

Das Orakel

Erkenne das Ganze und seine Teile,
nach ihrer Bedeutung bestimme
ihren Platz in der Wirklichkeit.
Was ist, war nicht immer so
und wird auch morgen verändert sein:
Erkennst Du die Bestimmung?
Dann lehre sie und verändere die Welt
durch Veränderung ihres Bewußtseins.
Mit jeder Wahrheit, die Du aussprichst,
erkennst Du zwei neue,
und für jede Frucht, die Du
den Menschen am kahlen Strauch zeigst,
schenkt das Universum Dir
einen blühenden Baum.

DIE EINZELNEN LINIEN

Neun als erste Linie bedeutet:
Wenn Du die Klarheit hast,
dann gib ihr Ausdruck:
Deine eigene Person
sei ihr Spiegel und Maßstab.
Sprich, wenn Du gefragt wirst,
doch laß Rede und Anschein
nicht in Widerspruch stehen.

Es ist eigentlich noch zu früh, die eigenen Gedanken und Erkenntnisse der Öffentlichkeit anzuvertrauen.

Doch sollte man durch seine Haltung und die Konsequenz der Persönlichkeit seine inneren Werte zum Ausdruck bringen – es könnte sein, daß man zu einem Thema befragt wird. Wenn da die physische Person mit ihrer gelebten Realität in Widerspruch steht zu der geistigen Wahrheit, die man propagiert, beraubt man sich schon im Ansatz der Glaubwürdigkeit und nimmt dem berechtigten Ideal die Chance der Wirkung. Dabei verfügt man doch über die ganze Substanz, schon in seiner physischen Erscheinung die eigene Grundhaltung klar und stark zum Ausdruck zu bringen. Warum also damit warten, das vorzuleben, was man später predigen will?

Sechs als zweite Linie bedeutet:
Lebe Deine Wahrheit in Bescheidenheit
und folge Deinem Gefühl.
Was Du nicht aussprechen kannst,
ist trotzdem wahr,
und was Du lebst,
wird jeder sehen und verstehen.

Die schwache Sechs in schwacher Position legt nahe, den Mund zu halten: Man könnte nicht überzeugend genug die eigenen Wahrheiten vertreten, und selbst wenn man es könnte, wären die Umstände zu ungünstig, ihnen auch nur Aufmerksamkeit in Aussicht zu stellen. So bleibt nur die Beschränkung auf die gelebte Wahrheit, die dem entsprechen sollte, was man zu sagen hätte. Diese Sprache der praktizierten Erkenntnis mag der Umwelt als Botschaft genügen, bis sich eine Veränderung der Situation ergibt, die der Äußerung der eigenen Erkenntnisse und Perspektiven mehr Erfolg verheißt.

Neun als dritte Linie bedeutet:
Wer sich aufdrängt,
wird abgewiesen,
wer erzwingen will,
erzeugt Widerstand.
Sei hart zu Dir selbst,
doch weich gegen andere.
Was Du sagst, sei klar
und bestimmt: Nur wache nicht
über Glauben und Einsicht anderer.

Die Klarheit der eigenen Einsicht wie auch die geistige Reife und Stärke der Persönlichkeit führen in Versuchung, anderen durch Nachdruck ein wenig «auf die Sprünge zu helfen». Dies aber wäre falsch, da man sich entweder in falscher Gesellschaft befindet oder in der gegenwärtigen noch nicht die Basis besitzt, mit wichtigen Lehren und Gedanken hervorzutreten. Diese Gegebenheiten lassen sich auch durch glühenden Predigereifer nicht überwinden und in ihrer Wirkung außer Kraft setzen. Andererseits ist man schon aufgerufen, mit seiner Ansicht nicht hinterm Berg zu halten: Nur sollte man sich darstellen, ohne auf Wirkung bei anderen auszugehen; dann vermeidet man die Gefahr, in missionarischen Eifer abzugleiten. Erzielt man zufällig Wirkung, um so besser. Zumindest kann die jetzige persönliche Haltung durch Bestimmtheit und Konsequenz einen späteren Erfolg vorbereiten helfen.

▬x▬ **Sechs als vierte Linie bedeutet:**

Man hört Dir zu:
Doch beschränke Dich auf das,
was man hören will.
Noch führst Du niemanden zur Einsicht,
der nicht nach ihr fragt.

Man ist ins Interesse der Menschen gerückt, sie versprechen sich Rat und Belehrung, Erkenntnis und Fortschritt von der eigenen Auskunft. Doch ihr Interesse ist nicht auf allgemeine Erleuchtung und Bewußtseinserweiterung ausgerichtet, sondern auf konkrete, sie aktuell betreffende Probleme. Antworten und Belehrungen, die über den Bereich der erfragten Auskunft hinausgehen, würden zwar nicht auf Ablehnung stoßen: Sie würden nur nicht wahrgenommen, weder Eindruck machen noch Einsicht bewirken. Man sollte deshalb vorläufig von ihnen absehen und sie für die richtigen Umstände in sich bewahren.

▬○▬ **Neun als fünfte Linie bedeutet:**

Rede, denke, rede.
Jedes Runzeln einer Stirn,
jeden suchenden Blick,
jede Wirklichkeit im Leben der Menschen,
die nicht ihrer Schönheit, Würde,
Bestimmung entspricht,
verstehe als Frage.
Die Antworten kennst Du.
Und die Botschaft von Deinem Licht
wird wie vom Wind
durch die Welt getragen.

Hier ist ein Mensch gezeichnet, der zur Lehre berufen ist. Er kann darauf verzichten, nach seinen Antworten gefragt zu werden: Er gibt sie freizügig und in Fülle, da er die Fragen der Menschheit wie auch der Menschen kennt. Und was er zu sagen hat, ist das Zuhören wert. So wird er durch Bekanntheit seine Wirkung auf die Menschen steigern, und die Samen der Erkenntnis, die er sät, werden sich hundertfach vermehren. Bist du dieser Mensch? Dann achte auf deine Worte, nicht auf den Applaus. Ist es ein anderer, vielleicht in deiner Nähe, dann achte auf seine.

Neun als sechste Linie bedeutet:
Wer die Welt schon verlassen hat,
kann die Welt gut belehren:
Von der Anhöhe über der Stadt
erkennt man klar ihre Wege und Straßen.
Und wer zu Dir kommt, dem zeige, was er nicht sieht.

Die Integrität der Persönlichkeit ist gegeben, ihre Weisheit lebt sie, ihre Selbstverwirklichung hat sie vollzogen: daher die Distanz zu den Menschen der Umwelt, die noch alle in ihre karmische Kausalität und in die Aufgaben ihres weltlichen Lebens eingebunden sind. Dieser Mensch ist nicht mehr verpflichtet, zu allem Stellung zu nehmen: Er hat vielmehr die Aufgabe, große Perspektiven aufzuzeigen, die die Welt in ihren Grundzügen erklären und zugleich über sie hinausweisen. Er geht nicht mehr auf die Menschen zu (wie bei der Neun als fünfter Linie) – doch für den, der zu ihm kommt, hält er ein Panorama geistiger Lehren bereit, für die es sich lohnt, den Blick von der Erde abzuheben: Seine eigene Über-Sicht, die er bereitwillig mit jedem teilt. Wohl wissend, daß auch dieser einmal an seinem Platz sitzen wird, auf der Anhöhe über der Stadt …

II/23. DIE GESTALTUNG

䷕ oberes Trigramm: KEN, die Stabilität, der Berg

unteres Trigramm: LI, die Energie, das Feuer

Das Bild

Über dem aktiven Prinzip der Energie, des Willens, des Feuers – die konkrete Manifestation des grobstofflichen Materieprinzips, die stabile Form, der Berg.

Der Charakter

Vom inneren Willen belebt
und erhalten, vollendet sich
Form: Nicht Gehalt, nur Gestalt
offenbart sich dem Betrachter.
An ihren Zügen erkennt er
Schönheit, die vergänglich ist,
im Augenblick verharrt.
Weckt diese Schönheit Sehnsucht
nach Beständigkeit, nach
zeitlos bleibender Gestalt,
hebt sie die Seele auf
zu Höhen reiner Wirklichkeit.

Makrokosmische Bedeutung

Das kosmische Energieprinzip speist und belebt vorhandene, konkrete Formen materieller Wirklichkeit, führt sie zu ihrer physischen Vollendung im Detail. Die physische Evolution hat qua si ihr Endstadium erreicht: Die grobstoffliche Form, die Struktur und Gestalt eines Planeten, seine Oberfläche und sein «Gesicht» sind bereits ausgestaltet – die energetische Dynamisierung dient lediglich noch der Ziselierung der vorhandenen Züge und ihrem Erhalt, nicht ihrer weiteren Ausprägung. Zugleich kommt in dem Zeichen aber auch eine komplementäre Bedeutung zum Ausdruck, die ebenfalls die «Wahrung der Form» zum Inhalt hat, aber mit anderem Hintergrund: Das quantitative Prinzip ungerichteter Energie, das «kosmische» Feuer im Innern des Berges ist als vulkanisches Feuer ein Potential der Stärke, das durch die massive Statik des Berges gebändigt wird. Von außen ist dieses Energiepotential in der ruhenden Form nicht zu sehen – aber als Quelle der Kraft, auch als Quelle der Gefahr für die Form des Berges selbst und seine Umwelt, jederzeit vorhanden. Verändert sich die kosmische Situation, kann diese Kraft sehr wohl geordnet (als Geysir) oder chaotisch und destruktiv (als vulkanischer Ausbruch) zur Wirkung kommen. Die durch konkrete materielle Form gebändigte und kontrollierte Energie spiegelt sich auch im Aufbau und in der Struktur von Sonnen im Universum. Es ist also mehr als bloßer physikalischer «Formalismus», der in dem Hexagramm beschrieben ist: Sondern zugleich die Wechselwirkung der Antipoden Statik–Bewegung, die in dieser Anordnung durch Kontrolle der Energie zugunsten der Statik entschieden ist. Bloße Energie würde sich nur nutzlos ausbreiten, schwache Formen würden unkontrollierter Destruktion zum Opfer fallen. Durch statische Kraft beherrschte Energie ist ein Potential, das brach liegt – bis es konstruktiv freigegeben zu qualitativem Einsatz gebracht werden kann – über den Erhalt, die Belebung des Körpers hinaus. Doch davon ist im Zeichen nicht die Rede.

Mikrokosmische Bedeutung

Die eigene Persönlichkeit, oder der Charakter einer Gruppe, ist bereits ausgeformt und kann im Wesentlichen nicht mehr verändert werden. Nur noch Verfeinerungen im Detail sind möglich, und da dies erkannt wird, konzentriert sich das Interesse auf diese Verfeinerungen. So fließt das vorhandene Energiepotentail in die Erhaltung und Wirkung der äußeren Form, in verschönernde Gestaltung. Je nach Klarheit und Größe der Persönlichkeit reicht die Bandbreite dieses Interesses von simpler Eitelkeit bis zu souveräner Ästhetik. Allzu intensives Interesse an Äußerlichkeiten vergißt oft den Gehalt, von dem jede Gestalt ihre wahre Wirkung und Bedeutung beziehen sollte, und mehr noch: Die Betonung des Formprinzips widersetzt sich der Dynamik, möchte bewahren und konservieren, wo doch evolutionäre Veränderung nur Ausschöpfung der Lebenskräfte gewähren kann. Jede formale Wirkung als Selbstzweck ist ohne Dauer – und hat doch ihre Berechtigung: Wahre Schönheit, wirkliche Ästhetik, auch wenn sie nur augenblicksbedingt sein kann, stimuliert die Seele, deren Grundbedürfnis ja Harmonie ist, und erweckt in ihr die Sinne für und die Sehnsucht nach bleibender Schönheit. Damit hat sie aber den entscheidenden, qualitativen Bewußtseinsschritt vollzogen, der sie über die physische Vergänglichkeit in die nichtphysische Unvergänglichkeit von Harmonie führen wird. Insofern also hat auch physische

Schönheit, Pflege der äußeren Person, eine wichtige spirituelle Bedeutung. Und eine gesellschaftliche: Wer durch Vernachlässigung seiner Person, ihres Auftretens, der Kultur ihrer Sprache und Kleidung eine große innere Kultur und charakterliche Größe verleumdet, tut diesen inneren Werten Gewalt an – oder er hat sie wirklich nicht; zumindest nicht verdient. Denn großer Gehalt hat das Recht auf große Gestalt: Um in angemessener Weise auch der Umwelt sich zu nähern, ihr souverän und in persönlicher Integrität entgegenzutreten. Daneben kommt in dem Hexagramm aber noch der Gedanke der gebändigten Energie zum Ausdruck. Es kann persönliche Starre eines Menschen sein, die inneren Kräfte nicht zum Einsatz zu bringen und die charakterlich-seelische Entwicklung dem Interesse an der äußeren, physischen Person zu opfern. Es kann aber auch die Stärke der Person sein, ein Kräftepotential unter Kontrolle zu halten, für das sie noch keine konstruktive, gezielte Aufgabe gefunden hat. Ihre betont konservative Haltung ist in diesem Fall kein Zeichen von Schwäche, sondern von Einsicht in die gegebene Situation, in der sich mangels Ziel, Richtung oder Gelegenheit substantielle Dinge nicht bewegen und nur kleine, äußere Details gestalten lassen – auch an sich selbst. Immerhin, der Beantwortung der Frage, ob man sich nur zurückhält oder nicht doch der physischen Form der Dinge zuviel Interesse und Gewicht gibt, sollte man sich selbstkritisch stellen. Es könnte sonst sein, daß die Pflege der Form die Kräfte aufzehrt, die äußere Gestalt sich auf kein inneres Potential mehr berufen kann – und damit ihre Bedeutung verliert. Auf die menschliche Gesellschaft übertragen kommt in diesem Hexagramm das kulturelle Niveau zum Ausdruck, die Feinheit und Verfeinerung der Sitten, der Künste, der architektonischen, innenarchitektonischen, stilistischen und modischen Gebräuche und Ideale. Auch da unterscheidet die Substanz des Gehalts Dekadenz von wirklicher Kultur. Auf den körperlichen Organismus des Menschen bezogen repräsentiert die Energiestruktur des Hexagramms die Wärme, die dem physischen Erhalt des Körpers in seiner biologischen Umwelt dient, die Funktionsfähigkeit seiner Muskeln erhält, ihm Lebenskraft spendet: Aus den beständig assimilierten und in den Körperzellen gespeicherten Sonnenäthern.

Das Orakel

Hörst Du die innere Stimme
nicht mehr?
Der Spiegel zeigt Dir,
was die Menschen sehen:
Mehr siehst Du nicht?
Die schöne Wirklichkeit

bewahrt sich nur, wenn eine
andere Wirklichkeit sie nährt:
Kennst Du sie nicht?
Erkenne die Gestalt, vollende sie:
Doch hinter ihr erkenne
und vollende den Gehalt.

DIE EINZELNEN LINIEN

▬○▬ **Neun als erste Linie bedeutet:**
Einfach ist wahr. Wirkungsvoll ist nur,
was dem Charakter wirklich entspricht.
Achte Dich höher: Suche nicht
den Schein. Im Sein erst
bist Du wirklich groß.

Wer innerlich so stark ist, über eine ausgeprägte Persönlichkeit verfügt, hat falschen Schein, übertriebene Selbstdarstellung nicht nötig. Er wirkt am stärksten und überzeugendsten, wenn er sich selbst treu bleibt, auch in der äußeren Gestaltung seiner Persönlichkeit. Andere um ihre formale Überlegenheit zu beneiden, sie vielleicht nachahmen und sich auf ihrer Ebene mit ihnen messen zu wollen, überlagert den wahren Wert der eigenen Persönlichkeit, gibt sie vielleicht sogar der Kritik preis. Die hat man weder nötig noch verdient – und durch Treue zum eigenen Charakter und Wesen auch im Äußeren verschafft man sich den Respekt und die Anerkennung, die man durch falschen Glanz nur gefährdet.

▬x▬ **Sechs als zweite Linie bedeutet:**
Schöne Kleider, schöne Frau?
Starke Gebärde, starker Mann?
Prüfe Dich, ob Du nicht
wirklich schöner, stärker bist.

Man fühlt sich unbeachtet, unerkannt und versucht durch äußere Aufwertung der eigenen Person sich Wirkung und Aufmerksamkeit zu verschaffen. Wenn dies gelingt, so ist es doch kein Erfolg – denn könnte die so erlangte Zuwendung wirklich eine Selbstbestätigung sein? Zurückhaltung und Ausbildung der wahren charakterlichen und persönlichen Qualitäten, die sich dann letztlich auch in der Kultur und im Auftreten der Persönlichkeit spiegeln, mag vielleicht der längere Weg zu gesellschaftlicher Anerkennung sein. Er ist sicher der einzig verläßliche.

▬○▬ **Neun als dritte Linie bedeutet:**
Inneres und Äußeres stehen in Einklang:
Du weißt, wer Du bist,
und bist, was Du weißt.
Genügt Dir das? Genügt es Dir, nur
für Dich selbst zu sein?

Ein Mensch ist mit sich zufrieden, weiß seine äußere Kultur im Einklang mit seinem inneren Charakter, mit seinen Ansprüchen. Dabei ist er so sehr in die Betrachtung der eigenen Persönlichkeit versunken, daß er nicht merkt, wie wenig Notiz die Welt von ihm nimmt – daß seine Bedeutung nur für ihn selbst existiert. In eitler Selbstbespiegelung setzt er bei der Umwelt das gleiche Interesse und die gleiche Bewertung für seine Person voraus wie bei sich selbst. Um wirklich zu gesellschaftlicher Anerkennung und Bedeutung zu kommen, muß ein dritter Faktor (zu den inneren und äußeren Werten) hinzukommen: Ein objektiver, konstruktiver Beitrag, eine angemessene Lebensaufgabe und ihre aktive Verwirklichung. Erst durch relevante Arbeit und Leistung gewinnt man gesellschaftliche Bedeutung. Durch bloßes Da- und Sosein nicht.

▬x▬ **Sechs als vierte Linie bedeutet:**
Bleibe Deiner Linie treu,
sie hat Dir schon Erfolg gebracht.
Bist Du nicht angesehen?
Ein schlichter Anzug, wenig Worte,
die deshalb um so mehr beachtet werden:
Ein weißer Pegasus braucht
manchmal keine goldenen Hufe.

In gewissem Maße genießt man bereits gesellschaftliche Anerkennung, die eigene Persönlichkeit ist maßgebend, die eigene Meinung wird geschätzt und beachtet. Doch man unterbewertet sich, fühlt sich unangemessen in seinem Ausdruck und in seiner Erscheinung. Nicht zu Unrecht: Doch man wirkt durch den Gehalt. Und auf die, deren Beachtung und Glauben man erst durch Äußerlichkeiten gewinnen könnte, kann man zunächst verzichten. Ein weißer Pegasus, Bild geistiger Stärke und Wahrheit, die die Gesetze der Materie außer Kraft setzt, sich aus ihren endlichen, vergänglichen Bedingungen befreit, auch Bote in der Freiheit wahrer geistiger Erkenntnis, braucht manchmal keine goldenen Hufe, keinen irdischen Glanz, um von der Welt gesehen und erkannt zu werden. Das Pferd, Symbol des Krieges, reitet in die Schlacht gegen Irrtum, Lüge, Illusion. Die Farbe weiß, Symbol der Reinheit, macht es unverwundbar. Und die Flügel des erleuchteten Geistes, Symbol vollkommener Intelligenz, erheben es weit über die Beschränkung durch Materie, hoch über alle Köpfe dieser Menschenwelt. Trauerst Du noch, daß Du nicht reich bist, und kein Herrscher dieser Welt?

▬x▬ **Sechs als fünfte Linie bedeutet:**
Allzu bescheidene Erscheinung
läßt Deinen Wert verkennen:
Tu etwas.
Gib Deinen Werten Ausdruck, pflege
ihre Äußerung. Doch übertreibe nicht.
Vergiß nicht, daß Du wirken kannst
auch ohne Glanz und Klang.

Das gesellschaftliche Ansehen, das man genießt, leidet unter der Vernachlässigung des äußeren Erscheinungsbildes der eigenen Persönlichkeit. Es ist den Werten und der Bedeutung, die man zu repräsentieren hat, in keiner Weise angemessen. Um der Sache willen sollte man sich um mehr Kultur in Sprache, Verhalten und Aussehen bemühen. Doch ohne Übertreibung: Es wird weder eine radikale Veränderung der äußeren Persönlichkeit gefordert noch leerer Schmuck: Man muß schließlich nicht um Beachtung kämpfen, sondern lediglich den bereits anerkannten inneren Werten sichtbar Ausdruck geben. Falschem Pathos und billigem Glanz wäre sonst das eher zu bescheidene Auftreten vorzuziehen.

▬⊖▬ **Neun als sechste Linie bedeutet:**
Geistesgröße trägt das Gewand
der Würde. Als Schmuck
das Licht der Aura. Und die Wirkung
ihrer Rede gründet sich
auf Wahrheit, pur und schnörkellos.

Wer im Geiste über den Gesetzen der Materie steht, warum sollte er im Körper, in seinem äußeren Erscheinungsbild und Auftreten weltlichen Ansprüchen Folge leisten? Schlichte, funktionale Kleidung kann seine Größe, seinen Wert nicht verbergen, und sein schönster Schmuck, vor dem alles irdische Geschmeide verblaßt, ist der Diamant seines erleuchteten Geistes. Er muß sich nicht um seine Wirkung sorgen: Wenn Sterne und Menschen sich vor ihm verneigen, überragt er, weithin sichtbar, alle Welt.

II/24. DER UMBRUCH

䷰ oberes Trigramm: TUI, die Phantasie, der See
unteres Trigramm: LI, die Energie, das Feuer

Das Bild

Über dem aktiven Prinzip der Energie, des Willens, des Feuers – die konkrete Manifestation des formlosen Prinzips der Psyche, die Phantasie, der See.

Der Charakter

Machtvoll ordnet fester Wille jetzt
alle Gefühle. Was echt war
und Substanz, besteht.
Was Illusion war, löst sich auf.
Die falschen Bilder werden transparent,
geben den Blick frei auf
die wahren, die
durchs Feuer schreiten, unberührt,
ins Land der Wirklichkeit.
Doch wehe dem Gefühl, dem Traum,
der unrechtmäßig in der Seele
von Planeten, Menschen, Sternsystemen,
das Bewußtsein blendete:
In reinigenden Flammen löst sich
sein Gespinst in einzelne
Atome auf. Und was sich
nicht von dem Gewebe löst,
brennt mit.

Makrokosmische Bedeutung

Das kosmische Prinzip der Willenskraft, der Energie, des Feuers, konfrontiert mit der astralen Bilderwelt und ihren ungeprüften Inhalten: Aus dieser Konfrontation kann sich nur eine radikale Veränderung der herrschenden astralen Bedingungen, der «Psyche» makrokosmischer Welten ergeben. Diese Veränderungen beruhen auf einem Konflikt der Gegensätze: Die Desintegrationskraft des Feuers steht der Formulierungskraft, den formulierten Bildern und unkontrollierten Phantasiegebilden der astralen Welt diametral entgegen. Kampf und Umbruch, Auflösung und Resistenz ist, was geschieht: Schwache Bilder ohne starke psychische Struktur, ohne kosmische Berechtigung und Substanz lösen sich auf, wie geringe Mengen Wasser oder feiner Dunst durch Einwirkung von Feuer sich vollständig verflüchtigen. Starke, von kosmischer Bedeutung strukturierte Bilder mit fester Substanz, die auch den erhöhten Energieschwingungen von Feuer standhalten, werden dynamisiert: Sie haben die «Feuerprobe» bestanden und werden als stabiles Bild-Muster zunächst auf der Ebene des grobstofflichen Äthers, danach auf der Ebene grobstofflicher Materie sich verdichten und neue Wirklichkeiten hervorbringen. So löst im Universum die Einwirkung der unquantifizierten Energie des Feuerprinzips die zufälligen Wucherungen der bildnerischen Kräfte der Astralebene auf und verhilft den konkreten, lebensfähigen und wirklichkeitsrelevanten Projekten der «Psyche der Natur» zur Verdichtung und zum Ausdruck in der grobstofflichen Welt. Der Dynamisierung durch das Feuerprinzip halten nur nach harmonischen Prinzipien konzipierte und strukturierte astrale Bilder stand, die anderen lösen sich auf. Und nur diese harmonischen Strukturen haben die Chance, als konkrete Bildmuster die grobstoffliche Wirklichkeit aktiv zu formen: Äther und Materie zu verdichten, die ihnen physische Gestalt, physischen Ausdruck geben. Auf der Ebene der grobstofflichen Wirklichkeit selbst ist hier der «Energieschock» zum Ausdruck gebracht, ein plötzlicher evolutionärer Schub, der überkommene Lebensformen vernichtet und entwicklungsfähige dynamisiert, zu größerer Blüte, zu Veränderung und Vervollkommnung treibt. Es handelt sich um eine quantitative Energiezufuhr, die weder gezielt noch selektiv wirkt, deshalb auch keines vermittelnden Geistprinzips bedarf: Die «Meßlatte» der Existenzwürde aller Formen ist die Schwingungsfrequenz der Energie – der sie standhalten oder nicht. Die Reinigung der gesamten Astralsphäre eines Planeten oder eines Planetensystems, mit der Perspektive, neue psychische Aktivitäten als Voraussetzung für die Entwicklung ihrer grobstofflichen Wirklichkeit zu ermöglichen, ist der konstruktive Nutzen diese «Umbruchs» – des kosmischen Eingriffs in die psychisch-astrale Evolution. Im Unterschied zum Zeichen II/20. aber ist der Energieaustausch, die «Konfrontation» unvermeidlich durch die Stellung der beteiligten Kräfte zueinander – die «Phantasie» kann sich der «Läuterung» durch das objektive Feuerprinzip nicht entziehen.

Mikrokosmische Bedeutung

Die energetische Willenskraft, die nach Realität drängt, bemächtigt sich der existierenden Gefühle und Vorstellungen, Bilder und Träume, und mißt sie an ihrem objektiven Wert, an ihrer konkreten Bedeutung für die aktuelle und künftige Wirklichkeit. Illusionen, Phantastereien der Seele lösen sich auf, was unter Umständen Abschied von liebgewordenen Ein-Bildungen bedeuten kann. Berechtigte Bilder und Gefühle finden Bestätigung, reifen und verdichten sich und drängen nach materiellem Ausdruck. Das geht ohne Konflikte, innere oder soziale, nicht ab. Im individuellen Charakter und Leben bedeutet dieser Prozeß eine Befreiung der Kräfte, eine Klärung, die aus der Träumerei und passiver Unentschlossenheit zu fruchtbarer Aktivität führt, unter neuen Gesichtspunkten und veränderten, zumeist klareren Perspektiven. Der Impuls kann aus der inneren Energie kommen oder durch andere Menschen, von außen. In jedem Fall geht der Zusammenprall der so konträren Kräfte nicht ohne Verluste ab: Die Energie löst auf, was nicht auf ihrer reinen Höhe schwingen kann, die Phantasie behauptet sich mit starken, konkreten Bildern, die sich der Auflösung widersetzen. Die nur werden schließlich ihre Berechtigung und Bedeutung bewiesen haben und stärker sein denn je, noch klarer, und ohne die Konkurrenz der schwachen, unberechtigten oder illusionären Bilder nach Verwirklichung drängen. Innere Energie – das kann ein Wutausbruch sein, auch über sich selbst, der die psychische Atmosphäre reinigt; das kann auch die Kraft sein, endlich und radikal aufzuräumen im inneren Bazar der Gefühle und Träume, um Platz zu schaffen für Perspektiven. Durch andere Menschen – das kann der Konflikt sein, der uns zwingt, unsere bequemen Träume zu überprüfen und gegebenenfalls der Einsicht zu opfern, oder ihre Realisierung endlich so aktiv in Angriff zu nehmen, daß sie eine Berechtigung gewinnen, nicht mehr Entwicklungsbehinderung und Hemmung sind. Auf den menschlichen Organismus übertragen charakterisiert das Hexagramm den Zustand des Fiebers, der disharmonische Strukturen im Ätherleib auflöst, um den harmonischen Strukturen neuen Lebensraum zu schaffen. Im gesellschaftlichen Leben bezeichnet es das Eingreifen eines starken und bewußten Charakters, der die herrschende Unentschlossenheit und kollektive träumerische Trägheit durchbricht, die Vielfalt der Vorstellungen und sozialen Wunschbilder ordnet und auf ihre Relevanz überprüft, Illusionen transparent macht, gegebenenfalls zerstört, und substantielle Vorstellungen als Perspektiven kräftigt und etabliert. Es kann aber auch die durch zu lange Passivität angestaute Energie in der kollektiven Seele sich Luft verschaffen durch Konflikt und Bewegung, die auf Klärung, Reinigung und Orientierung, auf Fortschritt zielt, der zu lange durch kollektive Illusion verhindert war. In jedem Fall wird durch den Umbruch, kollektiver oder individueller Art, eine Zeit des Wachstums und der Blüte eingeleitet, die ohne eine solche seelische Radikalkur nicht möglich geworden wäre.

Das Orakel

Mutig und stark: Ordne die Dinge
nach Gewicht und Bedeutung.
Schichte sie um, um sie
zu erkennen. Bewahre nicht.
Was wertvoll ist, zeigt sich
von neuer Seite, und was
belanglos ist, zerfällt.
Und kümmere Dich nicht:
Eh Du (oder die Wahrheit) unter
der Last der eitlen, schönen
oder auch nur gestrigen
Welt aus trägen Träumen niedersinkst,
stürze sie um. Und aus dem Staub,
den Scherben, Traumfragmenten,
den Fesseln alter Vorstellungen
schält sich ein neues Bild:
Der Horizont der neuen Wirklichkeit,
die wahrer, darum schöner ist.

DIE EINZELNEN LINIEN

Neun als erste Linie bedeutet:
Nicht mit den Händen stürzt man um,
sondern mit Einsicht: Stärke
der Gedanken, des Gefühls.
Sonst ist das Handeln blind,
der Umbruch bloß Zerstörung.

Die innere Unruhe treibt zur Tat. Die nötige Klarheit und Zielrichtung ist aber noch nicht gewonnen. Die einfache Änderung der physischen Wirklichkeit bewirkt aber nichts: Der Wirklichkeit lagen Gedanken, Vorstellungen, Haltungen zugrunde, die sie hervorbrachten. Erst wenn die klar erkannt sind, in der Einsicht überwunden, kann die physische Handlung zur Beseitigung ihrer Grundlagen und Auswirkungen erfolgen, um neuen Einsichten eine Grundlage zur Verwirklichung zu schaffen. In der gegenwärtigen, unreflektierten Unruhe bliebe es bei sinnlosen, zerstörerischen Handlungen, die nur kurzfristige innere Erleuchterung verschaffen, die Umstände aber in den Grundzügen nicht verändern würden.

Sechs als zweite Linie bedeutet:
Gibt Deinem inneren Drang
in Ruhe nach. Verändere,
gestalte um. Die alten Träume
sind schon ausgeträumt:
Die neue Wirklichkeit wird
größer, schöner, wirklicher.
Hast Du sie erst erkannt.

Hier, auf der Linie des individuellen Astralleibs, der Emotionen und psychischen Aktivität, kann mit der Veränderung der Bedingungen begonnen werden: Hier ist das Problem angelegt, hier muß die Lösung geschaffen werden. Doch mit bewußten, konsequenten Handlungen, sonst wird die Vergangenheit durch Wunschvorstellungen ersetzt statt durch klare Perspektiven. Der Mangel an konkreten Vorstellungen über die Zukunft ist keiner: Die Zukunft soll nicht geplant, sondern ihr nur ein adäquater Manifestationsfreiraum geschaffen werden, in dem sie ihre Möglichkeiten offenbaren und entfalten kann. Ist das Haus der Erinnerungen, Vorstellungen und Welt-Bilder erst vom alten Gerümpel befreit, offenbart es auf Anhieb die neuen Möglichkeiten der «Innenraum-Gestaltung», die das Finden eines neuen Ich- und Weltbildes problemlos machen.

Neun als dritte Linie bedeutet:
Es genügt nicht, die Notwendigkeit
zu sehen: Du mußt verstehen woher,
warum. Hast Du die Last erkannt,
die Dich und andere am Gehen hindert,
wirf sie nicht einfach fort:
Zerlege sie in jedes Einzelteil.
Sonst nimmt ein anderer sie wieder auf.

Die Schwierigkeiten und Hindernisse zu erkennen ist keine Leistung. Sie zu benennen schon mehr. Die wirkliche Aufgabe aber besteht in ihrem Verständnis: Ursachen und Wirkungen klar zu sehen, die zu der Situation geführt haben. Dazu bedarf es der Analyse, die nicht pauschaliert. Ebenso falsch wäre es, sich des Ballastes der Vergangenheit, der angesammelten und nie brauchbar gewordenen Vorstellungen pauschal zu entledigen: Man hätte sie schnell wieder sich aufgeladen, da ihre Ursachen in der eigenen Psyche nicht erkannt, deshalb nicht bewußt kontrollierbar sind, und die Befreiung wäre nur vorübergehend. Die falschen oder einfach überlebten Wünsche, Bedürfnisse, Vorstellungen der Seele zu erkennen, bedeutet, über sie hinauswachsen zu können in erweiterte Dimensionen. Sie konkret benennen zu können bedeutet, andere davor zu bewahren, sie sich vielleicht doch wieder aufzuladen. Erst wenn der Umbruch im Inneren vollzogen ist, kann man die Beseitigung seiner Umgestaltung seines materiellen Lebensraums, seiner materiellen Lebensbedigungen vornehmen, ohne daß ein Rückfall zu befürchten ist. Das Bewußtsein bestimmt das Sein: Bei dem, der sich um bewußtes Sein bemüht.

Neun als vierte Linie bedeutet:
Du bist berufen zu ändern,
zögere nicht.
Deine Stärke ist größer als
Deine Basis: Doch bist Du
nicht lange allein.

Ärmel aufkrempeln und in die Hände spucken: Das Notwendige erledigt sich nicht von selbst. Zwar ist man stark genug, doch steht man mit seiner Einsicht in die Zusammenhänge allein. Noch dazu ist die eigene soziale Position nicht bedeutend genug, den Umbruch schlicht zu proklamieren. Es bleibt also nur der tatkräftige Einsatz der eigenen Stärke und die deutliche Erklärung der Absicht, die beide auf Zeugen so überzeugend wirken werden, daß sie sich schnell anschließen und in gemeinsamer Anstrengung die Veränderung der gesellschaftlichen Realitäten zum Erfolg führen werden. Und mit gesellschaftlichen Realitäten sind bei der vierten Linie hauptsächlich die materiell-physischen Bedingungen gemeint, die einer grundlegenden Umgestaltung bedürfen.

Neun als fünfte Linie bedeutet:
Die Zeit des Umbruchs ist
die Zeit des Aufbruchs:

Der braucht ein Ziel.
Vertraue Deinen Worten,
dann vertrauen ihnen andere
und errichten ihnen durch Taten
ein Haus, in dem
die Zukunft wohnen kann.

Wer große Gedanken denken kann, erweitert das Bewußtsein vieler. Er muß sie nur in große Bilder fassen, das Abstrakte als Vision sichtbar zu machen: Dann folgen ihnen die Menschen und ruhen nicht, bis die Wirklichkeit der Vision entspricht. Hier ist ein Mensch gegeben, der solche geistigen Fähigkeiten hat, und er steht im Mittelpunkt des Interesses, so daß er keine Mühe hat, seine Gedanken und Vorstellungen zu kommunizieren. Ist er selbst von der Richtigkeit seiner Einsichten überzeugt, wird es für ihn mühelos sein, gemeinsam mit seinen Mitmenschen die Welt grundlegend und weitreichend umzugestalten und neue Prinzipien zu etablieren. Der Aufbruch in eine neue Zukunft, bei dem er vorangeht, führt zu wirklich substantiellen Veränderungen, die auf lange Sicht ihre Bedeutung nicht verlieren werden.

▬x▬ **Sechs als sechste Linie bedeutet:**
Einsicht ohne Stärke
bewegt die Welt nicht
und auch nicht die Menschen.
Oder ist etwa
die Einsicht schwach?

Es mangelt an Berufung, den Umbruch herbeizuführen: Zu wenig ist man wirklich berührt von der Notwendigkeit, vom Interesse an weltlicher Gestaltung und Umgestaltung. Auch fühlt man sich zu schwach, zu unbedeutend, substantiellen Einfluß auf die Welt wirklich auszüben zu können – und auf die Welt heißt: auf das Bewußtsein der Menschen. Doch ist es wirklich nur innere Distanz zur Welt, das Gefühl eigener Schwäche? Ist nicht vielleicht die Vision von der Notwendigkeit eines Umbruchs nicht groß, nicht klar und stark genug, die eigenen Kräfte zu mobilisieren und den eigenen Einsatz zu motivieren? In den Fragen ist vielleicht bereits die Antwort angelegt. Wenn sie zu tieferer Selbsterkenntnis führen, erschließen sie vielleicht auch ein tieferes Verständnis für die Bedeutung der Vorgänge in der Welt und damit für Sinn und Berechtigung umfassender Veränderungen, zu denen jeder den ihm angemessenen Beitrag leisten sollte.

4 Das Haus des Auftretens des Wassers

II/25. DAS MASS

䷻ oberes Trigramm: KAN, die Rezeptivität, das Wasser
unteres Trigramm: TUI, die Phantasie, der See

Das Bild

Unter dem passiven Prinzip formloser Rezeptivität, der Psyche, des Wassers – die konkrete Manifestation des formlosen Prinzips der Psyche, die Phantasie, der See.

Der Charakter

Dem Formlosen Form zu geben,
dem Maßlosen Maß:
So tritt ein jedes Wesen, jedes Ding
heraus aus der Allmöglichkeit,
gewinnt Gestalt und
individuelle Wirklichkeit.
Im Meer der Möglichkeiten
sucht die bewußte Phantasie
sich abzuheben,
sich zu unterscheiden,
wie ein Tropfen abzugrenzen,
um zu leben. Anonymität
ist Tod: Grenzenlos ist nur
Nichtexistenz. Bewußte Grenzen
sind das Maß für Sinn, Bewußtsein,
Selbstbewußtsein: Leben, das
sich so nur selbst erkennt.

Makrokosmische Bedeutung

Die unquantifizierte Masse des Wassers über ihrem begrenzten Gefäß, dem See, deutet auf eine Überflutung hin, die den See und seine Konturen in die Bedeutungslosigkeit zerfließen läßt. Dem muß durch Errichten fester Grenzen begegnet werden, also durch Maß und Mäßigung, durch Abgrenzung des Endlichen vom Undefinierten, Unbegrenzten. Im Universum ist es die formlose psychische Energie der astralen Ebene, die durch konkrete Bilder und Inhalte quantifiziert werden und qualitative Bedeutung gewinnen muß, um eine gestalterische Wirkung auf die Ebene der grobstofflichen Materie ausüben zu können. Das Übermaß (des Wassers) bedarf des Maßes (des Sees), um durch unterscheidbare Form Bedeutung zu erlangen. Mit der kreativen (ungeteilten) Linie des Geistes auf dominantem (5.) Platz ist das ordnende und qualifizierende Prinzip bereits im Zeichen angelegt. Doch müssen die Energien noch quantifiziert werden: Bevor der konkrete Bauplan einer kosmischen Wirklichkeit ein qualitatives Astralbild erstellen kann, muß das Material zu seiner Erstellung aus dem ungeformten Astrallicht extrahiert und ihm eine quantitative Begrenzung gegeben werden. Erst dann besteht für das Astralbild die Chance zu einer konkreten Verdichtung und Manifestation auf der vierdimensionalen Ebene materieller Wirklichkeit: Erst dann hat es die Chance zu kontinuierlicher Existenz auf der Astralebene selbst. Auf der grobstofflichen Ebene ist es die «Teilung der Wasser» durch Land, die das qualitative Bild einer Landschaft bestimmt – aus «Wasser» Gewässer macht, aus dem Element konkrete, individuelle Phänomene. Endlich, aber definierbar, mit unterscheidbarer Charakteristik – der Anfang einer konkreten Welt.

Mikrokosmische Bedeutung

Hier sucht eine menschliche Seele noch ihre Richtung, ihre Identität. Zu vielfältig sind noch die Möglichkeiten, zu gewaltig die sich vermischenden, überströmenden Gefühle und Vorstellungen, um ihrer Herr zu werden. Die Notwendigkeit der Strukturierung der inneren Vorgänge ist jedoch gegeben, um nicht im Strom unfruchtbarer Rezeptivität dahinzutreiben, von Träumen und Wünschen ziellos bewegt. Die Beschränkung auf klare Grundsätze, auf die naheliegenden Wahrheiten der Persönlichkeit und ihres Lebens ist der erste Schritt zur Sicherheit der objektiven Selbsterkenntnis. Von diesen Grundsätzen aus kann man gestaltend wirken, sich von der Umwelt abgrenzen, definieren; sie können sogar als Kern zur Kristallisation weiterer persönlicher Schwerpunkte und seelischer Inhalte dienen. Sie aber der scheinbar freieren Fülle der Möglichkeiten, die die unkontrollierte Psyche als Wunsch und Traum anzubieten hat, zu opfern, wäre «tödlich»: Die konstruktiven Energien der Persönlichkeit würden ins Bedeutungslose zerfließen, die Entwicklung in Richtungslosigkeit erstarren. Denn ohne das strenge Maß der Abgrenzung und Formgebung, der Beschränkung, hat selbst das üppigste Potential keine

Chance, zu aktueller Bedeutung zu gelangen: Um im «Unendlichen sich zu finden», muß man «unterscheiden und dann verbinden»: Durch Unterscheidung, das bewußt das «Ich» und seine Qualitäten vom «Nicht-Ich» zu trennen vermag, kommt man zur Selbsterkenntnis und individueller Kontinuität: Zur Verwirklichung auch seines spirituellen Selbstes. Dies gilt ebenso für die Selbstfindung und Selbstverwirklichung von Individuen wie von Gruppen oder gesellschaftlichen Organisationen: Auch sie bedürfen des konkreten, unterschiedenen und speziellen Inhalts, an dem sich ihre Mitglieder messen, ihre Zugehörigkeit oder Nichtzugehörigkeit beurteilen und Stellung beziehen können. Ohne konkrete Inhalte und Bezugspunkte zerfällt auch die loseste soziale Ordnung und hebt sich auf, zerfällt unfruchtbar und ohne Existenzberechtigung in ihre Teile, in einzelne Menschen. Auf die menschliche Gesellschaft bezogen ruft dieses Hexagramm zu eben der Definition und inhaltlichen Bestimmung des sozialen Lebens auf, zu einer Beschränkung der vielfältigen Strömungen und Interessen auf das Gemeinsame, für alle Verbindliche, das die Kräfte zu einigen vermag. Im menschlichen Organismus kennzeichnet das Hexagramm die sinnliche Wahrnehmung der Wirklichkeit, die durch individuelle Selektion bestimmte Wahrnehmungen bewußt werden läßt, andere (den Luftdruck auf der Hautoberfläche, einen Teil der visuellen, akustischen und haptischen Wahrnehmungen) «ignoriert» und damit zu einer individuellen Wirklichkeitswahrnehmung. Die Körperflüssigkeit und ihre Aufrechterhaltung (selbst beim Baden im Meer oder durch übermäßiges Trinken erhöht sich die Flüssigkeitsmenge im Körper nicht, nach großem Verlust in trockener Hitze verlangt er nach Ausgleich) kommt als Wirkprinzip in diesem Hexagramm zum Ausdruck: Biologisches Vorbild für Maß und Mäßigung, die durch individuelle Definition Qualität und Bedeutung erlangen.

Das Orakel

Durch Willen und kühlen Verstand
beschränke die Sehnsucht der Phantasie
nach immer neuen Bildern,
neuen Gefühlen, die auf keine
Wirklichkeit zielen.
Ist erst das, was nahe liegt,
wahr geworden, rückt auch
die Ferne in greifbare Nähe.
Überfliegst Du das Nahe
in ungeduldigen, untätigen Träumen,
bleibt die Ferne unerreichbar,

und was erreichbar war, verkommt.
Sieh, wie Du bist, dann weißt Du,
wie Du wachsen kannst.

DIE EINZELNEN LINIEN

Neun als erste Linie bedeutet:
Bezähme Deinen Wunsch nach mehr:
Mehr essen als nötig, um satt zu werden,
mehr trinken als nötig, den Durst zu löschen,
mehr Haus, als Du zum Wohnen brauchst,
mehr Kleider, als Du tragen kannst.
Das «Mehr» macht weniger aus Dir,
als Deine Seele es versprach.

Wer sich in seinen materiellen Bedürfnissen und Ansprüchen ständig weit über die gegenwärtige Realität hinausbegibt, vergeudet Energie und Zeit an Gedanken, die keine konstruktive Potenz haben. Sie halten ihn im Gegenteil davon ab, das seelisch-geistige Potential auszuschöpfen, das in der Persönlichkeit angelegt ist und auf Erkenntnis und Auswertung harrt. Denn mehr Materie häuft sich nur um mehr energetische, immaterielle Substanz: Wenn die sich nicht ausprägt, bewußt auf- und ausgebaut wird, fehlt den Träumen von «mehr» der Kristallisationskern, und sie entbehren auch künftig jeder Realisierungsmöglichkeit. So verhindert der unkontrollierte Wunsch seine eigene Verwirklichung.

Neun als zweite Linie bedeutet:
Die Stärke der Gedanken herrscht
über die Macht Deiner Gefühle:
So bleibst Du Herrscher
Deines Lebens. Und kannst
Deinen Gefühlen folgen.

Wenn große, starke und vielfältige Gefühle und Wunschbilder das Korrektiv eines starken Bewußtseins haben, dann repräsentieren sie nicht nur einen großen Reichtum der Persönlichkeit, sondern können im Zusammenspiel mit der Ratio ein verläßlicher Wegweiser zu einem erfüllten Leben werden. Hier ist dieses Korrektiv gegeben, es muß nur benutzt werden, die Spreu der Illusion vom Weizen der Phantasie zu trennen, um zu fruchtbaren Handlungsprinzipien zu kommen, entlang derer man dann sein Leben gestalten und ausgestalten kann.

▬x▬ **Sechs als dritte Linie bedeutet:**
Ein schwaches Bewußtsein
findet kein Maß. Von den Wogen
der Gefühle auf und ab getragen,
von Bildern dort, dann da geblendet:
So verlierst Du Dich und Deine Kraft
an nichts. Wo längst ein Ziel
Du haben, Dich ihm nähern könntest.

Hier ist das Gegenteil der vorigen Linie der Fall: Dort ein starkes Gefühlsleben, dem ein klarer, bewußter Verstand qualitativ und quantitativ Grenzen setzt. Hier ein dominantes Gefühlsleben ohne ausgereifte Struktur, ohne gefestigtes Bewußtsein, ihm eine Richtung und Regeln zu geben. Ohne Mäßig- und Regelmäßigkeit aber folgt man blind augenblicklichen Gefühlen. Eingebungen, Wunschbildern, wird von ihnen hierhin getrieben, dorthin gelockt und findet doch kein Zuhause, da das «innere Zuhause», die Selbstbestimmung im wörtlichen Sinne fehlt. Und statt die eigenen Kräfte und emotionalen Energien konstruktiv in eine Richtung zu lenken und durch persönlichen Fortschritt von ihnen zu profitieren, sieht man täglich eine neue Richtung und bewegt sich im Kreis. Es ist nicht leicht und doch notwendig, relevante von irrelevanten Gefühlen, Bildern, Wünschen zu trennen, um eine progressive Realisierung des seelischen Potentials zu ermöglichen, das sich sonst an alle Reizangebote der eigenen Psyche wie der Umwelt verschwendet. Freiheit ist, die Schranken selbst zu wählen. Ohne Maß aber ist man der Sklave aller Möglichkeiten, findet nicht zu sich.

▬x▬ **Sechs als vierte Linie bedeutet:**
Wer sich in seinem Maß erkennt,
ihm treu bleibt und es ganz erfüllt,
wird von den Menschen anerkannt,
sein Wert geschätzt.
Und Akasha hält bald
ein neues, größeres Maß für ihn bereit,
das er erfüllen kann.

Linie und Strich sind hier in Einklang, das Bewußtsein erkennt die Bedeutung und die Grenzen der Persönlichkeit und verwirklicht sie.

Diese Persönlichkeit wird von der Umwelt geschätzt und akzeptiert und nimmt in der sozialen Hierarchie den Platz ein, der ihr zukommt: Zum Wohle der Gemeinschaft. Ist der karmische Auftrag, die Erarbeitung und Integration der persönlichen Qualitäten in die seelische Struktur, erfüllt, wird dieser Persönlichkeit bald eine größere Aufgabe, ein größerer Identifikationsspielraum zugewiesen, in der die Seele ihr Wachstum harmonisch fortsetzen kann. Die Ebene der Archetypen, Akasha, setzt neue Impulse frei, sobald die vorangehenden durch Realisierung aufgelöst, «erfüllt» sind. Keine Sekunde früher, doch auch keinen Augenblick «zu spät»: Dies die Gewißheit derer, die sich in ihrem Maß bescheiden.

Neun als fünfte Linie bedeutet:
Der Mensch, der sein Maß kennt,
wird anderen zum Vorbild
ihrer Mäßigung.
Sein Glanz, seine Bedeutung
wird sich nicht verlieren,
wenn er selbst nicht mehr
als Maßstab dienen kann.

Wenn eine integere Persönlichkeit im Blickpunkt des öffentlichen Interesses steht, wird sie schnell zum Vorbild; was sie tut und vorlebt hat Gewicht. Wenn sie in ihrer Größe sich beschränkt, fällt es Menschen mit weniger großem Potential leicht, sich auf ihr eigenes Maß zu besinnen, wenn sie in ihrer Stärke sich zu ihren Schwächen bekennt und nicht über sie hinaus stark sein will, so fällt es Schwächeren leicht, das Maß der eigenen Stärke zu akzeptieren. Darin liegt die wirkliche Größe, die wahre Stärke einer solchen Persönlichkeit und ihr verläßlicher Wert als Maßstab und Orientierung für andere. Und da sie ihr eigenes Maß nur ganz erfüllte, aber nie durch Schein oder unfruchtbare Ambitionen und Anstrengungen zu übersteigen suchte, wird auch nach ihrem Weggang nichts von ihrem Wert verblassen, nichts ihre Bedeutung schmälern. Sie wird im Gedächtnis bleiben, wie sie in Wirklichkeit war, und noch im Andenken Vorbild und Beispiel sein für die Größe, die ein Mensch gewinnt, wenn er sich auf sein Maß besinnt.

Sechs als sechste Linie bedeutet:
Beschränke die Welt: Dann wächst
der Geist, die Seele über sie hinaus.
Was Du der Welt an Hinwendung, Interesse

vorenthältst, nährt Deinen Geist
und stärkt ihn: Bis die Welt
ihm nichts mehr nehmen kann.

Wer nach Erleuchtung strebt, muß sein Interesse zunächst von weltlichen Dingen abwenden und die psychischen Energien in die Entwicklung der geistig-seelischen Innenwelten investieren. Jeder von der materiellen Welt abgezogene Gedanke, jedes nicht mehr auf die Sinnenwelt gerichtete Gefühl stärkt die unsterblichen Aspekte der Seele und klärt die Einsicht in höhere, abstrakte Wirklichkeiten. Ist das Bewußtsein in der Erkenntnis der geistigen Grundlagen aller konkreten und sinnlichen Wirklichkeit gefestigt, kann es sich gefahrlos dieser Welt wieder zuwenden, ohne von ihr absorbiert zu werden und seine Klarheit zu verlieren, in der Seele auf die Schwingungsebene der Materie zurückzukehren. Zunächst aber muß die Welt konsequent ausgeklammert, in Wahrnehmung und Interesse auf ein Mindestmaß beschränkt werden, um die schwankende Seele, das untrainierte Bewußtsein auf den höheren Schwingungsebenen zu etablieren und unanfechtbar zu machen. Auch hier zeigt sich, daß Meisterschaft in Mäßigung beginnt, in der Beschränkung seine Wurzeln hat.

II/26. DIE BELEBUNG

oberes Trigramm: KAN, die Rezeptivität, das Wasser

unteres Trigramm: SUN, die Reflexion, der Wind

Das Bild

Unter dem passiven Prinzip formloser Rezeptivität, der Psyche, des Wassers – die konkrete Manifestation des feinstofflichen Geistprinzips, die Reflexion, der Wind.

Der Charakter

Der Kosmos nährt und erfrischt
alle Wesen nach seinen unsichtbaren
Gesetzen: Verbrauchte psychische Vitalität

ersetzt der Strom der neuen Energie,
in dem sich jede Seele baden,
kräftigen, mit junger Frische
laden kann, und stellt sich ungehindert
in den Dienst der
aktiven Idee,
mit deren Hilfe dann
das Denken größere, schönere Bilder formt:
Der gewachsenen Seele angemessen,
die auf jeden geistigen Impuls
mit schöneren und größeren
Visionen antwortet – von der Enge
alter Vorstellungen frei.

Makrokosmische Bedeutung

Die vitalisierende psychische Substanz, das astrale Licht, wird allen Formen beseelten Lebens, beseelter Existenz zugeführt, die darin «baden wie in einem Jungbrunnen», sich reinigen, laben, regenerieren. Alte psychische Inhalte lösen sich auf im Strom, verlieren Substanz, Struktur, Bedeutung; das bildnerische Potential der Psyche – auf makrokosmischer Ebene der astralen Sphäre von Landstrichen, Kontinenten, Planeten und Planetensystemen – erlebt seine Befreiung von alten, hemmenden, stagnierten Vorstellungen und kann, versorgt mit frischer, ungeformter Energie, erneut gestaltend wirken, Bilder und Baupläne entwickeln – Visionen einer künftigen materiellen Wirklichkeit, die die vorherigen, überkommenen, zu eng gewordenen bei weitem übersteigen. Dabei ändert sich am Bezugsrahmen wenig: Die Projekte und Gegenstände der psychischen Aktivität mögen durchaus dieselben bleiben. Was wächst ist die Perspektive, die Klarheit und Größe, die Stärke und Vitalität der gestalteten Objekte. Es ist, als ob das Universum träumt, nach jedem Traum den Traum vergißt und doch im nächsten auf ihn aufbaut, ihn vergrößert, detaillierter, schöner, deutlicher gestaltet – bis der vollendete Traum auf der materiellen Ebene Wirklichkeit gewinnt. Das Hexagramm beschreibt dabei nur den Vorgang der Erneuerung durch kosmisch-psychische Energie, nicht die Gegenstände der psychischen Aktivität: Nur die Wellenbewegungen des «kosmisch-astralen Meeres», das die Sandburgen der Phantasie wegwäscht, bis ihre Erbauer, die Bildungskräfte der astralen Sphären, sie erneut, doch größer, schöner, haltbarer als zuvor an ihre Stelle setzen. Dieser Vorgang wiederholt sich, bis die «Sandburgen» den Grad der Perfektion erreicht haben, den keine Flut mehr gefährden kann: Bis sie zu materieller Manifestation sich verdichten, der astralen Schwingung Stabilität entgegensetzen können und die bildnerische Phantasie sich einem neuen Projekt, einer neuen Idee, einem neuen Auftrag widmen kann, die ihr das aktive Geistprinzip (repräsentiert durch SUN) anbietet. Und das Wechselspiel von psychischem Entwurf, Erneuerung, Entwurf beginnt von vorn, bis der Entwurf das Licht der materiellen Welt erblicken kann: Als grobstoffliche Tatsache in einer grobstofflichen Welt. In welcher? Sieh Dich um.

Mikrokosmische Bedeutung

Das individuelle Denken (SUN) erlangt hier Unterstützung durch die vitalisierende Wirkung kosmisch ungeformter psychisch-astraler Energie, die ihm den nächsten Schritt in seiner kreativen Arbeit ermöglichen soll. Die Psyche, die sich in der Ausformung von Ansichten der Wirklichkeit erschöpft hat, alle ihr zur Verfügung stehende Energie in konkreten Bildern formuliert und gebunden hat, bedarf dabei zugleich der Regeneration, der Erneuerung. Das geht nicht ohne die Veränderung oder gar den Verlust von festgefügten Bildmustern, die die individuelle Psyche zwar binden, ihr konstruktives und kreatives Potential aber längst verbraucht haben, in Unbeweglichkeit und Entwicklungsunfähigkeit erstarrt sind. Durch die Zufuhr ungebundener unformulierter astraler Energie (KAN) lösen sich diese wertlos gewordenen psychischen Konstruktionen langsam auf und befreien damit die bildnerischen Kräfte der Seele zu neuer aktiver Beweglichkeit. Die individuelle Vorstellung, die seelische Identität wird dabei nicht in Frage gestellt – eher schon der Grad ihrer Verwirklichung. Denn alles Sterben ist Wachsen, und die Seele wird schon bald an die Stelle der alten Bilder neue entworfen haben, die auf den Erkenntnissen und Erfahrungen aus den alten aufbauen, sie an Perfektion, Schönheit und Brauchbarkeit übertreffen – im besten Fall. Im schlechtesten Fall hat die Seele nichts eiliger zu tun, als die alten Bilder und Bedeutungen zu rekonstruieren, statt sich höheren Einsichten zu öffnen und sie zu übersteigen. Wer nur die alte Vision wieder herstellt, projiziert statt zu sehen, und repetiert statt zu regenerieren. Die Chance der psychischen Erneuerung und damit des seelischen Wachstums, der inneren Vervollkommnung und Veredelung wäre damit vertan, und wer sich nur an die alten, überkommenen Seelenbilder klammert, dessen seelische Identität wird sich langsam mit ihnen im Unverbindlichen verlieren. Wobei die vitalisierende Wirkung des «kosmischen Jungbrunnens» schon dafür sorgen wird, daß sich das Bewußtsein neuen, größeren Inhalten mit wiedergewonnener Frische und Phantasie annehmen und sie zur Blüte bringen wird. Dieses Hexagramm ist der Hinweis auf eine solche bevorstehende Vitalisierung und Erneuerung der Seele und der Hinweis, diese Wirkung aus der eigenen Persönlichkeit heraus auf eine in lähmend festgefügten Bildern denkende Umwelt auszuüben – durch Öffnung und Erneuerung ihrer Vorstellungen und Perspektiven. Vielleicht eine in unkreative Routine erstarrte Umwelt mit idealistischen Visionen aus der Stagnation zu lösen und schöpferische Impulse zu geben, die eine Regeneration der kollektiven Psyche einleiten. Auf die menschliche Gesellschaft übertragen, bringt das Hexagramm deshalb den Prozeß einer psychischen Erneuerung zum Ausdruck, die Veränderung und Belebung der kollektiven Visionen und Wunschbilder durch neue, größere Perspektiven und die damit verbundene Freisetzung neuer, schöpferischer Energie. Eine in verbrauchten Konzepten erstarrte Gesellschaft oder Menschengruppe gewinnt damit ihre kreative Unbeschwertheit und Frische zurück, die Bedingung ist für weitere Entwicklung und Vervollkommnung, für die Dynamik der kollektiven Phantasie. Bezogen auf den menschlichen Organismus definiert das Hexagramm den Transport des Sauerstoffs im Blutkreislauf und seine regenerativen und vitalisierenden Impulse auf alle Zellfunktionen.

Das Orakel

Reinige Dein Denken von den engen
Bildern der Vergangenheit,
löse Dich von Vorstellungen,
die gestern nur bedeutend waren:
Damit Du heute noch ein anderes,
größeres Morgen Dir
vergegenwärtigen kannst.
Und alle Farben, Stoffe, Inhalte
stehen bereit, Deiner Phantasie
als Material zu dienen für
ihr freies Schöpfungsspiel:
Nur durch Erneuerung, von mal zu mal,
wächst Du lebendig über
Deine selbstgeschaffenen Grenzen
des Bekannten und Beendeten hinaus.
Und Deine Seele trinkt
aus frischen, unverbrauchten Quellen
neue Kraft.

▬x▬ **Sechs als erste Linie bedeutet:**
Wenn Du in alten Träumen lebst,
Vergangenes lebendig hältst
mit Deiner Energie der Gegenwart,
kommst Du aus Deiner selbsterdachten Zelle
nicht ans Licht der Wirklichkeit,
siehst nicht die schöpferische Freiheit, die
voll neuer Wunder vor Dir liegt.

Wer sich in seinen Vorstellungen nur an die alten Wunschbilder und Träume bindet, die vielleicht zu einem früheren Zeitpunkt im Leben einmal Bedeutung hatten, bindet seine ganze Kraft, die ganze persönliche Dynamik in ein Geflecht überkommener persönlicher Historie ein, das längst leblos und irrelevant geworden ist. Aus Mangel an Offenheit für neue Eindrücke und Impulse werden die eigenen Energien, die psychische Kreativität in bloßer Perpetuierung verschlissener Bilder und deren Aufrechterhaltung erschöpft, sinnlos verbraucht. Dabei bedarf es nur des konsequenten Entschlusses, sich von der alten Vorstellungswelt zu lösen und für neue Perspektiven zu öffnen: Sofort ist das ganze Potential der persönlichen Entwicklung und Schöpfungskraft wieder verfügbar und kann sich effektiv, mit deutlichen Fortschritten und sichtbaren Ergebnissen entfalten. Die Befreiung von den eigenen, hemmenden Wunschbildern dürfte als große Erlösung – und letztlich als persönliche Erfüllung erlebt werden, denn «die Wünsche verstellen uns oft den Blick auf das Gewünschte», wie ein kluger Kopf einmal formulierte. Wer den Mut und die Klarheit hat, sich von sich zu lösen, kommt sich selbst näher.

▬○▬ **Neun als zweite Linie bedeutet:**
Verschwende nicht die goldenen Träume
an eine tönerne Wirklichkeit:
Du veränderst sie nicht.
Finde erst den Weg
zu Deinem eigenen Platz: Dort nur
veredelst Du die Welt.

Das Potential ist größer als die Möglichkeit, es zum Ausdruck zu bringen. Eine allzu nüchterne, irdische («tönerne») Umwelt und Lebenseinstellung verhindert, daß die großen Bilder und wertvollen Visionen der eigenen Innenwelt überhaupt beachtet werden – oder sie werden nutzlos in eine Wirklichkeit eingebracht und von ihr absorbiert, die ohnehin allzu fragwürdig, materialistisch, perspektivenlos ist. Deshalb die Konsequenz, lieber nach einem adäquateren Umfeld und Wirkungskreis, nach dem «eigenen Platz» in der Welt zu suchen, das der eigenen Persönlichkeit und ihrem kreativen, idealistischen Potential die Entfaltungsmöglichkeiten bietet, nach der sie verlangt – und wo dieses Potential auch fruchtbar und sinnvoll zur Veredelung der Welt und des eigenen Lebens eingesetzt werden kann.

Neun als dritte Linie bedeutet:
Ein großes Potential kommt
nicht zur Geltung, ein kühner Traum
bleibt ungeträumt.
Was zögerst Du?
Mache Dich selbst bekannt,
dann wird man Dich erkennen.

Sich mit dem Reichtum der inneren Persönlichkeit zu begnügen hieße, diesen Reichtum zu Unrecht zu besitzen. Die Erkenntnis des eigenen Potentials genügt nicht – man muß es auch adäquat zum Einsatz bringen. Erst dann dürfte sich sein wahrer Wert, seine wahre Größe und Bedeutung entfalten. Ohne Aufgabe bleibt auch ein starkes Potential nur Schwäche. Es ist deshalb nötig, sich in den Dienst einer größeren, überpersönlichen Aufgabe zu stellen, um an ihr seine Stärke, seine Kreativität und konstruktive Phantasie in objektiver Relevanz zum Einsatz zu bringen. Man sollte sich diese Aufgabe sorgfältig, nach kompromißloser Einschätzung der eigenen Bedürfnisse und Fähigkeiten aussuchen und sich für sie anbieten. Nach erfolgreichem Einsatz der eigenen Fähigkeiten werden neue Aufgaben, neue Angebote nicht auf sich warten lassen – zunächst aber muß man sich überwinden und von selbst Zugang zu einem angemessenen Wirkungskreis suchen. Sonst bleibt man mit sich und seinen Talenten allein.

Sechs als vierte Linie bedeutet:
Man hört auf Dich, doch Du selbst
traust Dir nicht.
Zu Recht.
Nimm Dir Zeit, zu Deinem
neuen Ich zu finden, Deiner
neuen Zukunft, neuen Welt:
Dann erst antworte, und Du
wirst wissen, was Du sagst.

Ein Mensch, dessen Leben und Meinung schon für andere wichtige Bezugspunkte sind, befindet sich selbst in einer Phase der Neuorientierung, der Überprüfung der Lebensziele und -inhalte, der Zukunftsperspektiven. Er sollte sich deshalb aus dem Blickfeld der anderen zurückziehen, zumindest zurückhaltend sein mit allen Äußerungen, bis er zu sich, zu seinem neuen Ich gefunden hat: Bis er den nächsten Schritt in seiner persönlichen Entwicklung verstanden und eingeleitet hat. Erst dann werden seine Auskünfte wieder präzise und verbindlich, seine Visionen und Inspirationen wertvoll für ihn selbst und seine Mitmenschen. Denn es könnte durchaus sein, daß er seinen gesamten Wirkungskreis, seine Aufgabe und seine Lebensgestaltung, einer umfassenden Veränderung unterzieht – einer Erneuerung, über die er sich erst selbst im Klaren sein muß, ehe er andere einbezieht.

▬○▬ **Neun als fünfte Linie bedeutet:**
Die Quelle der Belebung:
Unversiegbar verändert und erfrischt sie
die Menschen, mit ihnen
alle Wirklichkeit.
Ihr Wasser fließt in breitem Strom,
und wer von ihm trinkt, kehrt
ermutigt, erneuert und gestärkt
in seinen Lebenskreis zurück.

Ein Mensch mit großen, klaren Gedanken und überragenden Visionen von dem, wie die menschliche Wirklichkeit in ihrer vollkommensten Form sein könnte, ist verpflichtet, diesen seinen psychischen Reichtum mit anderen Menschen zu teilen, das Leben und die Perspektiven anderer Menschen um ihn zu bereichern. Dabei muß er nicht predigen oder propagieren: Das einfache Angebot seiner Ansichten genügt, und die Menschen werden aus der Enge ihrer eigenen Vorstellungen befreit, sehen neue Hoffnung, größere Möglichkeiten, schöpfen neue Kraft. Wie das klare Wasser eines breiten Stroms sollte dieser Mensch zu allem Stellung nehmen, was in sein Bewußtseinsfeld rückt – ohne zu überlegen oder gar zu selektieren, wer aus ihm trinkt, wer von ihm profitiert. Die Wirkung wird in vielfacher Hinsicht, in allen Lebensbereichen, fruchtbar und deutlich den Wert seiner Persönlichkeit beweisen – vielleicht durch eine grundlegende Erneuerung der gesamten gesellschaftlichen Kultur, auf die er Einfluß nahm.

▬x▬ **Sechs als sechste Linie bedeutet:**
Ein Mensch erneuert alle Menschen,
erfrischt ihr Denken, ihren Glauben

mit kristallklaren Wassern
aus himmlischen Quellen.
Er selbst dient nur als Strom:
Deshalb vertraut man ihm.

Ein bescheidener und erleuchteter Mensch, dessen Denken in den geistigen Höhen des Universums angesiedelt ist, leitet seine Visionen, seine Erkenntnisse und sein Wissen, von keinen egoistischen Interessen getrübt, in ganzer Reinheit und Klarheit an die Menschen weiter und bewirkt in ihnen eine grundlegende Erneuerung ihrer spirituellen Ansichten. Er stärkt ihren Geist und ihre Seele gegen die verfängliche Stärke ihrer materiellen Persönlichkeit und führt sie zu neuen Horizonten geistiger, zeitloser Erkenntnis. Da er weder Verdienst noch Ehre für sich in Anspruch nimmt, sondern sich lediglich als Katalysator versteht und präsentiert, kommen die geistigen Schätze den Menschen um so reiner und zweifelloser zugute. Seine Verdienste und Ehrung erfährt er auf den höheren Ebenen der Wirklichkeit, zu denen er den Menschen der materiellen Welt den Weg deutlich macht, und wer aus seiner Quelle trinkt, reinigt seinen Körper, sein Bild der Wirklichkeit, und erhält einen dauerhaften Eindruck vom Leben jenseits physischer Vergänglichkeit.

II/27. DIE BEHINDERUNG

䷦

oberes Trigramm: KAN, die Rezeptivität, das Wasser

unteres Trigramm: KEN, die Stabilität, der Berg

Das Bild

Unter dem passiven Prinzip formloser Rezeptivität, der Psyche, des Wassers – die konkrete Manifestation des grobstofflichen Materieprinzips, die stabile Form, der Berg.

Der Charakter

Inmitten der Formlosigkeit
bewahrt sich nur die Form,

doch kann nicht wachsen, wirken.
Und ungestalteter, zielloser Strom
astraler Energie beeindruckt
keine Wirklichkeit.
So ruht die Welt, steht still
inmitten der Bewegung.
Kein Kampf und keine Feindschaft
klärt die Fronten, führt
zu Austausch, zu Bereicherung.
Nur Grundverschiedenheit
lähmt jeden Atemzug, jede Bewegung
der kosmischen Welten.
Bis ein neuer Tag
ein neues Kräfteverhältnis bringen wird,
mit neuen Kräften.

Makrokosmische Bedeutung

Obwohl ein Wirkverhältnis zwischen den konstituierenden Elementen des Zeichens gegeben ist (die Bewegung des «Wassers» nach unten, zum statischen «Berg» hin), kann durch die Verschiedenartigkeit der Manifestationsformen weder ein Austausch noch ein polares Kräftesystem entstehen. Sie berühren sich, ohne sich beeinflussen zu können, blockieren sich lediglich, was dem Zeichen den Titel «Behinderung» gibt. Das formlose Prinzip des Wassers, die Ströme ungeordneten, unorganisierten astralen Lichts penetrieren die Sphären der festgefügten, konkreten Formen materieller Existenz. Ohne Inhalt und «Auftrag» aber können sie diese nicht verändern, keinen Einfluß nehmen auf ihre astrale und damit physische Entwicklung und Realität. Ohne den vermittelnden Agenten einer konkreten, bildnerischen Psyche (TUI) oder gedanklichen Reflexion (SUN) ist eine Einwirkung auf die konkrete Manifestationsformen der grobstofflichen Ebene ausgeschlossen. Umgekehrt kann auch das statische (phantasielose) Bewußtsein der grobstofflichen Existenz ohne Vermittlung nichts anfangen, da es sich seinerseits der Form von Ideen und/oder psychischer Bilder bedienen müßte, um aus dem undefinierten Strom adäquate Energien zu kristallisieren und zu binden. So bleiben beide Energien in ihren unterschiedlichen Manifestationsgraden unverändert, die eine nur im Fluß behindert, die andere in ihrer kreativen Entfaltung und Verfeinerung, und hemmen gegenseitig jeden Fortschritt, jede Entwicklung. In der makrokosmischen Wirklichkeit der Sterne und Planeten bedeutet dies eine Phase der Stagnation, der Verhinderung der weiteren Ausgestaltung der grobstofflichen Formen, wie auch die Kumulation des astralen Lichts in den Sphären dieser

Himmelskörper, dem früher oder später eine Möglichkeit der Manifestation oder der Auflösung ins Universum geboten werden muß. Sei es die Absorption der Energie durch «psychische Aktivität» des Himmelskörpers, also durch Veränderung seiner evolutionären Zielsetzung, oder der Abfluß der Energie in Richtung auf andere kosmische Welten, deren psychische Aktivität nach Material verlangt: deren Defizit in der astralen Sphäre eine Attraktion auf ungeformte Energie ausübt. So lange aber behindern sich die ungleichen Erscheinungsformen manifester Energie, kommen nicht vorwärts, können nicht zurück: Und nur in Treue zu sich selbst bewahren sie sich für die künftige Veränderung der Bedingungen, die sie sich selbst wieder entfalten läßt.

Mikrokosmische Bedeutung

Der individuelle Mensch ist in seiner Entfaltung, in seiner Selbstverwirklichung und Wirkung in der Welt behindert. Seiner konkreten Persönlichkeit stehen anonyme Kräfte gegenüber, die für ihn weder erreichbar noch beeinflußbar sind. Seine Versuche, durch bewußtes Handeln Fortschritte zu erzielen, münden in fruchtlosen Bemühungen: Mangels der Formbarkeit der Umwelt und seiner Situation bleiben seine Anstrengungen so wirkungslos, als würde er versuchen, durch Waten im Wasser einen Pfad freizulegen: Es fließt dort, wo er gerade war, sofort wieder zusammen, als sei nichts gewesen. Die zum Einsatz gebrachten Kräfte stehen in keinem Verhältnis zum erzielten (oder ausbleibenden) Ergebnis. Da es sich um eine Situation handelt, die aus überpersönlichen Bedingungen entstanden ist, läßt sie sich auch nicht durch individuelle Anstrengungen verändern. Auf die individuelle Persönlichkeit bezogen, kann es sich auch um eine karmisch bedingte, psychische Stagnation handeln, der nur durch Zurückhaltung und Selbstbewahrung begegnet werden kann, bis eine Klärung der Lage oder des eigenen Bewußtseins ein progressives Handeln wieder ermöglicht. Die Beschränkung auf den Ist-Zustand der Persönlichkeit bringt im positiven Fall eine Gelegenheit zur Selbstbesinnung, zur Erweiterung der Selbsterkenntnis und damit zu innerem Wachstum. Wird die Behinderung aber als Beschränkung erlebt, der allzu wichtige Aspekte der Persönlichkeit geopfert werden müssen, so sollte man nach Alternativen suchen, eventuell nach einem anderen sozialen Umfeld, einem anderen beruflichen Wirkungskreis oder Lebensbereich, in dem solche behindernden Konstellationen nicht zu erwarten sind. Auf den menschlichen Körper bezogen beschreibt das Hexagramm das Verhältnis des formlosen Elements Wasser zur festen physischen Form: Der Körper hat eine stabile (vom Altern abgesehen), unveränderliche Form, die Körperflüssigkeiten passen sich in ihrer Form ständig den Bedingungen (Adern etc.) des Körpers an, ohne jemals wirklich und beständig «seine Form anzunehmen»: Zwei parallele physische Phänomene interagieren, ohne je wirklich zu einer Einheit zu fusionieren. Ein einfacher Schnitt in den Finger trennt die variable Flüssigkeit von der konkreten Körperform. Alle Wasser der Luft und der Meere verändern oder beeinflussen den Körper nicht, er wahrt seine Form, seine Substanz und Konsistenz. Und gleich bei welcher Berührung mit dem äußeren Element: Die inneren Flüssigkeiten bleiben abgesondert, getrennt, sie fusionieren nicht mit ihm, und wenn, dann nur unter Anpassung seiner Eigenschaften – die qualitativen und quantitativen Grenzen bleiben gewahrt. Auf die menschliche Gesellschaft übertragen, kommt eine Situation zum Ausdruck, in der das «kollektive Unbewußte» mangels klarer Bestimmung, homogener Leitbilder und konstruktiver Bezüge zur konkreten Wirklichkeit die praktische Entwicklung der Gesellschaft behindert, sie im gegenwärtigen Stadium konserviert, ihr keine wirkliche Perspektiven und Gestaltungsmöglichkeiten läßt. Dieser Stillstand sollte zur Besinnung zwingen mit dem Ziel, neue Inhalte und Ziele zu definieren für den längst fälligen Aufbruch in eine neue gesellschaftliche Zukunft, in der Wachstum und Entfaltung, kollektiv wie individuell, geistig wie materiell, wissenschaftlich wie künstlerisch, wieder möglich sind.

Das Orakel

Wirst Du behindert, wende Dich
der inneren Freiheit zu.
Dort suche, finde Deinen Auftrag
zur Gestaltung Deiner Wirklichkeit,
zur Veränderung des Lebens
und der Welt. Weißt Du wohin,
dann weißt Du auch den Weg.
Weißt Du erst wann, verlierst Du
keine Zeit. Und weißt Du wer,
dann frage Dich, ob Du schon
dieser bist: Und jegliche Behinderung
hat aufgehört zu sein.

▬x▬ **Sechs als erste Linie bedeutet:**
Wer behindert ist
auf materieller Ebene,
kann sich nicht bewegen.
Plane alle Schritte bis zum Ziel:
Dann geh.

Man ist in seinem physischen Ausdruck behindert, die materiellen Lebensumstände lassen die Entfaltung der wahren Persönlichkeit nicht zu. Um ihr zu ihrem Recht zu verhelfen, müssen die praktischen Lebensbedingungen verändert werden. Das bedarf der Planung, wobei Klarheit bestehen muß über Ablauf und Konsequenzen eines jeden Schritts zum Ziel. Ist der Weg, das Ziel theoretisch klar umrissen und die praktischen Schritte in ihrer Abfolge sind deutlich definiert, dann kann mit der Realisierung der Veränderung der Lebensumstände begonnen werden. Wenn sich erst die materielle Basis des Lebens verändert hat, wird die Persönlichkeit sich ungehindert entfalten und verwirklichen können. Noch aber kämpft sie einen aussichtslosen Kampf gegen die gegebenen Bedingungen, versucht sich zu behaupten, wo sie nicht zur Geltung kommen kann.

▬x▬ **Sechs als zweite Linie bedeutet:**
Wie groß, schön, wertvoll wären
Dein Gefühl, Dein kühner Traum:
Ließe Deine Wirklichkeit sie zu.
Am Leiden Deiner Seele erkenne,
was sie schwach macht und was stark.
Sind das Gefühl, der Traum berechtigt,
leben sie, bis eine neue Zeit
sie sich beweisen läßt.

Das Herz, die Seele sind voll, doch die Umstände erlauben ihren Ausdruck nicht. Die Unterdrückung ihrer Äußerung wird als «Ungerechtigkeit des Schicksals» gegen das eigene Gefühlsleben und -streben empfunden, doch läßt sich daran unter den gegebenen Umständen nichts ändern. Die emotionalen Inhalte der Persönlichkeit werden dadurch einer zwangsläufigen Überprüfung unterzogen, die sie läutern und klären dürfte. Überstehen sie ihre eigene Verhinderung in der seelischen Struktur des Menschen, haben sie auf gewisse Weise ihre Berechtigung erwiesen und werden zu einem späteren Zeitpunkt sicher Gelegenheit zur Manifestation im äußeren Leben finden: Dann wird sich erweisen, was wirkliches Bedürfnis, was Selbsttäuschung war. Insofern erfüllt die Behinderung, so unangenehm man sie auch erleben mag, eine positive Funktion, die es erlaubt, die drängenden Gefühle und Emotionen abzuklären, bevor sie sich äußern können, in der Welt bestehen müssen.

Neun als dritte Linie bedeutet:
Mit dem Kopf durch die Wand:
Das schadet nur dem Kopf.
Auch wer recht hat, kann nicht immer
auf dem Recht bestehen.
Das Universum folgt
ganz eigener Vernunft.

Nichts macht Menschen stärker als das Bewußtsein des eigenen Rechts. Und nichts schwächt sie mehr als das blinde Vertrauen darauf, ohne die Umstände zu berücksichtigen. Denn die Behinderung, wenn auch (subjektiv) zu Unrecht bestehend, kann sehr wohl stärker sein. Wer dies erkennt, hält sich zurück und wartet auf eine Gelegenheit, sein Recht wirkungsvoller zur Geltung zu bringen, seine Pläne ohne Widerstände verwirklichen zu können. Und noch ein anderer Aspekt kommt für ein Verständnis in Betracht: Der der karmischen Konstellation. Was wie persönliches Recht aussieht, mag aus höherer Sicht durchaus nicht, zumindest nicht zum gegebenen Zeitpunkt, für das Zusammenspiel der Kräfte im sozialen Leben richtig sein. Wer da nur seinen Standpunkt, seine eigenen Pläne sieht und durchzusetzen sucht, holt sich an den unsichtbaren Wänden der karmischen Menschenführung durch ein weises Universum bloß ein paar dicke Beulen – bis er die unsichtbare Tür gefunden hat.

Sechs als vierte Linie bedeutet:
Hältst Du Dich gleich für schwach,
nur weil die Umstände
Dich nicht mehr fördern?
Bleibe stark und selbstbewußt.
Was Launen folgt, kann
nicht von Dauer sein.

«Von der Zeiten Gunst und Haß getragen, schwankt mein Charakterbild in der Geschichte.» Kaum ist die Gunst nicht mehr, zweifelt der schwache Mensch an sich, verkennt die Möglichkeiten, die ihm bleiben. Etwas von Wallensteins zitierter Weisheit täte gut, die Behinderung durch die Umwelt, durch die gesellschaftliche Situation als das zu sehen, was sie ist: Eine Laune der Zeit, ohne hinreichende Substanz für dauerhaftes Bestehen. Hat sich die Laune überlebt, findet man wieder die Beachtung, zu der Bedeutung zurück, die man in der Vergangenheit gewohnt war – und die man nun so sehr vermißt, daß man sich in seinen Grundzügen in Frage stellt. Ist nicht vielmehr diese Reaktion auf Schwierigkeiten das eigentliche Zeichen von Schwäche?

▬○▬ **Neun als fünfte Linie bedeutet:**
All Deine Stärke, alles Wissen
Deiner Seele nützt Dir wenig:
Vereint mit anderen nur
bist Du wirklich mächtig. Deshalb
überzeuge sie: Dann ist das
erste Hindernis besiegt.

Wer sich einer Vielzahl von Schwierigkeiten gegenübersieht, deren jede einzelne er spielend zu überwinden sich zutraut, kommt leicht in Versuchung, sich auch für stärker als ihre Gesamtheit zu halten. Schon weil er in der Vergangenheit noch jedes Problem lösen konnte. Hinzu kommt, daß nur er die Schwierigkeiten in ihrer Komplexität und in ihren Zusammenhängen wirklich zu verstehen meint. Aus dieser Haltung heraus könnte das erste Scheitern resultieren. Es wäre falsch, sich der Schwierigkeiten allein anzunehmen – schon weil dies auf Unverständnis bei denen stoßen würde, auf deren Hilfe man jetzt nicht verzichten kann. Sie von den eigenen Plänen zu überzeugen ist der erste Sieg über die Behinderung. Der nächste ist in der Erkenntnis des Machbaren begründet: Nur dann verschließen sich die Kräfte nicht und sind in der Lage, Stück für Stück die Hindernisse zu beseitigen, bis sie, ihrer Stärke und Basis beraubt, ganz entfallen und die Gesellschaft sich wieder nach vorn orientieren kann. Dies wird dann ein Sieg des Geistes über die Materie, ein Sieg der Tatkraft über die Ohnmacht sein.

▬x▬ **Sechs als sechste Linie bedeutet:**
Auch wenn Du schwach bist für die Welt:
Dein Bewußtsein ist es nicht.
Und es wird Muskeln, Arme,
Hände finden, die es leiten kann.
Ein ganzer Mensch, mit Kopf und Bein,
mit Arm und Bauch, wird
alle Schwierigkeiten überstehen.

Der Organismus einer menschlichen Gesellschaft läßt sich mit dem physischen Aufbau des menschlichen Körpers vergleichen: Erst das Zusammenspiel aller Organe und Körperteile mit ihren spezifischen Fähigkeiten und Funktionen machen den Menschen vollständig lebenstüchtig. So ist es auch im gesellschaftlichen Körper, dem sozialen Organismus. Hier könnte ein weiser Kopf, der längst nicht mehr das Interesse seiner Mitmenschen an der materiellen Welt zu teilen vermag, sie mit ihren weltlichen Problemen alleine lassen. Es wird aber gebraucht, um die gesellschaftliche Reaktion auf die aufgetretenen Hindernisse nicht «kopflos» zu machen und zum Scheitern zu bringen. Er wird sich also dieser Einsicht beugen und sein Verständnis, seine Einsicht einbringen, um den Menschen bei der Bewältigung ihrer Probleme zu helfen. Dann mag er sich getrost wieder den höheren, geistigen Problemen zuwenden – Probleme, zu deren Verständnis er das kollektive Bewußtsein durch Hilfestellung bei der Bewältigung weltlicher Schwierigkeiten ein gutes Stück näher geführt haben wird.

II/28. DIE STRUKTURIERUNG

oberes Trigramm: KAN, die Rezeptivität, das Wasser

unteres Trigramm: TSCHEN, die Dynamik, der Donner

Das Bild

Unter dem passiven Prinzip formloser Rezeptivität, der Psyche, des Wassers – die konkrete Manifestation des energetischen Feuerprinzips, die Dynamik, der Donner.

Der Charakter

Mit Macht teilt Energie die Massen,
bringt hervor die grobe Form
der künftigen, noch unbestimmten
Wirklichkeit – die langsam sich
erkennbar zeigt. Kleine trennen sich
von großen Wassern, die bewegten

von den stillen – ein jedes wird
zum Raum für Leben eigener Art.
Und in der Seele des Universums
findet jedes Individuum
einen Raum und eine Welt,
die ihrer Zukunft ein Zuhause ist.

Makrokosmische Bedeutung

Die unbegrenzte Masse psychischer Substanz, des astralen Lichts, wird konfrontiert mit der konkreten Manifestation des schöpferischen Willens, der Dynamik. Die Krafteinwirkung hinterläßt Spuren: Quantifizierte Teile aus der ursprünglichen Substanz werden abgetrennt, grobe Strukturen bilden sich, größere und kleinere Mengen, die einem späteren kreativen Prozeß als Material dienen sollen. Die quantitative Unterteilung ist zugleich die erste qualitative Definition. In der Menge ist bereits Bedeutung und Begrenzung festgelegt. Den aus der Masse des astralen Lichts gewonnenen Substanzmengen oktroyieren, prägen sich ihrem Umfang entsprechende kreative Ideen auf, deren abstrakte Inhalte sie in konkrete Bildform übersetzen. Es ist hier einer der prinzipiellen Vorgänge bei der Formung makrokosmischer Wirklichkeiten charakterisiert, das Stadium, in dem ungeformte Massen quantifiziert werden zum Zweck ihrer konkreten, plastischen Definition. Die Mentalebene des Universums, Träger der schöpferischen Intelligenz, kann nicht direkt auf unqualifiziertes astrales Baumaterial einwirken: Sie bedarf der bestimmten, rezeptiven Menge, die sie nach abstrakten Ideen in konkrete Bildformen organisieren kann. Zur Quantifizierung ihres Baumaterials bedient sie sich der gezielten Dynamik des gerichteten Feuerelements. Wie der Blitz, auf der grobstofflichen Ebene der Wirklichkeit, die atmosphärische Spannung löst und die angestauten Wassermassen in Mengen unterteilt, das Gleichgewicht der Elemente in der Luft wieder herstellt, so leistet auch im Makrokosmos das Feuer die Aufgabe der Strukturierung des Wassers – bis hin zur qualitativen Umwandlung und «Aufbereitung» des so konträren Elements, durch unmittelbare Konfrontation mit seiner Dynamik, in den Sonnen des Universums, wie in der unseres eigenen Sonnensystems. Wobei in diesem Fall weder die Licht- noch Hitzeentwicklung betrachtet und beschrieben wird, sondern allein die Strukturierung des Wasserstoffs durch die kumulierte Einwirkung des Feuers, die den Charakter und die Qualität der Sonne selbst kontinuierlich, wenn auch für unsere Zeitbegriffe langsam, verändert. Was ebenfalls erst ermöglicht wurde durch die Abspaltung (Quantifizierung) der in der Sonne enthaltenen Wasserstoff- und Feuermengen aus den ursprünglichen kosmischen Elementereservoirs – durch Strukturierung in immer kleinere, für kreative Zwecke «handhabbare» Einheiten.

(Das in diesem Hexagramm nicht berücksichtigte Helium, das als Repräsentant des kosmischen Luft-Elements die Interaktion von Feuer und Wasser in der Sonne regelt und moderiert, auf Dauer erst ermöglicht, ohne daß nach kurzer Konfrontation eines der beiden Elemente vom anderen vernichtet würde, sollte zum Verständnis des naturwissenschaftlichen Phänomens nicht ignoriert werden; zum Verständnis des in diesem Hexagramm beschriebenen Vorgangs der Strukturierung ist die Tatsache der «Vermittlung» der Elemente durch das Luft-Element ohne Bedeutung.)

Mikrokosmische Bedeutung

In einer Zeit der Anhäufung ungeformter psychischer Kräfte und Energien, denen keine konkreten Projekte, kein persönliches Engagement als Kanalisation zur Verfügung stehen, muß durch eine Willensanstrengung die Energie in konstruktive Bahnen gelenkt werden. Das geschieht, indem man den einzelnen Lebensbereichen bestimmte Gewichte gibt, Projekte und Aufgaben definiert und in diesen Wirkungsbereichen Aktivität entwickelt. Im Unterschied zum Zeichen II/24., wo die Energie bereits formulierte Bilder zu überprüfen und zu dynamisieren hat, muß hier mit Gewalt die Masse formbarer Substanzen erst in brauchbare, bildungsfähige Mengen unterteilt werden: Wie der Bildhauer erst aus dem Steinblock die grobe Form der Blöcke haut, die er dann zu konkreten Skulpturen weiter ausarbeitet. Der individuelle Mensch ist in einer Situation, durch energische Selbstprüfung Klarheit über die eigenen Gefühle und Affinitäten gewinnen zu müssen, damit diese sich in konkrete Pläne umsetzen lassen. Sonst droht die anonyme Trägheit einer verstandesmäßig weder erfaßten noch gesteuerten Gefühls- und Empfindungsfülle die Persönlichkeit in rezeptiver Untätigkeit gefangen zu halten, sie zu einem willenlosen Opfer von Augenblicksstimmungen und deren Schwankungen zu beschneiden. Sind die persönlichen Schwerpunkte definiert, ist die perspektivische Klarheit über die Ziele, den Wert und den Unwert der inneren Impulse und der Gefühlswahrnehmungen gewonnen, dürfte es leichtfallen, Fortschritte in der persönlichen Entwicklung und der Ausgestaltung des eigenen Lebens zu erzielen – möglicherweise dem bisher richtungslosen Leben eine Richtung zu geben, die es fruchtbarer, erfüllter und bedeutender werden läßt. Im physischen Organismus des Menschen bezeichnet dieses Hexagramm die Dynamik und Körperwärme, die auf die flüssigen Bestandteile des Körpers einwirken – sie durch Bewegung, Verdunstung, Umwandlung qualifizieren und strukturieren. In bezug auf die menschliche Gesellschaft und ihre Organisation kommt in dem Hexagramm der Auftrag zum Ausdruck, durch klare Unterscheidung und Zuordnung der gesellschaftlichen Werte die «kollektive Psyche» zu orientieren, die verschiedenen Bereiche und Notwendigkeiten des Zusammenlebens zu definieren und zu organisieren, und der Organisation Ziele zu setzen. Erst wenn diese Aufgabe geleistet ist, wird aus der Anhäufung von Menschen eine Gesellschaft erwachsen, die diese Bezeichnung verdient – und erst dann läßt sich auch an die personelle Besetzung der gesellschaftlichen Funktionen denken.

Das Orakel

Das Unbestimmte unterteile
in bestimmte Größen: Dann
verstehst Du auch das Ganze.
Gib den Teilen Namen und Bestimmung,
Werte und Gewicht: So wird
das Unfaßbare faßbar,
das Unbrauchbare brauchbar,
und Du erkennst, mit welchem Ziel
Du wirken kannst und wie.
Und andere auch.
Selbst das Unmögliche,
in kleinen Schritten,
wird wirklich werden:
So wirklich wie kein Traum.

DIE EINZELNEN LINIEN

Neun als erste Linie bedeutet:
Im Großen schaffst Du keine Klarheit,
wenn sie Dir im Kleinen fehlt.
Du kannst wohl anfangen, im Haus
die Dinge umzuräumen:
Ordnung hast Du erst, wenn die
Gefühle unterschieden sind.

Die innere Unruhe der Persönlichkeit, die sich aus der unproduktiven Anonymität der Gefühle befreien will, überträgt sich in Ermangelung eines wirklichen Plans und Ziels auf die unmittelbare materielle Umgebung. Die große Klarheit und Struktur, die man im Leben vermißt und sich deshalb wie gelähmt fühlt, schafft man nicht durch fiktive Vorsätze und allzu leicht wieder vergessene große Pläne. Sie muß im eigenen Lebensbereich, auf die eigene Persönlichkeit bezogen, gefunden werden. Da man die Stärke und Kraft in sich fühlt, sich diese Klarheit zu verschaffen, möchte man unmittelbar an die Arbeit gehen, beginnt vielleicht damit, das Mobiliar der Wohnung umzuräumen oder auszutauschen. Das ist aber nur eine sehr äußerliche «Klarheit»: Die eigentliche muß im Gefühlsleben, in der Seele geschaffen werden. Ist sie erst realisiert, ordnen sich die Dinge des materiellen Lebens ihrer Struktur gemäß ganz von selbst. Immerhin aber kann man durch Änderung der physischen Umstände den inneren Klärungsprozessen ein wenig auf die Sprünge helfen, die Aktivität der Psyche anregen, Kristallisationspunkte schaffen, an denen sich die neuen Schwerpunkte der Persönlichkeit erkennen und formulieren lassen.

■x■ **Sechs als zweite Linie bedeutet:**
Bleibe Deinem Leben treu
und folge nicht dem Eindruck
unerkannter Gefühle.
Wenn alles unklar, möglich ist,
ist vieles falsch.

Ein Mensch, der nicht mehr die klaren Linien und Strukturen seiner Persönlichkeit und seines Lebens zu unterscheiden weiß, vielleicht weil sie zugunsten einer Neuordnung langsam selbst ihre Bedeutung verlieren, ist nur zu leicht geneigt, emotional auf Impulse von innen oder Angebote von außen einzugehen, die eine klare Richtung, eine Orientierung versprechen. Es kann sich aber nur um momentane Gefühlsreaktionen handeln, nicht um wirklich substantielle Haltungen der Seele. Deshalb ist angezeigt, den prinzipiellen Werten und Abläufen des eigenen Lebens treu zu bleiben und auf die emotionale Verwirrung und Fülle so lange nicht einzugehen, bis die innere Klarheit wieder – oder neu – gewonnen ist. Mit ihrer Hilfe mag dann bewußt und ohne die Gefahr großer und folgenträchtiger Fehler dem Leben eine neue Ausrichtung, eine andere Struktur gegeben werden – sollte das klare und von widersprüchlichen Gefühlen nicht mehr verwirrte Bewußtsein eine Neuordnung und veränderte Zielsetzung für die eigene Persönlichkeit als richtig und erforderlich erkennen.

■x■ **Sechs als dritte Linie bedeutet:**
Die Klärung bedarf der Zeit.
Durch Denken allein
kommt keine Struktur in die Seele,

noch sind Erkenntnisse
von bleibendem Wert.
Hat der Nebel der Gefühle sich gelichtet,
steht die Wahrheit wie ein Fels,
ein großer Baum auf weiter Ebene.

In Zeiten emotionaler Fülle und Unklarheit durch rationale Anstrengungen künstlich Schwerpunkte setzen zu wollen, nur um möglichst rasch neue Anhaltspunkte für die Entwicklung und Zielrichtung der Persönlichkeit zu haben, ist von vornherein zum Scheitern verurteilt, da dem Denken selbst die brauchbaren Prämissen für brauchbare Erkenntnisse fehlen. Es wird Opfer von Fehlschlüssen und Scheinerkenntnissen, wie ein verirrter Mensch, der in dichtem Nebel mal hier ein Haus, mal dort die Schemen einer Straße zu sehen meint, die sich immer wieder bloß als optische Täuschung erweisen und die Hoffnung auf Orientierung zunichte machen. In dieser Situation ist Zeit ein wichtiger Ratgeber: Was nicht unmittelbar und verläßlich geklärt werden kann, soll aufgeschoben werden, bis dem Bewußtsein eine solide Grundlage für Analyse und Urteil zur Verfügung steht. Dann wird die Erkenntnis des Richtigen und Wahren so leicht wie die Wahrnehmung eines Felsens oder eines großen Baums auf einer Ebene, nachdem er Nebel sich gelichtet hat und optische Täuschungen ausgeschlossen sind.

▬x▬ **Sechs als vierte Linie bedeutet:**
Ohne Hilfe ist die Klärung schwer.
Suche eine Aufgabe, die
Deine Fähigkeiten braucht:
Und die Gestaltung Deines Lebens
klärt und ordnet sich von selbst.

Im inneren Kampf und Konflikt kommt man zu keiner Lösung. Zu widersprüchlich, ungeordnet und vielfältig sind die Gedanken, Absichten, Wünsche, Pläne, als daß ein Schwerpunkt die Akzente klären könnte. Daran wird sich auch durch wiederholte Wiederholung der immer gleichen Überlegungen und Gedankengänge nichts ändern. Was der Mensch in dieser Lage braucht, ist eine Aufgabe, die ihn seinen Fähigkeiten gemäß in eine öffentliche Arbeit einbindet und sich konstruktiv entfalten läßt. Der praktische Einsatz der Persönlichkeit wird nicht nur seinem Leben einen konkreten Inhalt geben, sondern auch die verschiedenen seelischen Strömungen im Gefühlsleben klären. Die materielle Gestaltung des Lebens wird dann nicht mehr Gegenstand eines hypothetischen Spiels mit Möglichkeiten und ungereimten Wünschen, sondern Ausdruck des neugewonnenen inneren

Gleichgewichts und seiner Ansprüche, seiner Schwerpunkte sein. In der Bedeutung für andere erkennt der Mensch manchmal erst seine Bedeutung für sich selbst.

Neun als fünfte Linie bedeutet:
Durch Stärke und Gewalt
erleuchtest Du die Menschen nicht:
Sie brauchen Einsicht
in die Seele dieser Welt,
brauchen ein Woher, Wohin,
und einen klaren Weg dazwischen.
Und Einsicht braucht die Zeit.

Mit persönlicher Stärke und gesellschaftlicher Anerkennung ausgestattet, will hier ein Mensch gewaltsam die Schwerpunkte des gemeinschaftlichen Lebens bestimmen, Richtlinien festsetzen und Inhalte definieren. Er vergißt, daß Menschen nicht durch Satzungen bewegt werden, sondern durch Einsicht in Satzungen. Das bloße Festlegen gesellschaftlicher Schwerpunkte genügt nicht, wenn sie nicht erklärt, in ihrem Ursprung, Ziel und gesellschaftlichem Nutzen nicht verstanden und akzeptiert sind. Sonst bleibt alles wie zuvor, und die gesellschaftliche Orientierung findet keine Gesellschaft. Zur Definition muß also die Erklärung kommen, die Werte müssen begründet sein, die Begründung allgemein anerkannt werden. Das bedarf der Zeit, der langsamen Bewußtseinsbildung. Man kann deshalb wohl schon die Ziele und Inhalte der künftigen gesellschaftlichen Ausrichtung definieren und vorschlagen – bis zu ihrer praktischen Akzeptanz aber muß man sich auf den langen Weg der allgemeinen Bewußtseinsarbeit vorbereiten, um die ziel- und perspektivenlose Ansammlung von Menschen in eine organisch strukturierte, von Zielen und Idealen organisierte Gesellschaft zu überführen. Aller eigenen Klarheit und Ungeduld zum Trotz, mit Demagogie und gewaltsamer Aktivität ließe sich nichts erreichen – außer dem Verlust der eigenen Vertrauenswürdigkeit.

Sechs als sechste Linie bedeutet:
Wo Klarheit herrschen sollte,
herrscht die Dunkelheit,
und Verwirrung hält man für
die Fülle der Erkenntnis.
So trübt sich ein Bewußtsein
im grenzenlosen Meer
nie überwundener Gefühle.

Wessen Bewußtsein ohnehin nicht mehr auf praktische, in der Welt verwertbare Erkenntnisse und Fertigkeiten ausgerichtet ist, muß deshalb um so strenger die Relevanz seiner durch Praxis kaum korrigierten inneren Gefühls- und Erkenntnisprozesse prüfen und kontrollieren. Sonst hält er bald jedes Gefühl für wichtig, jeden Gedanken für wahr, setzt keine qualitativen Schwerpunkte und Maßstäbe mehr, an denen er seinen Fortschritt und den Wert seiner Entwicklung mißt. Das Ergebnis dürfte eine Verfehlung des Weges zu wirklicher Erleuchtung und Erkenntnis sein, da die kritische Instanz der Ratio nicht mehr zu werten und zu trennen vermag, was neugewonnenes Terrain spiritueller Wahrheit, was bloße Reproduktion psychischer Inhalte ist, die dem eigentlichen Prozeß geistiger Entwicklung entgegenstehen. Ihre nicht differenzierte Vermischung erzeugt den Nebel aus Halbwahrheiten und Illusionen, der schwer zu wiederlegen und doch nicht gänzlich falsch ist – und über den sich ein wirklich erleuchtetes Bewußtsein erhoben hat : Emporgestiegen auf den Stufen, die das unbestechliche Bewußtsein aus den Felsen physischer und individueller Bindung an die Welt geschlagen hat. Das unklare Bewußtsein dagegen glaubt nur emporzusteigen – in Wahrheit verändert es nur ständig seine Position im Meer der Illusion, der Unklarheit, und hält Veränderung für Fortschritt. Die Rückbesinnung auf die objektiv brauchbaren und überprüfbaren Werte und Inhalte des Bewußtseins könnte den Ansatz zu einer fruchtbareren und verläßlichen geistigen Entwicklung liefern: Bestimmt von der rationalen Disziplin, deren Fehlen zur gegenwärtigen Unklarheit und Urteilsunfähigkeit geführt hat.

II/29. DIE KRISE

oberes Trigramm: TUI, die Phantasie, der See

unteres Trigramm: KAN, die Rezeptivität, das Wasser

Das Bild

Über dem passiven Prinzip formloser Rezeptivität, der Psyche, des Wassers – die konkrete Manifestation des formlosen Prinzips der Psyche, die Phantasie, der See.

Der Charakter

Wenn des Kosmos Fühlen
kraftlos wird, vermag er
seinen Bildern, Träumen, Idealen
keine Richtung mehr zu geben,
kein Gewicht, das Kräfte binden,
ordnen könnte. So lösen sich
die Bilder ab, das eine zehrt
von der Substanz des anderen:
Was war, vergeht, was wird,
ist ungeklärt, läßt sich an keiner
flüchtigen Form erkennen.
Des Kosmos Phantasie ist unentschieden,
weiß noch nicht, wohin.
Und seine bunten Bilder treiben
wie Phantome, Illusionen
durch die Aura aller Welten
wirkungslos hindurch.

Makrokosmische Bedeutung

Die astralen Bilderwelten auf den entsprechenden Ebenen des Universums, in den astralen Sphären der Planetenwelten beziehen zwar Substanz genug zu immer neuen, größeren, schöneren Formulierungen der Träume und Projekte ihrer schöpferischen Phantasie, es fehlt jedoch die dynamische Komponente, diese Bilder auf den niederen Verdichtungsstufen von Energie durchzusetzen, in stabile Realität umzuwandeln. So bleiben sie bloße Traumgebilde, flüchtige Bilder ohne bleibende Bedeutung, bestenfalls mit Mühe aufrechterhalten in der Erwartung einer Änderung der energetischen Bedingungen – und damit ihrer Möglichkeit zur Manifestierung auf den Ebenen der grobstofflichen Wirklichkeit. Es entsteht ein Flux-Reflux zwischen der konkreten Phantasie und dem formlosen Prinzip der Psyche, ein Kreislauf an Formung und Auflösung von Bildern und astralen Konstruktionen, die ohne Stabilität und Dauer und deshalb ohne praktische, kreative Relevanz für die konkreten Welten makrokosmischer Wirklichkeit bleiben. So erklärt sich die Krise einer richtungslos gewordenen, allein von Schwankungen, doch nicht von Entwicklung und Fortschritt bewegten Natur. Erst die Dynamisierung durch das Feuerprinzip könnte die Bilder «aus der Phantasie in die Wirklichkeit treiben», erst evolutionär belebte Formen könnten dieser Dynamik als Kristallisationskern und Ausgangspunkt für materielle Verdichtung dienen. Beide aber sind in diesem Hexagramm, in seiner Energiestruktur nicht angelegt. In der grobstofflichen Natur kann man deshalb als Bild die Zeit der Winterruhe heranziehen, in der die astralätherischen Ströme formlos bleiben, bestenfalls nur flüchtige Formen bilden, die sich schnell in den anonymen Energiestrom auflösen, da ihnen keine Verdichtungs- und Manifestationsmöglichkeit auf der physischen Ebene gegeben ist, ihnen auch die Dynamik fehlt, die Stagnation des natürlichen Evolutionsprozesses durch Bewegungs- und Wachstumsimpulse zu beenden. Dies wird erst im Frühjahr der Fall sein, wenn die Erde energetisch belebt wird, die in ihr ruhenden Samen sich zu den astralen Bildern ihres evolutionären Ziels hin entfalten und auswachsen können. Noch aber bleibt das Spiel der Formung und Auflösung konstruktiver Bilder in der astralen Aura von Samen wie von Planeten ohne praktische Resonanz – das Werden und Vergehen von blühenden Welten ein rein hypothetisches Spiel der makrokosmischen Phantasie. Ein Spiel, das sich nie erschöpft, aber unter den gegebenen Bedingungen auch nicht im Spiegel der materiellen Wirklichkeit in ein konstruktives Ergebnis, in eine konkrete Ordnung münden, das Ende der Krise einleiten wird: Das muß von außen geschehen, durch Einwirkung einer anderen energetischen Qualität.

Mikrokosmische Bedeutung

Auf den Menschen bezogen ist in diesem Hexagramm eine Situation beschrieben, in der eine Fülle positiver Gedanken und Wünsche der Seele, konstruktiver «Bilder», weder Ausdruck noch Verwirklichung finden können. Die Bilder haben keine Konsistenz in der eigenen Psyche, noch sind sie von praktischer Relevanz für die Umwelt – sie erreichen nicht einmal den Grad der Reife, der sie in Kommunikation oder konstruktive Planung umsetzen ließe. Sie bleiben Bilder der schöpferischen Phantasie, flüchtig und unstabil, bestenfalls wiederholt, nie aber dauerhaft und beständig, sich stabilisierend und zu konkreten Projekten entwickelnd. So bleibt ihnen auch die Wirkung auf andere Menschen versagt, die weder mit psychischer Resonanz noch mit rationaler Zustimmung auf die allzu träumerischen Vorstellungen reagieren können. Zugleich fehlt der Äußerung dieser Vorstellungen, wenn sie zustande kommt, die nötige Vitalität und kreative Dynamik, um ihnen Geltung zu verschaffen. Dabei sind nicht alle Träume, alle Bilder wertlos – es fehlt ihnen nur die qualifizierende Bestimmtheit, der konkrete schöpferische Wille, der sie stabilisieren und ihre Realisierung anstreben würde. Dieser Wille aber setzt Selbsterkenntnis voraus, ein rationales Wertsystem, das seine Richtung klar erkennt und verwirklicht. Genau daran mangelt es in dieser Situation, und so wird der Mensch hilflos und passiv in seinem Verhalten, unschlüssig und schwankend in seinem Denken. Da es sich um kein konkretes Hindernis handelt, das sich beseitigen ließe, sondern um eine Phase karmischer Veränderung, läßt sich nur die Kontinuität im praktischen Leben wahren und eine Klärung der Perspektiven, das Ende der Krise abwarten. Mit dieser Klärung geht dann die Dynamisierung einzelner Aspekte und Vorstellungen der Seele einher, die dem Leben und der Persönlichkeit wieder einen Weg eröffnet, ein Ziel formuliert, Entwicklung und Fortschritt ermöglicht, die Kräfte bündelt und aktiviert. Zunächst aber gilt es, die seelischen und persönlichen Besitzstände zu bewahren, ihren Verlust und ihre Schädigung durch Aufmerksamkeit und Selbstbeherrschung unausgereiften Wünschen und Impulsen gegenüber zu vermeiden. Auf den physischen Organismus bezogen beschreibt das Hexagramm den Flüssigkeitshaushalt des Körpers und seine Relation zum Element Wasser schlechthin: Die Aufnahme neuer Flüssigkeit in den individuellen Haushalt, die Abgabe von Flüssigkeit durch Stoffwechsel und Ausdünstung in das anonyme Reservoir des Elements außerhalb des individuellen Körpers – die quantitative und qualitative Definition des Elements und ihre Auflösung als regenerativer Kreislauf. In bezug auf die menschliche Gesellschaft charakterisiert sich in diesem Hexagramm eine Situation allgemeiner Stagnation, die auf den Mangel klarer Ideale und Ziele zurückzuführen ist. Ohne Perspektiven und einigende Projekte sind die Menschen lahmgelegt, in ihren subjektiven Wünschen und Vorstellungen dissoziiert, und die Kräfte zum Erhalt und Ausbau der Gesellschaft werden nicht aktiviert. Da es sich mehr um kollektives Karma als um Versäumnisse in der Motivation der Gesellschaft handelt, läßt sich bloß abwarten, bis das kosmische Schwungrad die nächste Phase der Bewegung in Gang setzt und dem brachliegenden Potential der schöpferischen Kräfte neue Ziele setzt, neue Perspektiven eröffnet. Vielleicht haben sich die alten Ziele der Gemeinschaft realisiert, die alten Ideale überlebt – und neue wurden nicht rechtzeitig angedacht und formuliert. Vielleicht aber auch fehlt es an der klaren, dynamischen und selbstlosen Persönlichkeit, die für eine Gemeinschaft zu leben und zu denken imstande ist statt für sich selbst. Diese Persönlichkeit, diese Ideale werden in ihr erwachen – oder sie wird sich auflösen, ihre Mitglieder sich in andere Gruppen und Gemeinschaften einbringen, die ihren Persönlichkeiten wieder lohnende und belebende, einigende Perspektiven bieten.

Das Orakel

Halte fest an dem, was
sicher ist – an Deinem Traum,
den großen Bildern Deiner Seele,
auch wenn Dein Leben, Deine Welt

sie jetzt in Frage stellt.
Glaubt Dir auch niemand,
bleibe ihnen treu:
Sonst lösen sich die Träume auf,
und schwache Bilder ohne Wert,
ohne Bedeutung für die Zukunft
schieben sich zwischen Dich
und Dein Lebensziel.
Die Zeit der klaren Perspektiven
kehrt zurück, und mit ihr
Deine Stärke, Sicherheit und
Handlungskraft.

DIE EINZELNEN LINIEN

▬x▬ **Sechs als erste Linie bedeutet:**
Wer in schweren Zeiten
schwach sich zeigt,
wird niemals stark.
Und seine Welt verkümmert
unter seinen Augen.

Zugegeben, die Situation ist nicht gerade ermutigend. Die materiellen Lebensumstände lassen eine rasche Besserung nicht erwarten, zu vieles wäre zu tun, mit zu wenig absehbarem Ergebnis. Trotzdem darf man nicht in Apathie verfallen und den Ereignissen ihren Lauf lassen – sie würden nur das, was noch beständig und verläßlich ist, mit zerstören und man wäre der letzten Grundlage beraubt, auf die sich neue Perspektiven stützen ließen. Ein Garten, in dem Unkraut wächst, verliert seinen Wert vollends, wenn man ihn mutlos ganz der Verwilderung überläßt, statt durch Jäten zumindest die Möglichkeit seiner ordentlichen Bepflanzung wieder herzustellen. Die innere Schwäche muß überwunden, das Mühsame vollbracht werden, auch wenn es nicht unmittelbar durch fruchtbare Ergebnisse belohnt wird.

▬○▬ **Neun als zweite Linie bedeutet:**
Auch wenn Du stark genug Dich fühlst,
die Krise zu besiegen:
Du hast kein Feld, auf dem
Du sie bekämpfen kannst.

Doch warte wachsam
auf die erste Gelegenheit.

Die persönliche Stärke und das klare Bewußtsein, das man der allgemeinen Infragestellung der Werte des eigenen Lebens entgegenzusetzen hat, findet keinen Ansatzpunkt, sich zur Geltung zu bringen. Kein Weg bietet sich, die eigenen Lebensumstände zu verändern oder sich einen neuen Wirkungsbereich zu suchen, der den Talenten und Fähigkeiten entspräche, die man gern entfalten und zum Einsatz bringen würde. So läßt sich wirklich nichts tun als aufmerksam auf eine Gelegenheit zu warten, seinem Leben eine neue Richtung, einen größeren Inhalt zu geben. Herbeiführen läßt sich die Gelegenheit nicht, und bei allzu ungeduldiger Suche würde man sich vielleicht voreilig falschen Zielen verpflichten, mit unzulänglichen Angeboten begnügen. Man sollte also die unangenehme Situation ertragen, bis ein klarer Ausweg sich offenbart – dann führt gezieltes, bewußtes Handeln schnell zur gewünschten Änderung aller Lebensumstände.

▬x▬ **Sechs als dritte Linie bedeutet:**
Wer nicht mehr weiß, woran er
glauben soll, wenn die Welt,
das Schicksal ihn nur hart befragt:
Der findet nicht zurück zu Klarheit,
Kraft und Stärke, wenn seine Welt,
sein Schicksal, längst im Gleichgewicht,
ihm neue Wege offenbaren.

Ein Mensch, dessen Bewußtsein nicht gefestigt ist, dessen Leben eine starke, klare Linie vermissen ließ oder nur vortäuschte, wird durch Infragestellung der äußeren Umstände seines Lebens leicht in seinen Grundlagen erschüttert. Vielleicht hat er sich an den falschen Werten orientiert, so daß seine Orientierung nun mit diesem Werten sich verliert. Vielleicht ist auch nur sein Charakter nicht stark genug, an den Einsichten seines Bewußtseins trotz äußerer Infragestellung festzuhalten. Wer mit dieser Schwäche Probleme lösen will, wird scheitern, da er kopflos auf sie reagiert, statt durch ein klares Bewußtsein geleitet ein festes Handlungskonzept zu verfolgen. Und er wird auch nach dem Ende der Krise, nach Verschwinden der aktuellen Probleme nicht zu einer klaren Lebenshaltung zurückfinden – die ja auch vorher nicht auf verläßlichen, bewußten Werten basierte. So wird diese Situation, über ihre aktuelle Problematik hinaus, zu einer grundsätzlichen Herausforderung an den Menschen, für sich und sein Leben ein fundiertes Verständnis und Konzept zu entwickeln, das den Schwankungen des Schicksals nicht mehr unterworfen ist.

Neun als vierte Linie bedeutet:
Was Du könntest, tust Du nicht:
Du willst der trägen Welt gefallen.
Übersteige Deine Grenzen,
ordne neu, was nur geordnet scheint,
und von bedrückten Seelen
nimm die Last, die für Dich
leicht zu tragen ist.

Ungeachtet der Krise könnte man ein ruhiges Leben führen. Durch Verdrängung der Probleme der Umwelt käme man auf seinem eigenen Weg sogar sorglos und unbehelligt weiter. Allein die innere Stärke und Einsicht gebietet es, sie denen zur Verfügung zu stellen, die sie brauchen. Ungefragt sollte man deshalb denen eine Lösung zeigen, die sie selbst nicht finden, sie auf die Schwächen und Fehler aufmerksam machen, die zu ihren Problemen geführt haben. Denn was für andere eine schwere Last, ist für den starken Menschen eine leichte Pflicht – die zu erledigen die Seele adelt. Die Menschen der eigenen Umgebung allerdings dürften nicht gleich einsehen, warum man sich mit fremden Problemen belastet. Die innere Konsequenz der eigenen Haltung dürfte letztlich auch sie von der Richtigkeit überzeugen, zumindest ihre Anerkennung finden, was aber ohne Bedeutung für die eigene Entscheidung bleiben sollte, die keiner Bestätigung von außen bedarf.

Neun als fünfte Linie bedeutet:
Du hast die Kraft, die Krise
zu besiegen. Setze Dich ein,
wo immer Du es kannst,
und steuere die Ereignisse
nach Deinem besten Wissen.
Hast Du mit jeder Faser
Deines Herzens um die Lösung gerungen,
wird es gerade reichen zum Erfolg.

Man hat große Verantwortung zu tragen, nicht nur für sich, sondern auch für die Mitmenschen. Aber man ist der Verantowrtung gewachsen. Nur sollte man sich nicht von der allgemeinen Mut- und Kraftlosigkeit anstecken oder lähmen lassen: Das eigene Vorbild wird, wenn auch erst zögernd, auch die Kräfte und die Unterstützung der anderen wecken und zur Bewältigung der Krise mobilisieren. Halbherzige, auf Sicherheit bedachte Anstrengungen genügen aber nicht: Nur der fraglose, totale Einsatz wird Ergebnisse zeigen, auf die man sich berufen kann, und nur die unermüdliche Ausdauer, die sich nicht durch einzelne Mißerfolge zurückwerfen läßt, wird den Erfolg erringen: Die kleinste Anstrengung, die man sich ersparen zu können glaubt, würde den Gesamterfolg in Frage stellen.

■x■ **Sechs als sechste Linie bedeutet:**
Was läßt Du Dich in dünne,
irdische Ketten legen?
Genügte nicht ein Hauch des
freien Geistes, sie zu schmelzen?
Warst Du jemals wirklich frei?

Die Krise ist hier eine des Bewußtseins, das sich täuschen läßt. Wo es mit weitem Flügelschlag über die Träume, Meinungen und Sorgen dieser Welt sich erheben und Klarheit bewahren sollte, verstrickt es sich in die kleine, kausale Dialektik materialistischer Denkweise. Sucht nach Lösungen, wo es die Probleme in Frage stellen, auf transzendente Ebene heben sollte. So wird der Weise seiner Aufgabe als geistiger Tröster und Überwinder in irdisch kritischen Zeiten nicht gerecht, wird selbst Opfer der materiellen «Logik der Ereignisse» und verliert seine geistige Kraft und Unabhängigkeit. Was die Frage durchaus rechtfertigt, ob er denn tatsächlich schon geistig so frei gewesen ist, wie er sich meinte. Denn erst die Krise zeigt, was unerschütterlich und was vergänglich ist. Die nie geprüfte Stärke kennt sich nicht, beruft sich nur auf unbewiesene Tugend: Jetzt ist Gelegenheit zu erkennen und zu beweisen, woran man mit sich ist.

II/30. DIE INSPIRATION

oberes Trigramm: SUN, die Reflexion, der Wind

unteres Trigramm: KAN, die Rezeptivität, das Wasser

Das Bild

Über dem passiven Prinzip formloser Rezeptivität, der Psyche, des Wassers – die konkrete Manifestation des feinstofflichen Geistprinzips, die Reflexion, der Wind.

Der Charakter

Durch die beständige Bewegung
des aktiven, schöpferischen Geistes
bewegt sich auch die Masse
ungeformter Lichtsubstanz,
gewinnt Gestalt, Bedeutung:
Formt sich um.
Von ihr getragen und empfangen
überträgt er die Idee
von höheren Bedeutungen
in das Bewußtsein aller
niederen Wirklichkeit, und
weckt die Sehnsucht nach Befreiung,
Größe, Sinn.
Und alle Wesen, ob Stern, ob Mensch,
fühlen in ihrer Seele einen Hauch
von ewiger Wahrheit schwingen.

Makrokosmische Bedeutung

Die kreativen Konzepte des konkreten Geistes (der kosmischen Mentalebene) treffen auf die ungeformte Masse des psychisch-astralen Lichts. Zwei Schwingungsebenen, die eine stabil und konkret, die andere rezeptiv und unbestimmt, berühren sich: Die Folge kann nur eine Einflußnahme der bestimmten auf die unbestimmte Schwingung sein, die Übertragung ihrer konkreten «Idee» auf die empfängliche Bildsubstanz der makrokosmischen Psyche. Je konkreter die Idee, um so plastischer das astrale Bild. Je unbestimmter, prüfender die geistige Berührung, desto unbestimmter, flüchtiger die resultierende astrale Form. In jedem Fall aber durchbricht die geistige, aktive Schwingung die passive Trägheit des astralen «Meeres psychischer Energie» und bewirkt in ihm eine Bewegung, die sich als Schwingung in ihm fortsetzt bis an seine (nichtvorhandenen) Grenzen. Durch Wiederholung dieser Einwirkung, mit gleicher Frequenz und gleicher Intensität der Schwingung, entsteht in dem astralen Licht eine sich mehr und mehr stabilisierende Form, ein konkretes Bild der abstrakten Idee. Ist dieses Bild lebensfähig auch ohne Wiederholung des ursprünglichen Frequenzimpulses, zum Beispiel durch seine Affinität zu der konkreten Psyche eines Himmelskörpers, besteht es fort und «inspiriert» die kreative Phantasie dieses Planeten oder Sterns, drängt durch evolutionäre Impulse zu seiner grobstofflichen Manifestation und Verwirklichung. Die passive Trägheit der Lichtsubstanz wurde nicht gewaltsam durchbrochen (wie etwa im Zeichen II/28.), sondern durch beständige Einwirkung und Wiederholung einer Idee und ihrer Schwingung, um die dauerhafte Bewegung im Bewegungslosen durchzusetzen: Die plastischen Substanzen des astralen Lichts wurden durch konstante Wiederholung einer Schwingung für die Aufnahme und bildnerische Ausformung einer Idee sympathisch gemacht. Besteht eine grobstöffliche Relevanz für diese Bildform in einer der makrokosmischen Welten, in der mikrokosmischen Natur eines Planeten, so wird die kosmische Psyche diese «Inspiration» nun als konkreten Bauplan an die nächstniedere Ebene, die des grobstofflichen Äthers weitergeben, der sie weiter verdichtet, um sie auf der physischen Ebene als materielle Wirklichkeit zu manifestieren. Doch das ist noch ein paar Wirkungsabläufe hin. In diesem Hexagramm bewegt der Geist die Wasser mit Ideen, bereitet sie für deren Ausgestaltung vor. Ganz wie der Wind, beständig, rhythmisch, sanft, auf der Oberfläche eines Sees Wellen erzeugt, sie seinem Willen anpaßt, unterwirft, und sie dem Ufer der stabilen Form zutreibt ...

Mikrokosmische Bedeutung

Die ungeformte psychische Energie bedarf, um bewegt zu werden, der Einwirkung geistiger Impulse, konkreter Ideen des Denkens. Diese setzt sie in konkrete Bildgestaltung um. Ob dieses Bild flüchtig, nur momentan besteht und dann wieder vergeht oder ob es sich zu einer bleibenden Vorstellung auswächst, hängt entscheidend von der Intensität und der Häufigkeit des Impulses ab: Erst für starke Impulse, deren häufige Wiederholung «baut» die Psyche Bilder auf, die als bleibende emotionale Vorstellung, mit sinnlichen Qualitäten ausgestattet, im Unter- und Traumbewußtsein präsent bleiben und das praktische Handeln des Menschen beeinflussen. Die Psyche «begeistert» sich buchstäblich, das heißt, sie ordnet ihr Fühlen, ihre Vorstellungs- und Bildungskraft dem Konzept, dem Konstruktionsauftrag des Geistes unter und erfüllt ihn mit allen ihr zur Verfügung stehenden Mitteln. Die Materialisierung dieser Bilder in der grobstofflichen Wirklichkeit steht dann im Entscheidungsspielraum des Menschen. Das psychische Bild der gewünschten Realität sorgt dafür, daß es als Impuls und Auftrag immer wieder ins konkrete Wachbewußtsein dringt, sobald dieses Bewußtsein nicht mehr mit anderen Themen «besetzt», also beschäftigt ist – so lange, bis das Bild durch materielle Verwirklichung aus der individuellen Aura in die physische Form eingegangen ist oder aber aus Desinteresse des Wachbewußtseins nicht mehr aufrechterhalten wird, wodurch es sich langsam auflöst, in der individuellen Psyche zunehmend verblaßt, bis es schließlich ganz verschwunden ist; vielleicht durch andere Bildimpulse ersetzt. Noch aber wirkt das Denken auf die makrokosmische «Psyche», das Astrallicht, ein, versucht es zu bewegen, ihm die Substanz abzugewinnen, die es zur Repräsentation seiner Idee in der eigenen, individuellen Psyche benötigt. Bewegt sie, schafft Affinität zur Schwingung der eigenen Idee, um das so bewegte astrale Licht als Energie in die eigene Psyche zu integrieren, mit ihm zu arbeiten. Ist die Idee klar, präzise definiert, so wird sie mühelos ihre Schwingungsfrequenz auf das astrale Licht übertragen, die nötige Substanz abziehen können. Ist die Idee unausgereift, unklar umrissen, so ist auch die Schwingungsfrequenz unstabil und ihre Übertragung auf die Astralsubstanz von keiner großen, dauerhaften Wirkung – die manifestierte Energie ist klein. Es handelt sich in diesem Hexagramm um einen Menschen, dessen inspiriertes Bewußtsein nach Möglichkeiten und Wegen sucht, seine konkreten Pläne und Ideen in praktische Vorstellungen zu übertragen, um sie zu verwirklichen. Dazu bedarf er der Vermittlung der konkreten Psyche, die wiederum genährt wird von der «Allseele», der astralen Psyche, des Universums. In ihr, also auf sehr hoher Schwingungsebene, bewegt sich sein Denken und wird durch Konsequenz und Dauer in seinen Ideen die gewünschte Wirkung, die Unterstützung seiner Ideen durch Energien der Astralebene, auslösen. Nur bedarf er der klaren Ideen und ihrer konsequenten Verfolgung, denn flüchtige Ideen zeigen nur flüchtige Resultate. Daneben kommt noch ein zweiter Aspekt als Interpretation in Betracht: Der der Inspriation der kollektiven Psyche der Menschen durch die Ideen eines einzelnen. Auch um die Seele der Menschen zu beeindrucken, zu bewegen und zu «begeistern» sind klare Ideen und ihre konsequente Wiederholung nötig. Flüchtige Ideen erzeugen in der Psyche der Menschen keine starken Bilder, und ohne starke Bilder gewinnt kein Mensch die Überzeugung, die er braucht, um einem Ideal, einer Idee zu folgen. In diesem Hexagramm ist nicht die emotionale Begeisterung gemeint (die eher dem Feuerelement entspricht), sondern die Einstimmung der kollektiven Seele auf große und berechtigte Ideen – durch Belehrung, Hinweise, gedankliche Anstöße. Und ihre Wirkung beruht einzig auf ihrer Klarheit, Wahrheit und Berechtigung: Dann wird auch das «Meer der kollektiven Psyche» der beständigen Einwirkung der «Windimpulse des Geistes» folgen, seine Inspiration aufnehmen und umsetzen. Auf gesellschaftlicher Ebene ist deshalb in diesem Hexagramm eine geistige Belebung und Inspiration angesagt, die die kollektive Psyche und Vorstellungswelt verändern und beleben wird. Auf den physischen Organismus bezogen beschreibt das Hexagramm den Feuchtigkeitsausgleich des Körpers durch Lungen- und Porenatmung sowie die gezielte Distribution des in den verschiedenen Körperregionen benötigten Sauerstoffs durch das Blut.

Das Orakel

Bewahre Deinem Denken, den Ideen
Deines Geistes alle Klarheit,
Reinheit des Ursprünglichen:
Dann gib sie weiter. Stelle
Reden, Handeln ausnahmslos
in ihren Dienst.
Und in der Seele aller Menschen
wird erklingen eine neue,
alte Melodie, die sie
erinnern wird an eine Wirklichkeit,
die größer, höher, schöner ist
als die alltäglich tägliche
vergänglicher Materie.
Und in den Tönen dieser Melodie
schwingt jedes Deiner Worte mit.

DIE EINZELNEN LINIEN

▬x▬ **Sechs als erste Linie bedeutet:**
Wenn Du belehrt wirst, höre hin:
Es ist zwar nur ein Mensch, der spricht,
doch was heißt «nur»?
Die Wahrheit braucht auch eine Stimme.
Und die Idee braucht Deinen Arm.

Wenn man eine Inspiration empfängt, soll man sie nicht aus formalen Gründen ablehnen, sondern sich ihrem Inhalt öffnen. Besonders, wenn sie die eigene Person, die eigene Lebensgestaltung betrifft. Aufnahmebereitschaft und die Bereitschaft, die gewachsene Einsicht ohne Zögern in die Tat umzusetzen, materiell Wirklichkeit werden zu lassen, machen die Inspiration erst wertvoll. Sonst war sie bloßes gedankliches Spiel, aus dem «später, vielleicht» wird praktisch schnell ein «nie», und man hat sich selbst seiner Chance zu persönlichem Fortschritt, zur Erweiterung und Bereicherung des eigenen Lebens beraubt.

▬○▬ **Neun als zweite Linie bedeutet:**
Worüber bist Du ärgerlich?
Nur weil Du stark bist,

aber ohne Macht?
Behalte, was Du weißt,
und lebe klar danach.
Dann wird Dein Beispiel
die Gedanken anderer bewegen.

Man fühlt sich stark genug inspiriert, auch andere voranzubringen. Die eigenen Einsichten und Ideen erscheinen zu gewichtig, als daß sie nur für einen selbst von Bedeutung sein sollen. Hélas – wenn nur die persönliche Bedeutung für die Welt dem entspräche, was man zu geben können meint! Doch diese emotionale Unzufriedenheit ist nicht angebracht: Es mag genügen, die erkannten geistigen Werte selbst zu leben, in ihrem Sinne konsequent im eigenen Lebensbereich zu wirken, so begrenzt er auch sein mag – dies wird von der Umwelt ganz sicher nicht übersehen werden und schon bald Gelegenheit schaffen, sich auf breiterer Ebene mitzuteilen, die anderen an den eigenen geistigen Werten zu beteiligen.

▬x▬ **Sechs als dritte Linie bedeutet:**
Stelle Dein Wissen, Deine
Pläne, Einsichten zurück:
Laß Dich beherrschen von dem Geist
der Stunde. Nach getaner Tat
wirst Du selbst reicher, stärker,
wissender geworden sein.

Die Inspiration, die einem zuteil wird, fordert viel: Nicht nur, daß sie dem vertrauten Denken Ungewöhnliches zumutet. Sondern sie verlangt auch Opfer: Daß man auf seine bisherigen Pläne, Ambitionen und Einsichten für das eigene Leben, die eigene Persönlichkeit verzichtet. Dies ist aber nur scheinbar der Fall: Die Bereicherung muß nur ganz und vollkommen das Wesen, das Bewußtsein durchdringen und darf nicht durch alte Vorstellungen gefiltert und blockiert werden. Hat man sich den neuen geistigen Inhalten ganz erschlossen, sie ganz zu einem selbstverständlichen Bestandteil des eigenen Bewußtseins und der praktischen Lebenshaltung werden lassen, dann erweisen sie sich gar nicht als gegensätzlich zu den früheren Werten, sondern als deren essentielle Erweiterung und Bereicherung. Dies zu erfahren aber setzt die Öffnung ihnen gegenüber voraus.

▬x▬ **Sechs als vierte Linie bedeutet:**
Stelle Dich ganz in ihren Dienst:
Diese Idee ist ganzen Einsatz wert.

Bist Du auch nicht ihr Kopf,
so doch ihr Sprecher, starker Arm,
den sie für den Erfolg
zum Segen aller braucht.

Die Situation ist klar: Eine große Idee erwartet, daß man sich voll und ganz für sie einsetzt, seine Arbeitskraft selbstlos in ihren Dienst stellt. Durch die Bedeutung der eigenen Persönlichkeit gewinnt die Idee an Gewicht für die Menschen, auf die man Einfluß hat. Das eigene Engagement ist deshalb wichtig und von großem Wert für die Sache, und persönliche Bedenken, daß man sich ja nicht für eine eigene Idee einsetzte, sollten gegenüber der segensreichen Bedeutung der Sache schnell verblassen. Nicht die Urheberschaft, sondern der Anteil an der Veredelung der Welt und der Menschen, den man für sich in Anspruch nehmen kann, ist von kosmischer Relevanz: Im Zweifelsfall ist der Kosmos selbst der einzige Urheber, der sich zur Kommunikation lediglich des Bewußtseins geeigneter, reifer Menschen bedient. So auch hier.

Neun als fünfte Linie bedeutet:
Ein großes Licht erstrahlt
im allgemeinen Dunkel,
ein Licht, das neue Wege weist.
Und aller Menschen Seelen
höher schwingen läßt, vereint.

Hier ist der Katalysator der kosmischen Inspiration bezeichnet: Von ihm geht die geistige Klarheit und Erneuerung der kollektiven Seele aus, der sie in dieser Zeit so sehr bedarf. Seine Kraft, sein persönlicher Einfluß und vor allem sein Charisma geben seinen Impulsen die Wirkung, die den von ihm vertretenen geistigen Inhalten gerecht wird. Seine Inspiration veredelt die Menschen als Kollektiv, spricht sie in ihren feinsten Tiefen an und trägt sie zu neuen Höhen seelischer Vorstellung und Hoffnung, jenseits der trennenden Barrieren der physischen Persönlichkeiten. Diesem Menschen kann man Menschen anvertrauen, denn er vertraut sie und sich selbst den höheren, überpersönlichen Prinzipien des Geistes an, als dessen Werkzeug und Repräsentant er fungiert: Durch den der Kosmos seine evolutionären Ziele formuliert.

Neun als sechste Linie bedeutet:
Folge deiner Einsicht und
verlaß die Welt der Dunkelheit:

Du erhellst sie nicht.
Wer Dich versteht, geht mit.

Ein Mensch, der wohl genügend Einsicht besitzt, die traurige Bewußtseinslage der Menschen in seiner Gesellschaft zu erkennen und auch weiß, welcher Erweiterung dieses Bewußtsein bedarf, kommt zu der Erkenntnis, daß ihm jeder Einfluß versagt bliebe, daß er in den herrschenden Umständen trotz Bemühung die eigene Inspiration auf seine Mitmenschen nicht würde übertragen können. Dieser Einsicht folgend, zieht er sich zurück und überläßt die Gestaltung des kollektiven Schicksals dem Kollektiv, das erst durch Erfahrung für höhere Einsichten empfänglich werden muß. Die Menschen seiner unmittelbaren Umgebung, die sein Verhalten verstehen, folgen der Einsicht dieses Weisen und entziehen sich ebenfalls der Teilnahme und damit der Mitverantwortung an der Fehlentwicklung der Gesellschaft. So kommt seine Inspiration zumindest einem kleinen Kreis von Menschen zugute.

II/31. DER SCHEIN (DIE TORHEIT)

oberes Trigramm: KEN, die Stabilität, der Berg

unteres Trigramm: KAN, die Rezeptivität, das Wasser

Das Bild

Über dem passiven Prinzip formloser Rezeptivität, der Psyche, des Wassers – die konkrete Manifestation des grobstofflichen Materieprinzips, die stabile Form, der Berg.

Der Charakter

Gestalt ohne Gehalt,
Schein ohne Sein,
Mühe ohne festes Ziel:
Das Universum leistet sich
den Luxus unbeseelter Form.

Und doch, wer weiß,
wird eines Tages ein Charakter,
fest und klar, mit Zukunft
und Bestimmung, dieser Form
ein Leben geben und mit ihm
dem Universum neuen Glanz.

Makrokosmische Bedeutung

Ein Widerspruch ist gegeben, eine Täuschung, eine Diskrepanz: Der äußeren, konkreten grobstofflichen Form entspricht kein Innenleben, keine Seele, keine individuell geprägte Existenz. Die Vollkommenheit der materiellen Gestalt hat kein Gegengewicht im Gehalt: Der ist bloß formlose Substanz psychischer Energie, undefiniert, qualitätslos, ohne feste Eigenschaften. Und selbst der Widerspruch ist bloßer Schein: Die Elemente sind zu unterschiedlicher Natur, im Charakter ihrer Manifestationsformen zu ungleich, als daß sie in Konflikt stehen, sich ernsthaft berühren, austauschen könnten. Das kosmisch-psychische Prinzip durchströmt mit seinen Energien aus astralem Licht widerstandslos die feste Form lebloser, physischer Planeten, doch von Berührung und Beziehung kann keine Rede sein. Auf zu verschiedenen Frequenzen schwingt die eine, ungeformte Energie von denen der anderen, der festen materiellen Form. Noch existieren auch keine schöpferischen Impulse, Ideen als Kristallisationspunkte zur Verdichtung des astralen Lichts, noch wohnt dem Himmelskörper kein evolutionärer «Sinn», keine «Bestimmung» inne, der das Licht verdichten, dem Planeten eine Aura bauen könnte – nichts. Das Universum leistet sich den Luxus der Verschwendung, beherbergt materielle Manifeste ohne Sinn. Auch ohne Vergangenheit? Auch ohne Zukunft? In ein, zwei Ewigkeiten wird vielleicht der kreative Geistimpuls den Grundstein legen zur Planetenseele, wird aus den Strömen des astralen Lichts Substanz abziehen. Formen bilden, eine Aura – Brutstätte der künftig sichtbaren Planetenwelt. Ein «Sinn» in Form von Bildprogrammen wird die Sphäre des Planeten animieren, einen Eindruck geben von der materiellen Evolution, die seinen Wert, seine Bedeutung für sein Sternsystem, seinen Kosmos bestimmen wird. Oder weiß er dieses Schicksal hinter sich, ist nur der materielle Zeuge eines längst vergangenen Sternenlebens, erwartet seinen eigenen Verfall? Nur das Universum weiß Genaues. Wer ebenfalls Genaues wissen will, befrage Akasha. Akasha weiß sicher mehr.

Mikrokosmische Bedeutung

Die äußere Erscheinung eines Menschen wird von keinem Gehalt getragen. Keine charakterliche Struktur, kein geistig-psychisches Gefüge geben ihm die Substanz, die sein Äußeres, sein Auftreten der Welt signalisiert. Und doch ist er «beseelt»: Von Nichtwissen, von wechselnder Meinung, Laune, schwankenden Interessen. So verläßlich, fest, als meßbare Größe die Persönlichkeit auch physisch scheinen mag – ihr Innenleben ist es nicht. Unstet und planlos ist ihr Handeln, unberechenbar auch für sie selbst, von Einsicht in die Gesetze der Kontinuität, von Ursache und Wirkung und Bedeutung kaum behelligt: Das ist das Bild der Torheit und ihrer Handlungsweise, das Bild seelisch-charakterlicher Unreife – im besten Fall das Bild der Kindheit und der frühen Jugend. Im Kind hat zwar der Körper schon die feste Form, konkrete Gestalt und Ausprägung, die Seele, bis auf karmisch-astrologische Ausstattungen, nicht. Doch im Erwachsenen ist diese Persönlichkeitsstruktur fatal – der Mensch vergeudet seinen Lebenssinn, seine Bedeutung für die Welt und Menschen, seine Seele, ihre Chance zu Fortschritt und Reife. Die Aufgabe dieses Menschen wäre, den psychischen Energien, die sich bisher ziellos und zufällig durch ihn manifestierten, eine Richtung, einen Sinn zu geben, sie zu bündeln und sie durch charakterliche Konsequenz zu Bausteinen eines persönlichen Lebenswerks zu machen – sei dieses Werk auch bloß die feste, eigene Persönlichkeit. Das wäre viel, vor allem: Basis und Bedingung jeder weiteren Entwicklung in und außerhalb dieser materiellen Wirklichkeit. Wer nur mit Hexagrammen spielt, mal dies, mal jenes wissen will und keine der Auskünfte konsequent befolgt, vielleicht aus Neugier mehrmals gleiche Fragen stellt und die Orakel gegeneinander stellt, ohne in ihren tieferen Sinn, den Ernst des Lebens wie der Mystik einzudringen, der entspricht der Geisteshaltung, die dieses Hexagramm beschreibt. Auch wird aus ihm nie der philosophische *homo ludens* , denn er spielt nicht wirklich – er *wird* gespielt, vom blinden Zufall seiner eigenen psychischen Bewegung *aus*gespielt – und merkt es meistens nicht. Der Mensch, der spielt, spielt ganz bewußt. Denn nur Bewußtsein übersteigt im Spiel den heiligen Ernst, die erste Stufe auf dem Weg zur Gottwerdung des Menschen. Diesseits des Ernstes ist (und bleibt) der Tor, und nimmt sich meist noch selbst so ernst wie jener Kaiser, den sein Gefolge in fiktive Gewänder kleidete. Nur sind in diesem unserem Fall die unsichtbaren Kleider innen, seelischer Natur – der Stoff, aus dem *persona* ist. Auf den physischen Organismus des Menschen bezogen spiegelt das Hexagramm die relative Anonymität der Körpersäfte in Relation zur physischen Individualität. Und schildert, bei gesellschaftlicher Interpretation, den ausgehöhlten Zustand einer menschlichen Gemeinschaft, die bloße materielle Organisation zusammenhält, an den Fassaden einer längst verblichenen Kultur noch hängt, die keine Träume, Ideale, Ziele und lebendige Projekte mehr beseelt. Auch für diese Gesellschaft gilt der Rat der inneren Erneuerung, Charakterbildung und Belebung – ehe die Fassade, ungestützt, allein nicht mehr besteht.

Das Orakel

Diszipliniere und beschränke Dich.
Nicht jede Idee ist Geist,
nicht jedes Gefühl gleich Seele.
Prüfe und erkenne Dich:
Was keinem Wandel unterworfen ist,
bist Du.
Was nur heute zählt, das
bist Du nicht.
Tritt erst hervor
ins Rampenlicht der Welt,
wenn Du Dich selbst schon kennst.
Mit Dir erkennst Du auch den Platz,
der Deinem Leben Sinn, der Seele die
Bedeutung gibt.

DIE EINZELNEN LINIEN

▬x▬ **Sechs als erste Linie bedeutet:**
Sieh in den Spiegel:
Kannst Du vor Dir selbst bestehen?
Dein Körper selbst, die physische Person
ist Spiegel Deines Innenlebens:
Sieht so die Seele aus, die Du
über den Tod hinaus bewahren willst?

Wer seinem Körper, seiner physischen Person nicht genügend Respekt entgegenbringt, vernachläßigt seine äußere Erscheinung – bis hin zum Zerrbild seines seelischen Auftrags. Doch weshalb Zerrbild? Ist das Bild der Person etwa der seelischen Verfassung angemessen? Dann bedarf die Seele einer Reinigung und einer Kur, und ihre neu, doch sicherlich nicht leicht gewonnene Harmonie sollte sich auch in der Gestaltung des äußeren Erscheinungsbildes spiegeln. Vielleicht ist sogar die äußere, formale Pflege der Persönlichkeit ein wichtiger

Schritt zur seelischen Harmonisierung und Charakterbildung. Ein objektiver, kritischer Blick in den Spiegel dürfte tatsächlich ein paar ungestellte, vielleicht nur ungeliebte Fragen beantworten.

Neun als zweite Linie bedeutet:
Bist Du in Deiner Phantasie
schon Herrscher dieser Welt?
Beherrsche erst Dich selbst,
Dein Leben, Deinen Haushalt:
Hier lernst Du, wie Du später
selbst ein Universum leiten kannst.

Im unkontrollierten Überschwang der Seele fühlt man sich zu großen Taten berufen, und hat doch sich selbst, sein eigenes Leben noch nicht verantwortlich geführt. Unbestreitbar entspricht der emotionale Drang einem persönlichen Potential – doch noch ist die Persönlichkeit zu unreif, ihr Bewußtsein ungefestigt. Der Kosmos weist jedem Menschen den Aufgabenbereich zu, dem er gewachsen ist und in dem er zur nächsten Stufe seiner karmischen Entwicklung emporwachsen kann. Diese Gesetzmäßigkeit läßt sich auch durch blinden Enthusiasmus nicht durchbrechen. Wer in kleinen Bedingungen seine Fähigkeiten zu Fertigkeiten entwickelt hat, wird vor größere Aufgaben gestellt – der karmische Verantwortungsbereich wächst mit der Seele mit. Mary Bauermeister brachte dieses Prinzip einmal auf die geniale Formel: «First you run a household, then you run a universe.» Das Buch der Wirklichkeit sagt zu dieser Linie: «Let's start with a household».

Sechs als dritte Linie bedeutet:
Stärke Dein Bewußtsein,
Deinen kritischen Verstand.
X und U sind nicht dasselbe,
noch ist jede Mauer eine Wand.

Es fehlt hier an der rationalen Bewältigung der Welt, an bewußter Konsequenz im Denken, an differenziertem Wissen. Dementsprechend unverläßlich sind die Erkenntnisse, über die man zu verfügen meint, auf die man sein Handeln stützt. Rationale Disziplin zu entwickeln und ein objektives Wert- und Urteilssystem im eigenen Bewußtsein aufzubauen, ist der Auftrag dieser Linie. Dann gewinnt das persönliche Denken das Urteilsvermögen und die verläßliche Struktur, die Schein von Sein zu trennen weiß, Qualität von Quantität, Wichtiges von Unwichtigem, Sinn von Unsinn, Wirklichkeit von Illusion. Sonst bleibt man unkritischer Spielball von Meinungen, hält alles für plausibel, Unwahrscheinliches für wahrscheinlich, und nur am Wert des eigenen Urteils zweifelt man – das leider zu Recht.

Sechs als vierte Linie bedeutet:
Wer sagt, daß Du
nicht mehr wachsen kannst?
Das Bild, das andere von Dir haben,
ist Deiner wirklichen Persönlichkeit
nicht wert. Verzichte auf die Freunde,
die Deine Schwäche schätzen:
Deine Stärke findet neue.

Wer seine wirkliche Persönlichkeit verleugnet, um sich die Anerkennung seiner Mitmenschen zu bewahren, handelt unverantwortlich und töricht sich selbst gegenüber. Der gleicht einem Menschen, der in seiner Schulzeit nur als Spaßvogel von seinen Kameraden akzeptiert wurde und deshalb auch im Erwachsenenleben der Rolle des Clowns nicht entwachsen kann. Die wirkliche Seele, der wahre Charakter des Menschen aber verkümmert in diesem Rollenspiel. Nur das mutige, starke Bekenntnis zur eigenen Persönlichkeit macht dem unwürdigen Spiel ein Ende – und wer durch das Bekenntnis zu sich selbst Freunde verliert, hat die falschen. Die richtigen werden sich schnell mit der wirklichen Persönlichkeit assoziieren – und ihr auf angemessener Ebene begegnen.

Sechs als fünfte Linie bedeutet:
Wer seine Torheit kennt,
und in Bescheidenheit zu lernen sucht:
Ist er in Wirklichkeit nicht schon
ein Weiser?

Die eigene Torheit zu erkennen beweist Urteilsvermögen und kritische Distanz zu sich selbst. Sich zu ihr zu bekennen, bescheiden Rat und Erkenntnis zu suchen, beweist Stärke des Charakters und innere Größe. Diesen Menschen zu belehren sollte nobelste Pflicht für jeden Wissenden sein: Er belehrt einen Weisen.

Neun als sechste Linie bedeutet:
Der Tor glaubt sich erleuchtet,
die eigene Verblendung hält er
für das große Licht.
Ihn wird auch dieses Urteil

nicht belehren: Erst
sein eigener Fall, die unvermeidliche
Ernüchterung.

Im Gegensatz zur vorigen Linie, die den Weisen beschreibt, der seine Torheiten erkennt und darum schon überwunden hat, ist hier ein Tor charakterisiert, der sich für weise hält. In blinder Selbstverkennung glaubt er an Erleuchtung, wo in seinem Bewußtsein Irrlichter blinken, und da seine Persönlichkeit nicht schwach ist, täuscht er sich selbst mit starker Konsequenz. Ein solcher Mensch, in solcher Geisteshaltung erstarrt, wird auch durch dieses Orakel nicht zu objektiven Selbstzweifeln bewegt werden – und wenn, dann nur als Alibi vor sich selbst, um sich «nach kritischer Selbstprüfung» die eigene Weisheit wieder zuzusprechen. Er wird durch das Schicksal, durch die Welt, und schmerzlicher als durch einen Orakelspruch, belehrt und zu sich selbst gebracht werden – und diese karmische Belehrung wird der erste Schritt zu wirklicher Erleuchtung sein.

II/32. DIE BEFREIUNG

oberes Trigramm: TSCHEN, die Dynamik, der Donner
unteres Trigramm: KAN, die Rezeptivität, das Wasser

Das Bild

Über dem passiven Prinzip fomloser Rezeptivität, der Psyche, des Wassers – die konkrete Manifestation des energetischen Feuerprinzips, die Dynamik, der Donner.

Der Charakter

Mit Gewalt schafft jetzt das Universum
seinen angestauten Kräften Bahn.
Nicht Zerstörung, nur Befreiung
ist die Absicht: Wege öffnen
zur Verwirklichung.

Und wie erleichtert reagieren
alle Wesen, von Druck und
auswegloser Ohnmacht frei.
Noch roh, noch ungerichtet
fließt die Energie: Doch schon
zeichnen sich Bahnen ab,
die in die Zukunft führen.
Nur eine kleine Weile noch,
und aus den scheinbar zufälligen Strömen
bildet sich das freie Muster
einer blühend schöpferischen Welt.

Makrokosmische Bedeutung

Wo immer sich Quantitäten sammeln, stauen, bedarf es einer qualitativen Organisation – oder die angestauten Kräfte kumulieren sich in einem Druck, der sich willkürlich entlädt, meist mit destruktiver Wirkung. Dem zuvorzukommen, «sprengt» das Universum hier die angestauten Massen von astralem Licht, die, undefiniert und formlos, keinem konkreten Zwecke dienten, quantifiziert die Massen, um die Mengen in sinnvolle, kreative Bahnen zu lenken: Aus Masse wird Menge, aus Menge Bestimmung, aus Bestimmung Bedeutung. Die hier gemeinten Massen astralen Lichts können sich in der unproduktiven Aura eines Himmelskörpers angestaut haben oder in der Sphäre ganzer Sternensysteme. In der Atmosphäre archaischer oder unfruchtbar gewordener Landschaften. Im Unterschied zum Zeichen II/28. (Die Strukturierung), wo das dynamische Prinzip Quantitäten der psychischen Energie aus dem kosmischen Reservoir zu kreativen Zwecken «zuschneidet», bricht es hier angestauten, aber nicht genutzten Quantitäten der psychischen Energie Bahn, um sie für kreative Zwecke wieder verfügbar zu machen. Dabei werden die blockierenden, passiven Begrenzungen zerstört, die über die Kumulation der Energie hinaus keine Funktion (mehr?) erfüllen. Doch ist nicht Destruktion der begrenzenden Formen, der behindernden materiellen Organisationen die Absicht, sondern Freisetzung der funktionslos kumulierten Energie – auch wenn damit die ganze oder teilweise Zerstörung der behindernden, nicht entwicklungsfähigen Form verbunden ist. Wie bei einem Gefängnisausbruch auch nicht die Zerstörung der Mauern, sondern die Erlangung der Freiheit Ziel und Zweck ist und sich die Destruktion auf das Maß beschränkt, das zur Verwirklichung der Absicht ausreicht. Da für die angestaute Energie bereits sinnvollere Aufgaben bereitstehen, sei es im Einzugsbereich derselben kosmischen Welten oder in anderen, genügt der Akt ihrer Freisetzung, um sie konstruktiven Prozessen zuzuführen – mehr hat der dynamische Eingriff des energetischen Prinzips, wie er in diesem Hexagramm abgelichtet ist, auch nicht zu leisten. Der kreative Sinn, für den die freigewordenen Energien eingesetzt werden, die Baupläne und Konzepte, für deren bildnerische Realisierung sie benötigt werden, sind in diesem Hexagramm weder angesprochen noch definiert: Ihr Charakter wird von der Aktivität des konkreten Geistes (SUN) bestimmt, dessen Ideen die Energien formen und als Material für ihre konkrete Ausgestaltung nutzen, einer sinnvollen Bestimmung zuführen werden. Doch diese Prozesse sind in anderen Zeichen (II/26. und II/30.) beschrieben.

Mikrokosmische Bedeutung

Der Mensch, der sich in Lebensumständen befindet, die seinem Charakter, seinen Fähigkeiten und Neigungen nicht entsprechen, der falsche Ziele verfolgt oder keine Ziele erkennt, weil er in die falsche Richtung blickt, dessen Kräfte und Energien durch erstarrte Formen der Kommunikation und Organisation der Gesellschaft gelähmt und behindert werden, staut in sich ein ungenutztes psychisches Potential an, dem kein kreativer Kanal sich zur Entfaltung bietet. Und nur durch eine radikale Handlung, Änderung der gegebenen Bedingungen kann er sich befreien, seinen Energien Bahn brechen zu sinnvoller, konstruktiver Bestätigung. Ob es sich um die Zerstörung alter Zielsetzungen oder um die radikale Veränderung der gegebenen Lebensumstände handelt – in jedem Fall wird ein Bruch mit vertrauten, vielleicht sogar liebgewordenen Formen und Inhalten des Lebens und Bewußtseins notwendig. Der zwar der alten Orientierungen beraubt, oder der Persönlichkeit im Gegenzug alle Freiheiten, alle Möglichkeiten der Wahl von neuen Inhalten und Zielen bietet, ihrem Energiepotential die kreativen Einsatz- und Verwirklichungsbereiche, die es so lange, und sinnloserweise, entbehren mußte. Was an Zerstörung von Formen und Inhalten, von geistigen und praktischen Lebensbanden bei dieser Befreiung unvermeidlich ist, hat karmisch-kosmische Berechtigung und sollte nicht als Hindernis betrachtet werden. Ist es doch gerade dieses Wertgefüge, das der Persönlichkeit und ihrem Recht auf Selbstverwirklichung und freie Selbstentfaltung so lange schon Gewalt antut – als nutzlos hemmende und damit destruktive Kraft. Und nur der entschlossene Umbruch bringt die frische Atemluft, den freien Blick auf neue Perspektiven, die sich in jetziger Beschränkung niemals offenbaren werden: Die neue Sicht genießt nur der, der sich von seiner alten Brille trennt. Im körperlichen Organismus des Menschen ist es der Prozeß der Auflösung überschüssiger oder unreiner Flüssigkeitsanteile in den Zellen durch physische Anstrengungen, Körperhitze, Fieber, Schwitzen und die daraus resultierende qualitative Verbesserung und Reinigung der Körperflüssigkeit. Der Organisation von Menschen in einer Gesellschaft kündigt dieses Hexagramm nichts weniger an als eine Revolution – zumindest eine radikale Neuorientierung und ein Bruch mit den hemmenden Strukturen. Kann dieser Bruch auf Grund herrschender Hierarchien personeller oder ideeller, inhaltlicher Art nicht friedlich vollzogen werden, so dürfte durchaus eine gewaltsame Veränderung der Gesellschaft bevorstehen, als empfohlen gelten, die das in ihr kumulierte und unterdrückte kreative Potential der Menschen wieder freisetzt und sich entfalten läßt. Der Bruch mit überkommenen Thesen und Glaubenssätzen auf wissenschaftlicher, philosphischer oder pragmatischer Ebene wäre dabei noch die friedlichste Manifestation der hier gezeichneten Energiestruktur. Dies ist kein Ruf zu den Waffen: Es ist ein Aufruf zur Tat. Die Wahl der Waffen muß der spezifischen Situation entsprechend getroffen werden.

Das Orakel

Brich Deinen Kräften sinnvoll Bahn
und zögere nicht, ganz neue Wege
einzuschlagen. Beseitige,
was Dich behindert, verzichte auf
die Ketten, die Dich
geistig, praktisch lähmen –
erscheinen sie auch harmlos,
freundlich, wohlgemeint.
Sind die Mauern Deines Denkens,
Lebens erst durchbrochen,
versöhnt das Licht der Freiheit Dich
mit einer glücklicheren Zukunft
für jede Mühe, jeden Schmerz,
den Du ertragen mußtest
auf dem Weg zu Dir.

DIE EINZELNEN LINIEN

▬x▬ **Sechs als erste Linie bedeutet:**
Fühlst Du Dich schwach?
Dann fange mit dem an,
was naheliegt: Dir selbst.

Befreie Dich, trag bunte Hüte,
sprich, was Du denkst:
Auf diesen ersten Schritt
folgen die anderen schnell.

Wer sich nicht stark genug fühlt, geplant und mit radikalen Entschlüssen eine grundlegende Änderung herbeizuführen, muß sich trotzdem nicht mit seiner unzumutbaren Situation abfinden: Er kann die Befreiung bei sich selbst, in kleinen Dingen, zum Ausdruck bringen, durch unbeschränkten Ausdruck seiner Bedürfnisse, Wünsche und Ansprüche. Das erleichternde und befreiende Erlebnis wird schnell die Kraft zu weiterführenden Handlungen geben – auch unterstützt durch die Reaktionen der Umwelt, die sich vielleicht im Widerspruch sieht zu dieser neuen Selbstdarstellung der Persönlichkeit und grundsätzlichere Veränderungen verlangt, wenn man sich und dem begonnenen Weg treu bleiben will.

▬⊖▬ **Neun als zweite Linie bedeutet:**
Hast Du auch keine Macht,
so hast Du doch die Stärke:
zögere nicht.
Entlade Deinen Unmut
und gib Deinen Wünschen,
Deinem Sehnen und Gefühl
die Freiheit, die sie zu Recht
beanspruchen. Und schon die Tat
wird zum Erfolg.

Zwar sind die Umstände in keiner Weise einladend, radikale Veränderungen zu vollziehen, und doch sind sie notwendig und können nicht länger aufgeschoben werden. Zudem ist die persönliche Stärke der Aufgabe gewachsen. Der innere Drang sollte nicht länger unterdrückt und verleugnet werden, die berechtigten Ansprüche müssen endlich deutlich zur Geltung gebracht werden. Und alles, was sich ihnen widersetzt, wird mühelos zu beseitigen oder zu ändern sein. Schon der Entschluß zur Tat und der Akt der Befreiung selbst ist als Erfolg zu betrachten, als Sieg über die Behinderung und Beeinträchtigung der Wahrheit und der persönlichen Rechte.

▬x▬ **Sechs als dritte Linie bedeutet:**
Wem es an Einsicht zur Befreiung fehlt,
der kommt nie zum Entschluß.
Ohne Entschluß kein Handeln,

ohne Handlung keine Änderung.
Worüber jammerst Du?

Wer in seinen Gedanken unklar ist, die Situation nicht zu analysieren und die notwendigen Schlußfolgerungen zu ziehen nicht bereit oder in der Lage ist, sollte sich nicht beschweren. Ohne mutige Erkenntnis kein klarer Entschluß, ohne Entschluß keine Basis zu gezielter Handlung – und ohne die entschiedene Handlung, die aktiv das Bestehende verändert und neue Perspektiven schafft, wird keine Befreiung von den Zwängen und Hindernissen, unter denen man geistig und seelisch leidet, möglich sein. Man bewertet die eigenen Ansprüche als zu gering und unterschätzt das Gewicht der eigenen Persönlichkeit. Die rationale Disziplinlosigkeit und Labilität manifestiert sich als Schwäche und als Unfähigkeit, sich von den Zwängen zu befreien, und da die Schuld im eigenen Bewußtsein begründet ist, hat man keinen Grund zu lamentieren – ist man doch selbst der einzige, der daran etwas ändern könnte.

▬○▬ **Neun als vierte Linie bedeutet:**
Du kannst für andere
die Befreiung sein:
Denke nicht nur an Dich.
Mit starkem Entschluß und
gezielter Tat gibst Du ein Beispiel,
dem die Menschen folgen.

Man fühlt sich behindert, aber die Gründe der Behinderung sind überpersönlicher, gesellschaftlicher Natur und behindern auch andere. Man selbst ist stark genug, die Begrenzungen zu sprengen und sich die Freiheit zu verschaffen, in der man sich verwirklichen kann. Doch das allein genügt nicht: Was gesellschaftlich begründet ist, das muß auch gesellschaftlich gelöst werden. Und so kann der eigene Befreiungsakt zur Demonstration und zum Beispiel für andere werden, wie man sich aus den gemeinsamen Zwängen befreit. Auf Grund der Bedeutung der eigenen Persönlichkeit für andere Menschen ist man geradezu verpflichtet, nicht nur an sich selbst, sondern auch an die Mitmenschen zu denken, ihnen mit Rat und Hilfe bei ihrer Emanzipation zur Seite zu stehen.

▬x▬ **Sechs als fünfte Linie bedeutet:**
Kannst Du Dich Deinen Pflichten
nicht entziehen, befreie Dich
innerlich. Bewahre und erweitere

den Freiraum ganz gezielt,
bis die Behinderung von selbst entfällt.
Dann hüte Dich vor neuen Zwängen.

Der Lebensbereich, dem man selbst vorsteht und den man für andere Menschen zu gestalten hat, ist selbst das Gefängnis, durch das man eingeschränkt ist. Diesen Pflichten im Dienst der anderen, zu ihrem Wohle, kann man sich nicht plötzlich, um der eigenen Befreiung willen, entziehen und die Menschen sich selbst überlassen. Der Einsicht, daß man durch Übernahme von Verantwortung, vielleicht auf falschem Gebiet, das eigene Gefängnis selbst geschaffen hat, kann man nur den festen Entschluß zu schrittweiser Befreiung entgegensetzen. Die vollzieht sich zunächst innerlich, dann durch langsamen Rückzug aus den übernommenen Pflichten, bis die Gelegenheit zur endgültigen Loslösung aus den Fesseln der Pflicht gegeben ist. Mit der dann gewonnenen Freiheit muß man allerdings etwas anzufangen wissen, um nicht schon bald wieder in ähnlicher Verantwortung, und damit in ähnlicher Einengung und Beschränkung, sich wiederzufinden. Dann wäre der Befreiungsakt sinnlos, die gewonnene Unabhängigkeit nur ein kurzer Traum gewesen.

▬x▬ **Sechs als sechste Linie bedeutet:**
Befreie Dich von Dir selbst:
Und Du bist wirklich frei.
Die Rolle, die Du spielst,
ist Dein Gefängnis,
Deine Worte sind die Gitter,
Deine Handlungen die Mauern:
Übersteige sie, und Du
wirst fliegen.

Hier ist das Gefängnis selbstgestrickt. Man hat der Umwelt und sich selbst nur eine Rolle vorgespielt und ist nun Opfer dieser Rolle: Die wirkliche Persönlichkeit leidet unter den Erfüllungszwängen der Erwartungen und Ansprüche, die man selbst aufgebaut hat. Die einzige, wenn auch bittere Medizin ist die Zerstörung dieser Rolle, das Ende der Maskerade und das ehrliche Auftreten anderen und sich selbst gegenüber. Wenn man nur echte Ansprüche erhebt, erfüllt man sie mühelos. Wenn man Mut zur Aufrichtigkeit hat, kann man frei reden. Wenn man nur den wirklichen Interessen folgt, kann man frei handeln, ohne der selbst etablierten Rollenerwartung zu widersprechen. Hat man sich erst radikal und mutig von den eigenen Persönlichkeits- und Haltungszwängen gelöst, wird man sich frei und unbeschwert fühlen wie im Flug – und die wirkliche Persönlichkeit wird sich auf allen Ebenen so ungehindert entfalten können, als seien ihrer Kreativität tatsächlich Flügel gewachsen. Nur muß die bittere Pille geschluckt, die Umwelt ent-täuscht werden – der Wahrheit, Wirklichkeit und Freiheit zuliebe, nach der die eigene Seele so darbend verlangt. Doch gibt es höhere Werte, schönere Ziele als die Wahrheit, als die Freiheit, als die Wirklichkeit?

EPILOG II.

«Die Häuser der Welt sind gestaltet,
die Länder und Meere, Heimat des Lebens,
ansehnlich und bewohnbar geworden
im Kräftespiel der Elemente
und ihrer Diener in konkreter Form.
Doch wissen die Wesen das zu schätzen?
Erkennen sie die Anstrengung, die
den Kosmos schuf?
Oder sehen sie in Verblendung nur
Chaos statt Vielfalt,
Tod statt Veränderung?
Vergaßen sie, daß sie zu Göttern bestimmt sind,
ohne materielles Körperkleid
das Universum zu bewohnen?
Die Welt und alle Energien, alle Kräfte
sind euch, werdende Götter, gegeben:
nun macht sie vollkommen –
auf daß in ihrem Spiegel ihr
die kosmische Vollkommenheit,
euch als Unsterbliche erkennt!»

III. Die Häuser ihres Wirkens (Tertiäre Hexagramme)

Das Haus des Wirkens der Luft (des Äthers)

III/1. DIE AUFKLÄRUNG

oberes Trigramm: SUN, die Reflexion, der Wind

unteres Trigramm: SUN, die Reflexion, der Wind

Das Bild

Die Verdopplung der konkreten Manifestation des feinstofflichen Geistprinzips, der Reflexion, des Windes.

Der Charakter

Durch beständige Verbreitung
der Ideen und Konzepte,
Keime materieller Wirklichkeit
in allen Kosmen aller Universen,
propagiert der Geist seine Prinzipien,
seine Pläne für den Bau
zeitlicher und zeitloser Welten.
Durch ihre Wiederholung
dringt die Wahrheit, niemals
unwahr, niemals überholt,
in Seele und Bewußtsein aller Wesen,
bis sie die Botschaft und Idee
von ihrer eigenen Vervollkommnung
empfangen und verwirklicht haben.

Makrokosmische Bedeutung

Die Verdoppelung der Aktivität des feinstofflichen Geistprinzips auf den konkreten Ebenen der makrokosmischen Wirklichkeit charakterisiert nicht nur Wiederholung, sondern auch (unbegrenzte) Dauer. Was wiederholt wird, was da (unbegrenzte) Dauer hat, sind die zeitlos gültigen Prinzipien der schöpferischen Ordnung aller Existenz, die als Ideen, durch Kommunikation auf den mentalen Schwingungsebenen des Universums, allen Welten und ihren beseelten Evolutionen kontinuierlich zugänglich gemacht werden. So prägt der Geist des Universums, durch beständige und wiederholte Propagierung seiner Konzepte, die kollektiven Bewußtseinsstrukturen der beseelten Wesen aller Welten, erweitert ihre Perspektiven und geistigen Horizonte, die die individuellen Kulturen gemäß ihres evolutionären Entwicklungsstandes in Erkenntnisse und Konzepte ihrer eigenen Progression – hin zur Vervollkommnung – umsetzen. «Inspirationen» aus der Mentalebene des Universums beeinflussen so die materiellen Evolutionen des bewußten Lebens in den kosmischen Welten. Aber nicht nur diese: Auch pflanzliche und tierische Evolutionen entwickeln sich entlang dieser Konzepte aus der kosmischen Mentalebene, nur daß die Astralebene als Kommunikant benötigt wird, der die Ideen in astrale, plastische Bilder umsetzt, die auf die kollektiven Psychen der Tierarten und die grobstofflichen Ätherkörper der Pflanzenkulturen einwirken. Auch diese Einwirkung bedarf eines wiederholten, dauerhaften Prozesses, um die flüchtigen energetischen Mental- und Astralgebilde in stabiler materieller Wirklichkeit manifest werden, zu konkreter grobstofflicher Bedeutung kommen zu lassen. Wie, auf der grobstofflichen Ebene, auch der Wind bei der Gestaltung von Landschaftsbildern des «langen Atems» bedarf, um durch kleine Schritte die große Wirkung zu erzielen – also neben Intensität und Qualität auch die Zeit als Wirkungsfaktor einsetzt.

Mikrokosmische Bedeutung

Auch im Menschenleben ist die Kommunikation von Wahrheit und Erkenntnis mit Zeit und Dauer verbunden. Einmalige Hinweise und Belehrungen erzielen selten bleibende Wirkungen. Erst ihre konsequente Wiederholung und Aufrechterhaltung, begleitet von entsprechenden Erfahrungen und der wachsenden Einsicht des Belehrten, führt zu substantiellen Fortschritten bei der Bewußtseinsbildung von Menschen. Wer sich zu dieser Bewußtseinsbildung berufen fühlt, wer den Menschen Aufklärung und geistigen Fortschritt bringen will, muß sich diese Prinzipien vergegenwärtigen – er scheitert sonst an den eigenen Erwartungen, an der eigenen Ungeduld, an seinem Glauben an die unmittelbare Vermittlungskraft und «Klarheit» der Wahrheit, ohne die Qualitäten und Bedingungen des Feldes in Betracht zu ziehen, das er bestellen will: Das Bewußtsein gewordener und werdender Menschen. Und auch in bezug auf seine eigene Bewußtseinsbildung gelten dieselben Prinzipien: Erst durch wiederholte Vergegenwärtigung und Durchdringung seiner Erkenntnisse kommt der Mensch zu bleibenden, gültigen Ergebnissen, die ihm als Basis für weiteren geistigen Fortschritt dienen. Ungeprüfte «Wahrheiten des Tages» dürften im Licht des nächsten Morgenrots bereits wieder dahinschmelzen, und das Denken, das sich weiser geworden glaubte, sieht sich so klug als wie zuvor. Und noch ein Faktor ist bei der Aufklärung und Belehrung von Menschen zu berücksichtigen, sei es bei sich selbst oder bei anderen: Erkenntnisse und Einsichten können nicht erzwungen noch gewaltsam «gefördert» werden. Auch der Einwirkung des Windes auf die Landschaft fehlt jeder Anflug von Gewalt: Hindernissen weicht er aus, Loses trägt er ab – und erst die Dauer bringt das imponierende Resultat. So auch bei Menschen, bei der Wahrheit: Sie vertraut einzig auf ihren wahren Gehalt, wiederholt ihr Angebot an Wissen und erweiterter Erkenntnis geduldig und konsequent – und verläßt sich auf die evolutionäre Gesetzmäßigkeit des Wachstums, die da besagt, daß keine Wahrheit, keine Erkenntnis «zu hoch» oder «zu groß» für ein Bewußtsein sei: Man müsse ihm nur Zeit lassen, zu ihr emporzuwachsen. Auf den physischen Organismus bezogen beschreibt das Hexagramm die Regelmäßigkeit des Atmens als konstante Basis für Leben und Entwicklung des Körpers. Atmung, parallel zur Nahrungsaufnahme durch Essen und Trinken, dient der Aufnahme frischer und der Abgabe verbrauchter grobstofflicher Äther zur Regenerierung der ätherischen Aura bei Menschen und Tieren; nicht nur dem Umschlag von physischem Sauerstoff. Durch die Verdopplung des Zeichens SUN kommt auch die Beziehung von geistiger Aktivität und physischer Atmung zum Ausdruck, der Hinweis auf die Verfeinerung der mentalen Schwingungen durch bewußte Aufnahme der grobstofflichen Äther. Übertragen auf die menschliche Gesellschaft repräsentiert das Hexagramm den kollektiven Lern- und Bewußtseinsprozeß, der erst durch evolutionäre Harmonie zu geistiger und kultureller Blüte führt. Unter der kosmischen Schirmherrschaft dieses Zeichens hat sich einst eine Kultur als «Volk der Dichter und Denker» historisch profilieren können. Was aus ihr wurde, ist ebenfalls Historie. Doch das steht, nicht nur geisteswissenschaftlich, nicht nur geschichtlich, und nicht nur im Buch der Wirklichkeit, unter einem anderen Zeichen, auf einem anderen Blatt.

Das Orakel

Unermüdlich wie der Wind
höre, sehe und durchdringe
alle großen, kleinen Wirklichkeiten
Deiner Welt. Denke, denke nach und über
alle Wirklichkeit hinaus.
Und sprich die Gedanken aus:
Was Du erkannt hast, verhilft
anderen zur Erkenntnis, und wo Du
sicher gegangen bist,
führt eine Lichtspur andere
zur Wahrheit aller Dinge.
Antworte Dir selbst auf Deine Fragen,
antworte auf Fragen anderer,
ungestellt: So
veränderst Du die Welt.
Und war Dein Denken, Dein Erkennen
richtig, bleibt eine Lichtspur,
die kein Wind verweht.

DIE EINZELNEN LINIEN

▬x▬ **Sechs als erste Linie bedeutet:**
Hin und her treibt Dich Dein Denken,
mal siehst Du Dich so, mal so.
Du wirst nie Dich klar erkennen,
wenn Du nur betrachtest,
was die Welt auch sieht:
Dein Äußeres, Vergängliches,
Deine Person. Richte den Blick
auf das, was in der Wirklichkeit
des Universums niemals wird noch stirbt:
Und Du siehst Dich.

Gedanken, die auf die veränderliche, relative Wirklichkeit der physischen Formenwelt beschränkt bleiben, können nur zu relativen Erkenntnissen führen. Die sind, wie ihre Objekte, der Veränderung unterworfen, können keine bleibenden Aussagen machen. So ist es auch in bezug auf die Selbstanalyse und die Selbsterkenntnis des Menschen: Wer sich auf seine weltliche Persönlichkeit beschränkt, wird zwar Aspekte seiner Individualität erkennen; tiefere philosophische Einsichten und karmische Wahrheiten jedoch, die den Ist-Zustand der Persönlichkeit erklären, in einen größeren Zusammenhang einbinden könnten, bleiben ihm verborgen. Die daraus resultierende Unsicherheit ist keine Frage des Erkenntnisvermögens, sondern der Methode: Nur wer von sich, von seiner vergänglichen physischen Person absieht und in kosmischen Zusammenhängen die Wahrheit sucht, wird nebenbei auch sich selbst entdecken und verstehen lernen: Ungeschminkt und ohne die Kleider seiner weltlichen Person, zeitlicher Bedeutung, die der Wind der Wahrheit und Erkenntnis kaum durchdringt.

Neun als zweite Linie bedeutet:
Du denkst mit dem Kopf,
doch handelst mit dem Bauch:
Deine Erkenntnisse sind wichtig genug,
in Ruhe gelehrt zu werden.
Belehre Dich erst selbst.

Wen die Emotion bestimmt, der will mit dem Kopf durch die Wand. Leider kommt dabei meist nicht der treibende «Bauch» (Solarplexus) zu Schaden, sondern der getriebene Kopf. Dabei ist sein Inhalt durchaus der ruhigen Betrachtung und Vermittlung wert, ist gültig und beständig genug, auf hastige Verwirklichung verzichten zu können. Was dieser Kopf denkt, wird auch morgen nicht vergessen sein – und wenn, dann war die Erkenntnis ohnehin nicht groß und lebensfähig genug. Das Verständnis, das man von sich und der Welt gewonnen hat, sollte ohne zeitlichen emotionalen Druck in konkrete Bilder und Absichten umgesetzt werden, und diese in bewußten, aufeinander aufbauenden Schritten in die Tat. Der seelische Drang, das emotionale Engagement für die Ideen und Erkenntnisse ist durchaus wertvoll und berechtigt, eine unverzichtbare Energiequelle. Die Handlungen aber müssen vom Kopf bestimmt werden, durch Analyse, Erkenntnis, Einsicht. Emotionen sind strategisch schlechte Ratgeber, und erst wenn man in sich selbst gefestigt ist, kann man andere überzeugen.

Neun als dritte Linie bedeutet:
Wen nur der Kopf bestimmt,
der mag durch seine Worte überzeugen.
Seine Taten tun es nicht.
Was ist so wichtig an Dir, daß Du
nur Dich selbst bebrütest?

Wichtig wirst Du erst durch Denken,
Handeln für die anderen,
für die Welt.

Ein kluger Kopf hat sich in sich selbst verbissen und kommt von sich nicht los. Dabei hat er alle Fähigkeiten und Talente, für die Menschen und die Welt etwas zu leisten. Zwar kommt er durch Nachdenken über sich selbst auch zu allgemeingültigen, auf die Menschheit generell zutreffenden Erkenntnissen. Doch sie nützen dieser Menschheit nichts, ihm selbst zu wenig, da er sie nicht in eine öffentliche Haltung, in gesellschaftliche Arbeit einbringt. Er hält für wichtig, was er erkennt, und vergißt die praktische Relevanz, die jeder theoretischen Einsicht erst wirkliche, objektive Bedeutung gibt: Wie das Huhn, das in stolzer Vorkenntnis der weiteren Entwicklung das gelegte Ei umtanzt und darüber das Brüten vergißt. Dabei dürfte es diesem Menschen durchaus leichtfallen, von sich selbst abzusehen und sein geistiges Potential der Welt zuzuwenden, es in ihren Dienst zu stellen. Vielleicht bedurfte es bloß der Erinnerung durch dieses Orakel. Wenn nicht: Warum befragst Du es dann?

▬x▬ **Sechs als vierte Linie bedeutet:**
Wer schweigt, wenn er nicht weiß,
und spricht, was er versteht,
gewinnt Vertrauen und Bedeutung.
Und der Kosmos ehrt ihn
mit Verantwortung.

Hier hat ein integrer Mensch sein geistiges und persönliches Gleichgewicht gefunden, das ihn wichtig und wertvoll für seine Mitmenschen macht. Er bereichert andere mit seinen Einsichten und Erkenntnissen und verwirrt sie nicht mit Meinungen, deren er selbst nicht sicher ist. Diese Konsequenz im Charakter und Disziplin im Denken wird sich karmisch durch wachsende Verantwortung und Bedeutung im gesellschaftlichen Gefüge, für das Geistesleben der Welt auswirken und den Menschen in großen Schritten der seelischen und persönlichen Vervollkommnung zuführen, zum Wohle aller Menschen in seinem Einflußbereich.

▬○▬ **Neun als fünfte Linie bedeutet:**
Ein Kopf voller Sterne
und Worte voller Licht:
Wer diesem Menschen zuhört,
hört den Kosmos sprechen,

wer ihm folgt, bringt
höhere Ordnung in die Welt.

Ein Mensch denkt ganz im Einklang mit dem Kosmos. Sein Geist ist groß genug, dessen Prinzipien zu erfassen, sein Verstand durch die Erfahrungen und Erkenntnisse vieler Leben geschult und ausgeprägt genug, diese Prinzipien zu verbalisieren und zu kommunizieren. Er weiß, was die Welt braucht, um sich der Vervollkommnung entgegen zu entwickeln, wie man das Bewußtsein von Menschen erweitert, bis es selbst umfassend geworden ist. Und da sein Potential anerkannt und seiner Bedeutung entsprechend mit gesellschaftlichen Aufgaben betraut wird, läßt sich eine geistige und kulturelle Entwicklung erwarten, die menschlicher Wille und menschliches Streben allein nicht verwirklichen könnte: Nur als Repräsentant einer größeren Ordnung, höherer Einsichten kann ein Mensch die Welt wirklich bereichern, und wer seinen Lehren, seinen Einsichten folgt, folgt nicht der Meinung eines Menschen, sondern den unsichtbaren Linien der kosmischen Ordnung, die durch ihn sichtbar gemacht und ausgesprochen werden.

Neun als sechste Linie bedeutet:
Die Welt ist taub für Deine Worte,
blind für Deine Sicht:
Was redest Du da noch,
was weist Du denen noch den Weg,
die in die andere Richtung laufen?

Einem weisen Menschen fehlt die gesellschaftliche Akzeptanz, trotz besseren Wissens hat er keinen Einfluß und auch in nächster Zeit nicht zu erwarten. Gegen seine Mahnungen und Ratschläge bewegen sich die Menschen in die falsche Richtung, sind falschen Perspektiven und Meinungen verpflichtet, die ihnen letztlich schaden werden. Der Weise aber ist nicht weise genug, sich zurückzuziehen, sondern versucht, durch Wiederholung und energische Hinweise den Menschen seine Einsichten aufzuzwingen. Dies schadet seinem Ansehen und nützt der Wahrheit und den Menschen nichts. Aufklärung und Belehrung setzt zwei Faktoren voraus: Den, der belehren kann und will, und den, der sich belehren läßt. Ist eine der Bedingungen nicht erfüllt, bleibt jede Anstrengung umsonst, vergeudete Energie. Manchmal müssen Menschen Fehler machen, um für bessere Einsichten aufgeschlossen zu werden. Sich ihnen unterwegs zum Irrtum nicht in den Weg zu stellen, ist deshalb oft die einfachste und schnellste Methode, sie für die Wahrheit empfänglich zu machen.

III/2. DIE ENTWICKLUNG (DIE REIFE)

䷴ oberes Trigramm: SUN, die Reflexion, der Wind
unteres Trigramm: KEN, die Stabilität, der Berg

Das Bild

Unter der konkreten Manifestation des feinstofflichen Geistprinzips, der Reflexion, dem Wind – die konkrete Manifestation des grobstofflichen Materieprinzips, die stabile Form, der Berg.

Der Charakter

Beständig, unermüdlich prüft
des Kosmos' Denken, sein Bewußtsein
alle Formen, Manifeste
der kosmischen Wirklichkeit,
begleitet sie auf ihrem Weg
zu größerer Vollkommenheit.
Nie enttäuscht und immer
auf der Suche nach
Vollendungsmöglichkeiten, mißt
der konkrete Geist die Wirklichkeit
an der Idee, verfeinert,
dirigiert und treibt
mit unspürbarer Hand die Formen
aller Existenz dem Tor
der kosmischen Vollendung zu:
Sind sie beseelt, durchschreiten sie es
zu den höheren Ebenen der Wirklichkeit.
Sind sie unbeseelt, bleiben sie
als Zeugnis, Monument
vergänglicher Vollkommenheit
im Körper und Gedächtnis
dieser Welt zurück.

Makrokosmische Bedeutung

Die konkreten Konzepte und Ideen der Mentalebene des Universums, kausal mit den konkreten Erscheinungsformen und Manifesten der makrokosmischen Wirklichkeit verbunden, sind der allzeit gegenwärtige Maßstab der grobstofflichen und astralen Realitäten. Was diesen Ideen und Konzepten, in ihrer ursprünglichen Perfektion, in ihrem Anspruch auf Vollkommenheit nicht genügt, verliert sich quantitativ und qualitativ im Verlauf der Evolutionsprozesse, schleift sich ab, da keine konzeptionelle Struktur für die Stabilität der Manifestationsformen sorgt. Dieses Korrektiv des Geistes seinen eigenen «Geschöpfen», den astralen und materiellen Verdichtungen von Energie gegenüber ist auf der Ebene psychischer Formen, der Astralebene, durch Kommunikation unmittelbar realisierbar. Auf der Ebene grobstofflich stabiler Wirklichkeit nur über den Faktor Zeit, das heißt «langsame» evolutionäre Prozesse. Hier wirken die Ideen als Inspiration auf die konkrete Mentalebene der manifesten Wirklichkeiten ein, lenken die Evolution gleichzeitig über die schrittweise Anpassung der Astralformen an das ihnen bestimmte Ideal, die wiederum direkten, dirigistischen Einfluß auf die grobstoffliche Evolution ausüben. Im Gegenzug korrigieren sich die mentalen Konzepte selbst, wenn eine von ihnen initiierte grobstoffliche Evolution eine andere vielversprechende Entwicklung nimmt als die ursprünglich vorgesehene. Lies diesen Satz noch einmal, er erklärt vieles, Grundsätzliches; unter anderem löst er den philosophisch-theologischen Grundwiderspruch zwischen der Freiheit des Menschen und seiner karmischen Unfreiheit, seiner Schicksalsabhängigkeit, seiner Bestimmung und Vorbestimmung «von oben». Ja, es gibt ein vorbestimmtes Schicksal, sowohl individueller als auch kollektiver Natur. Nein, der Mensch ist nicht unfrei, keine große «Marionette höherer Mächte», für Fatalismus gibt es keine Rechtfertigung. Zwar gibt es für jedes Wesen, Mensch oder nicht, ein evolutionäres karmisches Ziel – seine Vervollkommnung, das heißt seine bewußte Lebensfähigkeit auf höheren Ebene der Wirklichkeit. Doch wie er dieses Ziel erreicht, als was, ist weitgehend abhängig von seinen individuellen Entscheidungen, die er in seinen Inkarnationen für sich trifft, «was er aus sich macht». Jedes Leben ist ein Baustein zu der abstrakten Komplexität des Welt- und Seinsverständnisses, die sein Bewußtsein auf höheren («abstrakteren») Schwingungsebenen funktionsfähig macht. In welcher Reihenfolge, mit welchen Inhalten er sich in den einzelnen Lebenszeiten dieses komplexe Verständnis und Bewußtsein erarbeitet, ergibt sich aus der karmischen Kausalität, die er weitgehend, durch seine Lebensläufe, selbst bestimmt. Nach ihnen korrigiert sich auch das kosmische Konzept für seine astral-seelische Entwicklung und das von ihm zu realisierende geistige Ideal. Zu Anfang seines karmischen Kreislaufs wird sein Lebensinteresse noch stark von physischen Bedürfnissen und Aspekten des Daseins geprägt sein. Bei zunehmender Vervollkommnung wird sich sein Bewußtsein zunehmend geistig orientieren, wissenschaftliche, philosophische, künstlerische Berufe als attraktiv empfinden. In der Vollendungsphase erst treten ihm diskarnierte Menschen, selbst schon auf höheren Ebenen der Wirklichkeit zu Hause, inspirierend und initiierend zur Seite – ab einer bestimmten Reifestufe auch als konkrete Wesen in sein Bewußtsein. Die Suche nach einem «Guru», «Meister» und sonstigen inkarnierten Projektionsflächen für das vaterkomplexgequälte Bewußtsein ist demnach überflüssig, wenn nicht gar hinderlich für wirkliche spirituelle Entwicklung – allenfalls nützlich zur Bestätigung dieser Wahrheit. Der wirkliche, diskarnierte Meister und Guru, der «größere Bruder», findet den Schüler – nicht umgekehrt. Und wird keine Sekunde versäumen, eine reife Seele zu noch größerer Reife zu führen, sobald der Entwicklungsgrad des Bewußtseins dieses Menschen auch nur die geringste Möglichkeit zu erfolgreicher Initiation verspricht. Und auch dann ist der Mensch noch frei in seiner Entscheidung, frei in der Wahl seiner Bestimmung und seines Lebensweges, einzig und allein verantwortlich seinem Bewußtsein und Gewissen – das freilich wird reif und erwachsen genug sein, nicht wider besseres Wissen zu handeln, das eigene Karma nicht willkürlich zu erschweren, und sein Ratgeber wird ihm alle Einsichten vermitteln, die es ihm ermöglichen, den geradesten Weg zur Vervollkommnung zu wählen – *seiner* Vervollkommnung. Und die Mentalebene des Universums korrigiert bereitwillig ihr Konzept, das sie von dieser Vervollkommnung hatte – so es nur zum Ziele führt. Dasselbe gilt auch für die anderen Bereiche grobstofflicher kosmischer Evolutionen, die der Tiere, Pflanzen und Minerale. Wobei in ihrem Falle die Konzepte sich in der Regel manifestieren und erst modifiziert und erweitert werden, wenn das jeweilige evolutionäre Zwischenziel für die betreffende Spezies erreicht, der evolutionäre Auftrag erfüllt ist. In bezug auf einen Grashalm ebenso wie in bezug auf einen Planeten oder ganze Planetensysteme, Milchstraßen, Galaxien …

Mikrokosmische Bedeutung

Mensch und Gesellschaft sind bereits zu konkreter Reife entwickelt, haben Form und Substanz, Struktur und Bestimmung. Die Aktivität des Bewußtseins ist auf Verfeinerung und Vervollkommnung ausgerichtet, auf die Realisierung ihres eigenen Ideals in bezug auf die sichtbare Welt. Der individuelle Mensch überprüft und korrigiert seine Lebenskonzepte, sein Selbstbild, erweitert und kultiviert seine

Ziele. Entspricht seine Persönlichkeit noch nicht seinen Wunschvorstellungen, so wird ihn diese Reflexion zur Einsicht über die Ursachen und Abläufe seines Lebens bringen, die ihn geprägt, «gemacht» haben. Entspricht seine Persönlichkeit wider Erwarten schon seiner Wunschvorstellung von sich selbst, so wird er sie in metaphysischen Gedanken übersteigen, wird sich selbst in eine nicht-materielle Existenz weiterdenken und Brücken schlagen von der vergänglichen Persönlichkeit zur unvergänglichen geistigen Existenz. Auch diese Gedanken und ihre Erkenntnisse werden das Wesen seiner weltlichen Persönlichkeit weiter kultivieren, ihn reifer und stärker machen. Die Kontinuität der Gedanken, an wirklicher Erkenntnis und an wirklichem Nutzen für die Gestaltung der Persönlichkeit interessiert, bürgt dabei für eine konsequente Entwicklung. Zugleich wird dieser Mensch aber in seiner Reife Beispiel sein für unreifere Menschen, und je mehr er sich dieser Tatsache bewußt ist, um so mehr Aufmerksamkeit gewinnt auch der Aspekt der Kommunikation, der Weitergabe seiner Einsichten und Erkenntnisse. Wie ein Berg sich über die Landschaft erhebt, so tritt die gefestigte Persönlichkeit in den Blickpunkt des Interesses suchender und fragender Menschen. Und wie der Wind über die Landschaft streift und alle Existenz berührt, so berührt auch die Einsicht, die Erkenntnis eines abgeklärten Denkens das Bewußtsein aller Menschen in seinem Einflußbereich – und der geht weit über den persönlichen Kontakt hinaus. Das Hexagramm drückt also einen zweifachen Auftrag aus und wendet sich mit beiden an das bereits entwickelte menschliche Bewußtsein: Der erste ist die Aufforderung zu bewußter Reife, zu Besinnung und geistigem Fortschritt; der zweite ist der Auftrag zu persönlicher Vervollkommnung in der Welt, zu bewußtem Beispiel und aktiver Lehre. Die persönlich-geistige Kultur wird damit nicht nur Maßstab, sondern auch Keimzelle für die Kultur der Mitmenschen, der Gesellschaft. In bezug auf den physischen Organismus schildert das Hexagramm die aufbauende, verfeinernde und stabilisierende Wirkung des Atmens auf den Körper – durch die Zufuhr der grobstofflichen Äther in den individuellen Ätherleib, Träger und Sitz der vitalen Funktionen des physischen Körpers. Auch klingt im Aufbau des Hexagramms der Hinweis auf Prana-Yoga an, zumindest die Empfehlung zu bewußter Atmung (und damit zu effizienter Ausnutzung der grobstofflichen Äther) als Grundhaltung und Baustein eines bewußten Lebens. Auf die menschliche Gesellschaft übertragen beschreibt das Hexagramm eine auf materieller Ebene ausgestaltete Kultur, deren geistiger Überbau nach Verfeinerung und Vervollkommnung strebt, die sich selbst über das Erreichte befragt und an ihren ursprünglichen Idealen mißt. Diese Reflexion wird sicher mit fruchtbaren Erkenntnissen die Werte und Inhalte der Gesellschaft klären und ihre Entwicklung konsequenter gestalten – vielleicht sogar korrigieren, beleben, mit höheren Zielen neue evolutionäre Ideale etablieren, an denen ihre Mitglieder individuell und kollektiv emporwachsen können.

Das Orakel

Verstehe Dich und Dein Leben:
Miß, was hinter Dir liegt,
an der Entfernung vom Ziel.
Verbessere, was Du an Gutem
in Dir siehst, verstehe
das Schlechte: So wächst Du
empor zu Dir.
Hast Du in Gedanken
die Vollkommenheit für Dich,
Dein Leben formuliert:
Denke und handle so.
Dann ist das Ferne morgen schon
gelebte Wirklichkeit.
Was in Dir edel ist,
veredelt auch die Welt,
und Deine Reife läßt
die Menschheit wachsen.

DIE EINZELNEN LINIEN

▬x▬ **Sechs als erste Linie bedeutet:**
In Deinen Gedanken schwach,
in Deinem Körper gefangen:
So verstehst Du weder Dich
noch Deine Welt.
Und wirst zwar älter, aber reifer
wirst Du nicht.

Jetzt, wo man noch frei von gesellschaftlichen Verpflichtungen die eigene Persönlichkeit und sein Lebensziel verstehen und bestimmen könnte, wagt man in seinen Gedanken nicht, über die Enge der physischen Person hinauszugehen. Kleinliche Gedanken und Konzepte resultieren, die eines Jugendlichen würdig sind, der gerade die Vorzüge seines Körpers, seines Aussehens, seiner Möglichkeiten entdeckt. Doch für den Erwachsenen wird es Zeit, seine Person in größere Zusammenhänge zu stellen, sein Leben an anderen Dimensionen zu orientieren. Er wird sonst bloß älter – seinem karmischen Auftrag und Lebensziel wird er nicht gerecht und vertane Jahre später oder in einem künftigen Leben mit den nötigen qualitativen Entwicklungsprozessen wiederholen müssen.

▬x▬ **Sechs als zweite Linie bedeutet:**
Selbstbesinnung in Bescheidenheit
erkennt deutlich alle Schwächen,
alle Stärken. Zeige Mut:
Erkannte Schwächen sind schon
halb besiegt. Erkannte Stärken
zeigen Dir den Weg.

Wer sich in ehrlicher Bekenntnis zu sich selbst betrachtet, wird kaum Opfer von Täuschungen. Er erkennt sich absichtslos und damit objektiv in allen Stärken und Schwächen. Die Fähigkeit zu so ungetrübter Sicht ist selbst schon eine Stärke. Die erkannten Schwächen sollten aber nicht entmutigen, denn sie sind durch ihre Erkenntnis bereits entmachtet. Die erkannten Stärken sind ausbaufähig und zeigen die Schwerpunkte der Persönlichkeit und Seele, die als Basis der künftigen Entwicklung dienen, auf Wege zur Vervollkommnung hinweisen. Was bleibt ist, sie zu gehen.

▬⊖▬ **Neun als dritte Linie bedeutet:**
Du erstarrst in Deinen Gedanken,
siehst das Leben nicht mehr.
Klar ist die Erkenntnis,
doch was nützt sie Dir, wenn sie
auf Dich beschränkt bleibt,
Du Dich nicht bewegst?

Auch die Reflexion kann man zu weit treiben. Dann wird sie bloße Selbstbespiegelung, vergißt, daß sie Erkenntnisse zu einer *Entwicklung* liefern sollte, nicht zu ihrer eigenen statischen Repetition. Über die gegenwärtige Erkenntnisstufe hinaus läßt sich nichts mehr erkennen: Es muß erst wieder gelebt, erfahren werden – das Denken braucht den neuen Stoff. Und wenn man jetzt darangeht, die Ergebnisse der Reflexion in bezug zu pragmatischem Handeln zu setzen: Erkennt man dann nicht, daß man in seinem Denken doch etwas versäumt hat – nämlich sich und seine Erkenntnisse in Relation zur Welt, zur Gesellschaft, zu den Mitmenschen, zum Kosmos und seinem Sinn zu setzen? Die Konsequenz dieser verzögerten Einsicht weist in die Welt – in die Praxis des Lebens.

Sechs als vierte Linie bedeutet:
Wer schon ein Hügel ist,
wird bald zum Berg – und für
das flache Land ist er bereits
erhaben. So wie Du wächst,
erkennt Dein Wachstum keiner.
Was viele wundern wird,
bist Du erst groß.

So sollte es sein: Beständiges Wachsen und Reifen der Persönlichkeit, so harmonisch und konsequent, daß die vielen Beobachter keine Bewegung wahrzunehmen meinen. Nur wenn von Zeit zu Zeit ein Maßstab angelegt wird, zeigt sich die zurückgelegte Strecke – und sorgt für Verblüffung. Sprunghaftes Wachstum, von Stillstand unterbrochen, mag publikumswirksamer sein – ob es schneller zum Ziel, zu wahrer Größe und Reife führt, ist zweifelhaft. Und man hat schließlich schon einiges erreicht: Dem Durchschnitt der Mitmenschen ist man bereits Vorbild und Orientierung. Die objektive Selbsterkenntnis aber zeigt, daß die Persönlichkeit durchaus noch nicht ihr Entwicklungsziel erreicht, ihr geistiges und seelisches Potential verwirklicht hat. Deshalb geht man seinen Weg bedächtig, aber kontinuierlich weiter, unspektakulär, doch um so erfolgrei... – he, warte noch! – Nein, ist schon gut.

Neun als fünfte Linie bedeutet:
Bist Du auch stark, und Deine
Einsicht kennt die Welt,
die Menschen und Dich selbst:
Gedanken, Worte ändern
keine Wirklichkeit.
Doch kommt die Zeit, kommt auch
Dein Rat zur Geltung –
und Dein Bewußtsein wird
bewußtes Sein.

Wer nur Erkenntnisse, Einsichten, Ideen und Lehren zur Veränderung der Welt einzusetzen hat, muß es sich gemütlich machen – das Bewußtsein der Menschen braucht zum Vollzug neuer Gedanken seine Zeit. Und wer das magische «Es werde» nicht beherrscht, muß sich darauf einrichten, eine ganze Weile auf eine unveränderte Welt zu blicken, bevor sich etwas bewegt – bevor die eigenen Gedanken und Perspektiven zu Gedanken und Perspektiven anderer geworden sind und diese ihr gewachsenes Bewußtsein in bewußtes Sein umsetzen. An dieser Tatsache vorbei kann auch das stärkste, motivierteste Denken seine Wahrheiten nicht in die gelebte Wirklichkeit einschmuggeln – doch wer die Zeit zu eigener Reife und Entwicklung nutzt, beständig seine Einsicht weitergibt, der dürfte nicht nur Wachstum sehen, sondern am Ende auch die Blütenpracht. Und hinterher war selbst *die* Weile kaum zu lang.

Neun als sechste Linie bedeutet:
Hoch überragst Du Länder, Städte,
Menschen, und Deine Worte
trägt der Wind in alle Welt.
Frage nicht mehr: Antworte.
Bis der Kosmos Dich
vor eine größere Aufgabe stellt.

Der Mensch ist reif geworden, hat sein Lebensziel verwirklicht, die Aufgaben seines Lebens gelöst. Er ist die Verkörperung seines eigenen Ideals geworden und als solche ein überragendes Vorbild für die Menschen. Aus ihm spricht nicht mehr das fehlerhafte, sich entwickelnde Bewußtsein, sondern die von individuellen Begrenzungen befreite Sicht auf alle Dinge. Die wird er mit anderen teilen, zu deren Bereicherung, wird ihnen durch seine Augen einen Blick von der Bergeshöhe des Geistes gewähren, sie an seinem Bewußtseinsflug über die Weite der Erde teilhaben lassen. Und muß sich selbst nicht mehr befragen: Diese Welt und seine eigene Person liegen weit hinter, unter ihm: Er bewohnt sie nur. Und wird so lange Bruder, Freund und Lehrer sein, bis das Universum seiner Seele einen größeren Auftrag gibt, auf einer höheren Ebene der Wirklichkeit.

III/3. DIE BEGEISTERUNG

oberes Trigramm: SUN, die Reflexion, der Wind

unteres Trigramm; TSCHEN, die Dynamik, der Donner

Das Bild

Unter der konkreten Manifestation des feinstofflichen Geistprinzips, der Reflexion, des Windes – die konkrete Manifestation des energetischen Feuerprinzips, die Dynamik, der Donner.

Der Charakter

Mit Macht vollendet jetzt das Universum
seine Pläne, treibt sie
durchs Nadelöhr der Wirklichkeit.
Und alle Kräfte wirken für das eine:
Die Realisierung der Idee.
Kein altes Bild aus Wunsch und
Traum und keine materielle Form
kann sich dem Geist, gepaart
mit Energie, entziehen –
kann nur bestehen, wenn ihr Konzept
der neuen Zeit entspricht,
der neuen Wirklichkeit.
Die wird jetzt wahr:
Auf jeder Ebene erwachen alle Wesen
aus Träumen der Vergangenheit,
erblühen, leben auf.
Und in den Galaxien finden Sterne sich
erneut nach langer Trennung,
gruppieren sich zu neuem Tanz.

Makrokosmische Bedeutung

Von der kosmischen Dynamik aktiviert, treten die großen Ideen und Konzepte des schöpferischen Geistes in den konkreten Welten in Erscheinung, drängen nach Verwirklichung. Die Wirkung dieser Ideen ist nicht gewaltsam, sondern nur dynamisch – obwohl ihnen überkommene mentale und astrale Konstruktionen zum Opfer fallen, von ihnen zur Auflösung gebracht werden. Doch hauptsächlich bauen sie auf den vorhandenen astralen und mentalen Realitäten auf, verändern und vervollkommnen sie – und damit die ihnen entsprechenden grobstofflichen Verdichtungen: Die konkreten Inhalte der mentalen Sphären der makrokosmischen Welten prägen sich den astralen und materiellen Wirklichkeiten auf, um ihre Konzepte und Baupläne durchzusetzen, die sie so lange evolutionär vorbereitet haben. Zugleich wird damit eine neue Phase der Evolution, ein qualitativ erweitertes, höher entwickeltes Zeitalter aller manifesten Kulturen eingeleitet, dem alte Konzepte und Formen weichen müssen. In der grobstofflichen Natur ist es die Zeit der Knospung und Blüte, auch der Entstehung neuer Arten und Spezies in den Pflanzen- und Tierreichen – ein Raffinement des biologischen Milieus. Im Kosmos ist es die Veränderung von Gestirnkonstellationen durch eine Korrektur ihres Energie- und Kräfteverhältnisses, eine Umgestaltung stellarer Strukturen mit Ziel auf die Veränderung, Verfeinerung der evolutionären Basis. In den menschlichen Kulturen ist es eine Zeit der Erfindungen, geistiger Revolutionen, großer kultureller Veränderungen und Leistungen, die sich lange vorbereitet haben und nun gegen die etablierten Kulturen durchsetzen – und so sie im Widerspruch zu diesen stehen, sie verdrängen. Die Zeit der Verwirklichung, mit ihrer Fülle dynamischer und aktiver Konzepte, ist eine Zeit der Ablösung von Altem durch Neues – wobei das Neue weniger gegen das Alte gerichtet ist als vielmehr die Wirklichkeit einer neuen Perspektive, einer neuen, erweiterten Zukunft öffnen will und deren Grundlagen etabliert. Es ist die Zeit des Übergangs von einem (astrologischen) Zeitalter der Entwicklung in ein anderes, wobei es des vorherigen bedurfte, um möglich zu werden – wie jede Stufe einer Treppe erst begehbar wird durch die Existenz der vorherigen. Das kollektive geistige Klima, das die Energiekonstellation in der Mentalsphäre von Planeten schafft, wirkt sich dynamisierend auf allen Gebieten aus – und alle Künste, Wissenschaften, schöpferischen Disziplinen des Menschen arbeiten ruhelos an ihrer eigenen Vervollkommnung – oder wenden sich höheren Zielen und Perfektionsstadien, anderen und höheren Inhalten zu. Große Entdeckungen und Meisterwerke werden realisiert, Innovationen und kulturelle Höchstleistungen, wenn nicht gar Revolutionen liegen buchstäblich «in der Luft» und bedrängen die etablierten Wirklichkeiten, ihre Prinzipien aufzunehmen und schöpferisch manifest zu machen. Und jede Welt, an alten Wirklichkeiten und Konzepten matt gerieben, erstrahlt im Kosmos in ganz neuem Glanz.

Mikrokosmische Wirklichkeit

Auch im individuellen Leben des Menschen ist die Situation ganz außergewöhnlich, öfter wünschenswert: Die Leistungen und Ideen streben, manchmal auf verblüffende Weise, ihrer eigenen Verwirklichung und Vollendung zu, als sei jede Behinderung, jede materielle Erschwernis von ihnen genommen – «als realisierten sie sich mühelos von selbst». Finden Anerkennung, Unterstützung, und bislang behindernde Probleme lösen sich auf in nichts, als seien sie auch bisher fiktiv gewesen. Selbst große Projekte lassen sich leicht verwirklichen, benötigte Hilfen und Materialien «manifestieren» – die überpersönliche oder auch persönliche kosmische Berechtigung vorausgesetzt. Diese Zeit muß durch besondere Anstrengungen und Aktivität genutzt werden, das Segel, ohnehin schon prall gefüllt, kräftig in den Wind gezogen werden. Lösungen, über denen man grübelte, erscheinen plötzlich so glasklar und unzweifelhaft, als habe eine unsichtbare Hand den Schleier von der Sicht auf alle Wirklichkeit genommen.

Und doch war die vergangene Zeit der schleppenden Entwicklung, der Verstrickung in die Schwierigkeiten, die nun überflüssig scheinen, nicht umsonst: Sie bereitete den Boden vor, auf dem nun wächst und blüht. So sind auch die karmischen «Geschenke» dieser Zeit nicht unbedingt geschenkt, selbst wenn sie so erscheinen mögen. Es braucht gezielte Aktivität (das untere Trigramm), gepaart mit geistiger Klarheit in den Ideen und Konzepten (das obere), um den Fortschritt mit Erfolg zu krönen. Denn es bereitet sich ein neuer Lebensabschnitt vor, und was sich jetzt verwirklicht, dient einer neuen Lebensphase als Grundlage, Vorbild, Ausgangspunkt – bis in den Poren dieser neuen Zeit die neue Haut sich vorbereitet, die alte brüchig macht, austrocknet – und zum gegebenen Zeitpunkt, in einem souveränen Akt der Selbstbefreiung und «Begeisterung», abstreift als ein lästiges Relikt der längst schon überholten Wirklichkeit. Es braucht auch Kommunikation: Denn SUN, bewegt durch TSCHEN, bedeutet Mitteilung, die Propagierung und Verbreitung der Idee. Und da sie kaum auf Widerstände stoßen dürfte, kann sie mit Unterstützung, Hilfe rechnen – und bereichert als willkommene Neuerung das geistige Leben, den Überbau einer ganzen Gesellschaft. Nur muß getan werden, was, so lang ersehnt, jetzt möglich ist: Es wird jetzt spielend Wirklichkeit. Auch im physischen Organismus des Menschen spiegelt dieses Hexagramm Aktivität, Verwirklichung: Der heiße Atem, der den angestrengten Körper verläßt, um seine Hitze abzubauen, sein Gleichgewicht wieder herzustellen, auch der heiße Atem einer «flammenden», emotionalen Rede, die angestaute (psychische) Dynamik abbaut, gleichzeitig ihrer schöpferischen Bestimmung, der «Begeisterung» zuführt, ist gemeint. Und auf gesellschaftlicher Ebene meint das Hexagramm den Durchbruch neuer Wahrheiten und Ideale durch die engen Mauern überlieferter Konzepte und Moral. Was Untergrund war, taucht jetzt auf und etabliert sich als gültige, blühende Norm; was unterschwellig wuchs, durchbricht jetzt seine Dämme, zeigt sich und verändert Ansichten. Die neue Wirklichkeit ist da, tritt aus den Köpfen ins aktive Leben ein. Was aus ihr werden soll, hat sie als Bild, Idee schon mitgebracht: Ein Leben, reicher als zuvor. Ein Denken, klüger als zuvor. Eine Gesellschaft, eine Welt, freier und vielfältiger als zuvor. Und Menschen, heller, größer, selbstbewußter, kreativer und unsterblicher denn je.

Das Orakel

Gib den Gedanken Stimme,
den Ideen die Tat: Die Welt
will hören, sehen, was Du
in Dir trägst.

Dein Ziel kommt auf Dich zu:
Geh ihm entgegen.
Mit aller Kraft verkünde Deine Pläne,
die Welt steht Dir bereit.
Und was die Menschen heute
von Dir hören, ist morgen für sie
Wahrheit, Sinn des Lebens
und der Wirklichkeit.

DIE EINZELNEN LINIEN

▬○▬ **Neun als erste Linie bedeutet:**
Verwirkliche jetzt Deine Pläne,
verliere keine Zeit und keine Kraft.
Fang bei Dir an, bei dem, was
naheliegt. Von da
breite Dich aus.

Zu den langgehegten Wünschen und Ideen kommt nun die Kraft zu ihrer Verwirklichung. Wer jetzt noch zögert, versäumt die große Möglichkeit. Scheinen die Pläne auch zu weit in die Zukunft, in die Ferne zu reichen – sie sind realisierbar geworden. Doch diese Realisierung muß im unmittelbaren eigenen Lebensbereich vollzogen werden, sichtbaren Ausdruck finden als Kristallisationszentrum der Energien. Von da aus entwickeln sich die weiteren Schritte, der Selbstverwirklichung immer größere Dimensionen, immer weiter gefaßte Bedeutung zu geben. Die Dynamik des Schneeballs, der zur Lawine wird, wirkt auch in diesem Fall zugunsten der vorhandenen Projekte und Ideen. Der Schneeball – das bist Du.

▬x▬ **Sechs als zweite Linie bedeutet:**
Höre auf Dein drängendes Gefühl:
Es führt Dich zum Gold am Fuß
des Regenbogens. Du findest,
ohne daß Du suchst. Und wie von
unsichtbarer Hand gelenkt, folgt
alle Wirklichkeit Deinen Gedanken.

Es hört sich wie ein Zaubermärchen an. Die Wirklichkeit aber ist noch viel zauberhafter – und vor allem greifbar, wahr. Es ist, als habe eine wohlmeinende Fee ein paar Wünsche freigestellt: Kaum gedacht, schon getan. Es genügt, seinen Ideen zu folgen, den Emotionen Raum zu geben, auch wenn sie «unvernünftig» scheinen – und schon widerlegt die höhere Vernunft der Ereignisse alle Zweifel. Wer durch karmische Fügung ans Ufer des Stroms der Wunscherfüllung gestellt wird, sollte keine Sekunde mit Zweifeln vergeuden, sondern Ansprüche stellen, das Unmögliche verlangen und in seine Richtung gehen. Und schon nach ein paar Schritten ist das Unmögliche, aber Denkbare, unübersehbare Wirklichkeit, macht weitere Bemühungen, weitere Schritte überflüssig. Klingt das unglaublich? Tu's! Probier es aus.

▬x▬ **Sechs als dritte Linie bedeutet:**
Gib den Gedanken Stärke:
Und Du erreichst Dein Ziel.
Vertreibe die dunklen Wolken
Deines Mißmuts, Deiner Zweifel:
Und Du siehst hell im Licht,
wohin Dein Weg Dich führt.

Man hat die Hoffnung schon fast aufgegeben, daß sich etwas ändern könnte, hat nur noch defensive, zweifelnde Gedanken entwickelt, und über den Zweifel fast vergessen, was man einst klar wußte und wollte. Mit dem Mut zu großen Ideen und Plänen war auch die Kraft zu ihrer Verwirklichung geschwunden, und statt im Licht des freien Geistes sich zu sonnen, wurzelte man im Schatten der Wolken des eigenen Mißmuts. Die Zeit der Verwirklichung aber erfordert schnelles Umdenken: Die alten Pläne und Projekte sollten schnellstens neu belebt, die großen Ideen von früher wieder aufgegriffen, der Mut und Idealismus, der sich jeder Schwierigkeit gewachsen fühlt, wieder aufgebaut und gestärkt werden. Denn alles hängt jetzt von der inneren, mentalen Haltung ab: Wer jetzt zu großen Zielen vorwärtsdrängt, wird von den Energien des Kosmos ihnen entgegengetragen. Wer sich zurückhält, hält den Fluß der Energien zurück, die durch ihn sich verwirklichen. Und der Kosmos ist jetzt munterer, mit seiner Kraft verschwenderischer als ein kleinlich zweifelndes Gemüt zu hoffen und verstehen wagt.

▬x▬ **Sechs als vierte Linie bedeutet:**
Verkünde die Ideen, die Dir
am Herzen liegen, verfolge ihre
Aufnahme und Ausführung.
Die Wahrheit gibt Dir das Gewicht,
das auch auf hartem Boden
Spuren hinterläßt.

Jetzt ist die Zeit zur Öffentlichkeit gekommen. Die Ideen und Ziele, die man schon eine Weile unter der Haut mit sich trug, können transparent gemacht, als Fahne hochgehalten werden. Dabei ist es unwichtig, ob es sich um eigene Ideen und Gedanken handelt oder um übernommene, die man für wichtig hält, für die man sich in tiefster Seele engagiert. Die Wirkung auf die Menschen und die Gesellschaft wird sich in unmittelbaren Erfolgen zeigen, die Inspirationen und Ideen, die man vermittelt, werden begeistert aufgenommen und verwirklicht – die kosmischen Konstellationen stehen dafür. Und etwaige Befürchtungen, die eigene Persönlichkeit sei zu unbedeutend für eine substantielle Wirkung, werden durch die praktische Erfahrung schnell zerstreut: Das Gewicht der Wahrheit, kosmisch legitimierter Ideen und Projekte, wiegt schwerer als persönliches Gewicht – und wird auch dort unübersehbar Spuren, Eindrücke hinterlassen, wo der Boden hart und trocken ist, die Menschen unsensibel und abweisend sind. Wem der Kosmos die Stimme stärkt: Wer könnte ihn überhören?

Neun als fünfte Linie bedeutet:
Ein großes Denken bricht sich Bahn
im Dunkel kleingewordener Köpfe:
Und alle sehen
und versammeln sich im Licht.

Wenn alle Erfolgsfaktoren zusammenkommen, sind große Wirkungen zu erwarten. So auch hier: Ein starker Mensch mit überragenden Gedanken an exponierter Stelle, unterstützt von den astralen Bedingungen – der Mensch muß nur noch reden, handeln, und die Welt vibriert in der Frequenz auch seines leisesten Gedankens. Nicht er: Die Übereinstimmung seiner Ideen und Ideale mit den kosmischen Konzepten leistet, was die Mühe eines Menschen, noch so stark und noch so klar, alleine nie zuwege brächte. Wie die lang erwartete Erleuchtung nehmen alle Menschen die Ideen auf und übersetzen sie in gesellschaftliche Wirklichkeit, orientieren ihr Leben neu im Licht der größeren Erkenntnis, die sie aus Resignation, aus Schwäche oder unter falschen Führern längst zu suchen aufgegeben haben. Und ihr Vordenker verwirklicht mühelos, was er zu anderen Zeiten für unmöglich hielt: Die Einheit, Stärke vieler Menschen, beseelt von großen Wahrheiten und inspiriert von einem großen Ideal.

Neun als sechste Linie bedeutet:
Wer redet, wo er schweigen sollte,
Einfluß sucht, wo er nicht hingehört,

voranstürmt, statt voranzuschicken:
Der betäubt nur Ohren,
statt sie zu belehren,
geht noch fremder, als er kam,
und stürmt eine verlassene Stadt.
Mag er auch noch so klug
und wissend sein.

Der hier sich übermannen läßt vom Eifer, Überschwang der Stunde wäre eigentlich ein Mensch, der bessere Beratung verdient hätte. Doch die gibt ihm niemand – oder er hört nicht auf sie. An sich ist er von guten Eltern, weiß sehr viel, versteht auch eine Menge. Doch des Kopfes Hitze treibt ihn vor sich her, und die Vernunft bleibt weit zurück – wär er nur bei ihr geblieben. So betäubt er fremde Ohren mit Belehrungen, nach denen keiner fragt, versucht zu retten, wo keiner Gefahr erkennt, und stürmt («Mir nach!») in eine menschenleere Stadt, gefolgt – von niemand. Das bringt andere gegen ihn auf, wo er durch leise Töne Freunde gefunden hätte. Vor seiner stürmischen Annäherung weichen die Menschen nur um so weiter zurück, sehen ihn fremder als zuvor. Und wo er denken, planen könnte für ihre Projekte und ihnen die Taten überlassen, tut er selbst – und bleibt allein. Wird all sein Mißgeschick, wenn ihm die Einsicht fehlt, der Torheit, Unzugänglichkeit der Menschen anlasten, die ihn verkennt, und verkennt sich doch bloß selbst. Wie schade. Wie gesagt, ein Mensch mit guten Absichten, von guten Eltern. Hätten sie ihm doch in ihren Schulen statt Herrgott Heldentum, Historie – die Welt, das Menschentum erklärt.

III/4. DIE REINHEIT

䷼ oberes Trigramm: SUN, die Reflexion, der Wind
unteres Trigramm: TUI, die Phantasie, der See

Das Bild

Unter der konkreten Manifestation des feinstofflichen Geistprinzips, der Reflexion, dem Wind – die konkrete Manifestation des formlosen Prinzips der Psyche, die Phantasie, der See.

Der Charakter

Wenn des Kosmos' Seele
sich mit dem Geist vereint, sie
in Einklang und in Harmonie
sich äußern und verstehen,
wenn sie im anderen die Wahrheiten
suchen, ihm die eigene
entgegenbringen: Dann
schwingen alle Sphären
in vollkommener Reinheit,
in vollkommenem Glück,
und ein Leuchten kaum
bekannter Art durchzieht
den Raum zwischen den Welten.
Und alle Wesen, alle Welten
schwingen mit.

Makrokosmische Bedeutung

Die konkrete Bilderwelt des geformten astralen Lichts, die makropsychischen Inhalte, stehen in vollkommener Harmonie zu den Ideen und Konzepten der Mentalebene der kosmischen Welten, deren konkrete Ausgestaltung und astrale «Verkörperung» sie ja sind. Eine solch geistig-seelische Harmonie ist nur möglich in der Sphäre von Welten, in denen keine negativen, disharmonischen Gedanken und Gefühle, materielle Vorgänge, die astrale und mentale Ebene mehr stören, aus dem Gleichgewicht bringen mit disharmonischen, entseelten und verzerrten Schwingungen erfüllen, aus dem potentiellen Kosmos ein aktuelles Chaos machen. Welten der «Heiligkeit» also, der heilen und gelebten Wahrheit, in der alle Wesen ihre individuellen und gattungsspezifischen Eigenschaften in Einklang mit den kosmischen Harmoniegesetzen gebracht haben. Eine Welt, für unser zugrundegebildetes, krankheitserfahrenes Bewußtsein, dem «Glück» nur vorübergehendes Vergessen unseres eigenen und des Zustands der Erde bedeutet, weit schwieriger vorstellbar als ein atomwaffenverwüsteter Planet; auf dem man, ganz im Gegensatz zu einem paradiesischen, doch glaubt, schon irgendwie leben zu können. Eine Welt, so positiv, daß man empört die Nase rümpft, wagt einer nur nach ihrer Möglichkeit zu fragen. Eine Welt, von der längst niemand mehr zu träumen, geschweige denn zu sprechen wagt, weil die Gedankenpolizei der öffentlichen Meinung jede Idee von einer besseren Welt als Gespinst zu Tode hetzt. Ob eine solche Welt in irgendeinem Raum, zu irgendeiner Zeit auf irgendeiner Ebene des Universums je verwirklicht war, ist ungewiß. Die Vorstellung, als Möglichkeit des Denkens *und* der Wirklichkeit, muß gestattet sein. Sonst suche ich mir eine andere Menschheit, einen anderen Planeten in einem anderen Kosmos als meine nächste Heimat aus. Wollt ihr das nicht, lest weiter: Eine Welt, die auch auf dieser Erde wirklich werden könnte. Sie entspräche dem, was höher entwickelte Generationen vor uns noch als das «goldene Zeitalter», das «neue Jerusalem», als den «Himmel auf Erden» herbeisehnen konnten – mit der ganzen Kraft ihrer «primitiven» Psyche, ihres «unkultivierten» Geistes. Eine Welt, noch unglaubwürdiger als die Segnung des Papstes, die Versprechungen eines Politikers – und doch mit mehr kosmischem Verwirklichungspotential ausgestattet als diese. Denn alle Evolution strebt zur Vollkommenheit, zur Reinheit hin, aus der sie einst, naiv, hervorging – und zu der sie, ganz bewußt, sich hinentwickeln, sie nach vielen schmerzlichen Erfahrungen wieder für sich in Anspruch nehmen will. Denn nur in Harmonie mit den Gesetzen eines höheren Kosmos stirbt der Tod – weil reine Schwingung niemals sterben kann. Wer weise und wiedergeburtserfahren genug ist, Lust auf Unsterblichkeit zu haben – schwinge mit. Und wie die Welt, die reine Schwingung, Harmonie verwirklicht hat, schwingt auch der Mensch von einer Ebene der Wirklichkeit zur nächsten, ohne disharmonische Gebilde an sich und in sich, die er zum «Ich» zählt, an den Grenzen dieser Welten abgeben, zurücklassen zu müssen – in einem «Tod».

Mikrokosmische Bedeutung

Auf individueller Ebene ist diese Reinheit schon glaubwürdiger eine Möglichkeit. Das leuchtet selbst dem Zweifler ein, der seine Ignoranz als Skepsis tarnt: Kennt er doch selbst auf Anhieb zwei, drei «reine Seelen»; und seien es nur Buddha, Gandhi, seine Zeitungsfrau. Das vollkommene Gleichgewicht von Geist und Seele verlangt nicht, daß beide Schwergewichte seien: Auch leichtere, einfachere Gemüter können es verwirklichen. Sofern sie es verstehen, mit ihren Wünschen, Hoffnungen und Ambitionen nicht über ihre Realität (und nicht unter ihr Ideal) hinauszugehen. So manches Leichtgewicht hat schon ein intellektuelles Schwergewicht nicht nur durch Beispiel, sondern auch verbal gelehrt, was Harmonie, Gleichklang von Seele, Denken und gelebter Wirklichkeit sein können – auf einer Schwingungsebene mit höheren, überpersönlichen Frequenzen. Bei irdischen, tellurischen Gemütern ist's die Erde, Mutter, der sie ihre Energien anvertrauen. Bei kosmisch-expansiven Geistern ist's das Universum, dem sie nachvibrieren. Beide treffen sich im All der Wirklichkeit vollkommener Schwingung, das sie durch ihre bewußte Transzendierung unvollkommener und disharmonischer Gedanken und Gefühle ohne «Ich»-Verluste überstehen, das heißt: Auf höheren Wirklichkeits- und Schwingungsebenen lebenstüchtig geworden sind. Aus Ahnung wird Bewußtsein, wird bewußtes Sein: Kein Mensch, der nicht schon Reinheit, Harmonie, vollkommenes Gleichgewicht gekostet hätte, sei es bloß als Kind: Zu wenige konnten die Erinnerung daran aus der Naivität durch alle Schleusen des Lernens und Erfahrens ins erwachsene Bewußtsein überführen – es mangelt deshalb meistens nicht an Fähigkeit zu Harmonie, sondern am Wunsch, an der Erinnerung an sie. Ihr süßer Geschmack liegt schon zu weit zurück, um mit dem klebrigen Zucker der disharmonischen Erwachsenenfreuden konkurrieren zu können. Und doch braucht Reinheit Geistesreife – das Wissen um den Wert, die Qualität und die Methode der Verwirklichung. Kinderreinheit ist zu schnell perdu, weil kein Bewußtsein sie bewahrt, zu schätzen weiß, erkennt. Erwachsenenreinheit ist vollkommen, unanfechtbar, gegen ihren eigenen Verlust gefeit. Wenn Gedanke und Gefühl, Wort und Wahrheit, Eindruck und Ausdruck eine Einheit bilden, und man es *weiß*, diese Einheit bewußt überwacht – dann ist Vollkommenheit gegeben, zumindest nicht weit. Wer wissen will, wie man zu dieser Einheit kommt, wie man sie überwacht, der frage Buddha, Gandhi, seine Zeitungsfrau. Das Hexagramm meint nur, es wäre Zeit. Auf der physisch-organischen Ebene stellt es die Harmonie der beiden Lebenselixiere, ihr harmonisches Zusammenspiel und ihre Wechselwirkung dar: Das Blut, Vehikel grobstofflicher Äther, die Atemluft, ihr Lieferant. Atemrhythmus kontrolliert den Herzschlag, Blut distribuiert die Äther, sorgt für Harmonie im Ätherleib: Die Atmung sorgt für Reinerhaltung beider, exhaliert die unreinen, verbrauchten Äther, die das Blut ihr zuführt, inhaliert die reinen, unverbrauchten. Bis der Mensch nur noch verbraucht, nicht mehr verunreinigt. Bezogen auf die menschliche Gesellschaft sagt das Hexagramm nicht weniger: Eine Gemeinschaft ist nur dann gesund und heil, wenn ihre kollektive Seele in Harmonie steht mit dem kollektiven Denken, seinen Inhalten und Idealen. Da jeder Widerspruch, sowohl im individuellen Erleben wie auch im kollektiven Fühlen und Denken, die Abkehr der Gesellschaft von den einenden Prinzipien beweist, ist die Entfremdung einzelner wie auch ganzer Gruppen der Gemeinschaft als Verlust der Reinheit, als Beweis für die Entfremdung der Gesellschaft von der Harmonie, den Schwingungen des Kosmos zu bewerten – und als Auftrag an die Mitglieder, die (R)Einheit wieder herzustellen. Der Mensch lebt schließlich nicht von Luft und Brot allein.

Das Orakel

Betrachte alle Wesen, alle
Existenz in ihrer ursprünglichen
Reinheit, ihrer künftigen
Vollkommenheit. Vergiß, was sie
von dieser (R)Einheit trennt.
So sprichst Du Menschen an
als das, was sie sein könnten,
aber nicht mehr, noch nicht wieder sind –
und hilfst ihnen zu werden.
Mit klarem Herzen, klarem Sinn
tötest Du jeden Keim der Unreinheit,
atmest mit jedem Wort,
mit jeder Geste, jedem Blick
der Unsterblichkeit des Lebens
neues Leben ein.
Und wirst selbst unverwundbar,
schön und frei.

DIE EINZELNEN LINIEN

Neun als erste Linie bedeutet:
Sorge Dich nicht um Deinen Körper,
Deine sterbliche Persönlichkeit:
Sind Deine Seele und Dein Denken klar,
wird auch Dein Körper unangreifbar,
sorglos, frei.

Wen der Himmel liebt, den macht er sorgenfrei – und welcher Mensch wäre so töricht, sich Sorgen selbst zu schaffen. Ist das Bewußtsein klar, die Seele rein, so sollte die Erhaltung dieses Privilegs die einzige Sorge sein – und nicht, ob man mit dieser reinen Haltung in einer unreinen Welt bestehen, sich behaupten kann. Zwar weiß die Welt nicht immer zu würdigen, was ihr gegenübertritt, frißt Perlen wie Kartoffeln, spuckt sie aus. Doch wenn der Mensch sich innerlich größer, überlegen weiß – was fragt er sich dann noch. Verteidigt er erfolgreich seinen geistigen, seelischen Reichtum gegen die Versuchung, ihn einzutauschen gegen vorübergehende Vorteile in der Welt, hat er das Wertvollste bewahrt, das keine falsche Anerkennung ihm ersetzen könnte. Und das ihn auf Dauer unangreifbar, frei macht, über alle

Unzulänglichkeit erhebt, die sich andient, ihm den Weg in die Verblendung, Dunkelheit zu ebnen – der Weg ins Licht führt immer schon bergauf.

▬○▬ **Neun als zweite Linie bedeutet:**
Die Reinheit strahlt.
Und da ihr Strahlen nicht
aus Körper, festem Stoff besteht,
dringt es durch alle Mauern, Wände
in die Welt hinaus.

Ein reiner und edler Charakter wohnt in einer unscheinbaren, unbekannten Persönlichkeit, der auf Grund ihrer Qualifikation eine größere Bedeutung in der Welt gebührte. Doch daran muß sie keinen Gedanken verschwenden: Wahre Größe, wahres Licht strahlt ohne eigene Bemühungen über die engen Grenzen des unmittelbaren Lebensbereichs hinaus und wird erkannt. Auch wenn es noch den Anschein hat, als sähen nur die unmittelbaren Mitmenschen der Privatsphäre die Werte der Persönlichkeit. Eine wirklich edle Seele, zu höheren Aufgaben bestimmt, wird nie lange verkannt, und sie muß sich die Aufgaben nicht suchen: Sie kommen zu ihr, wenn das Licht nur dauernd ungebrochen strahlt.

▬x▬ **Sechs als dritte Linie bedeutet:**
Die Reinheit fügt sich demütig,
bewahrt sich damit ihre Geistesklarheit,
ihren Seelenfrieden.
Doch wird sie darum auch erkannt,
als Beispiel angesehen?

Aus Einsicht in den Wert der inneren Harmonie, des inneren Gleichgewichts ordnet man sich widerspruchslos allen Gegebenheiten unter, statt für die besseren Lösungen und Haltungen einzutreten, von denen man weiß. So vermeidet man Konflikte, die zu Spannungen führen und die geistig-seelisch klare Sicht vorübergehend trüben. Doch ändert man dadurch auch die Welt? Bewahrt man nicht das Gleichgewicht unter zu großen Opfern? Unterstützt man nicht die Unreinheit, Disharmonie, Unausgeglichenheit der Welt, indem man ihr die eigene, überlegene Sicht vorenthält? Was nützt ein Diener, der offenen Auges seinem blinden Herrn über die Klippen in den Abgrund folgt, vor Mauern schweigt? Lauter notwendige Fragen. Jede eine Antwort.

Sechs als vierte Linie bedeutet:
Wer in innerer Reinheit, äußerer
Bescheidenheit den Menschen dient,
tut mehr als seine Pflicht.
In seiner Seele häuft er, unbeachtet,
Schätze an: Ein Meer aus Licht.

Innere Haltung und äußeres Verhalten entsprechen einander harmonisch. Für die Umwelt tut man nichts als seine Pflicht, erfüllt die gestellte und vielleicht bezahlte Aufgabe. Was sie nicht sehen ist die wirkliche Leistung, die man erbringt, den wirklichen Wert, den die eigene Persönlichkeit für die Allgemeinheit darstellt. Doch entspricht es der inneren Reinheit, das nicht zu bedauern, sondern als konsequentes Wachstum, als ständige Bereicherung der eigenen Seele zu verstehen: Ein Reichtum, der um so größer wird, je mehr man von ihm gibt – ob von anderen erkannt oder nicht. Diese Klarheit ist erleuchtet und wird zu der ihr bestimmten Zeit ihr Licht verbreiten, vieler Menschen Augen öffnen in bezug auf sich und ihre Welt.

Neun als fünfte Linie bedeutet:
Die Reinheit strahlt wie Licht
am Meereshorizont. Bald wird sie
alle Menschen, alle Wirklichkeit
erhellen, bis kein Körper, keine
Seele, kein Gedanke mehr
einen Schatten wirft.

Eine starke Persönlichkeit und ein vollkommener Charakter vereinigen ihre Wirkung zur Veredelung der Welt. Wenn Reinheit nicht mehr Schwäche bedeutet, Stärke nicht mehr Egoismus und Gewalt – dann ist der Welt ein Mensch geschenkt, dem sie sich blind anvertrauen kann, um selbst sehend zu werden, dem sie unwissend folgen kann, um schnell wissend zu werden, selbst das Ziel zu sehen und verstehen. Die Wirkung seiner Wahrheit ist stark, ohne daß er Macht ausübt, und jede seiner Schwingungen durchdringt und reinigt tausend Seelen – bis sie selbst rein und transparent geworden sind: im Licht des Kosmos schwingen, ohne zu verdunkeln, selbst ein Licht für andere.

Neun als sechste Linie bedeutet:
Wer, statt zu strahlen, seine Reinheit
propagiert, hat sie vielleicht
verloren. Ein Fluß, der

gestern sauber war, nützt dem,
der heute trinken will, nicht mehr.

Was ist die Klarheit, Reinheit wert, wenn sie auf sich erst hinweisen muß? Ihre Wirkung auf die Menschen sollte aus ihrer Qualität kommen, sich von selbst herstellen. Durch den Hinweis auf sich selbst bekennt sie ihre Schwäche, vielleicht sogar ihren Verlust, denn wahre Reinheit propagiert sich nicht. Und wem dient schon die Erinnerung an die Reinheit von gestern als Beispiel und Hilfe – außer dem, der sie sich wieder erarbeiten muß? Ein schmutziges Gewässer, das gestern noch sauber war, löscht heute keinen Durst – war es auch gestern noch so rein und klar.

Das Haus des Wirkens der Erde

III/5. DIE MEDITATION

䷳

oberes Trigramm: KEN, die Stabilität, der Berg

unteres Trigramm: KEN, die Stabilität, der Berg

Das Bild

Die Verdopplung der konkreten Manifestation des grobstofflichen Materieprinzips, der stabilen Form, des Berges.

Der Charakter

Innerlich stark, äußerlich unbewegt
verharren die Welten des Kosmos
im Stillstand, bewahren
ihr Gleichgewicht. Nichts
berührt sie, keine Berührung
geht von ihnen aus.
Und was sich nicht bewegt,
steht still, sendet keine
Schwingung aus, von einer

Existenz zu zeugen: So
ruht der Kosmos vor einer Geburt,
nach einem Tod. Die Zukunft
ist unendlich fern und
die Vergangenheit liegt ewig
weit zurück.
Im Jetzt ist Sein,
nicht mehr.
Und Sein
ist zeitlos, alles,
allumfassend – unveränderliche
Wirklichkeit.

Makrokosmische Bedeutung

Wenn nichts sich bewegt, ist keine Richtung erkennbar. Die Welten des Universums befinden sich im Zustand der Meditation, der grenzenlosen Ruhe nach einem evolutionären Abschnitt, vor dem nächsten. Das Gewordene ist offenkundig, hat seinen äußersten Entwicklungsstand erreicht, das Künftige noch kein Programm, noch keinen Ansatz. Diese Ruhe ist kein Ende (wie nach Auflösung der Welten in einer «kosmischen Nacht», vor dem nächsten kreativen «kosmischen Tag») – nur Übergang und Stufe zwischen großen Phasen einer grobstofflichen Evolution. Doch «Übergang» bedeutet nicht «von kurzer Dauer». Er kann ein Zeitalter dauern, Tausende von Jahren – oder schon im nächsten Augenblick von Dynamik und Bewegung, Neuanfang einer Entwicklung abgelöst und unterbrochen werden. Tausend Jahre sind ein Tag und Sekunden so zeitlos lang wie die Ewigkeit. Vollkommene Ruhe (und was das Universum macht, macht es vollkommen) ist undefiniert und unbegrenzt, ohne bemessene Dauer, und es fragt auch nicht nach ihr. Kein Bild bewegt die astrale Sphäre; kein Konzept, keine Idee und kein Gedanke die mentale. Kein Wind weht, nichts verdichtet sich und löst sich auf. Kein Ton durchbricht die Stille, keine Wahrnehmung, nichts Wahrzunehmendes bewegt die Äther, bringt die Lichtsubstanzen der verschiedenen Ebenen zum Schwingen, sendet Lebenszeichen in die Weiten des kosmischen Raums, weist auf Dasein, Sosein hin. Für eine kurze, lange Weile hat eine Welt aufgehört zu sein – und *ist* auf einer hohen Stufe, reine Existenz. Wer sie aus dieser Ruhe weckt, ob sie aus ihr von selbst erwacht, zu welchem neuen Leben, welcher Zukunft, weiß nur Akasha. Bringe Deine eigene Welt, Deine Persönlichkeit zu absoluter Ruhe, reinem Sein, erhebe Dein Bewußtsein auf die höchste Stufe transzendenter Leere und Bewegungslosigkeit: Vielleicht fällt Dir das Wissen zu, die Antwort ein.

Mikrokosmische Bedeutung

Wenn das Innere und das Äußere eines Menschen zur Ruhe gekommen ist, kann sein Geist sich von ihm lösen und zu höheren Ebenen des Bewußtseins und der Erkenntnis vorstoßen. Die unerschütterliche Ruhe des Meditierenden, weder durch physisch-sinnliche Reize noch seelische oder mentale Impulse zu stören, ist die Grundlage jeder höheren geistigen Entwicklung, jedes Fortschritts auf dem Wege zur Erleuchtung. Nicht einmal das Abstraktionsvermögen des Mathematikers oder des Philosophen reicht an die Schwingungshöhe der vollkommenen Ruhe heran – obwohl es ihr Erreichen vorbereiten hilft. Ruhe ist jedoch nur in der gefestigten Persönlichkeit von Dauer, deren Seele und Bewußtsein sich durch viele Menschenleben konsequent entwickelt hat, zu oft schon Reizen und Impulsen nachgegeben hat, um ihrer Attraktion noch irritierendes Gewicht beizumessen. Insofern ist die Verwirklichung der tiefen, meditativen Ruhe in sich schon ein Erfolg, erstrebenswertes Ziel, auf das man hinarbeiten muß und das den Abschluß einer karmischen, evolutionären Phase, eine Selbstverwirklichung darstellt. Die durch die Ruhe mögliche Erleuchtung ist die Verwirklichung des Geistes auf allerhöchster Stufe, allen «Entdeckungen», «Erkenntnissen» darunter, oft als persönliche Erleuchtung verstanden, weit überlegen. Die Erleuchtung aber erlangt nur, wer selbst den Gedanken an sie selbst zur Ruhe bringt, auslöscht. Sonst wäre die Meditation bloß Warten: Warten auf Erleuchtung. Und Warten ist Gedanke, innere Bewegung – von wahrer Ruhe ebenso weit entfernt wie Rock 'n' Roll. Die Verdopplung des Symboles «Berg» bedeutet die Dauer des in ihm beschriebenen Prinzips, und Dauer erreicht nur, wer sie nicht begrenzt, wer in der Meditation auch die Zeit und sein Bewußtsein von ihr transzendiert. Nur wer «nie (nichts) war» und «nie (nichts) werden muß», kann wirklich *sein*. Denn erst im absoluten Sein, sich der Bedingungen nicht mehr bewußt, ist Meditation wirklich wahr geworden, führt das Bewußtsein über alle Grenzen des bedingten Seins hinaus, hinauf: Und läßt den «Berg» der eigenen Körperform, der Person und Persönlichkeit, in vollkommener Ruhe weit zurück. Hierzu lädt das Hexagramm den Leser ein – er muß die Einladung verdient haben oder den Hinweis, die Erinnerung brauchen. In bezug auf den grobstofflichen Organismus repräsentiert das Hexagramm den physisch ausgereiften individuellen Körper als konkrete, identifizierbare, dauerhafte Form. Allerdings nur Form, nicht mehr: ohne psychische Beseelung, ohne geistige Inspiration nur ein Faktum materieller Wirklichkeit, ein wertneutrales Phänomen, ohne Entwicklung, Zukunft, Sinn. Erst die Persönlichkeit, die ausgeprägte Menschenseele (unteres Trigramm) verleiht der individuellen Körperform (oberes Trigramm) die kosmische Bedeutung. Übertragen auf die menschliche Gesellschaft meint das Hexagramm das grobstoffliche «Gebäude», die materielle Kultur, Form, Organisation und Gestaltung der gesellschaftlichen Besitzstände: Den materiellen Rahmen, in dem das Leben stattfindet. Vielleicht ist die Besinnung angebracht, daß selbst die höchste Blüte einer menschlichen Kultur in Kunst, Architektur, in Verwaltung, in Gestaltung und Gebrauch der Güter doch vergänglich ist – und wenn die kulturelle Schönheit die Kultur der Inhalte vergißt, ist sie bloß Ornament und bald schon Staub, in weltlicher wie kosmischer Bedeutung. Schönheit und Vollkommenheit muß Ausdruck sein, nicht Selbstzweck – und ist als Ausdruck einer höheren Wirklichkeit erst wirklich schön.

Das Orakel

Denke, fühle, handle nicht,
bring Deine Welt zum Stillstand,
Dich zur Ruhe: Dann erst
siehst Du klar. Schein,
den Dir die Sinne zeigen,
schickt Dein Denken
in den Dschungel einer
trügerischen Welt.
Bleibe still, entledige
Dich der Gedanken, Handlungen,
Gefühle, die Dich jetzt
bedrängen, lade die Leere ein:
So laden Dich, zu ihrer Zeit,
klare Gedanken, wertvolle Gefühle
zum richtigen Handeln ein.

DIE EINZELNEN LINIEN

■x■ **Sechs als erste Linie bedeutet:**
Handle nicht. Noch kennst Du nicht,
wohin Du gehst, noch
wo Du stehst. Ein neuer Tag
bringt eine neue Einsicht.

Unruhe, blinder Aktionismus führt in die falsche Richtung. Man meint nur, alle Aspekte zu verstehen und durchdacht zu haben, jedoch entziehen sich wichtige Informationen der jetzigen Sicht, durch die alles einen gänzlich anderen Charakter bekommt. Ruhe und Zurückhaltung ersparen eine Enttäuschung und die Vergeudung von Energie. Erst wenn man sich über die eigene Persönlichkeit und ihre Haltung der Welt gegenüber im Prinzip klargeworden ist, kann man von diesem Urteilszentrum aus alle Einzelfragen des Lebens klären und läßt sich nicht mehr von jedem plausiblen Gedanken zu spontanen und unkoordinierten Handlungen hinreißen, die sich im Licht eines neuen Tages wieder einmal – zum wievielten Mal? – als Irrtum und Torheit erweisen.

▬x▬ **Sechs als zweite Linie bedeutet:**
Gefühle, Emotionen sind nur gut,
wenn eine Vernunft sie kontrolliert.
Läßt Du Dich gehen, bist Du wie
ein abgerissenes Blatt im Wind,
das bald sich nach dem
festen Ast des Willens sehnen wird.

Wer sich schwach seinen Gefühlen und emotionalen Impulsen anvertraut, mag vorübergehend glücklich sein. Doch ist er ihnen ausgeliefert und fällt jeder Änderung der Gefühlslage zum Opfer, da er die Prinzipien des willensbestimmten, vernünftigen Handelns aufgegeben hat. Das heißt nur, daß er Falsches nicht mehr von Richtigem, Erstrebenswertes nicht mehr vom Unerwünschten trennen – also durchaus Gefühle, Glück empfinden, jedoch nicht Leid vermeiden, Irrtümern entgehen kann. Wer dem freien Spiel der Gefühle und Emotionen eine Weile unterworfen war, wird sich nach klaren Prinzipien der Vernunft, verläßlichen Entscheidungen zurücksehnen – und diese Einsicht war vielleicht eine Erfahrung wert.

▬○▬ **Neun als dritte Linie bedeutet:**
Mit starrem Kopf besiegst Du zwar
den Bauch – zur Ruhe
kommt er nicht. Verstehe,
was den Bauch bewegt:
Und Du wirst sein Diktat beenden.

Der «Bauch», Solarplexus und zentrales Schaltorgan der Triebe, Emotionen und Gefühle, läßt sich von starkem Willen, starkem Denken zwar unterdrücken – zur Ruhe kommt er mit dieser Methode aber nicht, und ein Moment der Unachtsamkeit, der nachlassenden Kontrolle bringt seine nächste Bewegung, seinen nächsten Impuls um so kräftiger ins Bewußtsein. Ein dauernder Kampf resultiert, der fruchtlos und kräftezehrend ist und dem gewünschten meditativen Ziel keinen Schritt näher führt. Erst das grundlegende Verständnis, wie sinnliche Reize zustande kommen, was Emotionen sind und auslöst und welcher Art die Bedürfnisse und Emotionen des eigenen Körpers, der eigenen Psyche sind, läßt ein «kooperatives» Verhältnis zwischen Astral- und Mentalleib entstehen und die Gefühle und Emotionen mehr und mehr in die Kontrolle des Bewußtseins nehmen, ohne daß sie aufbegehren. Dann erst ist die «Ruhe» Ruhe, die «Meditation» Meditation und führt zu brauchbaren Entwicklungen.

■x■ **Sechs als vierte Linie bedeutet:**

Wer Dich ruft, muß jetzt
auf Dich verzichten.
Zwar sprichst Du noch,
doch handelst Du nicht mehr.

Der eigene Einsatz, die eigene Arbeit wird gefordert, doch man entzieht sich dieser Pflicht. Mit gutem Recht, auch wenn es für andere nicht unmittelbar einsehbar ist. Durch Zurückhaltung gewinnt man den Abstand, den man braucht, um sich über die eigene Beteiligung und den Wert der Sache selbst klarzuwerden. Erst dann kann man über die eigene (weitere) Mitarbeit entscheiden. Zwar verhält man sich neutral, gibt Auskunft, sagt nicht ab. Doch für ein aktives Engagement bedarf es mehr als bloß der Einladung durch andere: Es bedarf der eigenen Einsicht. Und Einsicht, Übersicht gewinnt man nicht durch Tätigkeit. Sondern durch Abstand zu ihr – aus der Höhe unbeteiligter Beobachtung und Reflexion.

■x■ **Sechs als fünfte Linie bedeutet:**

Gib nicht, was man von Dir erwartet,
bleibe unbewegt. Betrachte,
was die Menschen traurig, heiter stimmt:
Doch stimme nicht ein, solange
Du nicht weißt, ob sie zu Recht,
zu Unrecht traurig, heiter sind.

Wie leicht wäre es, sich alle Menschen zu Freunden zu machen, wäre man nur ein wenig gedankenloser, weniger aufrecht und gewissenhaft. Man bräuchte bloß mit den Hyänen lachen, mit den Schakalen heulen – und wäre der gefeierte Genosse. Die eigene Verantwortlichkeit und Ernsthaftigkeit dem Leben und den Menschen gegenüber, der Respekt vor sich und anderen gebietet es dem bewußten Menschen, eine andere Haltung einzunehmen, sich zurückzuhalten. Neutralität zu bewahren, sich von Stimmungen und Emotionen nicht anstecken zu lassen, ist der erste Schritt zur Klarheit. Der zweite: Distanzierte Betrachtung des Geschehens, klare Urteilsfindung nach überlegenen, objektiven Kriterien. Erst wenn man weiß, daß eine Freude gut und berechtigt ist, kann man sie bestätigen und teilen. Erst wenn man weiß, daß ein Schmerz falsch und unberechtigt ist, kann man ihn verurteilen und mildern. Alles andere wäre Heuchelei und Torheit – die den Menschen im Augenblick zwar unterschiedslos willkommen wäre, die eigene Glaubwürdigkeit und Würde auf Dauer aber untergraben würde.

Neun als sechste Linie bedeutet:
Ein Berg wächst in den Himmel,
ohne sich zu bewegen:
Da kommt der Himmel von sich aus
ein ganzes Stück entgegen.

Ein werdender oder gewordener Meister der Meditation ist hier gemeint: Ein Mensch, der sich nicht nur äußerlich so weit von der materiellen Wirklichkeit, der eigenen Körperlichkeit entfernt hat, daß sein Geist die höchsten Ebenen unsterblicher Existenz, die Himmel berührt. Der Mensch wird durch höchste Inspiration und Wahrheitsschau so reich gesegnet, so gestärkt, daß er den Menschen bald als Wegweiser zu höheren Wirklichkeiten dienen kann – und seine Rückkehr in die materielle Welt wird nun ein freundlicher Gastbesuch sein, und keine «Heimkehr» mehr.

III/6. DIE ERNEUERUNG

oberes Trigramm: KEN, die Stabilität, der Berg
unteres Trigramm: SUN, die Reflexion, der Wind

Das Bild

Unter der konkreten Manifestation des grobstofflichen Materieprinzips, der stabilen Form, dem Berg – die konkrete Manifestation des feinstofflichen Geistprinzips, die Reflexion, der Wind.

Der Charakter

Was nicht mehr würdig ist,
in seiner Form noch zu bestehen,
was sich dem Fortschritt,
der Entwicklung, höheren Impulsen
widersetzt, im Irrtum nur
beständig ist, zerfällt:
Erneuert seine Form, bis sie
dem längst empfundenen und
vorgesehenen Weg, dem Ziel
wieder entspricht.
Durch ständige und nie
veränderte Impulse fordert
die Idee ihr Recht: Verwirklichung.
Und ruht nicht eher, als
die Wirklichkeit der Manifeste
den lebendigen Prinzipien dieses Kosmos
wieder sichtbar Ausdruck gibt.

Makrokosmische Bedeutung

Jeder materiellen Verdichtung und Manifestationsform des Universums, noch mehr des geordneten Kosmos, wohnt eine Idee, ihr geistiges Konzept, ihr Archetyp inne, das, wie in Pflanzensamen, alle wesentlichen Züge ihres evolutionären Ziels beinhaltet. Hat sich nun eine Manifestationsform schon zu Stabilität entwickelt und dabei Strukturen ausgebildet, die sich der weiteren materiellen Ausgestaltung widersetzen, zu starr oder inadäquat für die vorgesehene Evolutionsrichtung sind, so stagniert die Entwicklung dieser Form, und Stagnation bedeutet Verfall. Diesem Verfall entgegen wirkt die immanente Idee, zumindest auf die Aspekte der Form bezogen, die dem evolutionären Konzept noch entsprechen, noch entwicklungsfähig sind. Der Rest verfällt, besser: Erneuert sich. Wo keine Ideenstruktur die Äther stabilisiert, lösen sie sich auf. Wo die Idee für konzeptionelle Stabilität sorgt, kristallisieren sich die grobstofflichen Äther und verdichten sich zu neuer materieller Form. So korrigiert der Baumeister des Kosmos die konkrete Gedankenform, die Arbeit seiner Helfer, der astralen und ätherischen Bildkräfte, und die Ergebnisse der Arbeit selbst. In bezug auf eine Landschaft ebenso wie in bezug auf Sterne und Planeten. Das Ergebnis wird die Vollkommenheit der physischen Erscheinungsform sein, ein materieller, klarer Spiegel der Idee. Bis sie ihrer Idee gewachsen ist, entwickelt sich die Form. Erstarrt sie etwa, wird Erneuerung fällig, da nichts bestehen kann, was kosmischer Berechtigung entbehrt. So wird kein Birnbaum jemals Äpfel tragen, kein Fels die Quelle bändigen, die der Kosmos einem trockenen Tal versprochen hat. Und keine starre Oberfläche wird das erste Gras verhindern, sichtbarer Bote der Belebung eines toten Sonnensatelliten, die längst, in seinem Innern, sich schon vorbereitet hatte, allen konservativen Energien zum Trotz.

Mikrokosmische Bedeutung

Ein Mensch erstarrt und zementiert die äußeren Aspekte seiner weltlichen Persönlichkeit. Sein Geist, sein Innenleben, seine wertvollsten Gedanken finden keinen Ausdruck mehr noch einen Weg, sein Bewußtsein zu verändern: Er kultiviert statt progressiver Kräfte nur die Aushöhlung des eigenen Charakters, der längst zu Formalismus, äußerer Starre geronnen ist. Darauf steht am Ende, nach schrittweisem Abbau seiner einst bedeutenden Substanz, die Strafe des Zusammenbruchs. Deshalb wird in diesem Hexagramm der Aufruf zu Erneuerung laut: Das Negative, Hemmende, Erstarrte zu ersetzen durch ein Positives, Progressives und Dynamisches. Der Mensch muß seiner inneren Stimme wieder folgen lernen, die er durch Schichten starrer Dogmen, Lehren und Prinzipien, Ablagerungen eines Lebensweges langsam zum Verstummen gebracht hat. Die sollte er jetzt abtragen, oder das Schicksal, ganz empfänglich für die leisen, doch berechtigten Töne, bricht sie auf. Noch ist die Persönlichkeit nicht gefährdet, noch hat sie ihre Wahl. Doch die ungenutzte Möglichkeit zu Selbsterneuerung und freiem Wachstum hat sie in ihrer Stärke und Klarheit geschwächt. Eine klare Analyse des eigenen Lebens, der persönlichen Situation und ihrer Grundlage muß gefolgt werden von Veränderung: Die früheren Ideen, als der Geist noch frei, die Persönlichkeit noch nicht gefestigt und verpflichtet war, drängen an die Oberfläche des Bewußtseins, brauchen wieder Luft und Licht. Die alten, jungen Ideale: Sie wurden nicht geopfert, nur eingemauert ins Gefängnis der Vertröstung, in die Ketten der täglichen Kompromisse eingeschmiedet. Bis aus Kompromissen sich ein Lebenslauf schrieb wie von selbst und die Gefangenen der Seele, fast vergessen, nur romantische Erinnerung waren, manchmal nur, an immer selteneren Tagen, durch Seufzen etwas Luft bekamen. Und doch haben sie ihr Recht nicht vergessen, melden sich wieder laut zu Wort: Die Härte, Starre ihrer Mauern, einst deren Stärke, richtet sich jetzt selbst, wird brüchig. Erste Löcher gewöhnen sie bereits wieder an Tageslicht, erfrischen sie mit Atemluft. Schon zerren sie an ihren Ketten, morsch geworden bersten die. Und der Schall der lauter werdenden Rufe läßt die Mauern zittern, wanken. Wie lange willst du noch wider dein besseres Wissen handeln? Ändere, sonst wirst du geändert. Befreie, sonst wirst du befreit. Reiß die Mauern ein, sonst fällst du mit. Gib den Ideen, Gedanken deiner Seele Raum zu neuem Leben: Du lebst freier, heller, leichter als zuvor, und deine äußere Persönlichkeit, des starren Panzers ledig, spiegelt wider die kreative Grundidee deines Lebens, die du als dein eigener Gefangener niemals verwirklicht hättest. Das Hexagramm kommt also vielleicht gerade recht. Auf den physischen Organismus bezogen beschreibt es die Bedeutung der Luft, des Sauerstoffs, für die vitale Funktion aller Körperzellen. Die psychisch-geistige Erstarrung der Persönlichkeit fände auf physiologischer Ebene ihre Entsprechung in Arteriosklerose – die Folge eines Mangels an O_2, auch sie durch Sauerstoffzufuhr zu heilen. Auf die Gesellschaft übertragen spricht das Hexagramm das gleiche Schema aus: Hier die Erstarrung der gesellschaftlichen Normen, Formen, die Unterdrückung der vitalen, geistigen Werte – da die Notwendigkeit der Innovation, der Freisetzung dieser Ideen und geistigen Werte, um den Verfallserscheinungen der Gesellschaft zu begegnen. Der Impuls zur geistigen und damit praktischen Erneuerung muß von einem oder mehreren klar denkenden Menschen ausgehen, die die starre Saturiertheit des Establishments durchbrechen, auf die Gefahren und Verfallserscheinungen hinweisen und deren Beseitigung organisieren: durch Freisetzung, Ermutigung des unterdrückten, geistig kreativen Potentials. Und sei es auch gegen den Willen und Widerstand derer, die lieber mit Altvertrautem untergehen, als mit neuen Ideen zu leben.

Das Orakel

Vertraue der Erneuerung
des eigenen Wesens:
Was Wert hat, hat Bestand.
Was Du zurückläßt,
schafft Dir neue Freiheit.
Auf das, worauf Du
Einfluß hast in Deiner Welt,
wende dieselbe Weisheit an:
Und sie wird, ewig jung,
niemals an sich
zugrunde gehen.

Sechs als erste Linie bedeutet:
Die Erneuerung braucht
mutige Entschlüsse, will
Taten sehen. Wenn Du an jedem
Foto hängst, wird nie der Rahmen
für ein neues frei.

Hier soll der eigene Lebensbereich, die Privatsphäre erneuert werden, um einer neuen persönlichen Entwicklung (Spiel-)Raum zu geben. Aber man ist zu schwach, um wirklich konsequent zu handeln, dreht und wendet jedes Relikt einer längst überholten Zeit – nur um ihm dann doch wieder einen Platz im Leben und im Bewußtsein zu überlassen. Die Erinnerungen blockieren Energien, die auf die Zukunft gerichtet sein sollten. Man sollte sich innerlich lösen und dieser Lösung konsequent durch Umgestaltung des Lebens, seiner Gewohnheiten und Abläufe, Ausdruck geben. Sonst versäumt man die Chance der Erneuerung zur rechten Zeit, stagniert in der persönlichen Entwicklung – und erstarrt aus Schwäche in der unbeweglichen Hülle eines überlebten Lebensabschnitts.

Neun als zweite Linie bedeutet:
Du sollst Dich erneuern, nicht
verlieren: Prüfe, wähle aus.
Wenn *ein* Gefühl Dich hindert,
so dienen andere Dir doch.
Wenn *ein* Freund Dich enttäuscht,
sind längst nicht alle falsch.

Da ist jemand zu ungestüm, will mit dem Unkraut gleich den ganzen Garten niederwalzen. Zwar ist Erneuerung nötig, vor allem im Haushalt der Gefühle und Emotionen muß geordnet, aussortiert werden. Doch Besonnenheit und klare Differenzierung sind geraten, sonst verliert man sich: Nur weil *ein* Gefühl sich als verhängnisvoll erwiesen hat, sind Gefühle generell noch lange nicht schlecht, müssen auch künftig nicht ignoriert werden. Nur weil *ein* Freund unverläßlich war, sind Freunde generell nicht schlecht, und man kann getrost wieder vertrauen. Das Problem liegt in der eigenen Persönlichkeit: Sie braucht neue Ideen und klare Erkenntnisse, mit denen sie der Wirklichkeit begegnet, eine neue Ordnung von Gefühlen, Zielen, Haltungen. Dann selektiert sich schnell von selbst, was an der alten Orientierung brauchbar war und was nur Illusion.

Neun als dritte Linie bedeutet:
Du erneuerst Dein Bewußtsein,
stellst in Frage, suchst nach
neuen Antworten. Paß auf,
daß Du in Deinen neuen Einsichten
nicht schnell wieder
die alte Wahrheit siehst.

Die Regeln und Erkenntnisse des eigenen Bewußtseins werden als zu eng, erneuerungsbedürftig und erweiterungsunfähig erkannt. Das ist gut. Mit konsequenter Klarheit erschließt man sich neue Einsichten, neues Wissen, um den eigenen geistigen Horizont zu erweitern, mit neuen Perspektiven zu bereichern. Das ist ebenso gut. Doch die geistige Erneuerung sollte auch die alten Denkmethoden, kausalen Abläufe und das analytische Instrumentarium objektiv überprüfen – sonst kommt man leicht mit neuem Wissen zu den alten, engen Ansichten und «Wahrheiten», fühlt sich durch neue Erkenntnisse nur in den alten Haltungen des Bewußtseins bestätigt, und an der Geisteshaltung ändert sich wenig oder nichts. Und das, das wäre schlecht: Weil man weiterhin im Schatten des eigenen Bewußtseins säße und bezweifelte, daß es die Sonne gibt – «man hat ja überall gesucht».

Sechs als vierte Linie bedeutet:
Dir fehlen starke Helfer:
Suche sie. Kennst Du auch
alle ihre Fehler, Schwächen:
Allein erneuerst Du die Menschen,
die Gesellschaft nie.

Ein pflichtbewußter und verantwortlich denkender Mensch steht vor dem Problem, gewisse Realitäten im sozialen Leben, in der praktischen Wirklichkeit der Gesellschaft als schädlich und erneuerungsbedürftig erkannt zu haben, mit seiner Erkenntnis aber alleinzustehen. Und: Als Persönlichkeit ist er zu schwach, entscheidend auf die Menschen und die gesellschaftlichen Strukturen einwirken zu können. Würde er's allein versuchen, würde er nur auf Widerstand stoßen und eine Chance wäre vertan. Nur mit anderen, stärkeren Persönlichkeiten hätte er die Aussicht auf Erfolg. Die zu finden ist demnach der erste Schritt zur Verbesserung der Welt – die anderen geht man gemeinsam, mit wahrscheinlichem Erfolg.

Sechs als fünfte Linie bedeutet:
«Wozu bist Du noch König, wenn
Du dasitzt auf dem Thron
wie ein Stück Holz!» – der Dichter
hat in seinem Vorwurf recht.
Er trifft auch Dich.

Wer in schwierigen gesellschaftlichen Zeiten an exponierter Stelle sich befindet, jedoch zu schwach zum Handeln, zu Entschlüssen, zu den richtigen Gedanken ist, der sitzt an falscher Stelle. Und sollte seinen Platz entweder räumen oder sich aufraffen, Mut und Stärke entwickeln und die Lösung der Probleme, die längst fällige Erneuerung gesellschaftlicher Bedingungen in Angriff nehmen. Oder ist man etwa selbst ein Teil des Übels, die Tatsache, daß man zu Unrecht eine wichtige Position bekleidet, Teil der überholten Wirklichkeit, die einer Neuerung bedarf? Wenn dem so ist, dann handle wirklich schnell. Bevor es andere tun.

Neun als sechste Linie bedeutet:
Der Held erneuert die Welt,
der Heilige den Himmel.
Entscheide Deinen Weg
nach der Bestimmung Deiner Seele:
Beide führen zu
Erleuchtung und Unsterblichkeit.

Die große, in sich gefestigte Persönlichkeit des Weisen hat in ihrem Denken die Welt durchdrungen, die individuellen Begrenzungen, Bedürfnisse und Interessen transzendiert. Sie kann jetzt, frei vom Ich, mit klarer Sicht und großer Wirkung handeln. Zwei Wege bieten sich, die beide zum selben Ziel, zur Verwirklichung des Geistes und der höheren Seele führen, aber unterschiedlich sind: der Weg des Helden, der selbstlos die Welt reformiert, die sichtbare, gelebte Wirklichkeit erneuert, den kosmischen Prinzipien näherbringt; der Weg des Heiligen, der nicht die Welt erneuert, sondern ihr Denken, ihr Wissen, ihr Verständnis kosmischer Prinzipien. Die Entscheidung muß nach individuellen seelischen Qualitäten getroffen werden: Eintritt ins Schlachtfeld Welt, Abkehr von ihrem Getriebe, ihren Aktualitäten. In beiden Fällen hat der Kosmos den Menschen einen Menschen gegeben, der sie an ihr evolutionäres Lebensziel erinnert, das alle aktuelle Problematik übersteigt: Vervollkommnung, Erleuchtung und Unsterblichkeit.

III/7. DIE BESTIMMUNG (DIE BERUFUNG)

oberes Trigramm: KEN, die Stabilität, der Berg

unteres Trigramm: TSCHEN, die Dynamik, der Donner

Das Bild

Unter der konkreten Manifestation des grobstofflichen Materienprinzips, der stabilen Form, dem Berg – die konkrete Manifestation des energetischen Feuerprinzips, die Dynamik, der Donner.

Der Charakter

In ihrem Innern selbst
trägt jede Form die Quelle ihrer
Energie, die sie ernährt, erhält,
ihr die Bestimmung gibt und
den Charakter: die Bedeutung
für die Welt.

Makrokosmische Bedeutung

Jede animierte Lebensform im Universum verfügt über ein ihr innewohnendes energetisches Potential, das ihre Dynamik, Kraft, auch den «biologischen Willen» repräsentiert. Abgesehen von Veränderungen, bedingt durch evolutionäre Phasen (Alter), ist dieses Reservoir beständig und determiniert die schöpferische und evolutionäre Stellung und Bedeutung dieser Form in der materiellen Wirklichkeit. Ebenso verfügen grobstoffliche Formationen wie Planeten, Sterne, Sonnen über ein inneres Energiepotential, das über ihr Schicksal, ihre Entwicklung und Formung entscheidet. Nimmt das Potential nach Überschreitung seines Höhepunktes ab, wie bei der Erde, erkalten und verkrusten immer tiefere Schichten der Oberfläche – die «Alterung» der Erde, der Verlust von Energie an den freien Raum. Zufuhr und «Verjüngung» dieses Reservoirs ist jedoch, da die Energie massegebunden und quantifiziert ist, nicht möglich, es sei denn, die Erde fiele in die Sonne und würde Teil ihrer Masse und Teilhaber ihrer Energie – die ihrerseits qualitativ definiert und quantifiziert ist, nur durch Fusion zu erhöhen. Die evolutionäre Bestimmung, die ein

Himmelskörper durch sein Energiereservoir erhält, definiert also seinen aktiven Beitrag zur grobstofflichen Gestaltung der makrokosmischen Wirklichkeit, ihres sich ändernden Erscheinungsbildes. Konkreter Ausdruck des in diesem Hexagramm beschriebenen Faktums sind die irdischen Vulkane – Berge, denen das innewohnende Energiereservoir Form, Funktion und Bestimmung für das physische Umfeld gibt (auch wenn dieses Reservoir als Teil des Erdbesitzes keine individuelle Quantität darstellt). Durch Lava-Ablagerungen «nährt» die Energie den Berg und baut ihn weiter auf. Durch Energieausbrüche bestimmt sie seine Rolle im Milieu: Sie ist Determinante seines irdischen «Berufs», seiner makrophysischen Bestimmung. Wie auch der grobstofflich aktiven Bestimmung aller stellaren Welten des kosmischen Raums.

Mikrokosmische Bedeutung

Die Kraft, die einem Menschen innewohnt, bestimmt seine aktive Bedeutung für die Welt. Die findet ihren Ausdruck im Beruf der kreativen Leistung, dem sichtbaren Beitrag zur manifesten Wirklichkeit. Diese Kraft, und damit die quantitative Bedeutung des Menschen, ist definiert, begrenzt, beständig, nur durch individuelle Evolution (Alterung) Veränderung unterworfen, und nur in Ausnahmezuständen wie Erschöpfung oder Erregung verläßt sie vorübergehend den Pegel des ihr vom Kosmos, von der Natur zugewiesenen Maßes. Die Energie, im Geistigen die Willenskraft, im Psychischen der Tatendrang, im Physischen die Arbeitskraft, erhält, belebt und aktiviert alle Funktionen und Aspekte der Persönlichkeit, ist sozusagen der bewegte Ausdruck geistiger, seelischer und körperlicher Qualitäten – eine starke Qualität betont sie durch die starke Aktivität auf dem Gebiet, eine unausgeprägte Qualität wird nur schwach dynamisiert in Erscheinung treten. Die Energie äußert sich also entlang der unsichtbaren Strukturen der Individualität, ihr Maß bestimmt die Bedeutung dieser Struktur für die Welt, deren qualitative Bestimmung man in bezug auf Menschen mit dem Begriff «Beruf» zusammenfaßt, im Sinne von Berufung. In der allgemeinen, gattungsspezifischen Psyche des Menschen aktiviert die Energie die Triebe, im kultiviertesten Fall die individuelle kreative Leistung einer überragenden Persönlichkeit, die in beruflicher Aktivität Ausdruck findet. Denn um die geht es hier: Der Berg, Symbol der weltlichen Persönlichkeit, wird unterstützt, ernährt, erhalten von den gezielten Energien des eigenen Reservoirs, der eigenen Dynamik. Das verweist auf das Prinzip des Broterwerbs aus eigenen Kräften, zu dem das Hexagramm hinführen will, wie auch zur Selbstverwirklichung in einem aktiv ausgeübten Beruf, der den eigenen Qualitäten, Neigungen und Ansprüchen entspricht. Die Struktur des Hexagramms betont zugleich den Weg: der feste Wille, entsprechend der stabilen Form des Berges, der Persönlichkeit; der Tatendrang, die innere Dynamik des Feuers; die physische Arbeitskraft, sowohl von physischer Stabilität wie auch von Energie, Bewegung bestimmt. Sie, konsequent genutzt, bestimmen die weltliche Bedeutung des Menschen vor sich und vor der Welt; nicht mehr, doch auch nicht weniger. In bezug auf den physischen Organismus weist das Hexagramm auf das konstante Energiereservoir des Körpers hin, das seine Temperatur bestimmt, seine Bewegungen, den Stoffwechsel – die Individualität auch auf der physischen Ebene erhält und nährt. Das Hexagramm weist hin auf ungenutzte Schaffenskraft, die zum Einsatz kommen sollte. Auf die Gesellschaft übertragen, repräsentiert das Hexagramm das ganze energetische Potential, das einer menschlichen Gemeinschaft innewohnt und über das sie verfügen könnte – so sie es zuläßt. Gelingt es ihr, die Energien der Gesellschaft zuzuführen, ohne sie auszubeuten und zu verschleißen, so dürfte materieller Wohlstand, grobstoffliche Kultur und Blüte, Wachstum und Fortschritt ihr Erscheinungsbild bestimmen. Unterdrückt sie diese Energie in irgendeiner Form, durch Fehlbestimmung oder Ausschluß mancher Kräfte, so kumuliert sie, wie der Feuerberg, in ihrem Innern ungenutzte, unqualifizierte Kräfte, die irgendwann, ganz wie beim Feuerberg, in einem Ausbruch sich entladen. Im besten Fall durch «wilde», nicht organisierte Schaffenskraft. Im schlimmsten Fall durch eine Sprengung ihrer Ordnung – durch Revolte, Aufstand, Revolution.

Das Orakel

Horch auf das, was Dich bewegt,
und laß die inneren Kräfte
sich gezielt verwirklichen:
Wohin Du Dich bewegen läßt,
zeigt der Welt die Richtung an,
und Dir. Mit jedem Werk,
das abgeschlossen unter
Deinen Füßen ruht, wächst Du,
erfüllst den Auftrag Deines Lebens.
Und mit Dir wächst Deine Bedeutung
für die Welt, den Kosmos, alle
manifeste Wirklichkeit,
und auch für Dich.

▬○▬ **Neun als erste Linie bedeutet:**
Suche nicht Bedeutung,
sondern Werke.
An ihnen mißt sich dann,
was Du nicht erzwingen kannst:
Ruhm, Ehre, Anerkennung durch die Welt.

Die Energie fließt in die falsche Richtung: Statt an die Arbeit, ihr Gelingen, die Vervollkommnung des Werks zu denken, grübelt man über Erfolg, Einfluß, öffentlichen Glanz. Dabei ist man bereits an seinem Platz und könnte Wichtiges leisten. Es ist deshalb geraten, sich ganz auf die Inhalte und die Verwirklichung der Arbeit zu beschränken, auf die Faktoren des Erfolgs, die man durch Anstrengung, Fleiß und Konsequenz beeinflussen kann: die Qualität des eigenen Werks. Die immateriellen und auch materiellen Früchte, die das Werk tragen wird, seine Anerkennung und öffentliche Bedeutung, sind nicht dem eigenen Willen unterworfen, sondern Konsequenzen karmischer Konstellationen und verdienen keine prospektive Beachtung: Man wird sie in gerechtem Maß empfangen, zur richtigen Zeit.

▬x▬ **Sechs als zweite Linie bedeutet:**
Hast Du nicht größere Bedeutung,
einen eigenen Beruf?
Was sammelst Du die Späne, die von
der Hobelbank der anderen fallen?
Kannst Du Dir Deinen Stuhl, den Tisch
Dein Bett nicht selber bauen?

Man unterschätzt die eigene Bedeutung, glaubt nicht an sich und seine Fähigkeit, eigenständig seinen Weg zu finden und zu gehen. Man macht sich abhängig, indem man anderer Leute Werk vollbringen hilft. Das wirkt sich auch auf das Selbstbewußtsein, auf den Selbstrespekt negativ aus – man lebt innerlich gebeugt, verliert die Achtung vor sich selbst und schließlich seine Leistungsfähigkeit. Wie soll man da von anderen geachtet, ernst genommen werden? Dabei wäre nichts einfacher, als sich kritisch zu befragen, die eigenen Ansprüche und Fähigkeiten zu analysieren und sie aus eigener Initiative in die Tat umzusetzen. Der Selbstrespekt kehrt schnell zurück und mit ihm alle Leistungskraft. Was eine aufrechte Gesellschaft, ein Planet der Blüte braucht, sind selbstbewußte, kreative Menschen mit intaktem Rückgrat. Buckel und verkrüppelte Biografien gab es, gibt es schon zu viele.

▬x▬ Sechs als dritte Linie bedeutet:
Wer sich nicht selbst bestimmt,
den Mut und Willen zur Entscheidung hat,
wer alles sieht und nichts erkennt,
vertrödelt seinen Lebenssinn
und ist, als gäbe es ihn nicht.

War es im vorigen Strich Charakterschwäche, die ein Leben seiner Bedeutung zu berauben drohte, so ist es hier die Schwäche des Intellekts, des Bewußtseins, zu einer Entscheidung, zur Selbstfindung zu kommen. Man denkt zerstreut in alle Richtungen, erwägt für sich mal diese Tätigkeit, mal jenen Beruf, hält alles für möglich, wenig für wahrscheinlich und nichts für sicher. Vielleicht ist es auch mentale Faulheit, sich nicht für eine Aufgabe, einen Lebensinhalt entscheiden zu können, vielleicht denkt man auch unter den falschen Voraussetzungen – wie materieller Gewinn, öffentliches Ansehen, Schwere der Arbeit – über seinen Lebensinhalt nach, statt in sich hineinzuhorchen, nur den echten, unbefangenen Interessen und Ansprüchen der Seele zu folgen. Mit dieser schwankenden Bewußtseinshaltung kann auch kein Mut, kein Entscheidungswille aufkommen und Energie sich entfalten. Und so atmet man, ißt und trinkt und denkt – aber gelebt, im Sinne individueller Verwirklichung und Selbstschöpfung, wird man nicht haben, wenn die Zukunft erst auf diese Art Vergangenheit geworden ist. Und Zukunft ist, was in der Gegenwart beginnt.

▬x▬ Sechs als vierte Linie bedeutet:
Wer in anderen seine Berufung sieht,
mag durch andere seine Bestimmung
erfahren: Das ist der Sinn
der Selbstverwirklichung
durch Dienst am Menschen.

Ein Mensch, der für die Gesellschaft eine Funktion erfüllt und im Dienst an ihr seine Erfüllung sieht, muß den Inhalt und das Ziel seiner Arbeit durchaus nicht allein, aus sich heraus bestimmen: Es genügt, wenn er sich mit den kollektiven Werten identifizieren kann, zu deren Verwirklichung er sich berufen fühlt, und alle seine Talente, Kräfte, Fertigkeiten rekrutiert. Er dient dann der Gesellschaft mehr als einer, der nur eigene Ideen akzeptiert, nur eigene Vorstellungen verwirklichen will, ohne Rücksicht auf die objektiven Ansprüche, den objektiven Nutzen der Gemeinschaft. Und: Er verwirklicht seinen Lebenssinn genauso konsequent wie der, der sich die Inhalte und Ziele seiner Arbeit selber setzt. Suum cuique – so die Seele nur sich selbst richtig erkennt.

Sechs als fünfte Linie bedeutet:
Beruf, doch nicht Berufung:
Das merkst Du jetzt.
Wenn Du mit Hilfe anderer,
die stärker sind, die Aufgaben
erfüllen kannst, dann tu's.
Sonst trete ab.

Das Amt allein befähigt nicht: Ein Mensch von gesellschaftlicher Bedeutung ist zu schwach für die gestellte Aufgabe, für die übernommene Verantwortung. Um zumindest die unmittelbaren Probleme zu lösen, sollte er sich um fähige Mitarbeiter bemühen, deren Stärke und Qualifikation den gestellten Anforderungen vielleicht gerecht werden. Ist die Schwäche aber eine dauernde, grundlegende, sollte er daran denken, die übernommenen Pflichten wieder abzugeben und die Verantwortung einer Persönlichkeit zu übertragen, die ihr gewachsen ist, deren Berufung sie wirklich entspricht.

Neun als sechste Linie bedeutet:
Deine Bestimmung ist der Segen
aller Menschen: Sei ein Beispiel,
stärke und belehre.
Wer sich selbst vergißt,
hat sich gefunden.

Der Weise, der berufen ist, den Menschen Einsicht, Wahrheit und Erleuchtung zu bringen, verwirklicht sich und seinen Lebenssinn in der Verwirklichung anderer: Keine individuellen seelischen Aufträge bleiben ihm, die er durch Selbstgestaltung noch erfüllen müßte. Seine Seele ist die der Welt, sein Geist das Bewußtsein des Kosmos, mit all seinen beseelten, begeisterten Inhalten. Und die Vervollkommnung der kollektiven Evolution erlebt, empfindet und versteht er als die seine. Da kann von Aufgabe nicht mehr die Rede sein, denn sein Bewußtsein ist identisch mit den Aufgaben der Welt. Er entscheidet frei, wem wann er welchen Segen, welche Hilfe, welche Lehre gibt. Und folgt seiner Bestimmung mit jedem Wort, mit jeder Tat, mit jedem Schritt auf Wegen der Bestimmung anderer, die er begleitet.

III/8. DER TRAUM

oberes Trigramm: KEN, die Stabilität, der Berg

unteres Trigramm: TUI, die Phantasie, der See

Das Bild

Unter der konkreten Manifestation des grobstofflichen Materieprinzips, der stabilen Form, dem Berg – die konkrete Manifestation des formlosen Prinzips der Psyche, die Phantasie, der See.

Der Charakter

Im Innern verschlossen
reifen die Bilder, Träume
künftiger Wirklichkeiten, heran
zu wirksamer Bedeutung.
Träten sie zu früh hervor,
verblaßten sie im Licht
der schonungslos materiellen Welt,
verlören ohne Wirkung sich
und ihre Farben.
Erst wenn sie so stark und fest
geworden sind, daß sie
fast Schatten werfen,
können sie vor die Sonne treten,
in die Wirklichkeit:
Und im hellen Tageslicht verändern sie
deren Gesicht.

Makrokosmische Bedeutung

Die astralen Bilder, unstabile Vor-Bilder der materiellen Wirklichkeit, konkrete Formgebung und Reflexion abstrakter Ideen, bewohnen als Bild-Seele (als Seelen-Bild) jede materielle Manifestation konkreter Gestalt und Definition. Die Form mag statisch scheinen: Die Seele lebt, entwickelt sich, ständig bestrebt, ihr Ideal, das Evolutionsziel der Idee zu «erträumen» – und zu verwirklichen. Zugleich ist sie materiell gebunden: an die grobstoffliche Form, die ja ihr eigener Ausdruck, ihre physische Verdichtung ist. Solange die astrale Form die grobstoffliche animiert, besteht sie fort. Verändert sich die astrale Form, verändert sich auch ihr materieller Ausdruck: ist das Vor-Bild nur stark und zwingend genug, grobstoffliche Moleküle zu bewegen. Das Abbild, hier das fortgeschrittene Abbild der Idee, genügt allein nicht; erst die Kongruenz des Bildes zur Stabilität physisch verlangsamter Energie schafft ihm die Möglichkeit, sich der physischen Wirklichkeit aufzuprägen, Veränderung zu bewirken. Die Stabilität des Bildes auf einer hypersensiblen, leicht veränderlichen Schwingungsebene von Energie braucht Zeit: die Zeit, die dieses Hexagramm beschreibt. Ist das astrale Bild der «erträumten» Wirklichkeit verdichtet und beständig genug, die Schwingung grobstofflicher Moleküle zu beeinflussen, «stülpt sich» das Bild über die manifeste Wirklichkeit, die es beseelt: Was diesem Bild nicht mehr entspricht in der physischen Verdichtung, löst sich auf, zerfällt. Was diesem Bild noch nicht entspricht, entsteht: zieht Energien an, bindet sie und verlangsamt ihre Schwingungen, bis sie als dichte grobstoffliche Substanz das physische Abbild des astralen Vor-Bilds widerspiegeln. So ursächlich, wirkungsvoll vollzieht sich die Veränderung, der Feinschliff und die Ziselierung der materiellen Welten auf dem Weg zu ihrem evolutionären Ziel. So verändern und veredeln sich die mineralischen Wirklichkeiten wie auch die biologischen Lebensformen, die diese Wirklichkeiten bewohnen, hin zur Erfüllung ihres «Traums» – zum Beispiel die Qualitäten einer Pflanze von einer Saat zur nächsten. Und so mutieren, durch kosmische oder planetarische Katastrophen, Grundeigenschaften von Lebensformen. Hiroshima hat bewiesen, wie Strahlung Flora, Fauna und Menschen aus ihrem biologischen Konzept bringen, mutieren und verkrüppeln kann: durch Zerstörung der über Jahrtausende gewachsenen astralen Vor-Bilder kollektiver und individueller Lebensformen. Sag nicht voreilig, naseweis und abgestumpft: durch Genveränderung. Ich spreche hier von dem, was Gene ändert: von dem astralen Vorbild, dem astralen Baugerüst, an dem entlang die grobstoffliche Wirklichkeit sich formt. Ist dieses Vor-Bild, der astrale «Traum» der Wirklichkeit, nur stark und eindeutig genug, daß ihm die grobstofflichen Moleküle folgen. Ist es ein positiver, konstruktiver Traum, resultiert eine gesunde und harmonische materielle Wirklichkeit. Ist der Traum krank oder beschädigt, wird auch die Welt krank und beschädigt sein. Und endet eine Wirklichkeit, wird sie gewaltsam zerstört – ist der Traum aus.

Mikrokosmische Bedeutung

Nicht nur der Makrokosmos, auch der Mensch muß «träumen», um die Konzepte seiner Ratio in Bildvorstellungen umzusetzen, die ihm die zu verändernde oder neu zu schaffene Wirklichkeit sinnlich deutlich machen. Dann erst kann er handeln – und auch das Handeln geht in der Regel von der Ratio aus, wird von ihr entschieden, definiert und koordiniert. Ausnahmen, die uns hier nicht berühren, sind Triebhandlungen, Reflexe und Reaktionen auf emotionale Impulse. Und selbst den Tagtraum, die bewußte Phantasie, überwacht die Ratio, selektiert, läßt zu – oder blockiert und korrigiert den Traum, beendet ihn nach Belieben, sublimiert seine Inhalte oder löst sie auf. In diesem Hexagramm aber fehlt die Kontrollinstanz der Ratio, des Bewußtseins (SUN), der Persönlichkeitsstruktur steht nur die Psyche gegenüber und mit ihr die individuellen und kollektiven Inhalte des Unbewußten: Der Mensch hat keine Urteilsmöglichkeit, ist von Reizen seiner Phantasie und seiner Gefühlsstruktur bestimmt, und seinen Handlungen fehlt die Dynamik eines festen und bewußten Willens. Er träumt sein Leben oder das Leben träumt ihn. Für eine Zeit der Selbstbesinnung, des Sichkennenlernens, sogar für die Erholung von einer allzu rational bestimmten Lebensführung ist dieser Zustand hilfreich und gesund. Auch für den Künstler auf der Suche nach Inspiration, der sein konkretes Bewußtsein zur Ruhe bringt, um seiner Psyche die Wahl der Themen oder die Assoziationen zu einem Thema zu überlassen, ist diese Haltung wertvoll. Doch als Grundhaltung eines Menschen, der sich und vielleicht anderen gegenüber verantwortlich zu urteilen und zu handeln hat, ist die verträumte Passivität bestenfalls eine Flucht – im schlimmsten Fall das Unvermögen des Bewußtseins, der Person eine feste, von bewußten Erkenntnissen und Prinzipien bestimmte Struktur zu geben, die ihn erst handlungsfähig und zur Persönlichkeit macht. Das Gewicht der ganzen weltlichen Person (KEN) den Gefühlen, der Psyche, der konkreten Phantasie (TUI) aufzuladen, heißt sie zu überfordern. Das beraubt die Persönlichkeit letztlich ihrer Stabilität, die Psyche weicht ins Träumen aus, da keine Ratio ihr Stabilität verleiht, der Mensch gerät ins Wanken. Ohne Entscheidungssicherheit und Urteilskraft entwickelt er bald widersprüchliche Gefühle, ohne Widersprüche lösen zu können, und akzeptiert schließlich in bunter Folge, was die Psyche ihm gerade als Gefühl, Eindruck, als Erlebnis der Wirklichkeit, als Traum anbietet – hält sich vielleicht sogar für «phantasievoll» und ist doch nur des inneren Gleichgewichts beraubt. Dieser «Lebenstraum» bedarf der Steuerung oder der Traum steuert das Leben auf der kurvenreichen Straße des Zufalls – bis vielleicht ein Stein, ein Felsen auf der Straße oder eine allzu scharfe Kurve mehr als Kratzer kostet und den Insassen ganz unsanft weckt. Neutral betrachtet hat das Hexagramm jedoch noch einen anderen Aspekt: den der seelischen Reife. Bei äußerer Zurückhaltung in Inaktivität (der Berg) reift im Innern der Persönlichkeit die konkrete Seele (der See), formuliert und definiert ihre

Bildinhalte. Doch auch hier bedarf es dann der Fakultät des bewußten, selektiven Denkens, die Inhalte zu überprüfen, ihre Werte zu beurteilen, aufzunehmen oder aufzulösen. Als Pilot des Lebens taugt die Psyche wenig. Bezogen auf den physischen Organismus meint das Hexagramm das Netz aus Venen und Arterien, das den Körper durchzieht und alle Gewebe durchblutet. Auch hier bestimmt ein Rhythmus und Kontrolle erst den Wert des Vorgangs: der Puls. Und erst die «bewußte» Zu- und Abfuhr des Blutes in festgelegten Bahnen stärkt und belebt den Organismus, erhält den Körper, seinen Lebenswert: Chaos wäre tödlich. Das trifft auch auf den Organismus der menschlichen Gesellschaft zu: Die Phantasie ihrer Mitglieder bestimmt ihre Realität von morgen. Doch kreativ genutzte (und nutzbare) Phantasie. Das kollektive Unbewußte mit seinem System an Archetypen mag noch lehrreich sein, konstruktiv ist es nicht. Und erst das Warenhaus des kumulierten individuellen Seelentands – wie soll der einer aufstrebenden Gesellschaft den Rücken stärken. Nur die bewußte Phantasie kann das, die bewußte Seele der Gemeinschaft, in der sich die kreativen Beiträge der Einzelseelen zu beflügelnder Potenz vereinen: Bewußte Beiträge bewußter Individuen zu dem gesellschaftlichen Ideal – ihrem «Traum».

Das Orakel

Laß Deinen Träumen,
Deiner Phantasie begrenzten,
freien Lauf.
Doch äußere sie nicht.
Laß Dein Bewußtsein wählen,
was Wert, was Unwert ist,
und welches Bild die
Wirklichkeit verdient:
Dann mal es aus.
Zuerst in Gedanken nur,
dann mit den starken Farben
Deines Willens, der
gelebten Wirklichkeit.

Neun als erste Linie bedeutet.
Dein Traum ist Wirklichkeit,
sieh Dich nur um.
Was Du Dir sonst ausdenkst,
stiehlt Dir nur Zeit.

Was tut ein Mensch, dessen persönliche, materielle Wirklichkeit schon die Realisierung eines wichtigen Traumes darstellt? Er träumt von anderen Dingen, stellt sich vor, was er nicht ist, nicht hat – und stellt die Träume zwischen sich und sein Leben. Dabei könnte er längst aufgehört haben zu träumen und die Wirklichkeit, die er lebt, zu höchster Blüte kultivieren. Die übersteigt vielleicht sogar die flachen Bilder, mit denen ihm der Traum die Zeit zum Leben stiehlt.

Neun als zweite Linie bedeutet:
Verfolgst Du Deinen Traum
mit Tatkraft, nüchterner Planung
und mit Energie, dann wird er
Wirklichkeit. Verfolgt er Dich,
bleibt er ein Traum.

Eine starke Phantasie träumt sich über ihre Wirklichkeit hinaus. Sie weiß, was sie will, doch sieht keine reale Chance für das Wie. Wenn dieser Mensch nun anfängt, die Bedingungen für die Realisierung des Traums zu schaffen, für ihn lebt und arbeitet und sich des langen Wegs in jedem Schritt bewußt bleibt, wird er seinen Traum verwirklichen. Solange der Traum aber nur seine Phantasie beschäftigt, er das tut, was er «Warten auf die Gelegenheit» nennt, statt sie zu suchen und zu schaffen, bleibt es ein Spiel der Vorstellung – und sei sie noch so klar, so wichtig, so gar nicht verspielt.

Sechs als dritte Linie bedeutet:
Du wirst geträumt, versäumst deshalb
Dein Leben: Werde wach.
Sieh an, wie schwach Du bist:
Während Du schliefst, nahm man Dir
von Deiner Wirklichkeit.

Hier wird nicht mehr bewußt geträumt: Hier wird durch rezeptive Phantasie das Leben selbst ersetzt. Und schon zu lange: Der Traum, ein kleiner Lebensschlaf, lenkte vom langsamen Verfall der Wirklichkeit ab, die man als Lebensbasis hatte. Höchste Zeit, wach zu werden, den Verfall aktiv zu beenden und mit aller bewußten Kraft an der Entwicklung der Realität weiterzuarbeiten. Und trauere den Träumen keine Sekunde nach: Was an ihnen wichtig war, wird morgen auch noch wichtig sein, wenn erst dein Leben wieder stimmt. Und vielleicht kommt durch ganz bewußte Anstrengung ein neuer Wirklichkeitsaspekt hinzu …

▬x▬ **Sechs als vierte Linie bedeutet:**
Du träumst die Träume anderer.
Wenn Du Dich nicht selbst verlierst,
die Träume realistisch sind,
dann setze sie jetzt um in Wirklichkeit.
Sonst werde lieber wach.

Manchmal hat man es mit phantastischen Träumen begeisternder Menschen zu tun. Wenn man da seinen Verstand ausschaltet, sich von der Begeisterung anstecken läßt und den Traum mitträumt, verliert man leicht den Boden der Realität. Besonders wenn der Traum idealistisch scheint und man vom eigenen Charakter her sozial und dienstbereit ist. Wenn der Traum der kritischen Beurteilung standhält, objektiv realisierbar ist und nicht zu sehr konditioniert, dann sollte man jetzt an die praktische Verwirklichung gehen. Hält er der Prüfung der Ratio nicht stand, läßt er nicht unmittelbare Anstrengungen zu seiner Verwirklichung zu, so sollte man sich von ihm trennen und sich praktischen und nützlichen Aufgaben widmen. Vom Weiterträumen würde er nicht brauchbarer, würde nur mehr Zeit, mehr Energie absorbieren, die woanders besser investiert ist.

▬x▬ **Sechs als fünfte Linie bedeutet:**
Ein Traum wird Wirklichkeit,
noch während man ihn träumt.
Zehn Schildkröten in einer Suppe,
zehn Sternschnuppen in einer Nacht:
Da wird der Tag zehn Sonnen haben.

Statt zu handeln, wie es sich für eine Persönlichkeit mit verpflichtenden Aufgaben gehört, tut man nichts – doch: Man träumt. Und was normalerweise sich als Verfehlung mit unangenehmen Folgen erweisen würde, ist in diesem Fall «goldrichtig»: Die Weichen des Karma und des Kosmos sind auf Traumerfüllung gestellt, der Glücksexpreß ist unterwegs, und man genießt die Privilegien eines Auserwählten.

Es ist, als wäre alle Wirklichkeit darauf aus, den Menschen glückselig zu machen: Die edle Suppe hat ein Vielfaches an Substanz und Geschmack, Sternschnuppen, jede für eine Wunscherfüllung gut, jagen einander wie im Feuerwerk, und doch ist nichts ein Traum, werden symbolische zehn Sonnen auch den nächsten Tag vergolden (Zehn = die Zahl der Realisierung, die materielle Manifestation der geistigen Eins). Und da es sich bei diesem Glück um karmisch-kosmische Prozesse handelt, kann nichts es verhindern, noch kann eigene Anstrengung es fördern. Mensch, hast Du's gut!

Neun als sechste Linie bedeutet:
Du träumst, und andere arbeiten:
Recht so. Was Du für sie
aus höheren Sphären des Kosmos
auf die Erde niederträumst,
ist wertvoller als Gold und
Muskeldienst.

Ein Weiser dient der Menschheit mehr, wenn er nichts tut und «träumt», als wenn er sich an der Erledigung weltlicher Arbeit beteiligt. Sein Traum erhebt die Menschlichkeit über die Ketten und das Joch der physischen Abhängigkeit, und ginge ihnen die Erinnerung daran verloren, hätten sie einen weit größeren Verlust zu beklagen als nur das Fehlen zweier Muskelarme von zweifelhaftem Wert. Sein Traum manifestiert vielleicht sogar materielle Güter, Energien, die der Gemeinschaft zugute kommen, ohne daß sie einen kausalen Zusammenhang mit diesem Menschen vermutet. Deshalb: Träume weiter. Deshalb: Arbeitet und laßt ihn träumen. Das Orakel offenbart, was der Verstand nicht sieht.

Das Haus des Wirkens des Feuers

III/9. DER ZORN

oberes Trigramm: TSCHEN, die Dynamik, der Donner
unteres Trigramm: TSCHEN, die Dynamik, der Donner

Das Bild

Die Verdopplung der konkreten Manifestation des energetischen Feuerprinzips, der Dynamik, des Donners.

Der Charakter

Mächtig gestaltet
gezielte Gewalt
die Wirklichkeit um:
Bricht Bahn, wo keine war,
richtet, was dem Recht sich
widersetzt, das Leben hemmt
und duldet keinen Widerstand.
Vom wiederholten Blitz
erhellt, wird sichtbar, was
verborgen war.
Und nichts, was Unrecht,
disharmonisch war,
hält stand.

Makrokosmische Bedeutung

Die Verdopplung der Dynamik, der gerichteten und kontrollierten Energie des Feuers, in ihrem Naturbild als wiederholter, fortgesetzter Blitz, erklärt sich nahezu von selbst. TSCHEN stellt die zielgerichtete Willenskraft dar, die sich gewaltsam durchsetzt: gleich gegen welchen Widerstand, gleich gegen welche manifeste Wirklichkeit. Sie dient als starker Arm den geistigen Ideen und Prinzipien höherer Wahrheit, auch wenn die in dem Hexagramm, das nur die Energiestruktur beschreibt, nicht angelegt sind: Sie werden vorausgesetzt. Diese Willenskraft, die «Zorn» walten läßt gegen verharschte, fehlentwickelte Strukturen, ist konstruktiv und kreativ, doch in erweitertem Sinn. Ihre destruktive Wirkung erklärt sich aus der negativen, destruktiven Charakteristik der etablierten Wirklichkeit, gegen die sie sich wendet. Verhärtete, disharmonische, nicht mehr entwicklungsfähige und evolutionshindernde Verdichtungen von Energie, gleich welcher Art, gleich welcher Ebene, werden aufgebrochen und geborsten, um neuen Frei- und Spielraum zu schaffen für neue kreative Prozesse, evolutionäre Fortschritte. Es ist also nicht Willkür, die zerstört, bloße Entladung entfesselter Energie. Sondern die bestimmte, qualitative «Reinigung der Atmosphäre» auf geistiger, psychischer und physischer Ebene einer makrokosmischen Welt. Es ist die Gewalt der Läuterung von Erz im Schmelzofen, die nur die Freilegung des Goldes, edler Steine zum Ziel hat, nicht die Zerstörungen der mineralen Ablagerungen um sie her – obwohl sie diesen Effekt hat. Zugleich setzen die zerstörten Energiekumulationen ihre Energie frei zu neuer, schöpferischer Formung, dienen als Material für den Aufbau einer brauchbareren Wirklichkeit. Was der Kosmos mit Ideen (SUN) und Bildern (TUI) einer besseren Wirklichkeit mit Inspiration und Intuition nicht lösen kann, das löst er mit unbeugsamen Willensakten, mit Gewalt (TSCHEN) – zum Wohle aller Wesen, zum Segen der kosmischen Harmonie auf allen Ebenen, im Sinne aller positiven, evolutionären Kräfte.

Mikrokosmische Bedeutung

Es bahnt sich Unheil an für alles Unheil, Zerstörung des Zerstörerischen, ein Ende der Behinderung – in Form des «heiligen Zorns» eines Menschen, der die Wahrheit und Gerechtigkeit sich auf die Stirn geschrieben hat, Lüge, Irrtum, Unrecht und Unterdrückung der positiven Lebenskräfte nicht länger dulden will. Nichts besänftigt ihn, und was sich ihm hindernd oder mäßigend in den Weg stellt, macht sich zum Parteigänger des Übels, wird mit gerichtet und bekämpft. Denn was nicht mit der Wahrheit ist, ist gegen sie, und passive Duldung ist eine subtile Form von Akzeptanz, von Unterstützung der Lüge. Da die analytischen und konklusiven gedanklichen Prozesse diesem Eingriff in die manifeste Wirklichkeit vorangegangen sind, abgeschlossen wurden durch die Entscheidung zu handeln, sind jetzt Bedenken nicht mehr angebracht. Die Verhältnismäßigkeit der Mittel ergibt sich aus den zu beseitigenden Verhältnissen, ihrer Stärke und Struktur. Ein Zuviel an Härte ist jedoch der Kompromißbereitschaft vorzuziehen, da jedes Arrangement mit dem Übel es nicht ganz beseitigt, die Keime seines Wachstums in die Zukunft übernimmt und so das Problem nicht wirklich löst. Fühlt man sich selbst berufen, die Verhältnisse zu ändern, Recht und Wahrheit wiederherzustellen, die Verkrustung etablierter Lüge zu beseitigen – so wird man durch das Urteil des Orakels in seinen Absichten bestätigen, gerechtfertigt. Sieht man sich aber in der Position des Schuldigen, so ist Selbstprüfung und Umkehr dringend angeraten – denn der «Zorn», der unerbittlich starke Arm der Wahrheit ist schon unterwegs, die Verhältnisse zu klären. Im physischen Mikrokosmos bezeichnet das Hexagramm das Maß der Körperhitze und seine Steigerung, ausnahmsweise Überhöhung – wie durch Fieber, extreme physische Anstrengung oder starke Emotionsausbrüche: Zorn, Ärger, Wut. Auf die Gesellschaft bezogen ist in diesem Hexagramm Krieg angesagt, vielleicht ein «heiliger», da alle Mittel und Versuche einer friedlichen Lösung nur das Übel nährten, stärker werden ließen. Gesellschaftliche Strukturen, die dem

Leben friedlicher und freier Entwicklung entgegengerichtet waren, werden durch historische Ereignisse «gerichtet». Ob man selbst Krieg führen soll oder sich die Gewalt gegen die eigene Gesellschaft richtet – vielleicht in Form einer berechtigten Revolte, einer gewaltsamen Revolution –, muß aus den herrschenden Bedingungen abgeleitet werden. Und ist es gar ein Feldzug des Geistes, der Wahrheit, Freiheit, Menschenwürde – dann wehe euch, ihr Wissenschaftler und Politiker, Hohepriester des Kretinismus: Das Volk hat das Adrenalin entdeckt.

Das Orakel

Steh auf,
erhebe Dich.
Und schone weder Dich
noch materielle Güter, Werte:
Vollstrecke den gerechten Zorn.
Wahrheit und Freiheit
müssen herrschen,
wo jetzt noch Lüge säuselt
und das Leben knechtet.
Knechtest Du selbst,
wird ein Gewittersturm
den dünnen Schleier Deiner Macht
von Deinem Körper reißen und Du
wirst statt im Herzblut vieler Menschen
in Deinem Angstschweiß baden.
Der reinigt dann auch Dich.

DIE EINZELNEN LINIEN

Neun als erste Linie bedeutet:B
Der Blitz trifft Dich,
doch stehst Du fest auf
festem Boden. Wenn das Gewitter
vorüber ist, wirst Du viel deutlicher
seine Berechtigung erkennen.

Es ist also wahr: Man wird selbst Opfer des Gerichts, des gerechten Zorns des Schicksals. Aber hat man es nicht insgeheim gewußt, erwartet – und sich davon Erlösung, innere Befreiung versprochen? Fest und selbstbewußt sieht man dem Kommenden entgegen, weiß, daß es die eigene Persönlichkeit in ihrer Substanz, in ihrer Grundlage nicht erschüttern kann. Und wenn aus Kleinmut die Einsicht in die Gerechtigkeit des Gerichts nicht zustande kommt – nachträglich wird man sie leicht gewinnen, wird persönlich und charakterlich gewachsen sein.

▬x▬ Sechs als zweite Linie bedeutet:
Die Seele schmerzt, wie vom
Schlag getroffen, und altvertraute
Werte und Gefühle lösen sich
in Tränen auf. Nach der Genesung
werden in ihr größere Werte,
schönere Gefühle wachsen.

Der Verlust wiegt schwer, die Seele leidet tiefen Schmerz. Man ist dem Unheil, von dem man betroffen ist, emotional nicht gewachsen. Strukturen des Äther- und Astralleibs desorganisieren sich, treten als Tränen zutage, hinterlassen Lücken und Wunden in der Aura. Die Diskussion, was das Unglück herbeigeführt hat, ob es karmisch gerechtfertigt ist, sollte man ernsthaft mit sich selbst führen. Sicher ist, daß nach einer Zeit der seelischen Erholung und Genesung neue Strukturen in der Aura entstehen werden, die nur im ungünstigsten Fall den alten gleichen, wahrscheinlich aber größer, freier, schöner werden lassen, den seelischen Reichtum und das persönliche Glücksvermögen steigern. Eine klare Ratio, die den Ereignissen nicht sinnlos Widerstand leisten will, hilft die Krise schneller überwinden.

▬x▬ Sechs als dritte Linie bedeutet:
Wenn Du nur geistig stärker wärst,
Dich den Problemen stellen würdest,
die Klarheit des Verstands behieltest:
So könntest Du dem Unglück steuern.
In hilfloser Verwirrung nicht.

Man möchte gar nicht glauben, was sich entwickelt, zu sehr hat man an eine harmonische Entwicklung geglaubt, auf sie gebaut. Jetzt steht alles in Frage, fällt der Zerstörung zum Opfer. Alles? Noch ist vieles vermeidbar, wenn man sich nur aus dem Schock, der Verwirrung lösen und auf die neue Situation einstellen könnte, schnell und aktiv auf sie reagieren würde. Doch wer sich selbst aufgibt, sinnlos um Verständnis ringt, wo das Leben Taten und klare Entscheidungen braucht, verliert durch eigene Schuld mehr, als nötig gewesen wäre. Und diese Tatsache ist fast schlimmer als das Geschehen selbst.

Neun als vierte Linie bedeutet:
Du sollst richten, doch Deine Stimme
verhallt wirkungslos. Erst beim zweiten-,
drittenmal wird sie gehört.
Doch laß Dich nicht entmutigen.

Die geistige Klarheit und persönliche Stärke und Berechtigung sind gegeben, die Hindernisse und Mißstände zu bekämpfen, und energisch setzt man sich gegen sie ein. Aber man findet nicht die allgemeine Akzeptanz, die man erwartet hat, kann die gesellschaftlichen Mißstände nicht schnell genug beseitigen. Es mangelt an der situativen Autorität, die von formalistischen Menschen gefordert wird, um sich zu fügen. Trotzdem ist das eigene Eingreifen richtig, und was man durch die Berechtigung und konsequente Stärke der eigenen Handlungen nicht schafft, schafft man durch Dauer: Durch Hartnäkkigkeit und Unnachgiebigkeit und Wiederholung der Anklage, der Anprangerung der Mißstände, durch wiederholten praktischen Widerstand. Nur auf schnellen Umschlag der Verhältnisse kann man nicht hoffen, was keinesfalls entmutigen sollte: Man wird letztlich doch siegen und ein Grundübel aus der Welt geschafft haben.

Sechs als fünfte Linie bedeutet:
Wer zu schwach ist, schwankend
im Gericht, ändert schwach und
findet kein Vertrauen.
Er verwirrt nur die Gemüter,
die keine klare Linie sehen.

Wenn die Zeit des Gerichts gekommen ist, muß es konsequent und kompromißlos durchgeführt werden, um auf eindeutige und klare Ergebnisse blicken zu können. Hier ist ein wichtiger, aber schwacher Mensch am Werk: Er richtet, doch schränkt das Urteil wieder ein. Er entscheidet, doch dann besinnt er sich anders, nimmt die Entscheidung ganz oder teilweise zurück. Er verurteilt, dann raubt ihm falsches Mitleid mit dem Verurteilten die Klarheit. So beraubt er sich durch Schwäche selbst der klaren Wirkung seiner Handlungen, verzögert die notwendigen Reinigungsprozesse der Gesellschaft und schädigt sein Ansehen und das Vertrauen der Menschen in ihn. Diese schwankende Haltung kann man sich nur gegenüber Lappalien erlauben. Wenn es um die Beseitigung grundlegender Mißstände in der

Gesellschaft geht, ist nichts schädlicher als Nachsicht und Teilkonsequenz, da die Lautstärke der Handlung nicht durch eindeutige und klare Verbesserungen legitimiert wird und statt Neuorientierung nur Verwirrung schaft.

▬x▬ **Sechs als sechste Linie bedeutet:**
Der Zorn trifft
die Welt, doch das
betrifft Dich nicht: Hältst Du nur
den Abstand, den Du innerlich
schon hattest, der Dir
zusteht.

Höchste Zeit, sich aus den sozialen und gesellschaftlichen Bindungen zurückzuziehen, die man ohnehin nur oberflächlich und formal, den anderen zuliebe aufrechterhalten hat. Ihnen steht jetzt ein Gericht bevor, das man nicht verhindern, mäßigen könnte, und so ist es durchaus legitim, den inneren Abstand auch äußerlich zu dokumentieren, um nicht selbst und sinnloserweise unter den Ereignissen zu leiden, die man nicht mitverschuldet hat. Vielleicht wird man in seinem Verhalten noch nicht ganz verstanden, doch erklären läßt sich nichts. Wenn die Welt sich geändert hat, werden andere Verbindungen möglich und sinnvoll – und die Vergangenheit wird längst vergangen, die Zukunft aussichtsreicher, wertvoller sein.

III/10. DIE VERKÜNDIGUNG

oberes Trigramm: TSCHEN, die Dynamik, der Donner
unteres Trigramm: SUN, die Reflexion, der Wind

Das Bild

Unter der konkreten Manifestation des energetischen Feuerprinzips, der Dynamik, dem Donner – die konkrete Manifestation des feinstofflichen Geistprinzips, die Reflexion, der Wind.

Der Charakter

Unbeirrbar setzt der Geist
seine Ideen, Konzepte
und Prinzipien durch.
Belehrt, wo Lehre möglich ist,
bestimmt, bewegt die Welt,
wo sie sich widersetzt.
Beachtet weder, noch verachtet er
die Schwächen, Irrtümer
der Wirklichkeit: Verschafft nur
den Gesetzen Geltung, die
überall im Kosmos gültig sind, die
allen Wesen, allen Welten dienen,
erkennen sie es oder nicht.
Und wird auch diesmal dieser Welt
zu Klarheit, Wissen, Harmonie verhelfen:
Ob gegen ihren Willen
oder mit.

Makrokosmische Bedeutung

Von den klaren Ideen und Konzepten des Geistes bestimmt, propagiert das energetische Prinzip gezielt die Prinzipien und Gesetze der makrokosmischen Harmonie. Während die einfache Einwirkung der konkreten Geistsphäre, eines Planeten beispielsweise, auf die astralen Energien schöpferischen Charakter hat, um sie zur Formulierung konkreter Bilder zu animieren, die als Vor-Bilder der materiellen Verdichtung dienen, ist hier die Einwirkung des Geistprinzips auf die Ebenen der Wirklichkeit dynamisch und direkt. Dient nicht der Schöpfung neuer Wirklichkeiten, sondern der Korrektur bereits vorhandener – der Erinnerung an ihr Schöpfungsziel, und der energischen Durchsetzung der höheren Wahrheiten gegen Fehlentwicklungen in der konkreten Ausgestaltung der vermeintlichen Wahrheit. Auf der Mentalebene findet keine «Überzeugung» statt, keine evolutionäre Anpassung der vorhandenen Ideen und Konzepte an die ursprünglich gemeinten, sondern ihre Korrektur: Das Archetyp «diskutiert» nicht mehr mit seiner unzulänglichen mentalen Entsprechung, sondern korrigiert es durch dynamische Veränderung. Auf der astralen Ebene verkürzt das dynamische Archetyp die Evolution der konkreten Bildideen, indem es ihnen mit sanfter Gewalt das eigene Schwingungsmuster aufzwingt: Was ihm nicht entspricht, entfällt, was brauchbar ist, stabilisiert sich jetzt. Gleichzeitig dynamisiert es die astrale Form, treibt sie zur materiellen Selbstverwirklichung: erst grobstofflich-ätherisch, dann auf der physischen Ebene. Die reagiert durch radikale Veränderung ihrer gewordenen physischen Formen, durch evolutionäre Sprünge – nach vorn oder zur Seite, der richtigen Richtung hin. Erdbeben verändern das planetarische Gesicht, passen es der Vision des Geistes an. Klimaverschiebungen, Änderungen der atmosphärischen Bedingungen erstellen die vorgesehenen Qualitäten abrupt, ohne Übergang. Spezies des Lebens sterben aus, andere verändern sich von einer Generation zur anderen: Ändern die Blütenzahl, die Zeichnung des Fells, die Körperform, vertauschen ethische Werte mit neuen, wechseln die philosophische Wahrheit, revolutionieren die materielle Kultur, die Kunst, die Wissenschaft: Jede Spezies nach ihrer Art. Und keine fragt, woher, warum: «Es lag halt in der Luft», und Zeit, die biologische Entwicklung, genialer Menschengeist hat's gebracht. Was die Ideen des kosmischen Geistes doch bewirken, wenn sie nur ein wenig Feuer in sich tragen, nur etwas dynamisch sind: Das ganze Universum brennt darauf, sie zu verwirklichen.

Mikrokosmische Bedeutung

Der Mensch, dessen Einsicht in die Prinzipien des Lebens, dessen Kenntnis kosmischer Zusammenhänge das etablierte und gelebte Durchschnittsniveau übersteigt, ist berufen, seine Einsicht mitzuteilen, seine Erkenntnisse weiterzugeben. Mehr noch: Er hat Verantwortung für die allgemeine Bewußtseinsentwicklung der Menschen, für ihre geistige Evolution, denn Wissen verpflichtet. Ist die Zeit eines evolutionären Fortschritts, Aufschwung der Menschheit zu einem höheren Entwicklungsniveau gekommen, paart sich höheres Wissen deshalb mit der Dynamik des Willens, wird zur berufenen Kraft, den Aufschwung mitzutragen, mitzusteuern, vielleicht sogar selbst auszulösen und mit Inhalten zu füllen: Zu verkündigen, was noch unverstanden, unbekannt ist, das bisher Gedachte, Geglaubte und Gelebte zu widerlegen. Diese Aufgabe, und die Aufforderung zu ihrer Ausführung, ist in dem Hexagramm beschrieben. Die Qualitäten legen Werte fest, auch für das praktische Verfahren: Das untere, innere Trigramm (SUN) repräsentiert die Basis des Geistes, des Wissens, der konkreten Inhalte der Botschaft. Das äußere, obere Trigramm (TSCHEN) erklärt das Vorgehen, das Verhalten, meint die Lautstärke der Verkündigung, die Willenskraft bei der Verbreitung und Durchsetzung der Ideen. Beide vereint sprengen sie Grenzen der bisherigen, als Wahrheit akzeptierten Vorstellungen und Meinungen und etablieren größere Perspektiven, weitere Horizonte des Verständnisses, tiefere Erkenntnisse für die Welt, ihre Gesellschaften und deren Individuen. Ein Mensch, der in sich die Berufung fühlt, der Menschheit so zu dienen, hat sicher, wenn er nicht verblendet ist, sich diese Aufgabe nicht selbst gestellt, sondern sie wurde ihm karmisch, kosmisch zugewiesen, sie drängt sich ihm dynamisch auf (siehe: Makrokosmische Bedeutung). Er kann sie akzeptieren oder zurückweisen, nur: Der Vorschlag ist gemacht. Die Einsicht wird entscheiden. Und wer mit einem solchen Menschen in Berührung kommt, sollte ganz Aug und Ohr für seine Perspektiven, seine Lehren sein. Der Kosmos spricht durch ihn, verkündet seine Pläne. Und verkündet er sie richtig, laut und klar und wiederholt, sind sie nicht zu widerlegen, etablieren sich mit Sicherheit – kein Vor-Urteil besteht auf Dauer gegen höhere Einsicht, höhere Erkenntnis. Auf den physischen Körper bezogen beschreibt das Hexagramm die Regelmäßigkeit der Atmung, die rhythmische Dynamik der Lungenbewegung – vielleicht als Hinweis auf die Verfeinerung der Atmung durch bewußte Kontrolle der Bewegung wie im Prana-Yoga. Und in bezug auf die menschliche Gesellschaft zeichnet das Hexagramm das Bild der geistigen Erneuerung aller ihrer Dimensionen, der dynamischen Veränderung aller geistigen Werte und Glaubensprinzipien. Was gestern noch undenkbar schien, wird jetzt gedacht, verkündet, besteht auf Anerkennung. Wohl der Gesellschaft, die sich dieser Bewegung nicht widersetzt, sich von ihr bewegen läßt. Wehe der, die sich taub stellt: Es könnten Scheiben klirren, Trommelfelle platzen.

Das Orakel

Hast Du Einsicht: Dann verkünde sie.
Hast Du eine Stimme: Nutze sie.
Sei lauter, als man es erträgt, ohne
Dir zuzustimmen, Dir zu
widersprechen. Dann
geh zum nächsten, wiederhole Dich.
Beim dritten wird man Dich schon kennen,
beim vierten schon erwarten,
beim fünften Deine Botschaft wissen.
Und ehe Du es weißt, ist Wahrheit
Wirklichkeit geworden, wovon Du
zum sechsten sprechen wolltest,
laut.

Sechs als erste Linie bedeutet:
Noch bleibe stumm, Du hast
den Sinn noch nicht.
Und wenn Du selbst Dir nicht
im klaren bist: Wen
willst Du dann belehren?

Der Idealismus, der missionarische Eifer ist größer als das Ideal, als die Mission. Man will verkünden – und weiß doch eigentlich gar nicht, was. Deshalb der Rat, erst in sich die Inhalte zu klären, den Wert und den Charakter der für wichtig gehaltenen Einsicht zu prüfen, ehe man sie weitergibt. Noch gibt es keine klare Botschaft, und ohne Botschaft bleibt man besser stumm.

Neun als zweite Linie bedeutet:
Du sprichst wie ein Löwe,
doch erscheinst wie ein Lamm.
Deine Einsicht ist größer
als Du selbst.
Trotzdem wirst Du der Sache dienen.

Wenn die inneren Werte die äußere Erscheinung übersteigen, ist es schwer, sie zu vertreten. Man wird nicht ganz ernst genommen, obwohl man in der Sache recht hat, oder doch nicht in dem Maße, das sie verdient hätte. Dieses Problem ist nicht zu lösen, da man sich nicht kurzfristig ändern, zu Würde und Ansehen reifen kann. Es bleibt nichts als die Kraft der Botschaft und der Wahrheit, die trotzdem nicht überhört wird, wenn man sich nur stark genug für sie einsetzt.

Neun als dritte Linie bedeutet:
Was in Deinem Kopf nur Wahrheit ist,
glaubt man Dir nicht.
Du mußt die Wahrheit fühlen,
leben: Dann kann man sie, Dich
fühlen und begreifen.

Kopflastigkeit nimmt der Überzeugung die Kraft. Wer auf Menschen wirken will, muß emotional den Sinn seiner Gedanken transportieren, muß mit jeder Faser seines Wesens die Sache, für die er steht und eintritt, glaubwürdig repräsentieren. Man wird zwar ernst genommen, doch bewegt man keine Seele. Und nur wer die Seelen der Menschen gewinnt, hat dem Samen der Botschaft einen Boden vorbereitet, in dem er wachsen und gedeihen kann.

Neun als vierte Linie bedeutet:
Du verkündest Ameisen
die Größe des Kosmos:
Sie übersehen ihren Wald noch nicht.
Gib Deinen Zuhörern die Wahrheit
nach ihrem Maß,
suche Deiner Botschaft
das angemessene Publikum.

Die Wahrheit zu wissen, die Botschaft zu haben ist die eine Seite. Die andere: Sein Publikum zu kennen, ihr Verständnisvermögen einzuschätzen. Sonst predigt man den Ameisen vom Kosmos, wo sie kaum ihre Lichtung kennen. Botschaft und Empfänger müssen in ein didaktisches Gefüge passen, das eine vernünftige Relation aufweist, sonst verfehlt die wertvollste Botschaft ihr Publikum, und das beste Publikum verliert seine Geduld. Ist Dir Dein Publikum zu klein, zu unverständig, suche Dir ein größeres: Ändern, großziehen wirst Du es durch die Belehrung nicht.

Sechs als fünfte Linie bedeutet:
Die Du belehren solltest,
belehren Dich. Wo Du sprechen solltest,
schweigst Du. Wo Du hart sein solltest,
bist Du weich: Wie kann da
die Wahrheit bestehen?

Ein Mensch wäre zur Aufklärung der Menschen verpflichtet, aber ist zu schwach, sich auch nur Gehör zu sichern. Zaghafte Ansätze zur Mitteilung, die arglos übergangen werden, bringen ihn ganz zum Verstummen. Die Umwelt wäre durchaus aufnahmebereit, die Situation ist erfolgversprechend, doch er ist nicht fähig, sie zu nutzen. Wo er sich durchsetzen, seiner Wahrheit Aufmerksamkeit verschaffen sollte, zögert er und hofft er, daß man ihn nach ihr fragt: Sie ist ganz offenbar im falschen Kopf, in falschen Händen. Wie soll sie da die Chance haben, je vernommen zu werden? Es ist, als gäbe es sie nicht, und ihrem verhinderten «Verkünder» wird es bald nicht anders gehen.

Sechs als sechste Linie bedeutet:
Er spricht heute dies
und morgen das:
Wie will er da als Weiser gelten?
Er tritt nicht ein,
er tritt nicht auf:
Wie will er da ein Held
der Wahrheit sein?

Jemand, der sich weise glaubt, in seinen Aussagen jedoch keine Konsequenz besitzt, wird nicht lang als weise gelten. Er äußert sich zu unwichtigen Dingen, schweigt zu wichtigen, so daß man schließlich seinen Worten keinen großen Wert beimißt. Wo er für die Wahrheit kämpfen sollte, ist er nicht zu finden, und wo man große Fragen hat, taucht er nicht auf oder er schweigt. Trotzdem meint er, ein Held zu sein, mit dem die Wahrheit steht und fällt. Ist niemand ihm nah genug, ihm einen Spiegel vorzuhalten? Er dürfte sich schnell selbst belehren und seinen Ansprüchen entgegenwachsen. Tut er das nicht, wird er vielleicht eines Tages Steinen predigen und in der Wüste sich im Paradiese glauben.

III/11. DIE UNRUHE

oberes Trigramm: TSCHEN, die Dynamik, der Donner

unteres Trigramm: KEN, die Stabilität, der Berg

Das Bild

Unter der konkreten Manifestation des energetischen Feuerprinzips, der Dynamik, dem Donner – die konkrete Manifestation des grobstofflichen Materieprinzips, die stabile Form, der Berg.

Der Charakter

Des Kosmos' Welten sind
in Aufruhr – keine bleibt still,
bleibt unbewegt.
Voller Unruhe und Ungeduld

erzittern und erbeben sie,
erwarten kaum die neue,
unbekannte Zukunft. Wollen
ihr entgegeneilen: Doch wohin?
Wollen sich vorbereiten: Doch
worauf? Der Kosmos schweigt,
vollendet im geheimen
seinen Plan von einer neuen
Sinngebung der Welt.
Und ehe er sich nicht erklärt,
ist alle Weltbewegung Schein,
nur lauter Schall, doch ohne
Klang und Melodie.

Makrokosmische Bedeutung

Die Erde bebt und zittert, entlädt die ungebundene, überschüssige Kraft: Ihr Energiereservoir sucht und schafft sich Ventile, doch bleibt es bloßer Formalismus, bloße Entladung ohne konstruktive Absicht, ohne kreatives Ziel – und ohne nachvollziehbar sinnvolle Wirkung. Zwar entstehen Risse in der planetarischen Oberfläche, Landstriche sinken ins Meer, andere tauchen auf – doch noch fehlt der Bewegung die erkennbare Struktur, noch ist der zukünftige Sin verborgen. Was nicht zu übersehen ist, ist die Bewegung, ausgelöst von der elektrischen Dynamik, der materiell gebundenen Energie des Feuerprinzips, der «Ladung» – eines Landstrichs wie eines Planeten. Nur mühsam wahrt sich noch die grobstoffliche Statik, die materielle Form – die Energie drängt nach Entladung, will dem Druck der Kräfte folgen und hat doch kein Ziel: Das Ziel ist übergeordnet, erarbeitet der grobstofflichen Wirklichkeit auf der mentalen und astralen Ebene ein verändertes, erweitertes Konzept der Zukunft, die Unruhe ist bloß formale Vorbereitung auf die bevorstehende Veränderung. Ist die kumulierte Energie auch kaum zu bändigen: Sie wird erst wirkungsvoll, wenn sie Modelle der Entfaltung kennt. Bricht zwar schon die herrschenden Formen der Materie auf: Gestalten wird sie jedoch erst, wenn sie das Ziel der Bewegung kennt. Bis dahin herrscht bloß Unruhe, Beben, Erschütterung auf den Planetenwelten: Ausbrüche der Energie ohne Bestimmung, Schall der bald verklungen, schnell vergessen ist – der noch nicht die Melodie, den Klang einer konkreten Zukunft hat, zu der die manifeste Wirklichkeit in bezug treten, Stellung nehmen könnte. Der diese Zukunft bloß voranküdigt und verheißt – wie das Scharren, Schnauben eines Stieres, nichts als heiße Luft, seinen Temperamentsausbruch, die bevorstehende Attacke, seinen Start zum Sturm ankündigt, lange bevor die Unruhe durch meßbare Bewegung ihren Sinn, ihr Ziel verrät.

Mikrokosmische Bedeutung

Hier verfügt ein Mensch über einen zu großen Handlungswillen, einen starken Tatendrang, dem aber Inhalt, Sinn und Zielrichtung fehlen. Seine Unruhe äußert sich in nervöser Aktivität, in emotionalen Handlungen und Reaktionen, denen doch die klare Bestimmung fehlt, die bloßer Aktionismus, Schall, Entladung sind. So vergeudet er die Energie, die keine konstruktive Aufgabe und Äußerungsmöglichkeit findet und doch nach draußen drängt: Der konkreten Persönlichkeit (KEN) steht zur Kontrolle, Formulierung und sinnvoller Definition ihrer aktiven Energie (TSCHEN) kein geistiges Prinzip, keine Idee und kein Konzept (SUN) als Instrument zur Verfügung. So kann die Persönlichkeit nur versuchen, ihre Dynamik zu bändigen, die Emotionen zu kontrollieren, sinnlose Handlungen zu vermeiden – Selbstbeherrschung ist das Gebot der Stunde. Sonst äußern sich die Energien bloß destruktiv, verschleißen sich in die verschiedensten Entladungsrichtungen auf allen Ebenen des persönlichen Lebens und bewirken, außer Konfusion, doch nichts. Die Selbstbeherrschung ist im wahrsten Sinn konservativ gemeint: Schließt die Beachtung und Bewahrung der gesellschaftlichen und persönlichen Formen und Inhalte des Lebens ein. Von radikalen Änderungen, Umdispositionen und überstürzten Neuerungen muß jetzt abgesehen werden, auch wenn der Tatendrang sich kaum gedulden läßt. Es muß erst ein Konzept entstehen, ein Inhalt definiert, ein Ziel gefunden werden, das der rationalen Prüfung standhält, ehe eine Handlung, jede, Sinn macht. Das aber ist noch lange nicht in Sicht. Auf körperlicher Ebene beschreibt das Hexagramm physische Aktivität, den dynamischen Einsatz des Körpers – und nur auf dieser Ebene rät das Hexagramm zur Freisetzung der Energie: Durch Sport, Holzhakken, Umgraben des Gartens. Denn da fällt ihre Sinnbestimmung leicht, rettet Geschirr, Klaviere, Rosenbeete vor unkontrollierten Ausbrüchen aus nichtigen Anlässen. Der menschlichen Gesellschaft sagt das Hexagramm eine unruhige Zeit an, in der angestaute Energien nach Manifestierung drängen. Mit den herkömmlichen Angeboten der Gesellschaft, durch Arbeit, Sport und Kreativität, läßt sich das Potential nicht kanalisieren, und wenn es der Gesellschaft nicht gelingt, schnell neue Inhalte, Entfaltungsbereiche, Ziele zu entwickeln, richtet sich die Unruhe vielleicht gewaltsam gegen sie. Und Schaden bleibt möglicherweise nicht auf Amtsgeschirr, Konzertklaviere, öffentliche Rosenbeete beschränkt.

Das Orakel

Halte Dich unter Kontrolle:
Sonst kontrolliert Dich
jeder Wille, Unwille,

der Deine Sinne streift.
Laß Dein höchstes Körperteil,
den Kopf, in Deinem Leben
Herrscher sein: Es hat
den größten Überblick.
Wenn Dich die Unruhe
sinnlos zu Taten drängt:
Besteige einen Berg.
Von dort betrachte, was Du
schaffen wolltest: Siehst Du noch,
was Dich im Tal unter der Haut
so fiebern, beben ließ?

DIE EINZELNEN LINIEN

▬x▬ **Sechs als erste Linie bedeutet:**
Bevor Du kämpfst, prüfe Deine Kräfte.
Stellst Du fest, daß sie
zu schwach sind, kämpfe nicht.
Bevor Du Deine Kräfte prüfst,
frage Dich nach dem Ziel.

«Gehe nie in einen Kampf, den du nicht gewinnen kannst», sagt Caesar, der alte strategische Lehrmeister. Doch die humanistische Bildung kommt immer mehr aus der Mode, und so ist es kein Wunder, daß diese Einsicht fehlt. Mehr noch: Der hier zu schwach ist, um zu kämpfen, weiß noch nicht einmal so recht, wofür. Er sollte sich ganz still in einem Winkel seiner Seele niederlassen und sich fragen, welchen Platz sie wohl in der Welt, im Leben zu beanspruchen geboren ist. Aus dieser Antwort folgt die Frage nach dem nächsten Schritt. Aus der Antwort darauf die Frage nach den Möglichkeiten, Mitteln. Aus der Antwort darauf – der erste Schritt zur Tat.

▬x▬ **Sechs als zweite Linie bedeutet:**
Du bist an Deinem Platz und kommst
doch nicht voran. Gehst Du,
läufst Du ins Leere? Bleibst Du
stehen, versäumst Du was?
Bei einer Tasse Tee erwarte Deine Zeit.

Obwohl man sich eigentlich im Leben am richtigen Platz, an der richtigen Stelle eingesetzt fühlt, ist man beunruhigt, und das Bewußtsein bietet keine Erklärung. Man weiß nur, daß die eigenen Initiativen zu handeln immer irgendwie im Sande verlaufen, keine greifbaren Ergebnisse und damit keine Beruhigung bringen. Und wenn man sich zurückhält, nichts tut, hat man das unbestimmte Gefühl, etwas zu unterlassen, etwas Wichtiges zu versäumen oder zu vernachlässigen. Aus dieser nervösen Konfusion findet man nicht heraus – es sei denn, man käme zu der Erkenntnis, daß die Ursache der Unruhe weniger in den objektiven Abläufen als in der individuellen Psyche angelegt ist. Daß eine anonyme Unzufriedenheit mit sich und seinen Lebensumständen eine seelische Spannung geschaffen hat, die nach Lösung drängt. Man sollte deshalb in Ruhe sich von den alltäglichen Lebensinhalten lösen und meditativ nach den Ursachen der Unruhe forschen. Es mag vielleicht eine Weile dauern, bis die Rationalisierungen des Bewußtseins sich nicht mehr vor die Wahrheit stellen – doch wenn die Zeit gekommen ist, wird man klar erkennen, was die Unruhe ausgelöst hat, und wird ihre Ursachen gezielt ändern können.

Neun als dritte Linie bedeutet:
Die Unruhe beherrscht Dein Denken,
sucht nach Antworten, stellt Fragen:
Was ist runder als eine Kugel?
Was währt länger als die Ewigkeit?
Während im Garten unterm Baum
die Äpfel faulen.

Von geistiger Unruhe getrieben, beschäftigt sich das Bewußtsein mit Fragen, die allenfalls den Wert haben, das Denken zu trainieren, aber keine substantielle Aufklärung über die Welt, das Universum und die eigene Persönlichkeit vermitteln können. Doch man ist so sehr der inneren Unruhe, der Faszination der gedanklichen Prozesse selbst erlegen, daß man weder diese Erkenntnis abfragt – noch wahrnimmt, daß man wichtigere, praktische Dimensionen des Lebens über sie vernachlässigt, daß man sich selbst schädigt. Konkretere, pragmatische Ansätze lenken die geistige Unruhe vielleicht in nutzbringende Richtung – wenn nicht, sollte man sich zur Ruhe zwingen und ganz bewußt den unmittelbar greifbaren Dimensionen des Lebens widmen. Die so «wichtigen, unlösbaren Fragen» entfallen dann vielleicht von selbst, sehen sich durch brauchbare ersetzt.

Neun als vierte Linie bedeutet:

Handle – doch nicht jetzt.
Rede – doch nicht gleich.
Geh auf Dein Ziel zu –
doch erst innerlich.
Nur durch Selbstbeherrschung
erhältst Du Deinen Wert.

Da man nicht die nötige Grundlage, die Mittel, die Möglichkeiten hat, seine Projekte zu verwirklichen, fühlt man sich – teilweise zu Recht – behindert und wird ungeduldig. Doch auch angestrengte Aktivität würde nichts bewegen, keine Möglichkeit erzeugen, die nicht schon bestünde. Man würde sich vielleicht nur zu früh, an falscher Stelle, verausgaben. Es bleibt nur die Selbstbeschränkung – und die Sicherheit, daß sich in Zukunft andere Konstellationen ergeben werden, die die Realisierung der Ziele ermöglichen. Falls sie bis dahin noch bestehen, das Interesse an ihnen sich als wesentlich und dauerhaft erwiesen hat.

Sechs als fünfte Linie bedeutet:

Die Welt braucht Dich,
doch Du bist schwach:
Statt ruhig zu stehen, zu zielen
und zu treffen, läufst Du im Kreis
und triffst nichts als Dich selbst.

Ein wichtiges gesellschaftliches Problem wäre zu lösen, und man wäre eigentlich zur Lösung verpflichtet. Doch statt es in Ruhe zu analysieren, die Lösung zu deduzieren und konsequent zu verwirklichen, «das Problem mit ruhiger Hand abzuschließen», gebärdet man sich nervös und kleinmütig, schwankt in seinen Entschlüssen und läuft, letztlich tatenlos geblieben, Kreise in den Boden. Die werden bald als Radius des eigenen Gesichtskreises gelten, und man verliert das Vertrauen und den Respekt der Menschen, für die man hätte Ruhe ausstrahlen und zu gegebener Zeit das Problem lösen, neue Perspektiven schaffen sollen.

Sechs als sechste Linie bedeutet:

Wer noch so unruhig ist,
kann noch nicht weise sein.
Besorgt über den Lauf der Sterne,
die Gezeiten, die Haarfarbe der Menschen,
kommt er nicht zur Ruhe.
Und verbraucht sein Leben.

Hier sollte ein Mensch, der sich von der Welt gelöst hat, eigentlich schon so stabil und ruhig geworden sein, daß er abgeklärt und unangefochten die ihm zur Verfügung stehenden Lebensbedingungen zu weiterer Entwicklung und Erleuchtung nutzt. Er kann sich aber von der Welt nicht lösen, fühlt sich verantwortlich für unveränderliche Dinge, die er weder hervorgebracht hat noch beeinflussen kann – die letztlich keine Probleme für ihn sein dürften. Und vergeudet damit nicht nur seine Zeit, sondern auch die Chance, mit der ihn ein allzu optimistischer Kosmos im Leben ausgestattet hat – beweist, daß er zu Unrecht die Freiheiten und Privilegien eines Weisen genießt, und dürfte sich bald wieder im Lebenskampf befinden, der ihn seine Unruhe buchstäblich abarbeiten, zu wahrer Weisheit sich emporarbeiten läßt.

III/12. DIE VERBLENDUNG

☳ oberes Trigramm: TSCHEN, die Dynamik, der Donner

☱ unteres Trigramm: TUI, die Phantasie, der See

Das Bild

Unter der konkreten Manifestation des energetischen Feuerprinzips, der Dynamik, dem Donner – die konkrete Manifestation des formlosen Prinzips der Psyche, die Phantasie, der See.

Der Charakter

Von der Vielfalt unzähliger
Möglichkeiten, Farben, Formen
fasziniert, schwelgt, badet
ein unbewußter Kosmos
im Meer flüchtiger Phantasien –
kostet jede Illusion.
Folgt mal dieser, dann
mal jener: Bis sie
unter seinen kreativen Händen
sich ins Unsichtbare flüchten,

er mit weniger als nichts zurückbleibt,
seine Täuschung zu erkennen.
Nicht für lange: Denn schon lockt
das nächste Bild, die nächste
Sensation der Phantasie,
eilt bereits kokett voraus
ins Niemandsland der Wirklichkeit,
des Traums …

Makrokosmische Bedeutung

Da muß ein Dämon die Schleusen der astralen Bilderwelt geöffnet haben, um die Welt zu faszinieren: Deren Inhalt drängt nun in die Seelen, vor die Sicht der Wesen, in die Ätherwelten ein und drängt sich auf. Keine Idee und keine Absicht lenkt und selektiert die Bilder, ihr freies Spiel allein entfaltet sich, stiftet Fülle, Vielfalt in der kollektiven Seele des Planeten, aber auch Verwirrung, Orientierungslosigkeit. Kein rationales Prinzip der Mentalsphäre prüft die astralen Konstruktionen, Träume möglicher und unmöglicher Wirklichkeiten, trennt das Unglaubliche vom Wahrscheinlichen, die Illusion von Wirklichkeit. Die Äther der mineralen Welt fluktuieren, geben Landschaften, Bergen, Felsen, Steinen oszillierende Charakter, bis astrale Ruhe erneut ihre Stabilität genehmigt. Die Äther der Pflanzenwelt, obwohl stabiler, individueller gebunden, reagieren rezeptiv auf analoge Formprinzipien, die sich dann doch als flüchtig, zufällig erweisen, kehren schließlich, nach wiederholter Täuschung durch eine astrale Pseudo-Bauform, zu ihrer ursprünglichen ätherischen Struktur zurück – zu dem, was von der evolutionären Harmonie noch übrig blieb. Ähnlich geht's den Tieren: Mit Psyche und Astralleib ausgestattet, reagieren sie zusätzlich auch emotional auf die kumulierten Reize der astralen Sphäre, reagieren nervös, gereizt, in ihrer instinktiven Ruhe und Sicherheit gestört, verwirrt. Doch da die fremden Muster, Bilder, Emotionsstrukturen flüchtig sind, finden auch sie schnell zu ihrer natürlichen Struktur des Astral- und des Ätherleibs zurück. Nur die Menschenwelt ist offen und empfänglich auch für dauerhafte Illusionen: Kann sie doch frei entscheiden, welcher Täuschung, welcher Wahrheit sie anhängen will, und nicht ein ungesteuertes Instinkt- und Naturseelengefüge. Was in der kollektiven oder individuellen Seele auf Sympathie trifft, sei es Illusion, sei es konkretes, relevantes Bildmuster verwirklichbarer Wirklichkeit, bleibt hängen: Und wird durch Gedanken, Emotionen und Gefühle unterstützt, genährt, astralisch aufgepäppelt wie ein Wunschkind. Besetzt immer größere Anteile des persölichen Interesses, des Gefühlshaushalts, prägt mehr und mehr Verhalten, Re- und Aktionen des Menschen. Bis die grausame Realität dem Bewußtsein keine Möglichkeit mehr läßt, das Bild als Möglichkeit aufrecht, an ihm festzuhalten, «ihm zu glauben und vertrauen». Dann zerfällt der Seeleninhalt, weicht der objektiven Wirklichkeit, das Spiel, die Macht der Illusion ist aus, der Mensch ent-täuscht. Die Macht des Dämon ist also am stärksten auf der Ebene der menschlichen Natur, doch endet sie an der Entscheidung der bewußten Seele für oder auch gegen Kooperation. Oder war kein Dämon, nur ein niederer Gott, ein Middle Manager des Universums der Übeltäter, wollte einer phantasielos gewordenen Evolution die Vielfalt, Grenzenlosigkeit neuer Entwicklungsmöglichkeiten präsentieren? Gespannt, mit welchem Traum aus welcher Abteilung des kosmischen Supermarkts der Vorstellungen, unbegrenzter Phantasie, sich die Menschheit bedienen würde, welche Reife sie schon hat? Ob Halbgott oder Dämon: Illusion bleibt Illusion.

Mikrokosmische Bedeutung

Manchmal fühlt man sich wie ausgetrocknet, leer und spröde, und manchmal sprudeln nur so Bilder, Vorstellungen, Perspektiven aus den Tiefen des eigenen Wesens, inspirieren mit Begeisterung und Tatendrang, Realisierungslust. Vor der man sich jetzt hier zu hüten hat. Denn Phantasie, von keiner Ratio kontrolliert, auf Brauchbarkeit und Wert geprüft, ist schlicht Phantasterei, schlimmer als Blindheit und weitaus gefährlicher, da man zu sehen meint. In einer solchen Lebensphase befindet man sich gerade, hat klare Wertvorstellungen für das freie Spektrum der Phantasie zurückgestellt, erliegt leichter denn je verführerischen Illusionen, die der «nüchternen Wirklichkeit» ja so viel – Rausch vielleicht? – voraus haben. Und was als Instrument eines geordneten Bewußtseins wertvolle Dienste leistet, das Leben ungemein bereichert, mehr noch: vital ist wie das Leben selbst, ist ohne die Urteilsinstanz, ohne Lenkung und Erfordernis gefährlich, lebensfeindlich – das falsche Träumen, das die Wirklichkeit abqualifiziert, sich an ihrer Stelle installieren will. Würde man jedem Impuls, jeder verlockenden Vorstellung nachgeben, ihrer Dynamik folgen, wäre man wie eine Motte, die nur Licht und Schatten unterscheiden kann, von Lampe zu Leuchte flattert, bis sie schließlich in einer Flamme sich begräbt. Was die Emotionen und Gefühle, denen man fast widerspruchslos zur Handlung folgt, jetzt verlangen, was die Flut des seelischen Angebots jetzt braucht, ist der Filter klarer Maßstäbe und Kriterien, an denen man die Reize mißt – nicht umgekehrt. Wenn die Attraktion der Reize, die Verlockung der vielfältigen Angebote aus der Innen- wie der Außenwelt die Maßstäbe setzt, die Kriterien diktiert nach ihrem Faszinationsvermögen, gibt es keine – außer denen der Sensation. Die erste Hingabe an die vernunftentbehrende Phantasie wird noch als Befreiung erlebt – die letzte wird die Auflösung des Ich besiegeln, das für die kosmische Aufgabe der Emanzipation von einer sterblichen Welt der Sinnesreize und vergänglicher materieller wie psychischer Konzepte, von den Indern «Maya» genannt, verlorenging. «Maya», ursprünglich «Macht der Götter», später Synonym für Illusion, spricht aus, worum es geht: Die Manipulation des willenlosen oder willensschwachen Geschöpfs durch astrale Traumbilder und Reize, psychische Muster, die kein rationaler Wille, kein Bewußtsein, kein Urteilsvermögen ihrer Macht beraubt, das Leben der Wesen zu steuern. Denn damit wäre auch die Macht der «Götter» hin, der Mensch unabhängig, frei – und auf dem Wege, selbst ein Gott zu werden. Was ihn daran hindert – ist «Verblendung», die Übermacht der konkreten Seele mit ihren sterblichen, nach subjektiver Auswahl angehäuften Bildern ihrer «Wirklichkeit», die sie durch Handeln und Vollzug zeitweilig zu «ihrer» Wirklichkeit macht, bis die «Götter» es mit einem anderen Bild versuchen. Nur unbestechliches Bewußtsein, abstraktionsgeschult und urteilsfähig, bricht die «Maya» – und erhebt den Menschen über sie, macht ihn immun und eigenmächtig, unabhängig von anderer Leute Willen, seien diese Leute Himmels- oder Erdbewohner. So ist es auch in bezug auf den physischen Körper: Impulsivität, Reflexe, ungesteuerte Reaktion (TSCHEN) auf die Wahrnehmungen der fünf Sinne (SUN) machen den Menschen unfrei, halten ihn auf tierisch-unbewußter Ebene. Das Tier, den Sinnen sklavisch unterlegen, sucht Sinnesfreude, meidet Schmerz. Erst kontrollierendes Bewußtsein, das über den Körper herrscht, macht den Menschen frei, zum Menschen: Gibt ihm die Freiheit, angenehme Gefühle zurückzuweisen, nicht bei jedem Anblick einer guten Speise speicheltriefend in die Falle zu gehen. Gibt ihm die Freiheit, Schmerz nicht zu flüchten, Leid zu akzeptieren für die Verwirklichung eines Ideals, für die Verteidigung der Wahrheit gegen ihre Schlächter, Unterdrücker, ohne vor dem Schmerz zu winseln und zu Kreuz zu kriechen. Die ganze menschliche Kultur durch ihre ganze Geschichte ist die Chronik der Emanzipation des Menschen vom Mißbrauch der Gefühle durch ihn selbst und andere, von der Erhebung des Bewußtseins über sie. Und weil die Chronik prall, voll Tragik ist, ein Übermaß an «Göttermacht» ausweist, geriet mit der berechtigten Emanzipation Gefühl schlechthin in Mißkredit. Der Gott Mensch wird es wiederfinden – doch davon spricht ein anderes Hexagramm (III/13.). Dieses hier beschreibt noch eine menschliche Gesellschaft, die ihr schöpferisches Potential an Phantasie ausverkauft hat an die «Maya», statt ihm durch die Macht des Geistes und des steuernden Bewußtseins Regeln der Vernunft zu geben. Wenn sie sich nicht anders orientieren wird, kann ihr nur Dekadenz beschieden sein, Vorbotin des Niedergangs, der Auflösung ihres Kulturprinzips – der Triumph der Illusion.

Das Orakel

Laß die Bilder und Gefühle
Deiner und des Kosmos' Seele
ruhig an Dir vorüberziehen:
Nur beteilige Dich nicht.
Was Dir heute schmeckt,
ist morgen schal, und was Du
gerne haben willst, verfliegt,
sobald Du danach greifst:
Es sei denn die Wahrheit,
Wirklichkeit. Doch nicht
durch Greifen, Schmecken
unterscheidest Du die Illusion,
sondern durch Wissen und Verstehen,
dem klaren Blick des Geistes,
der durch die Bilder schaut,
sieht, ob sie Substanz und Leben
haben oder vortäuschen.
Irrst Du Dich eines Tages
nicht mehr, täuscht,
beherrscht Dich auch kein Gott:
Und Du bist wirklich frei.

DIE EINZELNEN LINIEN

Neun als erste Linie bedeutet:
Ein verblendetes Bild im Spiegel:
So tritt nicht vor die Menschen,
vor die Welt.
Auch wenn es Dir gefällt.

Die Eitelkeit, die Eitelkeit, oder: Einbildung ist die erste Form der Bildung, wie der Volksmund weiß. Doch sollte man über diese erste Stufe des Bewußtseins längst hinaus sein. Sie hat allenfalls Charme bei einem Kind, das weder sich noch die Welt richtig einzuschätzen vermag. Für einen erwachsenen Menschen fängt er bei der Klarheit über die eigene Person, die eigenen Schwächen und Fehler erst an. Wenn die Selbsteinschätzung in so großem Maße von der Wirklichkeit abweicht, wer im Spiegel nur sein Kopfbild sieht und nicht das wirkliche, der braucht sich Menschen und der Welt erst gar nicht zu nähern, er wird an ihnen, sie an ihm vorbeireden, -denken, -handeln. Ist das nicht die Erklärung für so manches Rätsel, das dir deine Beziehungen zur Umwelt aufgab? «Erkenne dich, und du erkennst die Welt» – nicht neu, doch deshalb längst nicht überholt. Solange es Menschen gibt, wird dieser Rat seine Klienten haben: Wie jetzt dich.

Neun als zweite Linie bedeutet:
In Deinen Träumen bist Du Prinz,
ein Held, der Reichtum dieser Welt:
Das macht Dich stark.
Versuche nüchtern ohne
schwach zu werden.

Die Seele ist erfüllt, die Brust geschwellt von all den großen und phänomenalen Dingen, die die Phantasie und das Gefühlsleben dem Bewußtsein als innerliches Selbstbild präsentieren. Nichts fällt leichter, als daran zu glauben: Spürt man doch ganz deutlich all die Werte, all das Potential, das nur noch nicht nach außen dringen, sich bestätigen konnte. Fühlt man nicht die Kraft, das Selbstbewußtsein, die aufrechte Stärke, die der inneren Größe und Bedeutung entspringt? Wenn das Orakel dir nun sagt, daß du zwar innerlich im Reichtum badest, doch deine Seele nur ein Tropfen ist im Meer, das du gerade fühlst – glaubst du ihm dann noch? Wenn es dir empfiehlt, die innere an deiner äußeren Größe zu messen – schrumpfst du dann? Wenn es dir rät, dich nüchtern zu betrachten, ohne schwach zu werden – kannst du ihm dann folgen? Kann die Wahrheit, Wirklichkeit dich nicht noch stärker, größer, selbstbewußter machen?

Sechs als dritte Linie bedeutet:
Du schreibst Dein Wissen,
Deine Einsicht um, damit sie
Deine Illusion nicht stören:
Verzichtest auf den Sinn
für Lustgewinn. Doch nach der Lust
bleibt Leere.

Die Illusionen sind so attraktiv und schmeichelnd, daß man der Versuchung nicht widerstehen kann, ihnen ein paar Einsichten des Bewußtseins zu opfern, andere zu «korrigieren», damit sie in das Schema des angenehmen Irrtums passen, nicht mehr daran hindern, ihn zu begehen: Einem schönen Selbstbetrug zuliebe stellt man sich dumm, löst die gerade Linie der Bewußtseinsentwicklung auf. Das wird man noch bedauern – wenn nämlich mit der Illusion sich auch die klare Konsequenz der bewußten Persönlichkeit verloren hat. «Wenn ein Kopf und eine Versuchung zusammenstoßen, und es klingt hohl – dann ist es meistens nicht der Kopf»? Du glaubst lieber das Gegenteil. Wer weiß, vielleicht in deinem Fall sind beide hohl. Dann passen sie zusammen.

Neun als vierte Linie bedeutet:

Kaum hast Du eine Aufgabe,
schon entscheidet sie über
die Zukunft dieser Welt.
Nichts gegen Gewicht.
Alles gegen Völlerei.

Wenn man für andere Menschen eine Funktion und Bedeutung, eine Verantwortung hat, der man durchaus gewachsen ist, sollte man sich dem Eindruck, von ihr hinge das Bestehen und Fortbestehen der Welt ab, nicht einmal versuchsweise hingeben. Er hat zu schlimme Folgen, unter anderem leidet auch die Arbeit und Funktion selbst unter der Überbewertung, von der sie keine Ahnung hat. Dagegen, seine Aufgabe ernst und wichtig zu nehmen, ist nichts zu sagen. Doch sehr viel dagegen, nur noch sie und sich zu sehen: Die Relationen gehen verloren. Und mit ihnen der Wert der Arbeit, die eigene ruhige Urteilskraft, die man für seine Aufgabe sehr braucht.

Sechs als fünfte Linie bedeutet:

Wie ein Lamm läßt Du Dich treiben,
wo Du andere führen solltest:
Genügt Dir die Illusion?
Glaubst Du, ein Mond sei eine Sonne?

Die Tatsache, an der Spitze der Herde zu marschieren, heißt noch längst nicht, daß man führt: Man kann auch getrieben werden. So wie es hier der Fall ist: Man meint, seine zentrale, übergeordnete Aufgabe zu erfüllen und wird doch bloß in dem Glauben gehalten, daß es so sei. Durch Schmeicheleien, Suggestionen, freundliche Unterstellungen setzen andere ihre Pläne, ihren Willen durch, ohne die eigene Entscheidungsverantwortung offen in Frage zu stellen. Man ist ein Mond, der nur das Sonnenlicht reflektiert, glaubt aber, es sei umgekehrt. So blendet oft das Licht, das einer an sich sieht, die Sicht auf dessen Herkunft und Bedeutung. Und weil er die nicht sieht, hält er sich für die Sonne.

Sechs als sechste Linie bedeutet:
Wer einen Weisen imitiert,
ist selbst noch längst nicht weise.
Wer starke Gesten macht,
ist nicht gleich stark.
Und wer auf seinen eigenen Schein
hereinfällt, ist ein Tor.

Von Weisen kann man lernen: Sie zu imitieren ist der erste Schritt zu tieferem Verständnis ihrer Haltung und deren Grundlagen. Auch von starken Menschen kann man Stärke lernen. Doch bloß formale Imitation, ohne den Aufbau der gleichen Qualitäten in Charakter und Bewußtsein, ist in sich noch keine Leistung – nur Absichtserklärung, die durch Realisierung eingelöst werden muß. Wer dagegen bei der Imitation stehenbleibt in der Bemühung und Entwicklung, dem fehlen die Voraussetzungen zu höherer Selbstgestaltung. Er könnte nun zu dieser Erkenntnis kommen und sich mit seiner Persönlichkeit bescheiden. Doch wenn dieser Mensch nur simple Formalismen sieht, mit ihrer Nachahmung glaubt, schon das Ziel erreicht, den Sinn und Zweck der Welt realisiert zu haben, der ist ein hoffnungslos geblendeter Tor, bei dem auch Belehrung nicht möglich ist. Man muß ihn seinem Schicksal überlassen – es wird ihn früher oder später eines Besseren belehren. Denn selbst bei diesem gilt die Wahrheit, daß in dieser Welt nichts ewig währt – wenn auch manchmal sehr lange.

Das Haus des Wirkens des Wassers

III/13. DIE HELLSICHT

oberes Trigramm: TUI, die Phantasie, der See

unteres Trigramm: TUI, die Phantasie, der See

Das Bild

Die Verdopplung der konkreten Manifestation des formlosen Prinzips der Psyche, der Phantasie, des Sees.

Der Charakter

Mit unendlichem Gespür
vernimmt die Seele Töne, die
das Ohr nicht hört und sieht,
was den Augen verborgen bleibt
durch alle Zeiten, Räume hin
und über sie hinaus.
Grenzenlos, ursprünglich
ist ihr Wissen, ihre
Erinnerung – nichts
in Zukunft und Vergangenheit
ist ihr verborgen: Bleibt sie nur
in ihrer Klarheit, Reinheit
ungetrübt.
Schon der geringste Hauch,
die leiseste Berührung läßt sie
erzittern, kräuselt ihre Oberfläche,
macht sie blind:
Auch wenn die bodenlosen Tiefen
rein und klar geblieben sind.

Makrokosmische Bedeutung

Die psychische Sphäre jeder kosmischen Wirklichkeit, eines Sandkorns ebenso wie die eines Planeten, ist durch ihre subtilste Schwingungsfrequenz mit der «Allseele», der Psyche des Universums, verbunden. Nur die konkrete seelische Aktivität, mit ihrer individuellen Bildarbeit, ist stärker, vordergründiger für das Empfinden, das «Bewußtsein» der individuellen Seele. Bleibt die Seele von individueller Arbeit frei, bewegt sie sich nicht, weder auf sinnliche noch auf mentale Impulse reagierend, ist sie der Allseele angeschlossen, mehr noch: Ihr integrierter Teil, weder räumlich noch zeitlich noch qualitativ von ihr getrennt, verfügt über alle Aspekte und Dimensionen ihrer kosmischen «Überseele». Wie ein Wassertropfen, der im Meer badet, alle qualitativen Eigenschaften, wie Salzgehalt, Bewegung, Farbe, des Meeres selbst in sich trägt und verspürt, identisch mit ihm ist in allen seinen Dimensionen: Er *ist* das Meer, und ist doch von ihm getrennt, individuell bewußt. Um das Prinzip zu verdeutlichen: Ein Tropfen Tinte, der ins Meer fällt, bleibt zwar als Tinte erhalten, subjektiv vom Meer geschieden – und doch dehnt er sich unendlich aus, «verdünnt sich», wird endlos mit allen Teilen und Aspekten des Meeres verwoben, weiß, sieht, fühlt, erfährt alles, überall bis in die fernsten Winkel, und ist mit allen Aspekten und Vorgängen des Meeres vertraut und identisch. Wenn du dir jetzt die Tintenfarbe wegdenkst, hast du das Bild der individuellen Seele, unbelastet von den subjektiven Inhalten der aktuellen Existenz, in ungestörter Verbindung mit der Allseele, ihren Qualitäten, Bewegungen und Formen. Die wirkt als Quelle der Inspiration, als reinigendes Korrektiv auf alle konkret geformten Seelen des Makrokosmos ein, und wenn ihr Einfluß ungebrochen, die konkrete Wirklichkeit mit ihrer Schwingungsform identisch ist, spiegelt die individuelle Seele in konkreter Existenz die Klarheit der Allseele wider; verfügt damit über deren Qualitäten, Möglichkeiten, Inhalte wie diese selbst. Weiß, was im entferntesten Winkel des Universums gerade geschieht, ist ja mit einem Teil von sich «selbst dort», und nicht nur horizontal, auf räumlicher Ebene, sondern auch vertikal, durch alle zeitlichen Ebenen aller kosmischen Wirklichkeiten: Überall und gleichzeitig mit allem verbunden. Was heißt: Alles, was in irgendeiner individuellen Seele des Universums geschieht, «geschieht» zugleich auch allen anderen Teilen – alle sind buchstäblich an allem beteiligt, und damit mitverantwortlich für das, was allem geschieht, nicht bloß sich selbst verpflichtet. Daher die Weisheit der Jahrtausende, daß, was man sich antut, man auch anderen tut, und was man anderen Gutes tut, tut man auch sich (unabhängig vom karmischen Aspekt dieser Wahrheit, der Ursache und Wirkung definiert und kausale Abläufe in den individuellen Leben begründet). Ein Kosmos, der zu dieser Hellsicht sich geklärt emporentwickelt hat, Planeten, deren Astralsphäre ein ruhiger Spiegel der kosmischen Seelenschwingung ist, eine Spezies, deren astrale Aura im Rhythmus der Allseele schwingt, ohne daß ihre individuellen Frequenzbeiträge aus der kosmischen Reihe tanzen, Disharmonie verbreiten (und sich ausbreiten wie die Wellenringe auf der Wasserhaut eines Sees nach einem Steinwurf) – dieser Kosmos, dieser Planet, diese Lebensform können sich zu Recht frei nennen: Frei von den individuellen Begrenzungen, die ihr Selbstbewußtsein beschneiden auf das Maß, das sie sich selbst genehmigen. Sie leben und entwickeln sich in Übereinstimmung mit allen harmonischen Inhalten des Universums, kennen Krankheit, Tod und Leid nicht mehr, nur Übergang, Veränderung und streben dem Bewußtsein der All-Einheit, des All-Empfindens, des All-Gewahrseins, der All-Erkenntnis und Vollkommenheit im einen schnell entgegen – versus unum, wie der Name Universum ja schon sagt.

Mikrokosmische Bedeutung

Der wahrhaft sensible Mensch, der in diesem Hexagramm charakterisiert ist, verfügt nicht bloß über Phantasie im Sinne der bildnerischen Fähigkeit der Psyche. Er ist vielmehr ausgestattet mit den «seelischen Sinnen», die es ihm ermöglichen, Menschen, Phänomene und Zusammenhänge bis in ihre verborgensten Aspekte zu erfassen und inTUItiv aufzunehmen. Was die Sicht, das Gefühl materiell orientierter Menschen begrenzt und beendet, die physische Sensation und Außenhaut der Dinge, hindert seine Sicht und sein Empfinden nicht: Er blickt durch. Dies äußert sich im trainierten und geschulten Bewußtsein als Hellempfindsamkeit, Hellhörigkeit, Hellsicht – im unbewußten, ungeschulten Menschen als verblüffend zutreffende «Eingebung»: Intuition. Seismografisch werden Vorgänge und Qualitäten auf der subtilen Ebene astraler Schwingungen in der Aura dieses Menschen registriert, bilden und «vibrieren» das Wahrgenommene in seiner astralen Aura nach – und der Mensch «erlebt» und «versteht» spontan und unvermittelt, wer ihm gegenübersteht, was um ihn vorgeht, was ihn da tangiert. Da sich keine starre Eigenschwingung des niederen Ego wehrt, die eigene Aura «unangreifbar» macht gegen Frequenzen anderer, der Außen- und der Umwelt, antworten die eigenen aurischen Lichtsubstanzen mit Affinität, man fühlt und weiß in sich, was im anderen schwingt – man schwingt mit. Wenn diese Fähigkeit dem Willen unterworfen ist, man seine Schwingungen auf Wunsch rezeptiv machen – oder auch auf einer festen Frequenz halten kann, um sich gegen die Einwirkungen einer disharmonischen Frequenz zu schützen, dann ist die Seele «realisiert», ein Instrument des souveränen Bewußtseins zur Vermittlung mit dem Universum, zur Kommunikation von Wissen und Erkenntnis auf astral-seelischer Ebene. Die Einstimmung des bewußten Empfindens auf ein Thema, ein Objekt, ein Lebewesen hier oder an einem x-beliebigen anderen Raumpunkt des Universums zu einem x-beliebigen Zeitpunkt in Vergangenheit, Gegenwart und Zukunft genügt, um aus der Allseele die Schwingungen zu empfangen, in sich nachzuschwingen, die alle Informationen zum gewählten Thema transportieren, «Auskunft geben». In dieser simplen Wahrheit ist eine wesentliche Bedingung für geisteswissenschaftliche Praxis formuliert, die ein verständiger Leser unmittelbar und ohne Vorkenntnisse überprüfen kann. Vorausgesetzt, er ist in sich stabil genug, die eigene seelische Aktivität zu stoppen, keine eigenen Impulse aus Gefühl, Emotion, Vorstellung und Phantasie auszusenden, sich ganz zur Ruhe zu bringen, bis «der See der eigenen Psyche» sich nicht mehr bewegt. Man kann nur entweder klar senden oder klar empfangen – sonst kreuzen und vermischen sich Frequenzen, und das Ergebnis der Bemühung zu einer hellen Sicht führt zu subjektiver Illusion – einem Gemisch aus Aufnahme und Projektion. Im einfachsten Fall führt die Übung zu der Fähigkeit, sich in die Lage und Gefühlswelt anderer Lebewesen oder die astralen Dimensionen von Ereignissen zu versetzen. Im überlegenen Bewußtsein der abgeklärten, reifen Seele entwickelt sie die Fähigkeit, hellsichtig komplexe Zusammenhänge, Strukturen individueller Seelen in ihren karmischen Zusammenhängen zu erkennen, über die aktuelle Situation, das aktuelle Leben hinaus und vor es zurück, sich Tatsachen zu «vergegenwärtigen» in bildlichem und erlebbarem Sinn, für die es keine rationalen Anhaltspunkte, Meßwerte und Indizien gibt. Und doch «weiß» die erfahrene Seele um den Wahrheitsgehalt ihres Wissens, kann subjektive Illusion und Projektion genau von objektiver Information aus der Allseele trennen. Und doch ist Hellsicht von der «Prophetie» unterschieden – Hellsicht bewegt sich auf der Schwingungsebene der Allseele, im Astral, arbeitet mit Seelensinnen, Bildern, Eindrücken, Empfindungen. Prophetie eliminiert die Schwingungen der Seele, aller niederen Körper, und bewegt sich auf der mentalen Ebene allein, stößt zu den Archetypen in Akasha vor, «erfährt» und weiß, ohne zu fühlen und empfinden: Im Geist, abstrakt, konzeptionell und ideell. Und nicht das Wasserelement ist da das Medium, sondern der Geist, KIEN, in seiner individuellen Aktivität als SUN – vielleicht durch LI aktiviert und transzendiert, «erleuchtet». So ist dieses Hexagramm als Aufforderung zu verstehen, in sich die Sensibilität der Seele zu entwickeln, ihre Sinne auszuprägen und zu kultivieren – und die, bei denen sie bereits entwickelt sind, ermuntert es zu mehr Vertrauen in das, was die Seele weiß und sieht und hört, zu ihrer eigenen Vervollkommnung und zur beständigen Erweiterung des Bewußtseins von den Menschen und der Welt. Auf der Ebene des physischen Organismus kennzeichnet das Hexagramm die Sinne und das Nervensystem, durch die Verdopplung des Trigramms auch die Aktivität des Solarplexus als Bindeglied und Kommunikationszentrale zwischen dem physischen Nervensystem, der «physischen Seele», und der astralen Aura mit ihren Wahrnehmungssinnen, der «psychischen Seele». Auf gesellschaftlicher Ebene zeigt das Hexagramm eine in sich geschlossene, harmonisch ausgeprägte kulturelle Blüte, die im Einklang mit den Harmoniegesetzen des Universums, und zwar in bewußter Übereinstimmung mit ihnen, sich entwickelt und gedeiht. Es könnte das Bild der gesellschaftlichen Seele der mittelamerikanischen Mayas ebenso sein wie das der tibetisch-lamaistischen Volksseele. Und wer weiß, vielleicht wird uns die künftige Evolution dieses pubertierenden Planeten in nicht allzu ferner Zukunft, nach der Selbstauslöschung der barbarischen Kriegstechnokratien in Ost und West, mit einem aktuelleren Beispiel für die gelebte kosmische Seele einer Kultur, einer Gesellschaft verwöhnen. Wir, unsere Kinder, Enkel, werden sehen: Vielleicht heller denn je.

Das Orakel

Wie absichtslos, mit feinem Sinn,
ergründe alle Dinge, alle

Wesen in ihrer tiefsten Wirklichkeit:
Der Seele, die ihrer Idee,
ihrer kosmischen Bedeutung,
ihrem Lebens-, Daseinssinn
in Bildern und Gefühlen, mit
Farben, Formen, Tönen, durch
Schicksal, individuelle Schöpfung,
eigene Schönheit, deutlich
Ausdruck gibt – unmißverständlich,
einzigartig, unverzichtbar.
Wie jeder Stern des Universums.
Jede Sonne. Jede Welt, die man
bewohnen kann.

DIE EINZELNEN LINIEN

Neun als erste Linie bedeutet:
Deine Gefühle trügen nicht:
Wie Dein Herz schlägt, schlägt
der Puls der Welt.
Und Deine Züge spiegeln
die Harmonie des Kosmos wider.

Wessen Seele so ausgeglichen ist, mit allen Aspekten seiner weltlichen Persönlichkeit wie auch der Welt sich versöhnt hat, sei es durch tiefes philosophisches Verständnis oder durch bewahrte, naive Natürlichkeit, der «trägt seine Seele im Gesicht» – und sein Körper, seine physische Person, spiegelt in jeder Bewegung, in jeder Geste und Aktion die innere Harmonie wider. Und wird für andere leicht der harmonisierende und stabilisierende Faktor in ihrer unmittelbaren Umgebung, dessen sie bedürfen, um selbst harmonischer zu werden: Durch seine bloße Anwesenheit, ganz absichtslos, und ohne zu belehren.

Neun als zweite Linie bedeutet:
Die Vision ist stark, die Einsicht
groß: Deiner Seele offenbart
der Kosmos alles, wonach sie
ihn fragt. Wer Dich von fern berührt,
fühlt die Kraft des Universums.

Oft sind es zurückhaltende, unauffällige Menschen, die eine starke seelische Beziehung zur Allseele leben. Ihre astrale Persönlichkeit ist deshalb weit ausgeprägter als ihre physische, und durch die Selbstverständlichkeit, mit der sie die innere, seelische Wirklichkeit in ihr Bewußtsein integriert haben, stehen ihnen alle intuitiven Informationen der kosmischen Psyche jederzeit zur Verfügung: Es genügt, nach innen zu horchen, den Kosmos zu befragen, und schon ist die Antwort gegenwärtig und vertraut. Im Laufe dieser starken seelischen Ausprägung bildet sich eine astrale Aura heraus, die an Intensität und in der Höhe ihrer Schwingung die Aura durchschnittlich, weltlich orientierter Menschen in jeder Hinsicht übersteigt: An Kraft, Klarheit und Ausdehnung. Schon wenn man von fern, auf viele Meter, diese Aura berührt, fühlt man sich «berührt» und weiß nicht, warum. Das Bewußtsein, das nicht abgelenkt wird, kehrt spontan immer wieder zu dieser Persönlichkeit zurück, ohne daß man rationalisieren könnte, was an dem Menschen so «interessant» wäre. Man spürt die Kraft, die Weite und die Wahrheit des Universums – und sieht doch bloß einen «gewöhnlichen» Menschen. Wer sich bemüht, durch ihn hindurchzusehen – dem dürften schnell die Augen offen sein. Und damit auch sein Herz, die Seele.

■x■ **Sechs als dritte Linie bedeutet:**
Was Du nicht verstehst, kann Dir
nicht dienen – bloße Gefühle,
Sensationen, sind keine Reise
in die Welt der Seele wert.
Und bald trägst Du
den bunten Narrenhut.

Wer seinen Verstand, sein kritisches Bewußtsein negiert oder vernachlässigt, um in den Eindrücken der Sinne, den Bildern und Signalen der Seele zu schwelgen, ist wie ein Mensch, der Buch um Buch kauft, nur um die bunten Titelbilder zu betrachten, in einer Schrift und Sprache, die er nicht versteht. Ihm wird weder Wert noch Unwert des Gesehenen, Erlebten klar, noch kann er unterscheiden, was Projektion der subjektiven Psyche, was objektiver Inhalt der kosmischen Seele ist. Damit ist alle Wahrnehmung unbrauchbar, nutzlos – und würde besser unterbleiben, glaubt er doch, er hätte etwas wahrgenommen und «erfahren», seine «Hell-» und «Seelensicht» hätte ihn bereichert. In Wirklichkeit ist er nur arm, ärmer als zuvor, da sein Bewußtsein nicht mit Seelenplunder überfüttert war und wird, wenn er nicht rationale Disziplin zum Gärtner macht, mit dem bunten Strohhut des Narren durch den astralen Erlebnisdschungel gehen, wo

Gedanken wilde Blüten treiben, exotische Geräusche bizarre Vorstellungen wecken und nicht widerlegen, und wo die Bäume eigener Phantasie nach Herzenslust ausschlagen – wahrscheinlich und sehr heftig in sein eigenes Hinterteil. Ob es ihn ernüchtern wird – das weiß Gott Tarzan allein.

Neun als vierte Linie bedeutet:
Du siehst die Menschen, siehst
die Welt – und führst sie
zu sich selbst. Solange Du
in einem Haus mit ihnen wohnst,
werden sie Deiner Einsicht folgen.

Eine klare Hellsicht über die seelischen Zusammenhänge des gesellschaftlichen wie individuellen Lebens, ergänzt durch eine starke praktische Vernunft, macht diesen Menschen zum wertvollen Teil der Umgebung anderer. Man akzeptiert seine Einsichten, folgt seinen Erkenntnissen, erblüht seelisch wie materiell durch seine inspirierende Präsenz, und das kulturelle Niveau der Gemeinschaft veredelt sich konstant. Dieses Einflusses ist er sich sehr wohl bewußt, übt ihn gezielt und bedachtsam aus – aber er sollte nicht verkennen, daß sein segnender Einfluß wesentlich durch die Tatsache ermöglicht wird, daß er sich nicht über andere stellt, sich als Guru oder Autorität gebärdet, sondern als brüderlicher Ratgeber präsent ist, wenn er gebraucht wird: Als Gleicher unter Gleichen, ohne hierarchische oder persönliche Privilegien. Würde er sich persönlich von den anderen distanzieren, «nicht mehr unter einem Dach mit ihnen wohnen» und eine Sonderstellung für sich beanspruchen, so wäre sein Einfluß verloren, sein Rat, seine Einsicht und Hellsicht für andere wertlos geworden. Zwar zum Schaden aller – doch die Menschen, um die es hier geht, leben lieber in bescheidener Freiheit als in einem goldenen Käfig. Was durchaus für sie, für ihr klares Bewußtsein spricht.

Neun als fünfte Linie bedeutet:
Auch die Hellsicht ist verläßlich:
Ist es nur der Mensch.
Und wenn die Seele große,
starke Bilder offenbart,
formt ein starker Mensch
aus ihnen große Wirklichkeit.

Weil es keine «objektive» Einsicht ist, zögerst du? Weil die Wahrheit nicht «beweisbar» ist, zweifelst du? Sind du, deine Persönlichkeit, dein ehrliches Engagement für die Menschen und die Welt, die Qualitäten und Qualifikationen deines bewährten Bewußtseins nicht «objektiv», «beweisbar»? Warum sollten es da deine klaren Einsichten und Wahrheiten nicht sein – gleich wie du sie gewonnen hast? Ist Hellsicht, die nicht an der Enge der Materie, der vergänglichen Phänomene scheitert, nicht manchmal verläßlicher und objektiver als weltlicher Schein? Der Kosmos hat dir durch erhöhte Einsicht und Erkenntnis einen Auftrag gegeben – und wenn dein analytisches Bewußtsein seine Inhalte für gut befindet, führe ihn aus. Auch wenn du vielleicht nicht weißt, wie du sie begründen, woraus du sie herleiten sollst. Wenn du gefragt wirst, antworte ganz einfach: «Hellsicht», «Eingebung». Die Zukunft wird dein Seelenwissen durch eine Wirklichkeit bestätigen, die jeder riechen, fühlen, schmecken kann: Grobstofflich beweisbar, objektiv.

■x■ **Sechs als sechste Linie bedeutet:**
Solange Du nur Hellsicht hast,
wird Dir Hellwissen fehlen.
Im Wunderland konkreter Seele
weilt nur, wer nicht den Weg
zu höheren Gefilden sieht.
Und was siehst Du?

Statt den Weg geistiger Entwicklung und Erleuchtung auf der richtigen Ebene konsequent zu gehen, verliert man sich in die Faszination der konkreten Bildebene der astralen Wirklichkeit. Gibt sich mit dem vielfältigen Seelenwissen zufrieden, das sie vermitteln kann, und dürstet nicht mehr nach höherer Erkenntnis, geistiger Realität, speist sich mit den ästhetischen Genüssen feinstofflicher Formenwahrheit ab. Doch die ist endlich, relativ wie ihre grobstoffliche Schwester: Himmelsspeise, Göttertrank bietet sie nicht. Und wenn du dich noch animieren läßt, verdaust du nur, doch wächst nicht mehr: Was deiner hellen Sicht sich zeigt, ist aus der Sicht des klaren Geistes Dunkelheit. Auch wenn sie heller ist als die Materie. Diese Schwäche spricht sich selbst die Qualifikation zu höherer Erkenntnis, Geistesreife ab. Und wenn man sich nicht selbst bezwingt und übersteigt, bleibt man ein Hellseher in der konkreten Welt – das Licht, die Wahrheit sehen, wissen wird man nicht.

III/14. DER ÜBERSCHWANG

oberes Trigramm: TUI, die Phantasie, der See

unteres Trigramm: SUN, die Reflexion, der Wind

Das Bild

Unter der konkreten Manifestation des formlosen Prinzips der Psyche, der Phantasie, dem See – die konkrete Manifestation des feinstofflichen Geistprinzips, die Reflexion, der Wind.

Der Charakter

Wenn Phantasie des Denkens Zügel
nicht mehr spürt, verliert sie
leicht ihr Maß, ihr Ziel
und ihren Weg: Gefühle
waren nie ein guter
Botschafter des Geistes.
Im Überschwang der losen Phantasie
schwimmen schwache Pferde mit,
die keinen Reiter tragen,
keine Idee ins Ziel zu traben haben,
vermehren sich im Lauf:
Die Füllen, kaum geboren,
saugen dem Gespann die
Kräfte aus. Sein Ziel
erreicht es nie. Und sie, die
Seepferde der Seele, von Luft
und Licht und Wind zertrocknet,
ihrer Botschaft, ihres Lebenssinns beraubt,
verglühen in der Sonne einer
fremden Atmosphäre, zerfallen
klanglos, unerhört im Staub.

Makrokosmische Bedeutung

Wenn die Mentalsphäre eines Planeten einer überspannten, hochaktiven Astralsphäre gegenübersteht, die von unkoordinierter seelischer Aktivität aller Lebensbereiche des Planeten zeugt, haben es die mentalen Konzepte und Ideen schwer, der astralen Lichtsubstanz klare Muster aufzuprägen, sich eindeutige Vehikel für ihre Einflußnahme auf die grobstoffliche Wirklichkeit zu organisieren. Die Astralsphäre überreagiert auf jede mentale Schwingung, antwortet mit ungefragten Formen, unerwünschten Lichtgebilden, die sich alle als Botschafter, als Konkretisierung der Idee verstehen. Bleiben vielleicht eine Weile noch bestehen, «reiten auf den Wellen ihres kreativen Impulses in die Tiefe», bis die Schwingung verebbt, sie nicht mehr aufrechterhält und trägt. Dann zerfallen sie, halten der langsameren Schwingung nicht mehr stand, da kein Konzeptgerüst, kein Ideenrückgrat sie mehr stützt, zerfließen wieder in das Reservoir ungeformten astralen Lichts. Der Bilderreichtum täuscht die Fülle, schöpferischen Reichtum, vor und ist doch bloß ein Kabinett flüchtiger Phantome, Überlagerung der wirklich kreativen und stabilen Formen, ein Mischmasch – und eine Täuschung der Welt: Die empfängt, in ihrem grobstofflichen Äther, dem Vorzimmer der physischen Materie, die wirklichen Ideen, konkreten Evolutionsimpulse nie. Wird nur beunruhigt, gestreift, von schwachen Scheingebilden angekratzt. Es fehlt am «Feuer», zielgerichtet, die Ideen zu dynamisieren, Schein von Sein zu trennen, das Echte durchzusetzen gegen reines Spiel der Form, der Phantasie: Wir kennen den Prozeß aus Hexagramm III/10. Wo dort der starke Wille herrscht, herrscht hier die schwache Sensibilität, die auf alles reagiert und deshalb nicht im Sinn des Wichtigen agieren kann. Die flüchtigen Ideen, die aus der materiellen Tiefe des Planeten kommen, vermischen sich mit denen, die sich dem Planeten nähern wollen, kraftlos, undynamisch: Das Resultat ist ungeordnete, schnellebige Fülle, der die Leere folgt. Zurück bleibt die zerfurchte Seelensphäre des Planeten, nach unfruchtbarer Überanstrengung erschöpft. Bis ein starkes Konzept, dynamisch und gewillt, ob aus der geistigen oder der materiellen Ebene der Welt, wieder große, klare Formen schafft: Bilder, denen alle Wirklichkeit sich zuordnen und folgen kann. Ideen, die von den grobstofflichen Äthern eingekleidet werden, um vor den Spiegel der Materie zu treten.

Mikrokosmische Bedeutung

Auch der Mensch, der eine Wahrheit in sich trägt, neigt leicht zu Überschwang in seiner Phantasie und im Gefühl: Die Seepferde der Seele gehen mit ihm durch. Statt eines klaren Realisierungswillens, statt nüchtern-sachlicher Reflexionen des Denkmodells überlagern Sensitivität und ein Heer ausgelöster Impressionen in der Psyche jede Überlegung, die so ihren Namen nicht mehr verdient, da sie ihnen unterliegt. Was zu Beginn ein klarer Gedanke war, wird am Ende Spielerei der Phantasie, was Botschaft war, direkt, zerfasert sich in hundert Bilder, die sich gegenseitig den Rang ablaufen, nach außen die Vertretung der Idee zu übernehmen. Wenn ein Mensch so die Idee mitteilen will, erreicht die Botschaft den Empfänger nie: Und der, von hübschen Bildern angerührt, genießt sie nacheinander – doch war es ihm am Schluß nicht mehr als Zeitvertreib. Der Kopf, der die Gefühle vorschickt in die Schlacht um Wirklichkeit, läuft seinen Beinen hinterher – und ehe er sie noch erreicht, sind sie schon abgeschlagen, auf dem Heimweg oder widerlegt. Dabei ist die Versuchung groß: Hat doch das Denken, die eigene Ratio, der Verstand bestimmt, daß nun Bilder der Seele die Idee umsetzen sollen und die Welt erfrischen, neu begeistern. Doch hat das wirklich der Verstand beschlossen, nicht das Gefühl schon selbst? Und wenn begeistern: Warum nicht mit Geist? Ehe das Denken der Phantasie wieder die Zügel angelegt hat, ist sie längst auf Seitenpfade abgewichen, hat entzückt, wo's nichts zu gewinnen gab – und kommt die Idee, kühl, unverziert und wahr, dann hinterher, will keiner sich an ihr erwärmen. Diese Ernüchterung erspart sich, wer sich nicht an eigenen Gefühlen, an eigener Phantasie berauscht, bei aller Freude an des Denkens Früchte: Roh und unvergoren schmecken sie am besten, haben keine Botschaft als sich selbst, und ihr Samen hat noch Kraft für Triebe. Wer stürmisch den Gefühlen folgt, läßt die Idee weit hinter sich – bis sie ihm nicht mehr Rückendeckung gibt und er dem Feind, dem Unglauben der Welt, schutzlos und verwundbar in die Arme fällt. Er hat sich der Idee beraubt, die Idee ihrer Kraft zur Weltveränderung – und Akasha hält Ausschau nach einem geeigneteren Kandidaten, sein Konzept in die Welt zu tragen: Nach einem Denken, hart und klar wie Diamant, das nicht im ersten See sich auflöst und zum See-le wird – verletzlich schwacher Flüssigkeit. Zum Körper sagt das Hexagramm, daß Regelmäßigkeit von Blutkreislauf und Atmung die körperliche Ruhe, Ausgeglichenheit bestimmen. Gerät das Blut in Wallung, drängt unruhig an, staut sich, ist das seelische Gleichgewicht gestört, die Körperruhe hin – und auch die Atmung herrscht nicht mehr, hat ihre Macht über den Körperrhythmus verloren, reagiert statt zu regulieren – setzt sie nicht, unter einem starken Willen, gegen die Kraft des Blutes ihre Regelmäßigkeit, die Harmonie im Körper wieder durch. Zur menschlichen Gesellschaft nimmt das Hexagramm ganz ähnlich Stellung: Kontrolliert das immanente intellektuelle Potential nicht mehr die Phantasie, den gesellschaftlichen Lauf, die Äußerung der Gefühle, kommt es zu Ausschweifungen, Exzessen, Gefühlsräuschen und Sensationskulten an Stelle von Kultur, denen kein Verstand mehr steuert. Phantasien, Bilder, Reize dirigieren Motivation und Handlung der Menschen. Und der Verstand dient bloß als Zeuge, Rationalisierungsgehilfe des eigenmächtigen Gefühls, das in eigener Regie schnell orientierungslos wird, Reizstärke als einziges Kriterium und Wert anerkennt und schließlich die Gesellschaft geistig entkultiviert, degeneriert, barbarisiert. Beispiele in der Geschichte sind dafür die westlichen Industrienationen kurz vor ihren Katastrophen, Kriegen, Klimakterien in den letzten drei Jahrzehnten des zwanzigsten Jahrhunderts. Ihre Medien, die Massenpresse, ihre Kommunikationskultur.

Das Orakel

Gewähre Deinem Denken Flügel
der Phantasie und des Gefühls –
doch sei ihr Herrscher und Begleiter
auf dem Flug:
So kommen weder sie noch Du
durch allzu dünne Höhenluft
in Atemnot – oder zu unverhofftem
Sturz und Fall.

DIE EINZELNEN LINIEN

▬x▬ **Sechs als erste Linie bedeutet:**
Solange Du nicht stark genug bist,
gegen Dein Gefühl zu handeln,
bleibe still, beweg Dich nicht.
Sonst bewegt es Dich.

Mit klarer Konsequenz in seinen Konzepten und Gedanken sollte man sein Leben gestalten, die Elemente bestimmen, die zu ihm gehören, eine Rolle spielen, andere ausklammern können. Hier ist diese Klarheit längst der Gefühlsduselei, der Schwäche unbewerteter Phantasie gewichen, die für jeden Reiz, für jeden Eindruck empfänglich ist, sich allem öffnet und deshalb keine Konturen in der Persönlichkeit erkennen läßt. Um sich nicht ganz zu verlieren, muß ein Schwerpunkt geschaffen, vom Bewußtsein festgelegt werden, unter Ausschluß der Mitarbeit der Gefühle. Diesem Zweck soll eine Zeit der Zurückhaltung, der Handlungsabstinenz dienen – denn im Moment handelt man nicht, man wird gehandelt: Von jedem dahergelaufenen Reiz der Psyche, des Gefühls.

Neun als zweite Linie bedeutet:
Mit dieser inneren Stärke
spielst Du auf dem Klavier der Seele
jede Melodie: Und tanzt
doch nicht mit in jedem Takt.

Die Gefühle sind stark, doch das Bewußtsein und die klare Erkenntnis sind es nicht weniger. Man ist Herr im eigenen Gefühls- und Körperhaus, kann nach Belieben sich den starken Phantasien der Seele anvertrauen und bleibt doch ihr nüchterner Beobachter und Beurteiler. So kommt der Mensch voll in den Genuß einer Lebensphase praller seelischer Vorgänge, kann ihre Vorteile produktiv und konstruktiv nutzen und macht sich doch nicht von ihnen abhängig, zu ihrem entscheidungsschwachen Vehikel.

Neun als dritte Linie bedeutet:
Wer mit Verstand die Torheit schützt,
mit Stärke Schwäche kompensiert,
mit Wahrheiten die Illusion verteidigt,
verliert, worauf er sich verlassen konnte:
Die Stärke des Verstands,
der Wahrheiten.

Ein Mensch mit ausgeprägtem Bewußtsein setzt sich mit seiner ganzen Stärke und mentalen Kraft für die Realisierung von Illusionen ein. Er hat sich in Ideen verliebt, die er normalerweise als unsinnig erkennen würde. Er hängt Plänen, Träumen nach, die kaum Sinn machen – doch weil sie schön sind, er ihre Eindrücke genießt, mißbraucht er seinen brillanten Kopf zu ihrer Rechtfertigung. Verdreht Wahrheiten, stellt sie in falsche Zusammenhänge, um die angenehme Lüge zu kaschieren. Kurz: Die ganze Bewußtseinsstärke, die sich sonst gegen Illusionen, Hirngespinste, Torheiten richten würde, steht plötzlich in deren Dienst und kommt ihnen zugute. Am Ende wird die Ernüchterung stehen und der Verlust des Vertrauens in die eigene Urteilskraft.

Neun als vierte Linie bedeutet:
Ein kühler Kopf auf einem
heißen Körper: Da verfliegt
das Fieber schnell.
Und die Menschen wissen wieder,
wem sie vertrauen können.

Wenn ein einzelner einer Illusion aufsitzt, kann ihn die Gemeinschaft von unreflektierten Taten abhalten. Wenn aber die Gemeinschaft wie in Trance schönen Illusionen und Gefühlen folgt, muß schon ein starker, kühler Kopf gegeben sein, das Mütchen der Menge zu kühlen, bevor sie übermütig wird. Der Mensch ist hier gegeben, und er muß lediglich seine Akzeptanz bei den Menschen dazu benutzen, sie von ihren Schäumen durch schrittweise Belehrung und Mahnung zu Vernunft abzubringen. Wenn dann klar wird, wer sie wovor bewahrt hat, wird das eigene Urteil zu einem verläßlichen Wert für die Menschen geworden sein, den sie immer wieder beanspruchen werden – mit der nüchternen Freude, die sie in ihrem blinden Überschwang den Illusionen gegenüber vermissen ließen.

Neun als fünfte Linie bedeutet:
Dir schaden zwar Gefühle nicht.
Doch das Kind im Mann, das Mädchen
in der Frau steht Dir nicht mehr
zu Gesicht.

Wer auf Grund seiner geistigen und persönlichen Reife gesellschaftliches Ansehen genießt, muß zwar nicht als unbewegte Marionette seiner selbst dem Rollenzwang erliegen, Gefühle, Schwächen, Vorlieben zu unterdrücken, die als unzulänglich angesehen werden könnten. Ganz sicher nicht. Doch der Ausbruch kindischer Freude und Begeisterung, jungmädchenhafter Albernheit und Schwärmerei paßt wirklich nicht zum eigenen Niveau. Und so «verscherzt» man sich buchstäblich das Vertrauen der Menschen, auf das man sicher noch oft angewiesen sein wird – und wird sich in den Hintern beißen aus Ärger darüber, daß ein Überschwang kindischen Gemüts das seriöse Ansehen der Persönlichkeit geschmälert hat, die Basis der gesellschaftlichen Bedeutung. Doch vielleicht verhindert dieses Orakel das, wovor es warnt.

Sechs als sechste Linie bedeutet:
Auch Du kannst Dir den Überschwang
noch nicht verkneifen?
Die Menschen haben Grund
zu feiern und zu lachen: Doch Dir
sollte inzwischen anderes
dreimal so wichtig sein.

Der Weise freut sich mit den Frohen und leidet mit den Leidenden. Beides aber ist Ausdruck seines souveränen Geistes und Verständnisses vom Menschen, nicht wirkliche astrale Vibration in seiner Aura, nicht wirklich Überschwang und Schmerzzerfressenheit. Doch hier gleitet ein Weiser in die Kindertage seiner Seele ab, vibriert mit seiner ganzen niederen Persönlichkeit, als wäre sein Bewußtsein nicht durch viele Leben über diese Schwäche hinausgewachsen – die doch innere Beteiligung an der vergänglichen Welt, und damit sterbliche Aspekte seiner bewußten Identität, seiner Seele bloßlegt. Er dürfte sich dreimal mehr anstrengen müssen, solche Schwächen künftig zu vermeiden – und muß sich die Frage gefallen lassen, ob er der Welt nur den Rücken gekehrt oder ob er sie wirklich hinter sich gelassen hatte.

III/15. DIE VERFEINERUNG

䷞

oberes Trigramm: TUI, die Phantasie, der See

unteres Trigramm: KEN, die Stabilität, der Berg

Das Bild

Unter der konkreten Manifestation des formlosen Prinzips der Psyche, der Phantasie, des Sees – die konkrete Manifestation des grobstofflichen Materieprinzips, die stabile Form, der Berg.

Der Charakter

Sind die Welten auch schon Wirklichkeit,
so sind sie doch noch nicht
vollendet: Träumen noch
von ihrer schönsten Perfektion,
von ihrer endlichen Verfeinerung.
An diesem Berg fehlt noch ein Schliff,
an jener Küste noch ein Riff,
diese Tierart braucht ein neues Kleid,
jener Pflanze fehlt die Haltbarkeit.
Mit viel Geduld und viel Gespür
malt kosmische, konkrete Phantasie

die Welt nach ihrem Bilde aus,
setzt hier noch einen Farbakzent,
ergänzt ganz heimlich ein Talent:
Und ohne daß die Welt es spürt,
wird sie veredelt, zugeschliffen,
zu ihrer schönsten Feinheit
aufpoliert.

Makrokosmische Bedeutung

Die Welten, alle Wirklichkeiten sind konkret vorhanden, scheinen fast vollkommen. Jedes Manifest trägt seinen eigenen Charakter, nicht nur in sich, sondern auch zur Schau: Hat Form, Gesicht und Eigenart, die Existenz- und Lebensfähigkeit bewiesen, besteht, pflanzt sich fort und paßt ins Klima, kennt sich aus und weiß sich zu erhalten, zu ernähren. Und doch zeigt sich die Wirklichkeit nicht bloß als Kreislauf seiner Formen, als Perpetuum des Existierenden: Sie verändert sich, nicht über Nacht, doch von Generation zu Generation. In unmerklichen Kleinigkeiten zeigt sich, reiht man ihre Folge auf, ein Plan, eine Methode, und ihre Wirkung ist zwar sanft, doch haltbar, dauerhaft: Von keinem Schritt geht es zurück. Auf der astralen Sphäre der Welten wachen die psychischen Baupläne, Muster, Vorbilder der Wirklichkeit über den Bildern, die entstehen. Beeinflussen die Ätherkonstruktionen, die der materiellen Wirklichkeit Halt und Form geben, Struktur und Beständigkeit. Und wirken auf sie ein: Hier ist ein Kreis noch nicht ganz rund, da ein Quadrat noch nicht im rechten Winkel, verbesserungsbedürftig, ausbaufähig, korrigierbar. So geht es jedem Stern, jedem Planeten, jeder Welt im Weltenraum: Unmerklich langsam und in kleinen, grobstofflichen Schritten, doch unbeirrbar und beständig, erfüllt der Kosmos sich seinen astralen Traum. Die astrale Form prägt sich dem grobstofflichen Äther auf, bewahrt den Unterschied zu seiner Form, bis sich, beim Wechsel der Generation, die Ätherform unmerklich korrigiert, der Astralform anpaßt in vollkommener Kongruenz: Da ändert sich die Zeichnung, das Gebiß einer Tierart, dort die Zahl der Blütenblätter einer Pflanze, hier die Körpergröße einer menschlichen Generation. Und da die Verfeinerungen der gewordenen Wirklichkeiten in Details, in kleinen Schritten nur geschehen, kein Umbruch, sondern Fortentwicklung sind, sieht es so aus, als geschähe nichts. Erst die Chronologie der Formen, ihre Aneinanderreihung durch Geschichte, Wissenschaft, läßt die Verfeinerung erkennen: Da stieg eine Lebenserwartung, dort eine Umweltresistenz, hier bildet sich ein Fell zurück und dort entwickelt sich die Sicht bei Nacht. Die Wissenschaft, mit allem sehr leicht fertig, nennt es Evolution der Arten, als ob das Etikett etwas erklärte, das

Zustandekommen, die Grundlagen einsichtig erhellte: Was die Dinge wirklich beleuchtet, die Sicht auf die Veränderung (und anderes mehr) erhellt, das astrale Licht und seine Wirkung und Bedeutung, sieht sie nicht. Sie glaubt, die Gene ändern sich von selbst (aus welchem Grund? wie und wozu?), seien ein «Spiel des Lebens und seiner Faktoren» – staunt nicht einmal, wie sinnvoll, logisch diese Spiele sind. Ihr Darwin hat ihr die Natur beschrieben, aber nicht erklärt – jetzt wird es Zeit zu klären, wie es kam, daß Darwin aufrecht ging. Sein vorgeburtlicher Wille, etwas aufrechter, langlebiger, feinsinniger zu sein im Groben als die vorangegangene Generation, war's sicher nicht: Das konkrete Astralbild der menschlichen Rasse hat sich ein wenig stärker auf den grobstofflichen Ätherbau geschoben, der spurte prompt, bei der Geburt des nächsten Kindes, mit Qualitätsverbesserung der materiellen Wirklichkeit. Seit Darwin ist schon eine Zeit vergangen, der Menschen Gehirnstruktur, ihr Zellaufbau, die Zähigkeit der Glieder und die Ausgewogenheit der Form haben Darwin längst schon übertroffen, wie der Vergleich mit seinem Foto zeigt. Haben sich dem Idealbild des astralen Planes für die Gestalt und Ausgestaltung des Menschen schon ein wenig mehr genähert, seine grobstoffliche Wirklichkeit verfeinert. Doch wenn ich uns so anschaue, verehrtes Publikum, muß da noch was zu machen sein.

Mikrokosmische Bedeutung

Der Mensch verfeinert sein «Gesicht» von sich, von seiner Wirklichkeit. Sein Körper, seine Psyche sind gestaltet, seine Welt hat ein konkretes Bild. Das will ständig auf die Welt selbst passen – oder von der Welt verfeinert, korrigiert werden. Die Inhalte der individuellen Psyche, ihr «Traum vom Leben» wie sie es erfahren hat, abgebildet und interpretiert, erfährt noch immer, wird noch ergänzt und ziseliert. Im ausgereiften Menschen nimmt die Psyche immer weniger an echten Neuigkeiten auf und arbeitet hauptsächlich an der Korrektur, an der Vervollständigung und Präzisierung ihrer vertrauten Inhalte, der subjektiven Bilder objektiver Wirklichkeit: Der Mensch ist bereits «erfahren», lernt nicht mehr, «ergänzt» nur noch Gelerntes – so nicht eine Katastrophe im Lebenslauf aufgebaute Bilder seiner Psyche desintegriert, in Schock und Tränen auflöst, neue Bilder zu einem alten Thema erfordert. Doch davon ist in diesem Hexagramm kein Strich zu sehen: Hier geht es um Vervollkommnung im Detail, um weitere Konkretisierung des vorhandenen seelischen Bilds der Welt. Denn korrigierend wie impulsgebend wirkt die individuelle Psyche auf alle Verhaltensweisen, Normen, Selbst- und Weltbewertungen des Menschen ein, «prägt» ihn mehr als die Ratio – so die Ratio nicht die Psyche prägen, kontrollieren kann. Der Einfluß der konkreten Psyche auf Reaktion, Verhalten, auch Gedankeninhalte des Menschen ist enorm – und hilft ihm, «inTUItiv» den für ihn richtigen Weg zu gehen, den er in Bewußtsein und Verstand vielleicht erst unterwegs als goldrichtig verstehen lernt, mit der inzwischen gewachsenen rationalen Einsicht in Zusammenhänge, die auf der Astralebene entstanden, lange bevor der Mentalleib davon «erfuhr»: So kommen, wider vermeintlich «besseres Wissen», die Menschen oft zu ihrem Lebensglück, das der Verstand vermieden, ausgeklammert hätte, weil er sich selbst, seine Psyche und seine wahren Bedürfnisse falsch einschätzte. Diese Entwicklungs-Hilfe der individuellen Psyche am eigenen Menschen setzt nur voraus: Die Dauer ihrer Inhalte. Denn da der Mensch bewußten Linien nicht folgen kann, muß die unbewußte Linienführung klar und beständig sein; sonst irrt er bloß. Ist endlich das konkrete Bild der Psyche in voller Harmonie und Einklang mit der physischen Wirklichkeit, «spiegelt sich der Berg ungebrochen im See», dann kann der Mensch sich auf die Psyche voll und ganz verlassen, ihren Impulsen folgen, die ihn zur feinsten Ausgestaltung seines wahren Wesens und damit seinem Lebensziel entgegenführt. Und dieser Mensch «erstrahlt», erscheint rund und harmonisch, da sein Astralleib nicht in Widerspruch zu seiner physischen Erscheinung steht. Und was sein Körper, seine physische Kultur signalisiert, wird von der Aura, von astraler Ausstrahlung bestätigt – und andere Seelen empfangen, ohne daß er spricht, sein klares Bild. Und so wie Psyche wirkt auf die eigene Gestalt, wirkt auch der Weise auf die Welt: Durch klare Bilder der nächstmöglichen Verfeinerung der Wirklichkeit bringt er die Menschen einen Schritt voran – hin zu sich selbst, zu der Vereinigung von Mensch und Seele in harmonischer Kultur. Und was der Persönlichkeit des Menschen recht ist, ist für das Hexagramm dem Körper billig: Kongruenz, Verfeinerung, Harmonie. Das Blut (TUI) trägt Unreinheiten, Gifte aus den Zellen ab, versorgt den Körper (KEN) mit reinen Aufbaustoffen, «informiert» auch jedes Körperteil über die Vorgänge in anderen Teilen, etwa Krankheiten und Nahrungsüberschuß, und gleicht sie aus – sorgt für die «Ganzheit» seiner physischen Komposition, seines Zellgefüges. (Wie schade, daß der Körper weiser ist als jeder Arzt, der nur an Teilen herumdoktert, zu leicht vergißt oder noch nicht verstanden hat, daß da ein Mensch krank ist und nicht ein Glied. Und auch vertikal: Daß in der Psyche oft zu suchen ist, was übers Blut, das Vehikel des grobstofflichen Ätherleibs, die Physis bestimmt, im Körper dann zu finden ist. Auch die Medizin verträgt eine Verfeinerung: Weg mit den Metzgern, her mit Heilern.) Auf der gesellschaftlichen Ebene spricht das Hexagramm ein Kompliment aus: Grobstoffliche Wirklichkeit und Kultur sind etabliert, haben erkennbare Gestalt, erhaltenswürdigen Charakter. Was fehlt ist die Verfeinerung, Vervollkommnung der Werte, ihres Ausdrucks: Die schönsten Bilder sind noch nicht gemalt, die schönsten Bauwerke noch nicht errichtet, die schönste Musik ist noch nicht komponiert, und die schönsten Bücher sind noch nicht geschrieben. Die Eßgewohnheiten vertragen noch ein paar Rezepte, die Sitten noch ein wenig Geisteslicht: Besteck, Servietten allein tun es nicht. Die Kleidung könnte kultivierter sein, statt Polyesterarten sollte man Seidenraupen züchten. Statt Deoduft sollte die Haut Sternenluft verbreiten – und wem es innerlich an Sternen fehlt, braucht Ahnung von den kosmischen, astralen Wirklichkeiten.

Das Orakel

Reinige den Klang der Seele,
Deiner wirklichen Persönlichkeit.
Je feiner, klarer, höher
und beständiger sie schwingt,
um so vollkommener
schwingt die Persönlichkeit
in Wirklichkeit.
Und alle Wirklichkeit,
die Gegenstände, Pflanzen, Tiere,
die Menschen Deines Lebens
schwingen mit.

DIE EINZELNEN LINIEN

▬x▬ **Sechs als erste Linie bedeutet:**
Du möchtest wohl, doch traust
Dich nicht: Verfeinere
Dein äußeres Ich.
Mit der verfeinerten Kultur
des Körpers – wird die der Seele
sichtbar. Zögere nicht.

Ein innerer Fortschritt der Seele, ein subtilerer Anspruch und ein klareres Bild vom Ich drängen danach, durch äußerliche Veränderung und Gestaltung der Persönlichkeit Ausdruck zu geben. Aber das Bewußtsein, Selbstbewußtsein ist zu schwach, vielleicht zu bescheiden: Man fürchtet die Reaktionen der Umwelt, traut seinem Recht zur «Aufwertung» der Persönlichkeit noch nicht, will nicht als exzentrisch, eingebildet gelten – und was der Verklemmungen mehr sind. Sie alle haben ihren Sinn verloren, die Persönlichkeit an ihrer Äußerung zu hindern – falls sie je einen hatten. Und was die Seele will, beansprucht sie zu Recht: Das schwache Ich sollte den Impulsen folgen, als ersten Schritt zur Befreiung von Komplexen, zur Selbstverwirklichung.

Sechs als zweite Linie bedeutet:
Verfeinere die Seele, Deine Triebe.
Zum Essen gehört Appetit,
zum Trinken Durst, zum Sex die Liebe.
Zu Ärger, Wut gehört
ein wahrer Grund.
Und wenn Du jubelst und Dich freust,
freue Dein Verstand sich mit.

Ein roher Emotionshaushalt bedarf der Abklärung: Ein Mensch, der allen emotionalen Impulsen nachgibt, den Verstand nur zum Rationalisieren braucht, ist ein seelischer Barbar. Nicht jede Lust ist auch der Seele eine Freude, nicht jede Wut der Zorn des Gerechten. Nicht jede Freude verdient, für Begeisterung gehalten zu werden, da ihr der Geist doch fehlt, und nicht jede physische Attraktion ist gleich Amors Pfeil. Die Kultur der geistigen Persönlichkeit wird von der Emotion bestimmt – und was man oft für Seele nimmt, sind nichts als Triebe. Die konsequente und bewußte Kultivierung der höheren Aspekte der Persönlichkeit erst bestimmt ihren wahren Wert – nicht die Entfaltungsmöglichkeit der niederen. Und wenn die höhere Persönlichkeit sich frei bestimmen und entfalten kann, ist auch die niedere frei – von sich, dem Diktat der Sinne und unkontrollierter Emotion.

Neun als dritte Linie bedeutet:
Verfeinere Dein Denken, Deine Sprache,
das Bewußtsein von der Seele.
Noch hast Du Zeit: Ehe man
Dich an ihrer Äußerung mißt.

Hier ist Bewußtseinsarbeit angesagt. Die Klarheit des Denkens, die Ausdrucksfähigkeit seiner Sprache, die Gegenstände, die das Bewußtsein beschäftigt und bewegt, sind der Persönlichkeit und ihrem geistigen Potential noch nicht angemessen. Noch hat es der Persönlichkeit nicht geschadet, sie in den Augen anderer eingeschränkt: Sie ist noch nicht besonders aufgefallen, in den Interessensmittelpunkt gerückt.

Doch bevor das geschieht – und bei ihrer Substanz steht das in naher, ferner Zukunft irgendwann bevor –, sollte sie sich im Denken wichtiger, substantiellerer Themen annehmen, ihr Bewußtsein klar gliedern und Ungereimtheiten beseitigen, ihr sprachliches Ausdrucks- und Kommunikationsvermögen kultivieren. Dann wird sie nicht nur den Ansprüchen ihrer Geistseele, ihres karmischen Auftrags gerecht, sondern auch denen ihrer Zuhörer, ihrer Umwelt, für die sie irgendwann Bedeutung haben wird.

Neun als vierte Linie bedeutet:
Die Verfeinerung Deiner Persönlichkeit
setzt Maßstäbe: Vernachlässige
sie nicht. Jede Handlung, jede Geste,
jedes Wort sei so vollkommen,
daß den Menschen deutlich wird,
woran's der Welt gebricht.

Als starke Persönlichkeit hat man für mehr als nur für sich Verantwortung: Man beeinflußt durch das eigene Beispiel die Persönlichkeiten schwächerer Menschen mit. Wenn sich ein starker Mensch vernachlässigt: Warum muß der schwache sich dann pflegen? Wenn ein starker Mensch sich gehen läßt: Warum soll der schwache sich beherrschen? Wenn ein starker Mensch unbedacht, grob, ungerecht ist: Was soll der schwache da besonnen sein? Wer sich also selbst verdirbt, verdirbt die Welt. Und wer sich kultiviert, dessen Kultur wird sich in vielen Menschen spiegeln – weil sie an diesem besseren Beispiel spüren, sehen, wo die Welt noch schwach, unvollkommen und unwürdig ist.

Neun als fünfte Linie bedeutet:
Wenn die Verfeinerung der Seele,
der Persönlichkeit sich zu weit
von der Welt entfernt, verliert sie
die Bedeutung. Und die Welt
folgt einer eigenen Kultur.

Ein Mensch an exponierter und privilegierter Stelle sollte den Kontakt zur Seele seiner Mitmenschen nicht verlieren: Er könnte sich sonst, durch allzu unbedachte Ausgestaltung seines Wesens, zu weit von ihnen entfernen, um noch für sie relevant zu sein, Bedeutung für ihre eigene Seelen- und Persönlichkeitsgestaltung zu haben. Das Beispiel, das man gibt, muß auch für andere realisierbar sein, in Reichweite ihrer bewußten Möglichkeiten: Sonst wenden sie sich niederen, erreichbaren Dingen zu (wie der Fuchs, dem die Trauben zu hoch hingen – und er sie deshalb als sauer schmähte), und die kollektive Kultur reproduziert sich nur, verfeinert sich nicht. In primitiveren Zeiten der menschlichen Geschichte gab es Könige und Feldherren, Päpste und Präsidenten – und das Volk darbte. Nicht umsonst werden sie eines Tages von der Bildfläche der Erde und der Fernsehgeräte verschwunden sein, wenn eine kultivierte Mehrheit sie ihres seelischen, geistigen Rangs entblößt, den sie durch materiellen Rang zu Unrecht noch beanspruchen. Dann wird ein frei gewählter Präsident wieder ein Mann des Volkes sein und nicht das Volk ein Volk des Mannes – und jeder Mensch sein eigener Priester, der Feldherr seine Seele, der König seines Bewußtseins, im Tempel seines Körpers residierend, auf dem Thron der Erde.

■x■ **Sechs als sechste Linie bedeutet:**
Noch bist Du nicht einmal für Dich,
was Du für andere zu sein
beanspruchst. Willst Du wirklich,
daß man Dich vergißt?

Ein Mensch hat sich hier abgesondert, sich der Kultur der Welt entzogen, um die des Geistes zu verwirklichen. Von seinem Ziel noch weit entfernt, betrachtet er sich schon als angekommen, sucht die Anerkennung der Menschen. Die aber sehen, spüren nichts von dem, was er für sich beansprucht, sehen bloß die Abkehr von der Welt: Dieses Talent aber hat von Natur aus schon jedes Gesäß. Deshalb der Rat, erst für sich selbst die neue, geistige Kultur zu verwirklichen, wahre Weisheit, wirkliche Erleuchtung. Dann wird das Licht, die neue Sonne, von selbst die Welt erhellen, die Menschen zu ihm führen. Sonst folgt auf Abkehr bloß Vergessen – eines verbrannten Streichholzes erinnert man sich nicht.

III/16. DIE VOLLENDUNGSKRAFT

oberes Trigramm: TUI, die Phantasie, der See

unteres Trigramm: TSCHEN, die Dynamik, der Donner

Das Bild

Unter der konkreten Manifestation des formlosen Prinzips der Psyche, der Phantasie, des Sees – die konkrete Manifestation des energetischen Feuerprinzips, die Dynamik, der Donner.

Der Charakter

Es ist soweit: Des Kosmos' Seele
hat das Bild vollendet, das
der Geist ihm übertrug.
Nun gibt der Geist ihm
seine Stärke, seine mächtige
Vollendungskraft. Von ihr getrieben,
streb den Welten zu,
die sich schon lange nicht mehr
groß bewegten: Und zu Ende
ist die kurze, wohlverdiente Zeit
ihres Entwicklungsschlafs,
die kreative Ruh'.

Makrokosmische Bedeutung

Die Kraft evolutionärer Dynamik treibt das vollendete astrale Bild einer geplanten Wirklichkeit der materiellen Verdichtung zu: Die grobstofflichen Äther formieren sich entlang der energetischen Struktur des Bildes, verlangsamen dessen Schwingung bis an die Grenze der physischen Stabilität und bringen es als neue Form, als neue Tatsache in die manifeste Welt der Materie ein: Des Kosmos Wille (TSCHEN) hat seinen Wunsch (TUI) verwirklicht. Das kann ein Stern, ein Sandkorn sein, ein gigantischer Planet oder ein Kürbis, der für seine Welt nicht kleiner ist. Die zielgerichtete Bewegungsenergie animiert den astralen Bauplan, dynamisiert seine Struktur, seine Entwicklung – und der «Winterschlaf» der Schöpfung ist vorüber. Was im astralen Kern der Knospe eine Blüte war, entfaltet nun dynamisch seine Blätter, was in der astralen Aura dieser Blüte Apfel war, wird Fleisch und rund. Der schöpferische Wille, der das Bild beseelt, ruht nicht eher, als das Bild der materiellen Wirklichkeit seinem astralen und ätherischen Vorbild gleicht, das Vorbild angenommen und verwirklicht hat. Die träge grobstoffliche Natur, die mit ihren Elementen ruhte, sich vom letzten evolutionären Bewegungsschub erholte, schlief, gerät jetzt wieder in Bewegung – jeder Saft und jede Kraft wird nun astralisch animiert, vibriert: Bereitet sich auf seine Umgestaltung vor, die ihm Form, Sinn und Inhalt geben wird, aus Quantität konkrete Qualitäten wachsen läßt, aus der Idee des Samens einen Kern. Wenn sich nach der «Besinnungszeit» der grobstofflichen Natur die Erde, irgendeine materielle Welt des Universums, zum erstenmal oder erneut bereit erklärt, evolutionäre Kräfte aufzunehmen, für deren Wirken ihren Körper hinzuhalten, dann steht des Kosmos Psyche, oder die Astralsphäre des Planeten, bereit mit ausgereiften Bildern, dynamisch aufgeladen, konkret genug, die grobstofflichen Äther zu binden, sich Materie anzuziehen, und stark genug, Berge zu versetzen. Und was des Kosmos Psyche träumte in der Erde Schlaf, das hilft die Kraft jetzt materiell vollenden. Und ehe die Erde richtig aus dem Schlaf erwacht, steht sie in schönster, neuer Pracht. Aus dieser Energie, dieser Struktur des letzten Hexagramms des Buchs der Wirklichkeit, entstehen Welten und Welpen, Astren und Astern, Galaxien und Gene. Vollendet sich die grenzenlose Vielfalt makrokosmischer, manifester Wirklichkeit, jede ein Unikat, durch alle Zeiten neu. Und während die konkrete Phantasie des Universums in allen Kosmen aller Räume, Zeiten, Ebenen mit Kraft die Bildentwürfe ihrer Seele prüft, die Träume in Materie übersetzt und ihre Wirklichkeit vollendet, denkt Akasha bereits die nächsten Archetypen aus, ersinnt die neuen Galaxien, die neuen Sternsysteme, neue Molekülstrukturen. Gebiert mental-abstrakte Schwingungen, Gedanken und Ideen, bewegter feinstofflicher Äther, Licht. Und während noch das alte Universum sich im Glanz der eigenen Vollendung sonnt, steht bereits ein neues an der Schwingungsgrenze zur konkreten Wirklichkeit. Und braucht das alte nicht.

Mikrokosmische Bedeutung

Der schöpferischen Kraft des Menschen, von klaren Bildern geleitet, setzt nur die Trägheit der Materie Grenzen: Was der Mensch klar sieht und will, das schafft er sich. Und alle Elemente, alle materielle Wirklichkeit, belebt und unbelebt, dienen ihm als Bausteine und formbares Material. Die klare Vision möglicher Wirklichkeit leitet seinen kreativen Willen an zur Tat, läßt ihn nicht ruhen vor Vollendung dessen, was als farbiges und plastisches Bild ihm vor den inneren Augen schwebt. So kommt in diesem Hexagramm nicht nur die starke, visionäre Kraft zum Ausdruck, sondern auch der unermüdliche Vollendungswille, der der Vision bis an das Ende dieser Welt und zur Geburt der neuen Wirklichkeit folgen wird, von nichts zu hindern oder aufzuhalten auf dem halben oder viertel Weg. Doch Initiator ist er nicht: Nur der Vollender, Schöpfer einer Phantasie, Baumeister der Wirklichkeit. Woher der Impuls, die Idee kam – ob von ihm, vom Kosmos, ist der Vollendungskraft des Menschen kein Thema: Sie erfüllt, mit Farbe, Form und Leben. Und weiß er auch um die Vergänglichkeit: In seiner Art, zu seiner Zeit wird es für das, was er erschafft, nichts Schöneres, Vollkommeneres geben. Mit was er sich befaßt, gelingt: Hat er doch das vollkommene Bild vor Augen. Und übersteigt die Vollendung der Vision ein Leben: Kehre wieder, baue weiter. Ein paar Menschenleben später wirst Du fertig sein, die Seele frei. Zwar bleibt, was Du verwirklicht hast, nur eine Welt, nur einen Kosmos lang bestehen. Doch im Gedächtnis aller Ewigkeit, der Bibliothek des Universums im Akasha-Äther, wird das Bild der vollendeten Realität für alle Zeit gut aufgehoben, klar zu sehen sein, und einen Namen tragen – deinen. Das Hexagramm, auf den physischen Organismus bezogen, bezeichnet die Dynamik, das Pulsieren des Blutes im Körper. Solange es pulsiert, solange das Blut den Körper ausbaut und erhält, verändert sich das Bild des Menschen in der Welt. Ist der Lebenssinn vollendet, steht es still. Auch auf die menschliche Gesellschaft übertragen zeigt das Hexagramm Vollendungskraft: Bewegung, die Vollkommenes schafft. Der schönste Traum, die kühnste Vision von menschlicher Gemeinschaft wird jetzt Wirklichkeit – sie muß nur noch in die Materie getragen, dort verwirklicht werden. Und wenn sie eines nahen, fernen Tages wirklich ist, sich nicht mehr übertreffen kann, steht schon ein neues Bild der Wirklichkeit bereit: Voller Vollendungskraft, bereit, sich zu erschaffen.

Das Orakel

Vollende jetzt, was Du im Traum
begonnen hast – und alle Äther,
alle Materie dieser Welt
dienen Dir und Deiner Kraft.
Kennst Du die Schönheit
der Vollkommenheit, zu der
das Unvollkommene sich hinbewegt:
Dann zeig sie anderen.
Vielleicht erreicht gemeinsam ihr
das Ziel.

DIE EINZELNEN LINIEN

Neun als erste Linie bedeutet:
Vollende Dich, erschaff Dich neu:
Die Zeit bleibt niemals stehen.

Was sie einst wollte, daß Du wirst,
kannst Du im Spiegel sehen.

Die Blüte der Persönlichkeit erlangt physischen Ausdruck auf allen Ebenen des Lebens. Der Mensch hat einen Entwicklungshöhepunkt seines Lebens erreicht, der sich in allen seinen Qualitäten, in seiner ganzen weltlichen Erscheinung spiegelt. Nie war es ihm leichter, sich in Form und Ausdruck zu vollenden, und er sollte auch in kleinen Dingen konsequent sein. Dann wird eine befriedigende Erinnerung an einen erfüllten Lebensabschnitt bleiben, wenn sein karmischer Auftrag ihn einen erweiterten Entwicklungsprozeß beginnen läßt: Er ist frei von der belastenden Gewißheit, etwas Unvollkommenes zurückgelassen zu haben, nicht «alles getan zu haben», was möglich war. Vergangene Vollkommenheit wird auch die künftige prägen, die unvollkommene Vergangenheit ebenso, und so läßt sich schon in dieser wichtigen Phase, da die Gegenwart noch nicht abgeschlossen ist, schon die Qualität der Zukunft mitbestimmen.

■x■ **Sechs als zweite Linie bedeutet:**
Vollendest Du Deine Gefühle,
empfängst Du nur und
weißt nicht was.
Laß andere in Deine Seele blicken:
Vielleicht sehen sie
in Deinem Spiegel auch sich selbst.

Ein Mensch betont in seinem Wesen die sensible Rezeptivität und bringt es damit weit: Seismografisch registriert er, was in anderen Menschen vorgeht, versteht ihre Gefühle, ihre seelischen Prozesse. Doch versteht er wirklich? Empfindet er nicht bloß nach? Die Rezeptivität allein genügt nicht, wenn sie nicht von einem aktiven, analytischen Bewußtsein ausgewertet wird. Und nur dieses Bewußtsein kann bestimmen, wie man auf das Wahrgenommene zu reagieren hat und ob. Wenn man nur passiv wahrnimmt, hat man nichts zu geben, nichts zu sagen. Erst das Verständnis des Empfangenen und dessen Kommunikation kann anderen zu einer neuen Einsicht verhelfen – in sich selbst.

■x■ **Sechs als dritte Linie bedeutet:**
Wenn man die Kraft nicht nutzt,
wird gar nichts voll – es endet.
Und wer nicht ankommt, ist, als
wäre er nie gegangen.
Du solltest stärker, konsequenter sein.

Du hättest Kraft, und doch fühlst du dich müde. Du bist schon einen weiten Weg gegangen, doch vor dem Ziel erlahmst du, bleibst du stehen. Wenn nicht alle Mühe umsonst gewesen sein soll, muß man jetzt konsequent bleiben – die Früchte der geistigen Bemühung, der geleisteten Bewußtseinsarbeit müssen jetzt in praktische Anstrengungen umgesetzt, konkret verwirklicht werden. An dieser Stelle zu resignieren, sich und seine Arbeit aufzugeben heißt, die Augen geschlossen zu haben: Man berührt fast schon das Ziel, und die eigene Willensstärke, die eigene Geisteskraft ist unerschöpflich. Man schwächt sie nur selbst durch unbegründete Demotivation.

Neun als vierte Linie bedeutet:
Du vollendest Dich
für die Welt: So dienst Du
anderen als Beispiel, und
große Pläne werden Wirklichkeit.

Wer nicht mehr für sich selbst plant und denkt, sondern für andere eine bessere, schönere Welt schaffen will, beeindruckt auch die, für die er denkt, und sie beteiligen sich an der Realisierung. Durch sein Beispiel hat er bereits eine Leistung erbracht, an der man sich mißt und wächst, und durch die gemeinsamen Anstrengungen vieler zur Vollendung und Verwirklichung des Sozialen wird aus ihm schnell vollendete, soziale Wirklichkeit. Die ihren Schöpfer selbst, in seiner Persönlichkeit, vollendet – denn er *ist* sein, lebt für seinen Traum.

Neun als fünfte Linie bedeutet:
Du vollendest andere
durch Dich selbst: Wie sollen da
des Kosmos unerschöpfliche Kräfte
nicht mit jeder Deiner
größten Visionen sein.

In dieser Linie offenbart sich die ganze Größe, die ganze Stärke des Zeichens: Eine vollendete Seele mit klaren Visionen wirkt so stark auf andere Menschen, daß diese selbst ihrer karmischen und persönlichen Vollendung entgegengeleitet werden. So segnet der Kosmos jede Vision, jeden kühnen Traum dieses Menschen mit allen günstigen Umständen, astralen Energien und Konstellationen, die ihm zur Vollendung dienen. Denn der Kosmos «funktioniert» seinerseits in vollendeter Weisheit, er «weiß»: Wer diesen Menschen segnet, segnet die Welt. Und was er praktisch beginnt, vollenden unsichtbare Hände mit.

▬x▬ **Sechs als sechste Linie bedeutet:**
Erhabene Vollendungskraft
schickt einen Lichtstrahl in den Kosmos.
Der antwortet: Gedulde Dich.
Ehe die Götter Dich verehren,
sollen es die Menschen tun.

Ein Erleuchteter, künftiger Stern am Firmament, sehnt sich nach Vollendung seiner irdischen Mission: Die hat er in sich längst realisiert. Doch ehe das Universum ihn in den Kreis der Unsterblichen, Wahrer des Lebens und der Ordnung aller Existenz, aufnimmt, verlangt es von den Menschen, ihn zu sehen und zu erkennen: Als Vorbild und Beispiel für die kosmische Realität, die sie selbst eines Tages in sich vollenden werden, als lebendige Erinnerung für das vergeßliche, erdgebundene Bewußtsein. Als Ermutigung für die verzagte Körperseele, von ihrer Sterblichkeit so überzeugt. Und: Als greifbarer Beweis für zweifelndes Materiedenken. Erst dann wird seine karmische Karriere abgeschlossen sein. Erst dann wird er, alles wissend, alles verstehend, zurückkehren. Dorthin, von wo sein nichts wissender und nichts verstehender Geistesdiamant vor vielen Leben, vielen tausend Jahren einst ausging, ungeschliffen, um in der Welt bewußt zu werden, an Facetten reich, das reine Licht in klares Licht zu brechen: Als vollendeter Mikro- im Makrokosmos, Spiegel und Ebenbild der höchsten Wahrheit. Zurückkehren zu höheren Welten, höchsten – Ebenen der Wirklichkeit.

EPILOG III.

«Des Kosmos Welten sind vollendet,
in Ruhe ziehen sie ihre Bahn.
Das Spiel der Farben, Formen, Töne
hat eine Wirklichkeit hervorgebracht:
So frei, vollkommen und erhaben,
daß fremde Welten anderer Räume,
anderer Zeiten, sich einen langen Augenblick
an ihrem Anblick laben.
Menschen gingen anderen Menschen
voraus ins Licht des unsterblichen Lebens:
Und die bewegte Schönheit aller Seen und Meere,
das reine Licht von Donnerblitz und Feuer,
die satte Schwere der Berge und der Erde,
den kühlen Wind, die helle Atmosphäre
nahmen sie als Erinnerung mit.
In der Materie Tiefen ruhn die Elemente,
der Gegensätze Gegensatz ist ausgesetzt.
Die Götter ruhn jetzt auch, die Menschen.
Und auch der Kosmos schweigt,
für einen langen Augenblick,
ganz still.»

D. DAS ORAKEL

I. Mechanik und Wirkungsweise von Orakeln

Bevor wir darangehen, uns zu einer bestimmten Frage ein Hexagramm als Auskunft des Orakels zu erstellen, vergegenwärtigen wir uns kurz, worauf die Wirkung eines Orakels beruht.

Wie kann ein scheinbar zufälliger Vorgang, bei dem willkürliches Gestalten und Einflußnahme durch den Menschen ausgeschlossen ist, ein sinn-volles, brauchbares Resultat liefern, das noch dazu den Anspruch erhebt, eine «präzise Antwort» zu sein, daß heißt, in unmittelbarem Sinnzusammenhang zu einem Gedanken zu stehen?

Die Frage beinhaltet die Antwort: Gerade der Ausschluß willkürlicher Gestaltung und Einflußnahme durch den Menschen, gerade die scheinbare Zufälligkeit des Vorgangs, den kein Bewußtsein steuert, ermöglicht es anderen Ebenen der Wirklichkeit, verborgenen Kräften und Instanzen des psychischen und spirituellen Universums, sich zu manifestieren, sich zu «äußern».

Alles, was sie dazu benötigen, ist ein logisch aufgebautes, sinnvolles System, das ihre codierte Auskunft lesbar und verständlich macht, «willkürliche» Interpretation ausschaltet: Ein Zeichen- oder Symbolsystem, wie es im Tarot, in den geomantischen Symbolen und, mathematisch präzise, auch im I Ging vorliegt.

Welche «verborgenen Kräfte und Instanzen» aber sind gemeint, hätten ein Interesse, dem Menschen Auskünfte zu erteilen? Kann von einem solchen «Interesse» ausgegangen werden oder sind es seelenlose Instanzen mit gespeicherten Informationen, die vom Menschen nach Belieben, ohne Einwirkung und Kontrolle fremder Intelligenz, abgerufen werden können?

Der Leser möge mir einen Abriß der Geschichte der Orakel und ihrer Methoden ersparen. Das Delphische Orakel mit seiner benebelten Jungfrau, den Götterwillen verkündend, wird ihm sicher ein Begriff sein, und wer noch nie eine Münze geworfen hat, um eine unwichtige Alternative zu entscheiden, bringt ohnehin nicht den rechten Sinn fürs I Ging mit. Der gemeinsame Nenner aller Orakel, ohne mehrere zu zitieren, ist das Überantworten der eigenen, bewußten Entscheidungsfindung an eine anonyme Instanz, der sich der Ratsuchende, zumindest an Informationen, unterlegen glaubt oder weiß. Da diese Instanz so anonym ist, daß man nicht einmal ihren Charakter zu definieren weiß (also «Gott» oder «kosmische Datenbank»), grenzt es für einen «aufgeklärten» Menschen des mit abergläubischem Fanatismus an die Exklusivität der sinnlichen Wirklichkeit glaubenden zwanzigsten Jahrhunderts an schiere geistige Umnachtung, Orakeln irgendeinen mehr als zufälligen Aussagewert beizumessen.

Indes, Orakel haben ein starkes Argument auf ihrer Seite: Sie funktionieren und sind empirisch von jedem nachprüfbar. Und so verhält es sich mit ihnen wie mit der Elektrizität: Man weiß, daß es sie gibt, man weiß, was sie wirken kann, aber bis heute weiß niemand, was sie ist, «warum» sie funktioniert. Trotzdem würde keiner der «aufgeklärten» Menschen des zwanzigsten Jahrhunderts sich selbst als geistig beschattet betrachten, nur weil er an Elektrizität glaubt: Er kann sie ja, ohne sie zu verstehen, an jedem Lichtschalter nachprüfen.

Zu dieser empirischen Methode der Wahrheitsbestimmung, zu der jeder herzlich eingeladen ist und die ja als Methode akademischen Rang genießt, möchte ich nur die geisteswissenschaftliche Erklärung über die Mechanik und Wirkungsweise von Orakeln hinzufügen – um den Leser dann mit der Empirie und den I Ging-Strichen allein zu lassen. Wer sich als «Skeptiker» vorher abwenden möchte, muß sich schlicht als uniformiert, als Ignoranten bezeichnen lassen: Ein Skeptiker kennt zumindest den Gegenstand, den er ablehnt. Nur, eigenartigerweise, ist aus dem empirischen Studierzimmer des I Ging noch kein Skeptiker zurückgekommen. Jeder konnte sich überzeugen, daß es «funktioniert» – nur keiner wußte wie.

Versuchen wir, uns dem «Wie» zu nähern.

Aus geisteswissenschaftlicher Sicht gibt es zwei Ebenen der Wirklichkeit, die als kosmische Informationsspeicher funktionieren: Die Akasha-Ebene und die individuelle (astrale) Aura bzw. die Astral-Ebene.

Auf der Akasha-Ebene, der universellen Welt der Archetypen, sind alle vergangenen, gegenwärtigen und zukünftigen «Aktualitäten» gespeichert. In der individuellen Aura alle gegenwärtigen Aktualitäten, die das Individuum selbst betreffen, also seine unmittelbare seelische und karmische Konstitution, inklusive der Daten seiner persönlichen Historie.

Diese Informationsebenen sind nur für mehr (Akasha) oder weniger (Astral) hoch entwickelte und verfeinerte Bewußtseinsträger direkt zugänglich. Für uns arme, materieblinde übrige Menschheit bleibt, um diese Speicher anzuzapfen, nur der Umweg über ein Symbol- oder Zeichensystem, das wir diesen kosmischen Ebenen als Kommunikanten anbieten – in der Hoffnung, sie «erhören» uns und nehmen unser Angebot an.

Da es sich aber nun tatsächlich nicht um intelligente Instanzen (etwa «Götter») handelt, sondern um unpersönliche, frei zugängliche und verfügbare Instanzen der kosmischen Wirklichkeit, liegt es allein an uns, ob und wie intensiv wir «erhört» werden, unser Angebot angenommen wird.

Denn der Kommunikationsträger ist unsere eigene Psyche. Je genauer wir uns mit dem Zeichen- oder Symbolsystem beschäftigen, dessen Logik und Prinzipien in unsere Psyche einspeichern, um so präziser können diese psychischen Kanäle von den befragten Instanzen zum Transport einer «Antwort» in Anspruch genommen werden.

Es ist aber nicht das Symbol oder Zeichen, dem diese Fähigkeit zur Kommunikation zu eigen ist. Es erlangt diese Fähigkeit erst durch die psychische Bedeutung, die wir ihm verleihen. Wer also ein Zeichen oder Symbol «sinnfremd» benutzt, dies aber konsequent tut, wird mit ihm zu ähnlich verläßlichen Ergebnissen kommen wie der, der es «sinngemäß» anwendet. (Da sich allerdings bei älteren Systemen durch Jahrhunderte der Benutzung auf der Astralebene, der «Kollektivpsyche» der Menschheit, schon feste Kanäle gebildet haben, an die sich das Individuum durch sinngemäße Benutzung der Symbole anschließen kann, ist die Stärke und Präzision der Orakelfunktion von vornherein viel größer als die der «individuellen» Sinngebung, die erst einen neuen Kanal etablieren muß.)

Ist ein solches System an Symbolen oder Zeichen erst einmal in der individuellen Seele etabliert, besitzt man fortan einen «Radioempfänger», der nach Belieben des Benutzers die verschiedenen Wellen aus dem Äther dechiffriert und in Sprache übersetzt. Aufgabe des Besitzers ist dabei lediglich, den richtigen Sender anzupeilen (durch Frequenzabstimmung) und die Antenne in seine Richtung zu drehen.

Der «Sender» wird angepeilt durch die Frage, die man an das Orakel stellt. Die Antenne richtet man auf die Ebene, aus der man Auskunft zu beziehen wünscht. Die I Ging-Symbole übersetzen die «Senderfrequenz» in intelligible Kommunikation.

Da Akasha die «All-Möglichkeit» repräsentiert, versagt das Orakel auch bei alternativen Fragen («Soll ich oder soll ich nicht?»). Es gibt darauf keine Auskunft, denn beide Antworten sind im Bereich des Möglichen. Auch Auskünfte aus der unmittelbaren Astralsphäre des Individuums verweigern diese Auskunft, oder besser: ihre Lesbarkeit, denn wer auf die Frage: «Soll ich das Mädchen heiraten oder nicht?» die Antwort: «Viel Leid steht Dir bevor», erhält, weiß nun längst nicht, ob er eine Furie oder einen Engel in den Ehehafen führt: Ob sich das «Leid» auf den Zustand als Ehemann bezieht oder auf den reuigen Junggesellen.

Deshalb sollte eine Frage immer qualitativ und «single-minded» gestellt werden. In obigem Beispiel also: «Welche Aussichten erwarten mich in der bevorstehenden Ehe?» Wenn die Auskunft darauf «viel Leid» ist (und auf die Gegenfrage: «Wie sieht mein Leben ohne diese Ehe aus?» die Auskunft «rosig» lautet), hat man durch die richtige Fragestellung einen großen Fehler vermieden.

Noch wichtiger ist die präzise, eingleisige Fragestellung bei Karmabefragungen an die Akasha-Ebene, denn deren Antworten sind selten so lapidar wie die der astralen Umstände. Denn die karmische Auskunft aus der Akasha-Ebene auf die Frage: «In welche Zukunft führt diese Ehe?» kann durchaus lauten: «Große Fortschritte lassen dich reifen.», und man versteht erst im Verlauf der Ehe, daß damit die Erhöhung der eigenen Leidensfähigkeit gemeint ist, die zu schnellerer Vergeistigung und Heiligwerdung führt. Richtiger wäre deshalb die Frage: «Welche Bedeutung hat die bevorstehende Ehe für mein persönliches Glück und Wohlbefinden?», weil man damit auch der Akasha-Ebene die Möglichkeit gibt, unzweideutig mit: «Eine katastrophal destruktive» zu antworten.

In jedem Fall «peilt» die Frage und ihre Präzision den «Sender», also die zugehörige kosmische Schwingung, an, sei es in Akasha oder in der Astralebene unserer aktuellen Lebenskonstellation, und je präziser wir peilen, um so klarer und ungestörter wird die Antwort sein. Die Antenne richten wir, indem wir uns auf die jeweilige Ebene konzentrieren, also auf die Astralebene mit ihren Ausformungen gegenwärtiger und sich vorbereitender individueller Wirklichkeiten oder auf Akasha, die anonyme (raum- und zeitlose) oberste Instanz der universellen Archetypen.

Wer unter Berücksichtigung dieser Voraussetzungen einige Zeit mit dem Orakel experimentiert hat, wird schnell zu der Überzeugung kommen, daß es wirklich «funktioniert», die Auskünfte ohne Fehlerquote präzise sind, und daß die Ausschaltung der subjektiv-willentlichen Manipulation die beständige Richtigkeit der Auskünfte garantiert, unabhängig von dem «Skeptizismus» und seinen psychischen Vibrationen, die man mitbringt.

Anders verhält es sich mit «Kontrollfragen»: Da spielt das Universum einfach nicht mit, denn es erwartet die bedingungslose Akzeptanz seiner Auskünfte, und hätte es die Möglichkeit, würde es auf die Wiederholung einer Frage bestimmt schon mit «Esel» geantwortet haben. Statt dessen gibt es eine «sinnlose» zweite Antwort, die den Fragenden auf die erste, ursprüngliche Auskunft des Orakels zurückweist. Warum?

Weil die zweite Fragestellung der Konzentration auf diese Frage entbehrt, das heißt, die psychischen Kanäle «verstopft» sind, der Empfänger wahllos getunt ist. Das Ergebnis ist dann dasselbe, als ob ich nach klarem Radioempfang den Tuner beliebig verstelle, um zu testen, ob ich dasselbe noch mal höre: Ein Rauschen und Krachen wird mich eines Besseren belehren oder mir statt des «Hochzeitsmarsches» die Wasserstandsmeldungen anbieten. Der Empfänger ist auf «Zweifel» oder «Mißtrauen» getunt, und mit so einer vagen Abstimmung kann selbst der beste Empfänger die Frequenzen der Sender nicht diskriminieren.

Anders verhält es sich bei zusätzlichen Fragen, die als ergänzende Informationsbeschaffung zur ersten Orakelauskunft dienen: Sie funktionieren mit derselben Präzision wie bei der Urfrage und Antwort zuvor. Und auch die Richtigkeit der Antwort auf die Zusatzfrage, etwa: «Warum ist diese Frau keine Frau für mich?» mit der Antwort: «Sie ist viel zu kultiviert für einen Barbaren wie dich!», sollte dann nicht angezweifelt werden.

Wir haben also mit diesem wie mit jedem vernünftigen Orakelsystem ein präzises Instrumentarium zur Hand, das die Perspektiven auf die von uns gelebte Wirklichkeit um ein Vielfaches bereichern und erweitern kann, und es liegt an uns, dieses Potential nicht ungenutzt zu lassen. Ein Mehr an Information, aus «höherer» Perspektive, aus «größerer», überindividueller Sicht, kann uns nur willkommen sein bei dem Versuch, unserem Leben eine fruchtbarere Richtung zu geben, Irrtümer zu vermeiden, Zusammenhänge zu erkennen und uns wirksamer einzugliedern in den großen Organismus universellen Lebens, dessen Wohlbefinden auch von den Fehlern und Richtigkeiten, von den Schwächen und Stärken, den Gesund- und Krankheiten seiner einzelnen Zellen, die wir als Individuen repräsentieren, abhängig ist. Ein Mehr an Wahrheit also, die wir in unserem individuellen Leben verwirklichen und damit zur Manifestation der viel größeren Wahrheit beitragen, die Inhalt und Bedeutung aller Wirklichkeit ist.

Und die Wahrheit, Einsichten in Zusammenhänge der Wirklichkeit, fürchten wir doch nicht. Oder etwa doch? Dann muß da etwas in uns den Gesetzen der kosmischen Harmonie nicht entsprechen, und wir stehen uns selbst im Weg auf der Straße zur Vervollkommnung und zum Erreichen unseres evolutionären Ziels. Wir selbst, und nichts sonst.

Höchste Zeit für eine kultivierte Ehe.

II. Orakel-Methoden des I Ging

Ich stelle im folgenden einige alte und neue Methoden der Orakelgewinnung mit Hilfe der I Ging-Symbole vor, ohne eine Präferenz auszusprechen. Es liegt an persönlichen Geschmackskomponenten oder auch an der Gelegenheit, bei der man das Orakel befragt, welche Methode man bevorzugt. Alle sind funktionabel und es ist lediglich angeraten, über längere Zeit mit derselben Methode zu arbeiten, da auch die Methode selbst ein Teil des «Kanalisations»-Systems für die Gewinnung der Antwort ist.

Leser, die mit veralteten Fassungen des I Ging bekannt sind, werden das klassische «Schafgarben-Orakel» der alten Chinesen hier vermissen. Das hat eine zweifache Begründung: Wer mit diesem Orakel vertraut ist, wird dessen Umständlichkeit kennen, die Vielfalt der Handgriffe, die zu seiner Gewinnung führen, die wohl einzig der psychischen Einstimmung des Fragenden (wie des orakelgebenden Magiers) auf die Antwort des Orakels gedient haben mag; eine sachlichere Rechtfertigung ist aus der Methode jedenfalls nicht abzuleiten. Bei einigermaßen störungsfreier Konzentration auf die Frage und die Orakel-Methode sind einfachere Methoden keinesfalls benachteiligt. Dies der eine Grund.

Der andere ist noch einfacher: In den Betongärten und Asphaltwiesen unserer heutigen Großstädte und der bereinigten Flurlandschaft unserer Äcker und Felder sind echte Schafgarbenstengel eine wirkliche Rarität geworden. Sollte also jemand aus pflanzenpsychologischen Gründen an dieser Methode hängen, dürfte er sich schwertun, Theorie durch Praxis zu krönen. Da der Orakelgewinnung eine gewisse feierliche Stimmung nur zuträglich ist, kommt auch ein Ersatz durch Mikadostäbchen (oder chinesische Eßstäbchen) nur unter großen Zugeständnissen an unsere profane Wirklichkeit in Betracht, und Streichhölzer sind zu kurz, um problemlos manipuliert zu werden.

Ich beschränke mich also auf praktikablere Methoden, die im Ablauf einfacher, im Ergebnis gleichwertig und in der Anwendung diskreter sind. Wer möchte schon bei der Vergewisserung, ob er kündigen soll, vor dem Chef ein Bündel Schafgarbenstengel aus der Handtasche ziehen.

Die einfachste und überall praktizierbare Methode ist ohne Zweifel die «Münzen-Methode», die allseits bekannt ist. Jedoch setzt sie eine gewisse Übung und Vertrautheit mit den Zahlenwerten der Striche voraus, so daß man sich dem I Ging zunächst am leichtesten mit Hilfe der «Karten-Methode» nähert.

Wenn man durch eine der Orakel-Methoden Zahlenwerte ermittelt hat, lassen sich mit Hilfe dieser Tabelle Hexagramme erstellen:

Zahlenwert	**Interpretationslinie im Hexagramm für gegenwärtige Situation**	**Interpretationslinie im Hexagramm für zukünftige Situation**
6	— X —	———
7	———	———
8	— —	— —
9	—○—	— —

Der Vollständigkeit halber wiederhole ich noch einmal, daß die gewonnenen Striche von unten nach oben gezählt und gewertet werden, also der erste gewonnene Strich den ersten (untersten) Platz im Hexagramm einnimmt, der zweite gewonnene Strich den zweiten Platz (von unten) und so fort bis zur obersten, sechsten Linie. Eine siebte Linie gibt es nicht, und wer versehentlich bis zu ihr weiterorakelt hat, weil er seinen Spieltrieb nicht beherrschen konnte, streicht diese Linie einfach ersatzlos weg.

Es sei denn, er stellt eine Zusatzfrage. Aber auch bei dieser beginnt das Hexagramm mit einer ersten (untersten) Linie und endet bei der sechsten (obersten). Ohne Ausnahme.

Nun muß dem Leser nur noch eine Frage einfallen, die einigermaßen wichtig für ihn ist, und schon kann er das Universum befragen.

Die Antworten sind bereits formuliert, stehen seit Anbeginn aller universellen Wirklichkeit fest und bereit und erwarten gleichmütig und geduldig ihren Empfänger.

Wie lange hast du gebraucht, Seele, um die richtigen Fragen zu lernen?

1. Die Karten-Methode

Sortiere aus zwei Kartenspielen achtmal eine «6», achtmal eine «7», achtmal eine «8» und achtmal eine «9» aus. Mische die so erhaltenen 32 Karten gut durch.

Nimm den Kartenstoß in deine rechte Hand und konzentriere dich auf deine Frage. Stelle dir vor, du «imprägnierst» die Karten mit deiner Frage: Sie «fließt» durch deinen rechten Arm in die Hand und weiter in die Karten.

Wenn du den Eindruck hast, daß die Karten deine Frage «aufgenommen» haben, mische sie erneut. Dann fächere sie auf und ziehe sechs Karten, wobei du jede einzelne unmittelbar nach dem Ziehen aufdeckst, und komponiere mit ihnen das Hexagramm: Die erste Karte stellt die erste (unterste) Linie dar, die letzte gezogene Karte die sechste (oberste) Linie.

«6» und «9» kommen für eine Einzelinterpretation als Linie innerhalb des gewonnenen Gesamtzeichens in Betracht, und sie verkehren sich, wie wir bereits wissen, in ihr Gegenteil (also «7» bzw. «8»).

Bestimme mit Hilfe von Tafel V dein Hexagramm. Schlage die zugehörige Seite im «Textbuch» (Teil C.) auf und lies, was das Orakel antwortet.

Der exklusive Gebrauch der Karten zu Orakelzwecken erhöht auf Dauer ihre psychische Sensibilität und macht weniger Konzentration erforderlich.

2. Die Münzen-Methode

Nimm drei Münzen desselben Wertes zur Hand. Erkläre die «Zahl»-Seite zur «2», die «Bild»-Seite zur «3».

Verschließe alle drei Münzen in deiner rechten Hand und «imprägniere» sie, wie zuvor, mit deiner Frage.

Dann wirf sie vor dich auf den Tisch. Addiere die Zahlwerte der drei Münzen, und du hast die erste Linie deines Hexagramms gewonnen: 2/2/3 (2 + 2 + 3) bedeutet: «7». 2/3/3 (2 + 3 + 3) bedeutet: «8». 2/2/2 (2 + 2 + 2) bedeutet: «6», hat also einen Wandlungscharakter und kommt als Einzelstrich zur Wertung. 3/3/3 (3 + 3 + 3) bedeutet: «9» und hat ebenfalls einen Wandlungscharakter.

Wenn du so die Münzen sechsmal geworfen hast, hast du sechs Linien erhalten, die von unten nach oben dein Hexagramm erstellen.

Mit Hilfe von Tafel V ermittelst du, welches Hexagramm die Antwort auf deine Frage darstellt, und liest die Antwort im «Textbuch» nach.

3. Die Pyramiden-Methode

Stelle eine Pyramidenform aus Pappe her. Beschrifte die vier Flächen der Pyramide mit «6», «7», «8» oder «9». Dann benutze die Pyramide als Würfel, wobei die Reihenfolge der Würfe die Reihenfolge der Linien des Hexagramms erstellt.

Bestimmung und Interpretation des gewonnenen Hexagramms wie zuvor.

4. Die Holzkugel-Methode

Beschrifte vier gleiche Holzkugeln mit «6», «7», «8» und «9» und lege sie in einen Beutel oder Kasten, in den deine Hand paßt.

Ziehe nacheinander sechsmal eine Kugel und lege sie wieder zurück. Die Reihenfolge der gezogenen Zahlen erstellt das Hexagramm.

5. Die Würfel-Methode

Wem es leichter fällt, in den Besitz von drei Spielwürfeln als in den Besitz von drei gleichen Münzen zu kommen, mag diese Würfel zur Orakelgewinnung benutzen.

Alle geraden Zahlen (also 2/4/6) werden als «2» gewertet, alle ungeraden Zahlen (1/3/5) als «3». Die Summe aller drei Würfel bei jedem Wurf ergibt den Zahlwert einer Linie, die Reihenfolge der Linien erstellt das Hexagramm.

Diese fünf Beispiele mögen genügen um zu illustrieren, daß dem Einfallsreichtum keine Grenzen gesetzt sind, eine funktionierende und praktikable Methode der Orakelgewinnung zu erstellen. Wesentlich bei allen Methoden ist ihre Beibehaltung über einen gewissen

Zeitraum, wenn möglich unter Beibehaltung der benutzten Gegenstände. Nicht die Methode ist wichtig: Nur die zugemessene, psychische Dimension.

Denn die Wahrheit ist weder an Karten noch Münzen interessiert – nur daran, gehört zu werden.

III. Charakterbestimmung mit dem I Ging

So wie es möglich ist, zu konkreten Fragen die «kosmische Perspektive» als Antwort einzuholen, so ist es auch möglich, den Charakter und die Bedeutung von Personen und Gegenständen mit Hilfe des Kategoriensystems des I Ging zu bestimmen. Allerdings kommen bei diesem Vorhaben Einzellinien (mit Wandlungscharakteristik) nicht für eine Interpretation in Betracht, sondern nur der Gesamtcharakter des ermittelten Hexagramms.

Immerhin gereichen die so gewonnenen Auskünfte oft zu verblüffenden Erkenntnissen und vermitteln neue Perspektiven, die dem «rational» analysierenden und beobachtenden Denken verborgen geblieben sind.

Drei Methoden, aus denen sich weitere mühelos entwickeln lassen, mögen hier genügen.

1. Die Namens-Methode

Schreibe den Namen der zu analysierenden Person oder des Gegenstandes auf ein Blatt Papier. Unter die einzelnen Buchstaben schreibe den Zahlwert, der ihm auf Grund nachfolgender Tabelle zukommt:

1	2	3	4	5	6	7	8	9
A	B	C	D	E	F	G	H	I
J	K	L	M	N	O	P	Q	R
S	T	U	V	W	X	Y	Z	

Bei Personen gehe nach folgender Methode vor: Addiere die Konsonanten des Vornamens bis auf ihre kleinste mögliche Summe (12 = 1 + 2 = 3). Eine gerade Zahl entspricht jeweils einer «8», eine ungerade Zahl entspricht einer «7». Die Konsonanten des Vornamens erstellen den ersten Strich des unteren Trigramms, die Vokale des Vornamens den zweiten Strich, die Quersumme aller Buchstaben des Vornamens den dritten Strich.

Ebenso verfährst du mit dem Nachnamen zur Erstellung des oberen Trigramms: Die Konsonanten des Nachnamens erstellen den ersten Strich (den 4. des Gesamthexagramms), die Vokale den zweiten (den 5. des Gesamthexagramms), die Quersumme aus allen Buchstaben des Nachnamens den dritten (6. und obersten) Strich.

Bei Gegenständen verfahre nach der gleichen Methode, nur daß für sie lediglich ein Trigramm (oder dessen Verdopplung) als Aussage in Betracht kommt.

Im Falle meines Namens also, wie ich ihn gebrauche (mit abgekürztem zweiten Vornamen), ergeben sich folgende Trigramme:

N O R B E R T   A.   E I C H L E R

5 6 9 2 5 9 2   1   5 9 3 8 3 5 9

Quersumme der Konsonanten der Vornamen:

27 = 9 = «7» (⚊)

Quersumme der Vokale der Vornamen:

12 = 3 = «7» (⚊)

Quersumme aller Buchstaben der Vornamen:

39 = 12 = 3 = «7» (⚊)

Meine Vornamen erstellen also das (untere) Trigramm «Kien»:

☰

Quersumme der Konsonanten meines Nachnamens:

23 = 5 = «7» (⚊)

Quersumme der Vokale meines Nachnamens:

10 = 1 = «7» (⚊)

Quersumme aller Buchstaben meines Nachnamens:

33 = 6 = «8» (⚋)

Mein Nachname erstellt als das Trigramm «Tui»: ☱

Demzufolge ist das Charakterzeichen meines Namens das Hexagramm II/8., «Die Vorstellung»: ䷪

Hätte ich das Initial meines zweiten Vornamens weggelassen, würde das Trigramm «Tschen»: ☳

als unteres Trigramm entstehen, und das Hexagramm meines Namens ergäbe das Zeichen III/16., «Die Vollendungskraft»: ䷐

Die Charakteranalyse dieses Buches ergibt jedenfalls ein eindeutiges Resultat:

D A S	B U C H	D E R	W I R K L I C H K E I T
4 1 1	2 3 3 8	4 5 9	5 9 9 2 3 9 3 8 2 5 9 2

Quersumme der Konsonanten: 65 = 11 = 2 = «8» (⚋)
Quersumme der Vokale: 41 = 5 = «7» (⚊)
Quersumme aller Buchstaben: 106 = 7 = «7» (⚊)

Demzufolge wäre das «Buch der Wirklichkeit» durch das Trigramm «Sun»/Wind charakterisiert: der konkreten Erscheinungsform des schöpferischen Prinzips des Geistes, der Luft (des Äthers), «Kien», also ☴, und seine Verdopplung ergäbe das Hexagramm III/1., «Die Aufklärung (die Belehrung)».

2. Die Datums-Methode

Ebenso können wir aus Geburts- und anderen Daten Hexagramme errechnen, die den Tag bzw. die Person charakterisieren. Dabei geht man folgendermaßen vor:

Der Tag eines Datums erstellt die erste Linie des Hexagramms.
Der Monat eines Datums erstellt die zweite Linie.
Die Jahreszahl erstellt die dritte Linie.
Die Anzahl der ungeraden Zahlen erstellt die vierte Linie.
Die Anzahl der geraden Zahlen die fünfte Linie.
Die Anzahl aller Zahlen die sechste Linie.

So besteht das untere Trigramm aus einer direkten Übersetzung des Datums, das obere aus seiner analytischen Übersetzung.

Nehmen wir mein Geburtsdatum als Beispiel:

7. 7. 1950.
Tag 7 = «7» (⚊)
Monat 7 = «7» (⚊)
Jahr 1950 = 15 = 6 = «8» (⚋)
Als unteres Trigramm erhalten wir also «Tui»: ☱

Anzahl der ungeraden Zahlen: 7/7/1/9/5 = 5 = «7» (⚊)
Anzahl der geraden Zahlen: 0 = 1 = «7» (⚊)
Anzahl aller Zahlen: 7/7/1/9/5/0 = 6 = «8» (⚋)
Als oberes Trigramm erhalten wir ebenfalls «Tui», der See.

Somit erstellt mein Geburtsdatum das Hexagramm III/13., «Die Hellsicht».

Weitere Charakteranalysen mit Hilfe der vorgestellten Methoden sind durchaus denkbar, so zum Beispiel eine Misch-Methode, bei der das untere Trigramm aus dem Geburtsdatum (als innerem, konstituierendem Merkmal) und das obere Trigramm aus dem Namen (als äußerem Persönlichkeitsmerkmal) abgeleitet wird, deren Demonstration aber nicht mehr erforderlich ist, da die Methoden klar geworden sind.

Für wie überzeugend man die Resultate hält, und welchen Wert man den so gewonnenen Auskünften beimißt, mag jeder für sich selbst entscheiden. Ich persönlich habe mich vom Wert aller vorgestellten Methoden überzeugen können, und sie dem Buch der Wirklichkeit zur Abrundung mit auf den Weg gegeben. Mag ein jeder den Nutzen aus ihnen ziehen, für den er bereit ist.

Die Wirklichkeit ist größer, sinnvoller, bedeutender und komplexer, als wir es auf dieser Stufe der Evolution zu erfassen und verstehen vermögen.

Sie ist größer, sinnvoller und umfassender, als sie sich sichtbar zeigt.

Was nicht heißt, daß wir alles, was sich sichtbar zeigt, bereits sehen.

Das I Ging war vor Jahrtausenden einer der ersten Schritte der Menschheit zum Verständnis dieser Wirklichkeit.

Das Buch der Wirklichkeit war sicher nicht der letzte.

E. TAFELN

Tafel I. Aufbau und Herkunft der Trigramme

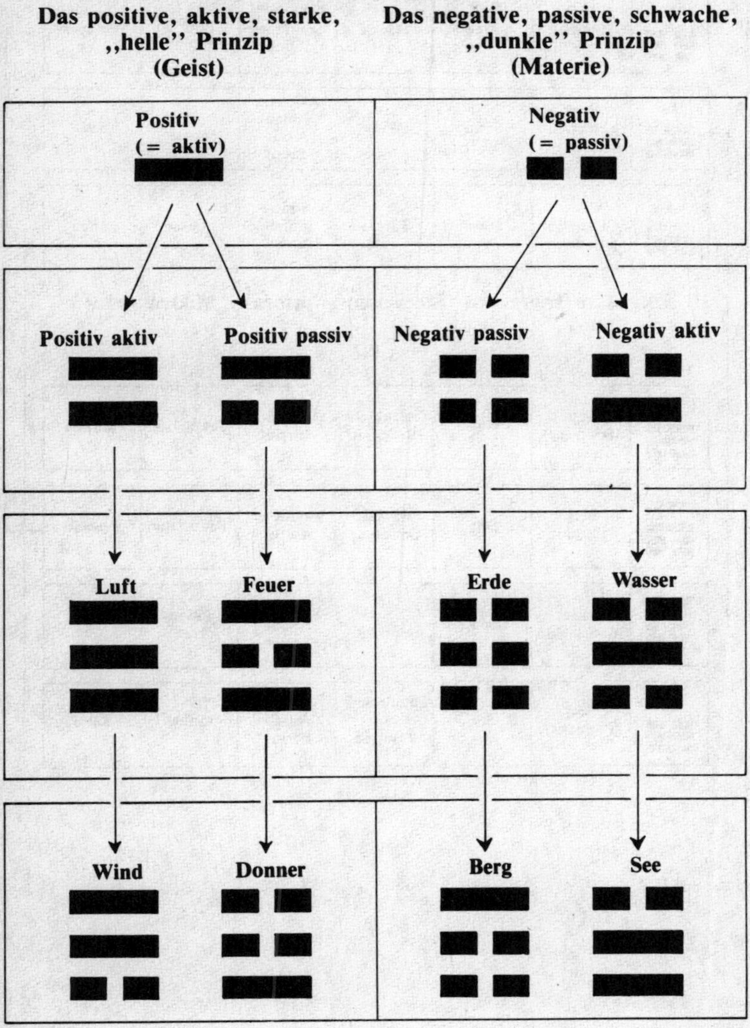

Tafel II. Bedeutung der Trigramme

I. Primäre Trigramme (Elemente) / Makrokosmos

	Element/ Zustand	Symbol	Qualität	Wirklichkeit	Geist	Tarot
KIEN	Luft (Äther), feinstofflich	Äther	Geist	Akasha & Mental-Ebene/fein-stoffl. Äther	All-wissen	Schwert
KUN	Erde (Materie), grobstofflich	Erde	Materie	Grob-stofflicher Äther	Omni-präsenz	Pentakel
LI	Feuer (Energie), aktiv	Sonne	Wille	Akasha & höhere Astral-Ebene	All-macht	Stab
KAN	Wasser (Rezeptivi-tät), passiv	Mond	Psyche	Niedere Astral-Ebene	Alliebe	Kelch

II. Sekundäre Trigramme (Erscheinungsformen) / Mikrokosmos

SUN	Wind (Bewegung)	Wind	Gedankliche Reflexion	Mental-körper	Erkenntnis	Schwert
KEN	Berg (Statik)	Berg	Formale Gestaltung	Physischer Körper	Bewußtsein	Pentakel
TSCHEN	Donner (Dynamik)	Donner	Gezielte Aktivität	Höherer Astral-körper	Willens-kraft	Stab
TUI	See (Phantasie)	See	Empfindung & Phantasie	Niederer Astral-körper	Gefühl	Kelch

Tafel III. STRUKTUR EINES HEXAGRAMMS/BEDEUTUNG DER LINIEN

Oberes Trigramm: Dominant.
Unteres Trigramm: Konstituierend.
Oberes Zentraltrigramm: Geistige Dynamik.
Unteres Zentraltrigramm: Physisch-materielle Dynamik des Zeichens.

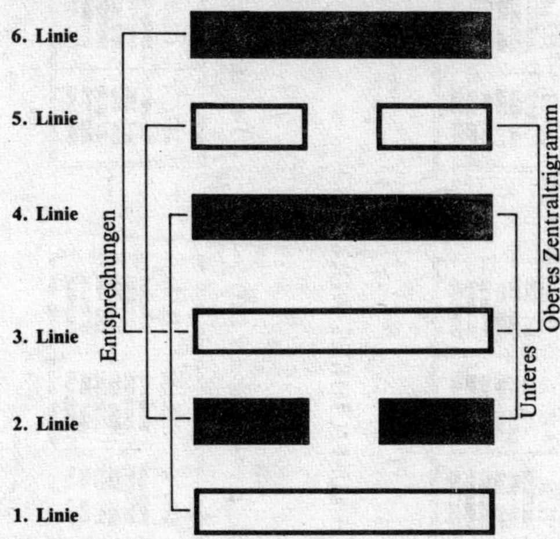

	Spirituelle Wirklichkeit	Natürliche Wirklichkeit	Menschliche Wirklichkeit	
6. Linie	Akasha	Welken	Erleuchtung	Oberes Trigramm: Makrokosmos & Gesellschaft (Raum-Dimension)
5. Linie	Astral-Ebene	Blüte	Macht	
4. Linie	Physische Welt	Same	Aufstieg	
3. Linie	Mentalkörper	Abend	Vollendung	Unteres Trigramm: Mikrokosmos & Individuum (Zeit-Dimension)
2. Linie	Astralkörper	Mittag	Verwirklichung	
1. Linie	Physischer Körper	Morgen	Planung	

1./3./5. Linien: Stark, ,,hell''
2./4./6. Linien: Schwach, ,,dunkel'' [Im obigen Beispiel sind also eine schwache, ,,dunkle'' (geteilte) Linie auf einem ,,hellen'', starken Platz (5.), und zwei ,,helle'' (ungeteilte) Linien auf schwachen, ,,dunklen'' Plätzen (4. und 6.).]

Tafel IV. Aufbau des „Buchs der Wirklichkeit“

I. DIE HÄUSER DER ELEMENTE

Das Haus der Luft — Das Haus der Erde

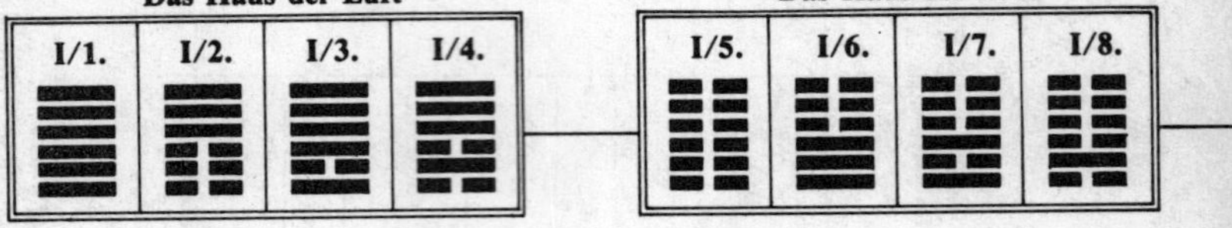

II. DIE HÄUSER IHRES AUFTRETENS

Das Haus des Auftretens der Luft — Das Haus des Auftretens der Erde

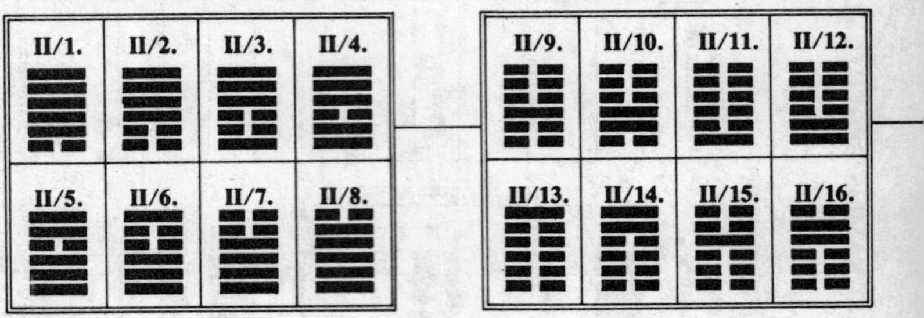

III. DIE HÄUSER IHRES WIRKENS

Das Haus des Wirkens der Luft — Das Haus des Wirkens der Erde

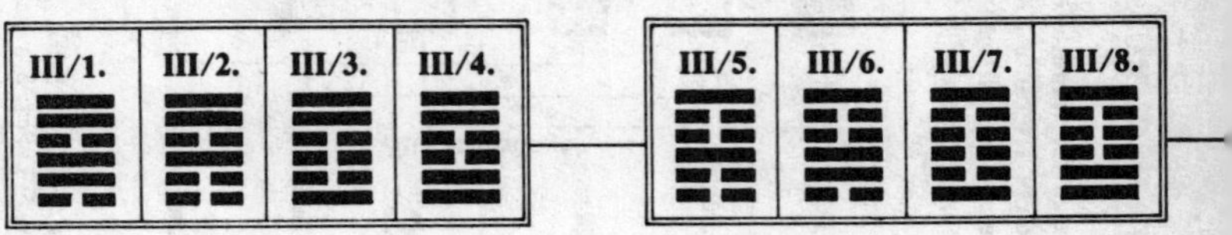

Das Haus des Feuers

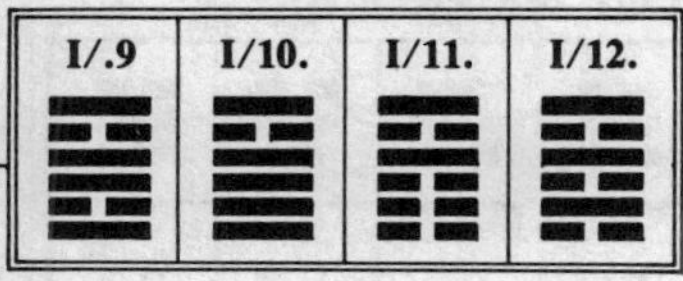

Das Haus des Wassers

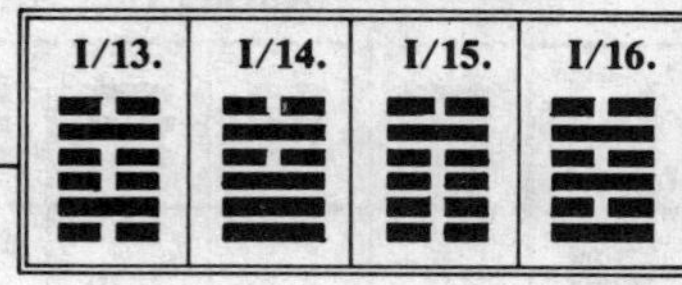

Das Haus des Auftretens des Feuers

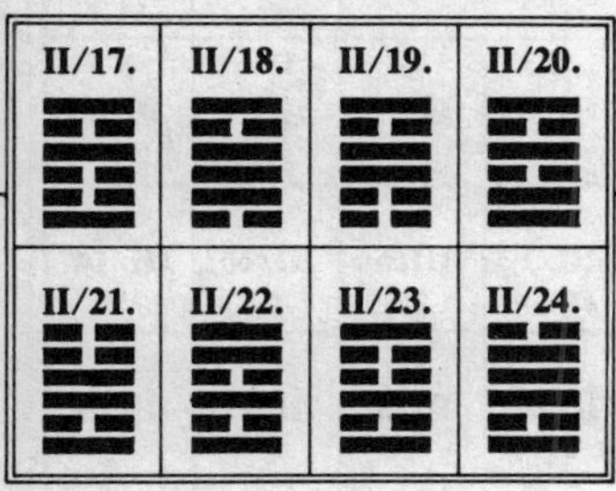

Das Haus des Auftretens des Wassers

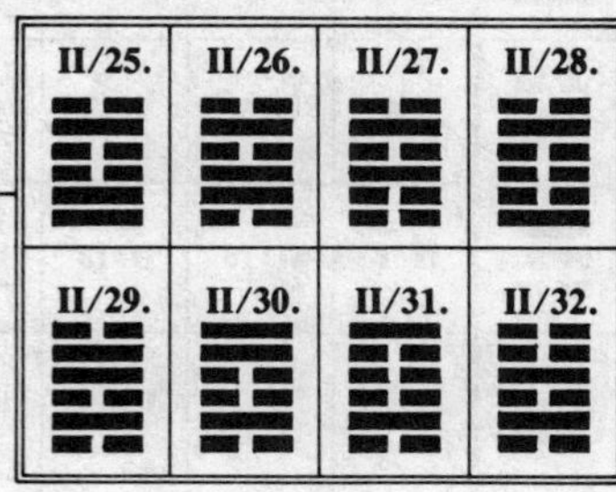

Das Haus des Wirkens des Feuers

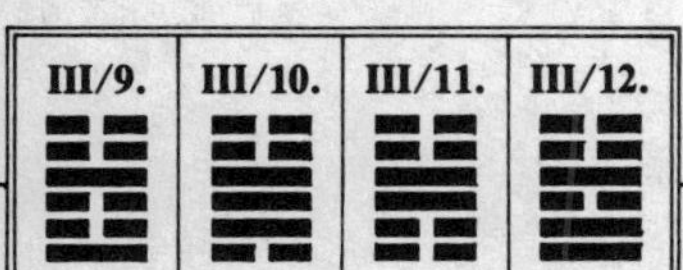

Das Haus des Wirkens des Wassers

Tafel V

Schema zum Auffinden der Zeichen

Oben / Unten	☰	☷	☲	☵	☴	☶	☳	☱
☰	I/1	I/6	I/10	I/14	II/5	II/6	II/7	II/8
☷	I/2	I/5	I/11	I/15	II/14	II/13	II/15	II/16
☲	I/3	I/7	I/9	I/16	II/22	II/23	II/21	II/24
☵	I/4	I/8	I/12	I/13	II/30	II/31	II/32	II/29
☴	II/1	II/10	II/18	II/26	III/1	III/6	III/10	III/14
☶	II/2	II/9	II/19	II/27	III/2	III/5	III/11	III/15
☳	II/3	II/11	II/17	II/28	III/3	III/7	III/9	III/16
☱	II/4	II/12	II/20	II/25	III/4	III/8	III/12	III/13